Charles Fort
GESAMMELTE WERKE

Charles Fort

DAS BUCH DER VERDAMMTEN

Aus dem Amerikanischen übersetzt
von Jürgen Langowski

Zweitausendeins

1 Zoll = 2,54 cm
1 Fuß = 12 Zoll = 0,3048 m
1 Meile = 1,6093 km
1 Faden = 6 Fuß = 1,829 m
1 Acre = 4046,8 m^2
1 Quadratmeile = 259 ha; 1 ha = 10000 m^2
1 Pfund = 16 Unzen = 453,59 g

Deutsche Erstausgabe.
1. Auflage, Oktober 1995.

Die amerikanische Originalausgabe erschien 1919 unter dem Titel »The Book Of The Damned«.

Lektorat Dagmar Kreye.
Umschlagillustration Dover, N.Y.
Das Frontispiz zeigt Charles Fort beim »Super-Damespiel«.
Das Foto stellte freundlicherweise die Fortean Picture Library in Clwyd, Großbritannien, zur Verfügung.
Umschlaggestaltung Angelo Marabese.
Satz und Herstellung Dieter Kohler & Bernd Leberfinger, Nördlingen.
Druck Buch- und Offsetdruckerei Wagner GmbH, Nördlingen.
Gebunden bei G. Lachenmaier, Reutlingen.
Printed in Germany.

Dieses Buch gibt es nur bei Zweitausendeins
im Versand (Postfach, D-60381 Frankfurt am Main) oder
in den Zweitausendeins-Läden in Berlin, Essen, Frankfurt, Freiburg, Hamburg, Köln, München, Nürnberg, Saarbrücken, Stuttgart.

In der Schweiz über buch 2000, Postfach 89, CH-8910 Affoltern a. A.

ISBN 3-86150-124-4

Biographische Anmerkung

Charles Fort wurde am 6. August 1874 in Albany, New York, geboren. Er starb am 3. Mai 1932 in der Bronx. Den größten Teil seines Lebens verbrachte er in New York, doch in den zwanziger Jahren lebte er mehrere Jahre in London. 1919 erschien *The Book of the Damned*, das hier erstmals in deutscher Übersetzung vorliegt. *New Lands* wurde 1923 veröffentlicht, *Lo!* im Jahre 1931 und *Wild Talents* 1932 (deutsche Ausgaben in Vorbereitung). Neben seinen Datensammlungen veröffentlichte er auch den Roman *The Outcast Manufacturers*.

Charles Fort (1874–1932) beim »Super-Damespiel«

John Michell
Die Welt des Charles Fort

Freude an den Phänomenen

Kein großer Autor wurde – selbst von seinen Bewunderern – je so mißverstanden und mißinterpretiert wie Charles Fort. In Büchern und Zeitschriften, die sich mit seltsamen Phänomenen beschäftigen, gilt er weithin als Autor, der Themen wie Teleportation, außerirdische Raumschiffe, prähistorische Technologien, Regenfälle von Fröschen und Fischen, Poltergeister, mediale Kräfte und so weiter aufgeworfen und populär gemacht hat, aber sein eigentliches Motiv, diese eigenartigen Daten zu sammeln und vorzustellen, wird nur selten erwähnt. Dabei wiederholt Fort in allen seinen vier Büchern immer wieder den Sinn seiner Schriften. Im ersten Kapitel des ersten Buches, dem *Buch der Verdammten*, faßt er es zusammen.
Genau dieses Kapitel aber sollen Forts Leser ignorieren, wie der bekannte Autor und Geheimnisjäger Ivan T. Sanderson empfiehlt. Überschlagen Sie auch das 3. Kapitel, sagt er, und greifen Sie direkt zu den verrückten Daten.
Ich kann verstehen, wie es zu diesem Fehler kommt, denn ich habe ihn auch begangen. Es geht fast jedem so. Als ich vor etwa dreißig Jahren auf Forts Schriften stieß, hatte ich fliegende Untertassen im Sinn. Ich schrieb ein Buch über dieses Thema und blätterte rasch Forts Bücher durch, um Angaben zu geheimnisvollen Luftschiffen zu finden, zu sich bewegenden Lichtern, zu Entführungen und Begegnungen mit Außerirdischen. Das war eine Phase, die ich heute als »Goldgräberzeit« bezeichne. Ich suchte nach kostbaren fortianischen Daten, die meine persönlichen Thesen bestätigen sollten. Sanderson blieb auf dieser Ebene hängen.

Das zweite Stadium war eine Phase des Lachens. Sie begann für mich mit dem Fischhändler aus Worcester, der im ersten Kapitel von Forts Buch *Lo!* vorgestellt wird und im ganzen Werk eine wichtige Rolle spielt. Er war weniger eine reale Person als eine Erklärung. Der Grund, ihn zu erfinden, war die Tatsache, daß im Juni 1881 in Worcester in England nach einem Gewitter viele Tonnen Krabben und Uferschnecken in einem Umkreis von etwa einer Meile gefunden wurden. Straßen, Felder, Gärten und Dächer waren mit den Tieren bedeckt. Bestürzt ob dieses Beweises für herabregnende Lebewesen erklärten die Konventionalisten, ein unbekannter Fischhändler habe überschüssige Lagerbestände beseitigt. Fort hat diese alberne Figur mit solcher Komik behandelt, daß ich jedesmal, wenn der Fischhändler erwähnt wurde, von neuem lachen mußte. Fort war für mich der humorvollste Autor, den ich je gelesen hatte.
Sein Humor war zugleich äußerst wirkungsvoll. Forts Daten und die Art, wie er sie benutzte, rissen unter jedem Glauben und jeder Theorie, die heilig zu halten ich gelernt hatte, die Stützpfeiler weg. Mit den ersten Worten seines ersten Buches kündigt er »eine Prozession der Verdammten« an. Mit den Verdammten, fuhr er fort, »meine ich die Ausgeschlossenen«, und mit den Ausgeschlossenen meinte er all jene Berichte über seltsame Ereignisse und Entdeckungen, die in wissenschaftlichen Zeitschriften peinlich genau aufgeführt, aber von den Vertretern des herrschenden wissenschaftlichen Weltbildes ignoriert werden. Sie müssen ignoriert werden, weil sie nicht assimiliert werden können. Fort zeigte, daß die Zahl der ausgeschlossene Beweise mehr als ausreichend ist, um nicht nur die etablierten Überzeugungen unserer Zeit, sondern auch die jedes beliebigen anderen Glaubenssystems zu erschüttern. Diese verdammten Fakten, sagte er, tauchen einfach immer wieder auf. Sie können nicht ewig unterdrückt werden, und am Ende sind sie unwiderstehlich. Beharrlich machen sie auf sich aufmerksam, gewinnen Anerkennung und werden schließlich selbst zu den Ausschließenden. In den Zyklen und Moden des Denkens wird der ketzerische Unfug eines Zeitalters zur

respektierten Orthodoxie des nächsten, und danach wendet sich das Blatt abermals.
Fort ließ, wie er versprochen hatte, die verdammten Fakten marschieren. Die Parade zog durch seine vier Bücher und trampelte jedes Glaubensidol nieder, das sich ihr in den Weg stellte. Der bisherige Wald der Gewißheiten wurde dem Erdboden gleich gemacht. Hinterließ Fort uns etwas, woran wir glauben können? Er hinterließ überhaupt nichts und bot uns keinen Ersatz. In seinem Ketzertum war er radikaler als jeder bilderstürmende Puritaner.

Ich glaube selbst nichts von dem, was ich geschrieben habe. Ich kann nicht akzeptieren, daß die Produkte des Bewußtseins Grundlage eines Glaubens sein sollen.

Der Absturz in die Unsicherheit

Wenn Fort Sie bis hierher führen konnte, dann hat er Sie von Ihrer Bildung geheilt und mit all dem vermeintlichen Wissen ausgeräumt, das bislang Ihren Geist verkleisterte. Sie haben die Weisheit eines Sokrates erlangt, der auf seiner Erkenntnis ausruhen konnte, daß er über unsere Art der Existenz nichts sicher wußte. Aber Ihre Welt ist damit nicht entleert. Sie ist so voll und ereignisreich wie zuvor, und Sie sind frei, sie zu genießen. An die Stelle des Glaubens, schrieb Fort, »stellen wir das Annehmen«. Wir erfahren das Leben in dessen eigenen Begriffen anhand der Dinge, die es uns bietet, ohne Vorurteile und ohne Wissen vorzutäuschen. Natürlich tauschen wir weiterhin Geschichten, Theorien und Meinungen aus, weil das unser angenehmster Zeitvertreib ist; aber wir erkennen, daß es in unserem Wesen liegt, Mythen zu erschaffen und glauben nicht mehr wörtlich an die Produkte unseres Geistes.

Ich kann mir in der Religion, in der Wissenschaft oder in der Philosophie nichts vorstellen, das mehr wäre als ein Kleidungsstück, das man eine Weile trägt und wieder ablegt.

Nirgendwo in seinen Büchern bietet Fort uns eine Meinung oder Theorie an. Er suchte immer nach dem neutralen Begriff und betonte, daß er lediglich Ideen zum Ausdruck brächte. So bezeichnete er denn auch seine »verdammten Fakten« nicht als Fakten, sondern bloß als »Daten«. Sie waren, erklärte er, nicht mehr und nicht weniger glaubwürdig als die Daten, auf denen die akzeptierten Glaubenssysteme beruhten. Er stellte sich nicht gegen den Glauben anderer Menschen, und er behauptete nicht, daß die Theorien Newtons, Darwins und Einsteins absolut falsch seien. Er betrachtete sie nur als willkürlich. Aus eben den wissenschaftlichen Zeitschriften, die auch sie zu Rate zogen, suchte er Dinge heraus, welche die großen Theoretiker ausgeschlossen hatten, um andere, ganz eigene Ansichten über die Welt zu finden, und er zeigte uns, wie leicht es ihm jeder nachtun könnte.

Nachdem wir so weit gekommen sind, gibt es kein Zurück. Fort und seine Daten raubten uns jede Sicherheit. Wir hängen in der Luft und lassen uns von ihm führen. Wir sind deshalb gezwungen, genau das zu tun, wovon Sanderson abriet: die Kapitel 1 und 3 im *Buch der Verdammten* zu lesen. Dort können Sie entdecken, wie es um die Dinge wirklich steht, wie das wahre Wesen unserer Existenz beschaffen ist, und wie wir uns am besten darauf einstellen.

Erst wenn man versucht, Forts Sicht der Welt zusammenzufassen und seine Sichtweise zu umschreiben, kann man zur Gänze würdigen, was für ein bemerkenswerter Autor er war. Es gab nie einen wie ihn, und es wird nie wieder einen wie ihn geben. In ihm vereinten sich geradliniges Denken, poetische Fantasie, Humor und Beobachtungsgabe auf eine unnachahmliche Weise.

Hier nun eine unzureichende Darstellung, wie Charles Fort die Welt sah. Seine eigenen Worte sind kursiv gesetzt.

Das Streben nach Realität:
die fortianische Sicht der Welt

Alles, was wir wissen, ist, daß wir auf irgendeine Weise und auf irgendeiner Ebene an der Existenz teilhaben. Es ist eine traumähnliche, »intermediäre« Existenz, irgendwo zwischen den Extremen des Realen oder Eindeutigen und des Irrealen oder Negativen, zwischen Ordnung und Chaos.
Kein Geschöpf, kein Objekt und keine Idee in unserer »Existenz« (Fort setzte dieses Wort manchmal in Anführungszeichen) ist real oder individuell vorhanden, weil alles ein Teil von etwas anderem ist und weil alles von allem anderen drumherum beeinflußt wird. Außerdem ist alles in ständiger Veränderung begriffen, es entsteht gerade oder verschwindet, so daß in keinem Augenblick etwas wirklich ist.

Daß nichts je bewiesen wurde –
Weil es nichts zu beweisen gibt.
Nichts wurde je eindeutig belegt.
Weil es nichts Eindeutiges zu belegen gibt.
Es ist wie die Suche nach einer Nadel, die niemand in einem nicht vorhandenen Heuhaufen verloren hat.
Es ist sinnlos, etwas zu beweisen, wenn alle Dinge ineinander übergehen, so daß nichts ist außer dem alles Umschließenden, das Etwas sein kann. Aber ästhetisch gesprochen, wenn nicht gar wissenschaftlich, mag es wertvoll sein, einen Ausdruck zu finden.

So daß schließlich doch Etwas ist – ein wirkliches, ganzes Wesen, das nichts anderes wäre als das Universum selbst – ein sich selbst genügendes, sich selbst regulierendes, alles umschließendes Universum, das man am besten mit einem Ei symbolisieren kann, festgehalten in seiner Begrenzung, außerhalb derer es jedoch nichts gibt. Fort stellte es sich als Hermaphroditen vor, der seine eigenen Gelüste befriedigt.

Die Wahrheit ist etwas, woneben es nichts anderes gibt. Nichts, was sie abwandeln könnte, nichts, was sie in Frage stellen könnte,

nichts, was eine Ausnahme darstellen könnte: das Allumfassende, das Vollständige –
Mit Wahrheit meine ich das Universelle.

Forts Ausdruck dafür: Wahrheit = Realität = das Universelle = Eindeutigkeit.
Positiv oder eindeutig soll hier bedeuten:

Harmonie, Gleichgewicht, Ordnung, Gesetzmäßigkeit, Stabilität, Stimmigkeit, Einheit, Echtheit, System, Regierung, Organisation, Freiheit, Unabhängigkeit, Seele, Selbst, Persönlichkeit, Ganzheit, Individualität, Wahrheit, Schönheit, Gerechtigkeit, Vollkommenheit, Eindeutigkeit –

Damit kann ich nur etwas meinen, woneben es nichts anderes gibt.
Real zu sein ist ein Attribut des universellen Ganzen, das nur diesem vorbehalten ist. Wir können es nicht auf uns selbst beziehen, auf unsere Gedanken oder irgend etwas anderes in unserem intermediären Zustand. Aber real sein ist das, wonach wir und alles andere vergeblich streben. Dieses Streben nach Realität ist das dominante Prinzip in der Natur.

Daß unsere ganze »Existenz« das Streben nach dem eindeutigen Zustand ist … daß es nur diesen einen Prozeß gibt.
Daß Wahrheit nur ein anderes Wort für den eindeutigen Zustand ist, und daß die Suche nach Wahrheit der Versuch ist, diese Eindeutigkeit zu erlangen.

Im wetteifernden Kampf um die Realität sind manche werdenden Wesen erfolgreicher als andere und erreichen vorübergehend ein sichtbares Maß an Eindeutigkeit. Es gibt welche, die sich der Ordnung, der Harmonie, der Schönheit, der Vollständigkeit und so weiter am besten annähern. Fort war der Meinung, daß man jede nur vorstellbare Theorie vertreten und jedes beliebige Bild der Welt erschaffen kann, daß aber manche besser – das heißt, vollständiger, harmonischer usw. – sind als andere, und daß diese diejenigen sind, die sich am längsten halten.

Wenn wir einen Begriff von unserer ganzen Existenz hätten, dann könnten wir eine Art Verständnis für sie gewinnen.

Nach Forts Ansicht ist unsere Existenz ein Organismus, ähnlich einem Ei oder einer Zelle oder einem Embryo, der sich von innen heraus gemäß seinem natürlichen Wachstumszyklus entwickelt. Menschliches gesellschaftliches Wachstum unterliegt den gleichen jahreszeitlichen Schwankungen wie die ganze Natur.

Ein Baum kann nun einmal nicht wissen, wie er blühen soll, solange die Blütezeit noch nicht gekommen ist. Eine wachsende menschliche Gesellschaft kann nichts über den Gebrauch von Dampfmaschinen wissen, solange die Dampfmaschinenzeit noch nicht gekommen ist.

Die Natur ist ein einziges Kontinuum, in dem alles in alles andere übergeht, aber zugleich existiert auch eine »Diskontinuität«, die zu der Illusion führt, es gebe wirkliche, unabhängige Dinge.
Die einzige Realität, die Fort dieser Bezeichnung für wert erachtete, ist das Universelle Ganze. Unsere eigene Zelle mag nur eine in einer riesigen Anzahl von anderen sein, aber letztendlich summieren sich alle zu einem Etwas. Hat dieses Etwas einen Schöpfer? Forts Kommentar lautete, daß er noch nie von einem Schöpfer gehört habe, der nicht seinerseits erschaffen wurde. Er fand die Frage irrelevant, weil das Universum unsere Realität ist und weil es keinen Bedarf an Metaphysik gibt.
Kann das Universelle Ganze erkannt oder verstanden werden? Diese Frage führte zu einer der rätselhaftesten Äußerungen Forts.

Ein Wahrheitssucher. Er wird die Wahrheit niemals finden. Aber die unwahrscheinlichste aller Möglichkeiten – er kann selbst zur Wahrheit werden.

KAPITEL 1

Eine Prozession der Verdammten.
Mit den Verdammten meine ich die Ausgeschlossenen.
Wir werden eine Prozession der Daten vorbeiziehen sehen, die von der Wissenschaft ausgeschlossen wurden.
Bataillone der Verfluchten werden marschieren, angeführt von bleichen Daten, die ich exhumiert habe. Nun werden Sie lesen, und die Daten werden marschieren. Manche sind leichenblaß, manche feurig, manche verwest.
Unter ihnen sind Leichen, Skelette und Mumien, die sich winden und taumeln, belebt von Gefährten, die lebendigen Leibes verdammt wurden. Riesen werden in tiefem Schlaf vorübergehen. Manche sind wie Lehrsätze, andere kommen in Lumpen. Sie werden vorbeimarschieren wie Euklid, Arm in Arm mit dem Geist der Anarchie. Hier und da eilt eine kleine Dirne vorbei. Viele sind Possenreißer. Aber viele andere sind äußerst respektabel. Manche sind sogar Mörder. Sie kommen als gräßlicher Gestank und hohlwangiger Aberglaube daher, als Schatten und freche Bosheit, als Kapriole und guter Freund. Sie sind naiv und pedantisch, bizarr und grotesk, aufrichtig und unaufrichtig, tiefgründig und kindisch.
Ein Dolchstoß und ein Hohnlachen und die ergeben gefalteten Hände hoffnungsloser Rechtschaffenheit.
Das Erzrespektable und dennoch Verdammte.
Alle zusammen erwecken sie den Eindruck von Würde und Liederlichkeit zugleich. Alle zusammen erheben sie die Stimmen zum trotzigen Gebet. Aber der Geist des Ganzen ist der einer Prozession.
Die Macht, die all diesen Dingen sagte, daß sie verdammt sind, heißt »dogmatische Wissenschaft«.

Aber sie werden marschieren.
Die kleinen Dirnen werden herumtollen, und Mißgeburten werden die Aufmerksamkeit auf sich ziehen. Clowns mögen mit ihren Späßen den Rhythmus des Aufzuges stören, aber nicht die Wirkung der Prozession insgesamt: den Eindruck, den uns die Dinge machen, die vorbeiziehen, vorbei und immer vorbei, die kommen und kommen und kommen ohne Ende.
Die unwiderstehliche Kraft von Dingen, die uns nicht drohen, die uns nicht verspotten und uns nicht trotzen, sondern sich zu einem riesigen Aufmarsch formieren, der ewig an uns vorbeizieht.

***

Mit den Verdammten meine ich also die Ausgeschlossenen.
Mit den Ausgeschlossenen meine ich das, was eines Tages das Ausschließende sein wird.
Oder: Alles, was ist, wird nicht mehr sein.
Und alles, was nicht ist, wird sein –
Aber natürlich wird sein, was nicht sein kann –
Wir sind der Ansicht, daß das Fließen zwischen dem, was nicht ist und dem, was nicht sein wird, jener Zustand also, den wir gemeinhin und absurderweise als »Existenz« bezeichnen, ein rhythmisches Pendeln zwischen Himmel und Hölle ist: daß die Verdammten nicht ewig verdammt bleiben werden, daß auf jede Erlösung neue Verdammung folgt. Eines Tages werden die verdammten Halunken strahlende Engel sein. Und noch etwas später werden sie dorthin zurückkehren, woher sie kamen.

***

Es ist unsere Ansicht, daß alles, was existiert, seine Existenz nur dadurch zu sichern vermag, daß es andere Dinge ausschließt: daß das, was wir gewöhnlich als »Sein« bezeichnen, ein Zustand ist, der sich mehr oder weniger proportional an vermeintlich eindeutigen Unterschieden zwischen dem Eingeschlossenen und dem Ausgeschlossenen orientiert.
Es ist jedoch auch unsere Überzeugung, daß es keine eindeuti-

gen Unterschiede gibt: daß alle Dinge wie eine Maus und ein Wurm im Käselaib sind. Eine Maus und ein Wurm – zwei Wesen, wie sie ungleicher nicht sein könnten. Sie bleiben eine Woche oder einen Monat im Käse. Beide sind vorübergehende Phänomene im Käse. Ich glaube, wir sind alle Würmer und Mäuse in einem alles umfassenden Käse.

Oder daß Rot nicht eindeutig anders ist als Gelb, sondern nur ein anderer Teil einer Schwingung, zu der auch Gelb gehört. Daß Gelb und Rot ineinander übergehen oder zu Orange verschmelzen.

So daß, wenn nun die Wissenschaft das Gelbe und Rote zur Grundlage für die Klassifizierung aller Phänomene machen würde und alles Rote als gültig zuließe und alles Gelbe als falsch oder illusorisch verwürfe, diese Grenzziehung falsch und willkürlich sein müßte, weil orangenfarbene Dinge, die eine Kontinuität herstellen, zu beiden Seiten vor und hinter der vermeintlichen Grenze gehören würden.

Die folgende Tatsache sollte uns beeindrucken:

Daß bisher noch keine Klassifizierungsgrundlage, keine Vorstellung von Zulässigkeit oder Unzulässigkeit gefunden wurde, die der Unterscheidung zwischen Rot und Gelb überlegen wäre.

Ausgehend von verschiedenen Grundlagen hat die Wissenschaft eine Vielzahl von Daten zugelassen. Hätte sie das nicht getan, dann könnte nichts existieren, was zu existieren scheint. Ausgehend von verschiedenen Grundlagen hat die Wissenschaft eine Vielzahl von Daten ausgeschlossen. Wenn aber der Übergang zwischen Rot und Gelb ein fließender ist, wenn der Übergang zwischen zulässig und unzulässig fließend ist, dann muß die Wissenschaft einige Dinge ausgeschlossen haben, die in Übereinstimmung mit dem Akzeptierten sind. Das Rote und das Gelbe, die zu Orange verschmelzen, stehen beispielhaft für alle Prüfungen, alle Maßstäbe und alle Kriterien der Meinungsbildung.

Oder daß jede eindeutige Meinung zu einem Ding eine Illusion ist, gegründet auf die irrige Annahme, es gebe eindeutige Unterschiede, anhand derer man urteilen könne.

Das Denken sucht stets nach einer Tatsache, einem Fundament, einer Verallgemeinerung, einem Gesetz, einer Formel oder einer Grundannahme, die sich als eindeutig erweist. Das beste, was bisher erreicht wurde, ist die Aussage, daß einige Dinge selbstverständlich seien. Das »Selbst« aber meint dabei andere Dinge, die den Augenschein bestätigen.
Daß darin die Suche besteht; daß sie aber noch nie zum Ziel geführt hat; daß jedoch die Wissenschaft handelt, urteilt, verkündet und verdammt, als wäre das Ziel schon erreicht.
Was ist ein Haus?
Wenn es keine eindeutigen Unterschiede gibt, können wir nicht sagen, was irgendein Ding ist und wie es sich eindeutig von allen anderen Dingen unterscheidet.
Eine Scheune ist ein Haus, wenn jemand in ihr lebt. Wenn das Wohnen das Haus zum Haus macht, denn der architektonische Stil ist offenbar kein Kriterium, dann ist auch ein Vogelnest ein Haus. Die Menschen sind auch nicht das entscheidende Kriterium, denn wir sprechen von Hunde«hütten«. Auch das Material spielt keine Rolle, denn die Häuser der Eskimos sind aus Schnee gebaut. Oder Einsiedlerkrebse wohnen in Schneckenhäusern, nachdem die Schnecke gestorben ist – oder zwischen scheinbar so eindeutig verschiedenen Dingen wie dem Weißen Haus in Washington und einem Schneckenhaus am Strand besteht eine Kontinuität.
Noch niemand konnte zum Beispiel bisher erklären, was Elektrizität wirklich ist. Sie unterscheidet sich nicht eindeutig von Wärme oder Magnetismus oder dem Leben. Metaphysiker, Theologen und Biologen haben versucht, das Leben zu definieren. Sie mußten scheitern, weil es nichts Eindeutiges zu definieren gibt. Es gibt kein einziges Phänomen des Lebendigen, das nicht in gewissem Maße auch in der Chemie, im Magnetismus oder in astronomischen Bewegungen wiederzufinden wäre.
Weiße Koralleninseln in einem dunkelblauen Meer.
Ihr Anschein von Verschiedenheit: der Anschein von Individualität oder eindeutiger Unterschiedlichkeit – aber alle sind nur

Ausstülpungen desselben Meeresbodens. Der Unterschied zwischen Meer und Land ist nicht eindeutig. Im Wasser ist immer ein wenig Erde, und in der Erde ist immer ein wenig Wasser.
So daß also alle scheinbaren Dinge gar keine Dinge sind, falls alle mit allen anderen eine Kontinuität bilden, oder nicht mehr, als ein Tischbein ein Ding für sich ist, falls es nur eine Fortsetzung von etwas anderem ist: daß niemand von uns eine reale Person ist, falls wir physisch eine Fortsetzung unserer Umgebung sind; falls wir psychisch nichts weiter sind als der Ausdruck eines bestimmten Verhältnisses zu unserer Umwelt.
Diese unsere Sichtweise hat zwei weitere Aspekte:
Der konventionelle Monismus, oder daß alle »Dinge«, die scheinbar eine eigenständige Existenz besitzen, wie Inseln nur Ausstülpungen einer tieferen Ebene sind und keine wirklichen eigenen Grenzen besitzen.
Daß aber alle »Dinge«, auch wenn sie nur Ausstülpungen sind, den Bruch mit jener tieferen Ebene anstreben, die ihnen eine eigene Identität versagt.
Ich stelle mir einen Knoten vor, der sich auf alle Ebenen ausdehnt, und in dem und aus dem heraus alle scheinbar vorhandenen Dinge nur unterschiedliche Ausdrucksformen des immer gleichen Bestrebens sind, den Bruch zu vollziehen und real zu werden, sich selbst genug zu sein und sich eindeutig und endgültig in unbeeinflußter Unabhängigkeit zu behaupten – als Persönlichkeit oder Seele, wie wir bei menschlichen Phänomenen sagen würden –
Daß etwas, das sich als reales, als eindeutiges oder absolutes System etablieren will, als Regierung, als Organisation, als Selbst, als Seele, als Wesen oder Individualität, dies nur zu tun vermag, indem es eine Grenzlinie um sich zieht, indem es einschließt, was ihm zu eigen sein soll, und indem es sich zugleich von allen anderen »Dingen« lossagt und diese verdammt oder ausschließt:
Daß es, wenn es dies nicht tut, nicht den Anschein der Existenz zu erwecken vermag –
Daß es aber, wenn es dies tut, ebenso irrig, willkürlich, ver-

geblich und tragisch handelt wie jemand, der im Meer einen Kreis um ein paar Wellen zieht und dann sagt, daß die anderen Wellen, die doch mit den eingeschlossenen ein Kontinuum bilden, etwas eindeutig anderes seien, und der sein Leben darauf aufbaut, daß das Zugelassene und das Verdammte eindeutig verschieden sind.

Es ist unsere Ansicht, daß unsere ganze Existenz die Belebung des Konkreten durch ein Ideal ist, das nur auf der universellen Ebene realisierbar ist.

Daß, wenn Ausschließen immer falsch ist, weil das Eingeschlossene und das Ausgeschlossene immer ineinander übergehen: daß, wenn alles, was uns zu existieren scheint, das Produkt des Ausschließens ist, für uns nichts von dem wahrnehmbar ist, was wirklich ist: daß nur das Universelle wirklich sein kann.

Unser besonderes Interesse gilt der modernen Wissenschaft als Manifestation dieses einen Ideals, dieser Absicht und dieses Prozesses:

Daß sie fälschlicherweise Dinge ausgeschlossen hat, weil es keine eindeutigen Bewertungsmaßstäbe gibt: daß sie Dinge ausgeschlossen hat, die nach ihren eigenen Pseudo-Maßstäben mit dem gleichen Recht dazugehören könnten wie die tatsächlich ausgewählten Dinge.

***

Unsere allgemeine Ansicht:

Daß jener Zustand, der meist absurderweise als »Existenz« bezeichnet wird, ein Strom ist, ein Fluß oder ein Versuch, vom Negativen zum Positiven zu kommen, und zwischen beiden Polen liegt.

Positiv soll hier bedeuten:

Harmonie, Gleichgewicht, Ordnung, Gesetzmäßigkeit, Stabilität, Stimmigkeit, Einheit, Echtheit, System, Regierung, Organisation, Freiheit, Unabhängigkeit, Seele, Selbst, Persönlichkeit, Ganzheit, Individualität, Wahrheit, Schönheit, Gerechtigkeit, Vollkommenheit, Eindeutigkeit –

Daß alles, was Entwicklung, Fortschritt oder Evolution genannt wird, eine Bewegung oder ein Streben zu diesem Zustand ist, für den oder für dessen Aspekte es so viele Namen gibt. Alle Bezeichnungen lassen sich aber in dem einen Wort »Eindeutigkeit« zusammenfassen.

Diese Zusammenfassung ist vielleicht nicht auf den ersten Blick akzeptabel. Zunächst mag es scheinen, als seien viele der Worte keine Synonyme. »Harmonie« kann mit »Ordnung« gleichgesetzt werden, aber »Unabhängigkeit« ist beispielsweise nicht gleichbedeutend mit »Wahrheit«. Mit »Stabilität« meinen wir etwas anderes als mit dem Wort »Schönheit«, und »System« hat nicht unbedingt mit »Gerechtigkeit« zu tun.

Ich denke an einen unendlichen Knoten, der in astronomischen, in chemischen, biologischen, psychischen und soziologischen Phänomenen einen Ausdruck findet, und der allenthalben versucht, eindeutig und konkret zu werden: daß wir diesem Bemühen in verschiedenen Phänomenbereichen – die nur quasiunterschiedlich sind –, unterschiedliche Namen geben. Wir sprechen etwa vom Planeten-System, nicht von der Planeten-»Organisation«. Aber wenn wir an einen Laden und seine Ordnung denken, sehen wir die Austauschbarkeit dieser Worte. Früher sprach man gern von einem chemischen Gleichgewicht, aber nicht von einem gesellschaftlichen Gleichgewicht. Diese falsche Abgrenzung ist abgebaut worden. Wir werden noch sehen, daß wir mit all diesen Worten den gleichen Zustand meinen. In ihrer Benutzung im Alltag oder im Zusammenhang mit üblichen Illusionen sind diese Begriffe natürlich keine Synonyme. Für ein Kind ist ein Regenwurm kein Tier. Für den Biologen schon.

Mit »Schönheit« meine ich etwas, das vollständig scheint.

Umgekehrt ist das Unvollständige oder Verstümmelte das Häßliche.

Die Venus von Milo.

Für ein Kind ist sie häßlich.

Wenn wir aber den Begriff der Vollständigkeit auf sie anwenden, ist sie schön, obwohl nach physiologischen Gesichtspunkten unvollständig.

Eine Hand nur als Hand gesehen, mag uns schön vorkommen. Auf einem Schlachtfeld gefunden – offensichtlich abgetrennt – ist sie nicht schön.
Aber alles, was wir erfahren, ist nur ein Teil von etwas anderem, das seinerseits nur Teil von wieder etwas anderem ist – oder, daß es in unseren Erfahrungen nichts Schönes gibt, sondern nur Erscheinungsformen, die zwischen Schönheit und Häßlichkeit liegen – daß allein das Universelle vollständig ist: daß allein das Vollständige schön ist: daß jeder Versuch, Schönheit zu gewinnen, der Versuch ist, dem Konkreten das Attribut des Universellen zuzuschreiben.
Mit Stabilität meinen wir das Unveränderliche und das Unbeeinflußbare. Aber alles, was zu sein scheint, ist nur eine Reaktion auf etwas anderes. Auch Stabilität gibt es demnach nur im Universellen, neben dem nichts anderes existiert. Manche Dinge vermögen sich der Stabilität scheinbar oder tatsächlich weiter anzunähern als andere, doch finden wir in unseren Erfahrungen nur verschiedene Stadien des Übergangs zwischen Stabilität und Instabilität. Jeder Mensch also, der nach Stabilität strebt und ihr unterschiedliche Namen wie »Dauerhaftigkeit«, »Überleben« oder »Beständigkeit« gibt, bemüht sich, auf irgendeine Weise einen Zustand zu konkretisieren, der nur im Universellen existieren kann.
Mit Unabhängigkeit, Ganzheit und Individualität kann ich nur Dinge meinen, neben denen es nichts anderes gibt. Sobald ich aber zwei Dinge habe, müssen diese sich ständig gegenseitig beeinflussen, wenn jedes Ding nur eine Reaktion auf etwas anderes ist, und zwei gegebene Dinge müßten gegenseitig ihre Unabhängigkeit, Ganzheit oder Individualität zerstören.
Alle Versuche, Organisationen, Systeme und logische Ordnungen aufzubauen, manche dem Ideal näher als andere, aber alle nur Zwischenstufen zwischen Ordnung und Unordnung, müssen an ihren Beziehungen zu äußeren Kräften scheitern. Sie alle sind Versuche, Vollständigkeit zu erlangen. Wenn auf alle konkreten Phänomene stets äußere Kräfte einwirken, dann können auch diese Versuche nur im Zustand der Vollständigkeit erfolg-

reich sein, auf einer Ebene also, auf der es keine äußeren Kräfte gibt.

Oder, daß all diese Worte Synonyme sind, die sich alle auf den Zustand beziehen, den wir als eindeutig bezeichnen –

Daß unsere ganze »Existenz« das Streben nach dem eindeutigen Zustand ist.

Das erstaunliche Paradoxon dabei:

Daß alle Dinge versuchen, zum Universellen zu werden, indem sie andere Dinge ausschließen.

Daß es nur diesen einen Prozeß gibt, und daß er auf allen Ebenen alle Ausdrucksformen jenes Zusammenhangs belebt, den wir uns als unendlichen Knoten vorstellen:

Die religiösen Menschen und ihre Ideen oder Ideale von der Seele. Sie denken an ein klar unterscheidbares, stabiles Wesen, an einen Zustand der Unabhängigkeit, und nicht an einen Strom von Schwingungen oder an komplexe Reaktionen auf die Umgebung, nicht an fließende Übergänge zwischen der Seele und der Umgebung, nicht an ein Verschmelzen mit unendlich vielen anderen sich wechselseitig beeinflussenden Seelen.

Aber das einzige, das sich nicht in etwas anderem auflöst, kann nur etwas sein, woneben nichts anderes existiert.

Daß »Wahrheit« nur ein anderes Wort für den eindeutigen Zustand ist, und daß die Suche nach Wahrheit der Versuch ist, diese Eindeutigkeit zu erlangen.

Wissenschaftler, die geglaubt haben, sie suchten die *eine* Wahrheit, die jedoch stets nur astronomische, chemische oder biologische Wahrheit*en* suchten. Aber die Wahrheit ist das, woneben es nichts anderes gibt: nichts, was sie abwandeln könnte, nichts, was sie in Frage stellen könnte, nichts, was eine Ausnahme darstellen könnte: das Allumfassende, das Vollständige –

Mit Wahrheit meine ich das Universelle.

Chemiker suchten etwas Wahres oder Reales und scheiterten immer wieder, weil chemische Phänomene Beziehungen zu äußeren Vorgängen haben. Gescheitert sind sie in dem Sinne, daß noch niemand ein chemisches Gesetz entdeckt hat, das nicht durch Ausnahmen eingeschränkt würde. Denn der Übergang von der Chemie zur Astronomie, zur Physik und zur Biologie ist fließend. Wenn die Sonne beispielsweise ihre Entfernung zur Erde stark verändern würde und die Menschheit dies überleben könnte, dann würden die alten chemischen Formeln nicht mehr funktionieren. Wir müßten eine neue Chemie lernen.

Oder, daß jeder Versuch, eine konkrete Wahrheit zu finden, ein Versuch ist, das Universelle im Konkreten zu entdecken.

Künstler streben nach Eindeutigkeit und nennen sie »Harmonie«. Doch die Farbpigmente der Bilder oxidieren oder reagieren auf eine zersetzende Umgebung. Die Saiten der Musikinstrumente reagieren zum Unbehagen der Musiker auf äußere chemische, thermale und Schwerkrafteinflüsse – immer wieder diese Einheit aller Ideale, und alle sind Versuche, praktisch zu erreichen oder zu sein, was nur im Universellen zu verwirklichen ist. In unseren Erfahrungen gibt es nur Zwischenzustände zwischen Harmonie und Mißklang. Harmonie ist ein Zustand, neben dem es keine äußeren Kräfte gibt.

Nationen haben immer für ein einziges Ziel gekämpft: für Individualität oder Ganzheit. Sie wollten reale, selbstbestimmte Nationen sein, keiner anderen Nation unterworfen oder angeschlossen. Erreicht haben sie immer bloß Zwischenzustände. Die Geschichte ist voll von Beispielen für das Scheitern dieses Versuchs, denn immer gab es äußere Kräfte oder andere Nationen, die für das gleiche Ziel stritten.

Wenn wir über Vorgänge in der Physik, der Chemie, der Mineralogie oder der Astronomie sprechen, ist es nicht üblich zu sagen, sie strebten nach Wahrheit oder Ganzheit, aber man weiß, daß alle Bewegungen einen Gleichgewichtszustand anstreben: daß es keine Bewegung außer der zum Gleichgewicht gibt, was natürlich zugleich immer eine Distanzierung von anderen Annäherungen an das Gleichgewicht bedeutet.

Alle biologischen Phänomene drehen sich um Anpassung. Es gibt keine biologischen Phänomene außer denen der Anpassung.

Anpassung ist ein anderer Name für Gleichgewicht. Gleichgewicht ist das Universelle, neben dem es nichts Äußeres, nichts Störendes gibt.
Aber daß alles, was wir als »Sein« bezeichnen, in Bewegung ist, und daß jede Bewegung ein Ausdruck nicht des Gleichgewichts, sondern des Weges zum Gleichgewicht oder des nicht erreichten Gleichgewichts ist: daß alles Denken auf das Unerreichte zielt: daß, was wir in unserem Quasi-Zustand als Sein bezeichnen, nicht eindeutig ist, sondern ein Mittelding zwischen Gleichgewicht und Ungleichgewicht.
Also:
Daß alle Phänomene in unserem intermediären Zwischenzustand, unserem Quasi-Zustand, Ausdrucksformen des immer gleichen Versuchs sind zu ordnen, zu stabilisieren, zu individualisieren – kurz, eindeutig oder real zu werden:
Daß wir uns im Zwischenzustand zwischen endgültigem Scheitern und endgültigem Erfolg verstricken;
Daß jeder Versuch – den wir beobachten können – durch die fließenden Übergänge zwischen den Polen oder durch äußere Kräfte zum Scheitern verurteilt ist – oder durch das Ausgeschlossene, das sich im fließenden Übergang zum Eingeschlossenen befindet:
Daß unsere ganze »Existenz« der Versuch des Relativen ist, zum Absoluten zu werden, der Versuch des Konkreten, zum Universellen zu werden.
In diesem Buch gilt mein Interesse diesem Versuch, soweit er sich in der modernen Wissenschaft niedergeschlagen hat:
Daß die Wissenschaft real, wahr, endgültig, vollständig und absolut sein wollte:
Daß, wenn der Anschein des Seins in diesem unserem Quasi-Zustand das Produkt eines Ausschlusses ist, der immer falsch und willkürlich sein muß, wenn das Eingeschlossene und das Ausgeschlossene eine Kontinuität bilden; daß dann das System oder die vermeintliche Ganzheit der modernen Wissenschaft nur ein Quasi-System oder eine Quasi-Ganzheit ist, hervorgebracht durch eben jenen irreführenden, willkürlichen Prozeß,

durch den auch das keineswegs eindeutige System, das der Wissenschaft vorausging, oder auch das theologische System die Illusion des Seins erzeugte.
In diesem Buch stelle ich einige Daten zusammen, die meiner Meinung nach zu den fälschlich und willkürlich ausgeschlossenen zählen.
Die Daten der Verdammten.
Ich bin in die Dunkelheit vorgestoßen, in die Randbezirke wissenschaftlicher und philosophischer Vorgänge und Vorgehensweisen, wo ich hoch respektable, aber mit dem Staub der Mißachtung bedeckte Dinge fand. Ich bin zum Journalismus hinabgestiegen. Zurückgekehrt bin ich mit den Quasi-Seelen verlorener Daten.
Sie werden marschieren.

***

Zur Logik der folgenden Ausführungen sei gesagt –
Daß es in unserer Welt des Anscheins nur eine Quasi-Logik geben kann:
Daß nichts je bewiesen wurde –
Weil es nichts zu beweisen gibt.
Wenn ich sage, daß es nichts zu beweisen gibt, dann meine ich, daß es für jene, die fließende Übergänge annehmen – das Verschmelzen aller Phänomene in anderen Phänomenen, bis es keine klaren Trennlinien mehr zwischen den Dingen gibt –, nicht ein einziges Ding eindeutig gibt. Es gibt nichts zu beweisen.
Wir können beispielsweise nicht beweisen, daß ein Tier ein Tier ist, denn die Unterschiede zwischen Pflanzen und Tieren sind nicht eindeutig. Manche Lebensformen sind ebenso Pflanze wie Tier, oder sie sind eine Verschmelzung zwischen tierischer und pflanzlicher Existenz. Es gibt keinen eindeutigen Test, keine Maßstäbe, keine Kriterien, keine Hilfsmittel, um sich eine Meinung zu bilden. Tiere unterscheiden sich nicht eindeutig von Pflanzen. Es gibt nichts zu beweisen. Wir können beispielsweise nicht beweisen, daß etwas gut sei. In unserer

»Existenz« gibt es nichts »Gutes«, das sich eindeutig und klar vom Bösen unterscheiden ließe. Wenn Verzeihen in Friedenszeiten gut ist, so ist es im Krieg falsch. Es gibt nichts zu beweisen: Was wir als gut erfahren, geht fließend ins Böse über oder ist nur ein anderer Aspekt von ihm.
Was ich nun zu tun versuchen will, ist, einfach zu akzeptieren. Wenn ich das Universelle nicht sehen kann, dann beschränke ich mich auf das Konkrete.
Gehen wir also davon aus, daß nichts je bewiesen wurde:
Daß theologische Sätze in Zweifel stehen wie eh und je, daß sie jedoch durch eine Art Hypnose zu ihrer jeweiligen Zeit eine Mehrheit von Menschen beherrschen konnten;
Daß in späteren Zeiten auch die Gesetze, Dogmen, Formeln und Prinzipien der materialistischen Wissenschaft nicht bewiesen wurden, weil auch sie nichts als konkrete Ausdrucksformen sind, die das Universelle nur simulieren, sondern daß führende Geister dieser Zeit hypnotisiert wurden, bis sie mehr oder weniger fest an die Lehrsätze glaubten.
Newtons drei Gesetze, und daß sie Versuche sind, Eindeutigkeit zu erreichen oder den fließenden Übergängen trotzig Einhalt zu gebieten, und so irreal wie alle anderen Versuche, das Universelle zu konkretisieren:
Daß, wenn jeder beobachtbare Körper mittelbar oder unmittelbar in fließendem Übergang mit allen anderen Körpern existiert, er nicht nur durch seine eigene Trägheit beeinflußt wird, so daß wir das Phänomen der Massenträgheit im Grunde nicht erklären können; daß, wenn alle Dinge auf eine Vielzahl von Kräften reagieren, wir nicht erkennen können, welche Wirkung bestimmte Kräfte haben; daß, wenn jede Reaktion fließend in die dazugehörige Aktion übergeht, sie nicht für sich selbst als Ganzes gesehen werden kann, so daß wir sie nicht als Ganzes sehen und nicht ermessen können, womit sie gleichzusetzen wäre und wozu sie in Widerspruch steht –
Oder, daß Newtons drei Gesetze drei Glaubensartikel sind.
Oder, daß Dämonen und Engel und Trägheit und Reaktionen mythologische Größen sind.

Aber, daß man in den Bereichen, in denen sie herrschen konnten, so fest an sie glaubte, als wären sie bewiesen.

Abnormitäten und Unsinnigkeiten werden marschieren.
Sie werden auf die gleiche Weise »bewiesen«, wie Moses oder Darwin oder Lyell ihre Worte jemals »bewiesen« haben.

***

Wir ersetzen den Glauben durch Annahmen.
Die Zellen eines Embryos nehmen auf verschiedenen Entwicklungsstufen verschiedene Gestalten an.
Je fester etabliert, desto schwerer die Veränderung.
Daß der soziale Organismus sich im Embryonalzustand befindet.
Daß fester Glaube bedeutet, die Entwicklung zu behindern.
Daß wir sie erleichtern, wenn wir die Dinge nur vorübergehend annehmen.

***

Aber:
Abgesehen davon, daß wir den Glauben durch Annahmen ersetzen, greifen wir zu konventionellen Methoden, zu jenen Methoden, mit denen seit jeher jeder Glaube formuliert und propagiert wird. Unsere Methoden sollen die Methoden der Theologen und Barbaren und Wissenschaftler und Kinder sein. Denn wenn alle Phänomene ineinander übergehen, kann es keine eindeutig unterscheidbaren Methoden geben. Wir benutzen die unlogischen Mittel und Methoden von Kardinälen und Wahrsagern und Darwinisten und Bauern. Methoden, die unlogisch bleiben, weil sie sich immer auf das Konkrete beziehen. Und da das Konkrete unlogisch ist, schreiben wir dieses Buch.
Wenn es als Ausdrucksform seiner Zeit gültig ist, wird es Bestand haben.

***

Jede Wissenschaft beginnt mit dem Versuch zu definieren.
Nichts wurde je definiert.
Denn es gibt nichts zu definieren.
Darwin schrieb über den »Ursprung der Arten«.
Er konnte nie erklären, was er mit einer »Art« meine.
Definitionen sind nicht möglich.
Nichts wurde je eindeutig belegt.
Weil es nichts Eindeutiges zu belegen gibt.
Es ist wie die Suche nach einer Nadel, die niemand in einem nicht vorhandenen Heuhaufen verloren hat –
Aber, daß jeder Versuch der Wissenschaft, etwas herauszufinden, wo es nichts herauszufinden gibt, der Versuch ist, aus sich selbst heraus etwas zu sein.
Ein Wahrheitssucher. Er wird die Wahrheit nie finden. Aber die unwahrscheinlichste aller Möglichkeiten – er kann selbst zur Wahrheit werden.
Oder, daß die Wissenschaft mehr ist als bloßes Forschen:
Daß sie ein Pseudo-Konstrukt ist, eine Quasi-Ordnung: daß sie der Versuch ist, auszubrechen und im Konkreten Harmonie, Stabilität, Gleichgewicht, Konsistenz und Ganzheit zu etablieren –
Die unwahrscheinlichste aller Möglichkeiten – daß sie damit Erfolg hat.

***

Daß unsere Existenz ein Pseudo-Dasein ist, und daß alle Erscheinungsformen in ihr ein Teil ihrer wesenseigenen Fiktivität sind –
Aber, daß einige Erscheinungsformen sich dem eindeutigen Zustand weiter anzunähern vermögen als andere.
Wir stellen uns alle »Dinge« als verschiedene Abstufungen der Verwirklichung vor, als Schritte zwischen Eindeutigkeit und Nichtexistenz, Positiv und Negativ, zwischen Realität und Irrealität: daß manche scheinbar existierenden Dinge konsistenter, stimmiger, schöner, geeinter, individueller, harmonischer, stabiler sind – als andere.

Wir sind keine Realisten. Wir sind keine Idealisten. Wir sind Intermediaristen – daß nichts real ist, aber auch nichts irreal: daß alle Phänomene nur Näherungen auf dem einen oder anderen Weg zwischen dem Realen und dem Irrealen sind.
Also:
Daß unsere ganze Quasi-Existenz ein Zwischenzustand ist zwischen Eindeutigkeit und Nichtexistenz, zwischen Realheit und Irrealheit.
Wie das Fegefeuer, glaube ich.
Doch in unserer Zusammenfassung, die nur umrißhaft war, unterblieb die Klarstellung, daß das Reale ein Aspekt der Eindeutigkeit ist.
Mit dem Realen meine ich etwas, das sich nicht in etwas anderem auflöst und das nicht teilweise etwas anderes ist: Etwas, das keine Reaktion auf und keine Imitation von etwas anderem ist. Mit einem wirklichen Helden meinen wir jemanden, der nicht teilweise ein Feigling ist oder dessen Handlungen und Motive nicht fließend in Feigheit übergehen. Aber wenn in der Kontinuität alle Dinge miteinander verschmelzen, dann meine ich mit dem Realen das Universelle, neben dem es nichts gibt, das verschmelzen könnte.
Daß es aber, auch wenn das Konkrete auf die Ebene des Universellen erhoben werden mag, nicht vorstellbar ist, das Universelle zu konkretisieren: daß es jedoch starke Annäherungen geben kann, und daß diese Näherungserfolge den Sprung vom Intermediären zum Realen vollbringen können – genau wie sich in gewisser Weise die industrielle Welt mittels Umsetzung aus dem Irrealen rekrutiert, aus den vermeintlich weniger realen Visionen der Erfinder. Wenn Maschinen in Fabriken aufgestellt werden, scheinen sie mehr Realität zu besitzen als die Bilder, aus denen sie hervorgingen.
Daß jeder Fortschritt, der sich einem Zustand von Stabilität, Organisation, Harmonie, Beständigkeit oder Eindeutigkeit annähert, der Versuch ist, real zu werden.
In allgemeinen metaphysischen Begriffen gesagt, ist es also unsere Ansicht, daß all das, was gemeinhin »Existenz« genannt

wird und das wir als Zwischenzustand bezeichneten, eine Quasi-Existenz ist wie ein Fegefeuer, weder real noch irreal, sondern ein Ausdruck des Versuchs, real zu werden, eine reale Existenz zu erzeugen oder aus Hilfsmitteln aufzubauen.

Wir formulieren die Annahme, daß die Wissenschaft, an die wir meist auf der spezifischen Ebene oder in ihren Fachbegriffen denken und die gemeinhin als das Wühlen in alten Knochen, Würmern und anderen Geschmacklosigkeiten gilt, ein Ausdruck jenes *einen* Geistes ist, der das ganze intermediäre Reich belebt: daß sie ein reales System mit eindeutig definierten Umrissen würde, wenn es ihr gelänge, alle Daten außer den gerade vorliegenden ein für alle Mal auszuschließen, um nur anzunehmen, was für die gegenwärtige Quasi-Ordnung verträglich ist – dann würde sie real.

Ihre scheinbare Annäherung an Beständigkeit, Stabilität, Ordnung, Eindeutigkeit oder Realheit wird möglich, wenn alles Unvereinbare und Unverträgliche verdammt wird.

Dann wäre alles gut.

Es wäre himmlisch –

Wenn die Verdammten nur verdammt blieben.

KAPITEL 2

Im Herbst 1883 und in den folgenden Jahren gab es strahlende Sonnenuntergänge, wie die Beobachter sie ihr Lebtag noch nicht gesehen hatten. Außerdem waren die Vollmonde blau.

Die meisten Menschen werden lächeln ob der Behauptung, der Mond sei blau gewesen. Dennoch war dies im Jahre 1883 ebenso so alltäglich wie eine grüne Sonne.

Die Wissenschaft mußte diese ungewöhnlichen Phänomene erklären. Zeitschriften wie *Nature* und *Knowledge* wurden mit Anfragen bestürmt.

Ich vermute, daß die Medizinmänner in Alaska und auf den Südseeinseln auf ähnliche Weise um Erklärungen angegangen wurden.

Man mußte sich etwas einfallen lassen.

Am 28. August 1883 war der Vulkan auf der Insel Krakatau in der Sunda-Straße ausgebrochen.

Schrecklich.

Wir erfahren, daß der Lärm noch in 2000 Meilen Entfernung zu hören war, und daß 36380 Menschen getötet wurden. Das scheint etwas unwissenschaftlich oder willkürlich. Ich frage mich, warum es nicht 2163 Meilen und 36387 Tote waren. Die Rauchwolke, die beim Ausbruch aufstieg, muß auch von anderen Planeten aus sichtbar gewesen sein. Gequält von uns herumkriechenden und hastenden Menschen, beklagte sich die Erde bei Mars und stieß einen gewaltigen, schwarzen Fluch gegen uns aus.

In allen Büchern, die dieses Ereignis behandeln – ich bin bisher auf keine einzige Ausnahme gestoßen –, ist zu lesen, daß die außergewöhnlichen atmosphärischen Effekte im Jahre

1883 erstmals am 31. August oder am 1. September bemerkt wurden.

Damit beginnen unsere Schwierigkeiten.

Es wird behauptet, die Phänomene seien durch vulkanische Staubpartikel entstanden, die der Vulkan hoch in die Luft geschleudert habe.

Dies ist die Erklärung, auf die man sich im Jahre 1883 einigte –

Aber die atmosphärischen Phänomene setzten sich über sieben Jahre fort –

In dieser Spanne von sieben Jahren gab es allerdings eine Lücke von mehreren Jahren. Wo ist der Staub in der Zwischenzeit geblieben?

Glauben Sie etwa, eine solche Frage könnte die Menschen aufschrecken?

Wenn Sie das glauben, verstehen Sie nichts von Hypnose. Dann haben Sie noch nie versucht, einem Hypnotisierten zu erklären, daß der Tisch vor ihm wirklich kein Nilpferd ist. Unser gesunder Menschenverstand sagt uns, daß der Hypnotisierte keine Beweise hat. Doch Sie können hundert Gründe dafür anführen, daß der Tisch kein Nilpferd ist, und am Ende werden Sie sich trotzdem darauf einigen müssen, daß ein Tisch auch kein Tisch ist – er scheint nur ein Tisch zu sein. Das Nilpferd scheint auch nur ein Tisch zu sein. Wie können Sie also beweisen, daß etwas wirklich nicht etwas anderes ist, wenn beide nur scheinbar sind, was sie sind? Es gibt nichts zu beweisen.

Dies ist eine von den grundlegenden Erkenntnissen, die wir angekündigt haben.

Sie können einer Absurdität nur mit einer neuen Absurdität begegnen. Aber die Wissenschaft ist der etablierte Unsinn. Wir unterteilen alle Erkenntnisse in offenbar unsinnige und anerkannte.

Aber Krakatau: Wir sahen, welche Erklärungen die Wissenschaftler vorlegten. Ich weiß nicht, welchen Unfug die Medizinmänner erzählten.

So erkennen wir gleich am Anfang die sehr starke Neigung der

Wissenschaft, die Außenbeziehungen der Erde nach Kräften zu leugnen.
Dieses Buch ist eine Datensammlung über die Außenbeziehungen der Erde. Wir sind der Ansicht, daß unsere Daten nicht nach eingehender Prüfung auf Brauchbarkeit oder Unbrauchbarkeit verdammt wurden, sondern in Übereinstimmung mit dem verbreiteten Wunsch, die Isolation der Erde aufrechtzuerhalten. Es ist dies der Versuch, eindeutig zu sein. Wir sind der Ansicht, daß die Wissenschaft darin nicht erfolgreicher sein kann, als es bei einem ähnlichen Unterfangen die Chinesen oder die Vereinigten Staaten wären. Nach den Pseudo-Überlegungen zu den Phänomenen von 1883, nach dem Versuch, eindeutig zu werden und die Isolation oder Beziehungslosigkeit der Erde zu erhalten, verbreiteten die Wissenschaftler lieber unsinnige Behauptungen wie die, daß der Vulkanstaub sieben Jahre lang in der Luft geschwebt haben soll – wobei sie eine Unterbrechung von mehreren Jahren ignorierten –, als zuzugeben, daß der Staub auch von irgendwo jenseits der Erde gekommen sein könnte. Die Wissenschaftler haben die Eindeutigkeit oder die Einheitlichkeit nicht einmal untereinander erreicht. Nordenskiold veröffentlichte schon vor 1883 einen großen Teil seiner Theorie über kosmischen Staub, und Professor Cleveland Abbé widersprach der Krakatau-Erklärung. Doch die meisten orthodoxen Wissenschaftler waren anderer Ansicht.
Der wichtigste Grund für meine Empörung:
Daß diese unsinnige Erklärung einige meiner eigenen Absonderlichkeiten stört.
Es würde mich zu viele Erklärungen kosten, müßte ich zugeben, daß die Atmosphäre der Erde derartige Haltekräfte besitzt. Später werden wir von Dingen hören, die in die Luft aufgestiegen und – manchmal Wochen oder Monate – droben geblieben sind, aber nicht dank der Haltekräfte der irdischen Atmosphäre. Da wäre etwa die Schildkröte von Vicksburg. Der Gedanke, eine recht ansehnliche Schildkröte könne drei oder vier Wochen, nur von der Luft gehalten, über Vicksburg schweben, scheint lächerlich. Aber das ist noch nichts gegen ein Pferd und

eine Scheune. Ich glaube, diese Fälle werden eines Tages als klassische Beispiele gelten, aber ich vermag einfach nicht zu akzeptieren, daß ein Pferd und eine Scheune mehrere Monate lang in der irdischen Atmosphäre schweben können.
Die orthodoxe Erklärung:
Siehe den *Report of the Krakatoa Committee of the Royal Society*. Er widmet sich ausschließlich den orthodoxen Erklärungen, er ist schlüssig formuliert, wunderschön und teuer. Der Bericht hat 492 Seiten und 40 teilweise wundervoll kolorierte Tafeln. Er wurde nach einer fünfjährigen Untersuchung veröffentlicht. Man kann sich kaum eine gründlicher durchdachte, künstlerischer gestaltete und entschiedener formulierte Schrift vorstellen. Besonders beeindruckend sind die mathematischen Berechnungen: die Verteilung des Staubes von Krakatau, die Ausbreitungs- und Sinkgeschwindigkeit, Höhenangaben und Eigengeschwindigkeiten –
Annual Register, 1883-105:
Daß die atmosphärischen Effekte, die Krakatau zugeschrieben wurden, in Trinidad bereits vor dem Ausbruch zu beobachten waren;
Knowledge, 5-418:
Daß sie in Natal, Südafrika, bereits sechs Monate vor der Eruption beobachtet wurden.

***

Die Massenträgheit und ihre Ungastlichkeit.
Oder, daß man Kindern kein rohes Fleisch zu essen geben sollte.
Wir wollen zu Anfang einige Daten betrachten.
Ich fürchte, das Pferd und die Scheune waren doch noch etwas zu anstrengend für unsere aufkeimende Großzügigkeit.
Das Außerordentliche ist das Vernünftige, wenn es höflich vorgestellt wird.
Nehmen wir Hagelkörner. Wir lesen in der Zeitung von hühnereigroßen Hagelkörnen und lächeln. Dennoch kann ich aus der *Monthly Weather Review* hundert Beispiele für hühnereigroße Hagelkörner zitieren. In *Nature* vom 1. November 1894

ist ein Bericht über Hagelkörner abgedruckt, die beinahe zwei Pfund wogen. In *Chambers' Encyclopedia* finden Sie Belege für Dreipfünder. *Report of the Smithsonian Institution*, 1870-479 – Zweipfünder werden bestätigt und Sechspfünder erwähnt. In Seringapatam in Indien fiel um das Jahr 1800 ein Hagelkorn – Ich fürchte mich, ich fürchte mich: Dies ist einer der absolut Verdammten. Ich platze mit etwas heraus, das ich vielleicht noch einige hundert Seiten für mich behalten sollte – aber das verdammte Ding war so groß wie ein Elefant.

Wir lachen.

Oder Schneeflocken. So groß wie Teller. Angeblich gefallen am 24. Januar 1891 in Nashville, Tennessee. Wir lächeln.

»Im Winter 1887 fielen in Montana Schneeflocken, die 15 Zoll breit und 8 Zoll dick waren.« (*Monthly Weather Review*, 1915-73.)

Wenn ich mir die Topographie des Denkens anschaue, dann muß ich sagen, daß das, was wir für Wissen halten, von Gelächter umzingelte Unwissenheit ist.

***

Schwarzer Regen – roter Regen – tausend Tonnen Butter fallen herab.

Pechschwarzer Schnee – rosafarbener Schnee – blaue Hagelkörner – Hagelkörner, die nach Orangen schmecken.

Verfaultes Holz, Seide und Holzkohle.

***

Wenn vor etwa hundert Jahren jemand so dumm war zu glauben, daß Steine vom Himmel fallen könnten, dann hielt man ihm entgegen:

Es gibt überhaupt keine Steine am Himmel:

Deshalb können keine Steine vom Himmel fallen.

Etwas Vernünftigeres, Wissenschaftlicheres oder Logischeres kann man kaum sagen. Das Problem ist aber immer wieder das gleiche: Die Grundannahme ist nicht real oder verharrt irgendwo zwischen Realheit und Irrealheit.

Im Jahre 1772 beauftragte die Académie Française einen Ausschuß, zu dem auch Lavoisier gehörte, damit, einem Bericht nachzugehen, demzufolge im französischen Luce ein Stein vom Himmel gefallen sei. Für keinen Versuch, eindeutig zu sein, wurde so hart gekämpft wie für die Annahme, die Erde existiere unbeeinflußt von jeglichen Außenbeziehungen. Lavoisier analysierte den Stein von Luce. Die ausschließende Erklärung der Exklusionisten von damals lautete, daß Steine nicht vom Himmel fallen: daß manchmal leuchtende Objekte zu fallen scheinen, und daß an der Stelle, an der scheinbar ein leuchtendes Objekt gelandet ist, manchmal heiße Steine gefunden werden – nur ein Blitz, der einen Stein getroffen, ihn erwärmt und sogar geschmolzen hat.
Der Stein von Luce war angeschmolzen.
Lavoisiers Analyse bewies »ohne jeden Zweifel«, daß der Stein nicht vom Himmel gefallen sei: daß er vom Blitz getroffen worden sei.
Also wurden fallende Steine kompetent verdammt. Das Mittel des Ausschlusses war die Erklärung, daß ein Blitz irgend etwas getroffen habe – das von vornherein und schon immer auf dem Boden gelegen habe.
Aber eindeutige Aussagen können ihrem Schicksal nicht entgehen. Man kann sich kaum vorstellen, daß die verdammten Steine laut gegen den Ausschluß protestieren, aber genau dies haben Aerolithen später getan. Die Daten bombardierten die Mauern, die gegen sie errichtet wurden.
Monthly Weather Review, 1796-426:
»Das Phänomen, das Gegenstand der folgenden Bemerkungen sein soll, wird den meisten Menschen äußerst unglaubwürdig vorkommen. Der Sturz großer Steine vom Himmel, ohne Hinweis auf ihren vorherigen Aufstieg, scheint so sehr ans Legendäre zu grenzen, daß der Vorgang dem Wirken bekannter und natürlicher Kräfte völlig entzogen scheint. Doch liegen Beweise dafür vor, daß derartige Ereignisse tatsächlich stattgefunden haben, und so wollen wir ihnen denn ein gewisses Maß an Aufmerksamkeit schenken.«

Der Autor gibt die erste, die absolute Ausschließung auf und modifiziert sie durch die Erklärung, daß dem Fall der Steine in Tuscany am 16. Juni 1794 ein Ausbruch des Vesuv vorausgegangen sei –
Oder daß, wenn schon Steine vom Himmel fallen, es dann aber Steine sein müssen, die zuvor durch Wirbelwinde oder vulkanische Tätigkeit an irgendeinem anderen Ort auf der Erde aufgestiegen sind.
Inzwischen sind mehr als einhundertzwanzig Jahre vergangen. Ich weiß von keinem einzigen Aerolithen, der nachweislich irdischen Ursprungs gewesen wäre.
Die Verdammung der fallenden Steine mußte aufgehoben werden, doch der Vorbehalt, daß keine äußeren Kräfte beteiligt seien, blieb bestehen.
Selbst ein Mensch mit dem Wissen Lavoisiers war nicht fähig, Dinge zu analysieren und zu sehen, die nicht zum hypnotischen Glauben in seiner Ära oder zu den damals üblichen Reaktionen gegen die Hypnose passen wollten.
Wir glauben nicht mehr.
Wir nehmen an.
Stück um Stück mußten die Wirbelsturm- und Vulkan-Erklärungen aufgegeben werden, doch die exklusionistische Hypnose, das Urteil zur Verdammung, oder der Versuch, eindeutig zu sein, war so mächtig, daß sich bis in unsere Zeit hinein einige Wissenschaftler, namentlich Professor Lawrence Smith und Sir Robert Ball, beharrlich gegen jede Art von äußerem Ursprung der Steine aussprachen und versicherten, daß nichts auf die Erde fallen könne, es sei denn, es sei in einer anderen Gegend der Erde zuvor hochgeworfen oder hochgewirbelt worden.
Das ist so lobenswert wie alles andere, das je gesagt wurde – und damit meine ich, daß es im intermediären Reich zwischen dem Löblichen und dem Tadelnswerten liegt.
Jungfräuliche Unschuld.
Meteorite, deren Daten einst verdammt waren, sind inzwischen zugelassen, aber die übliche Auffassung von ihnen ist

nur ein widerwiliges Abrücken vom Ausschlußverfahren: daß nur zwei Arten von Substanzen vom Himmel fallen können: Metalle und Steine: daß die metallischen Objekte aus Eisen und Nickel bestehen –

Butter und Papier und Wolle und Seide und Harz.

Wir sehen, daß die Jungfrauen der Wissenschaft sich weinend und kreischend gegen die Außenbeziehungen der Erde wandten. Zwei Gründe nannten sie:

Die Gegenstände waren von vornherein da, oder sie sind an einem Ort der Erde aufgestiegen und an einem anderen gelandet.

Noch im November 1902 behauptete ein Mitglied der Selborne Society in *Nature Notes*, 13-231, daß Meteoriten nicht vom Himmel fallen; daß Eisenansammlungen, die »von vornherein« im Boden waren, einen Blitz anziehen; daß der Blitz beobachtet und fälschlicherweise für ein fallendes, leuchtendes Objekt gehalten wird –

Fortschritt bedeutet Vergewaltigung.

Butter und Fleisch und Blut und ein Stein mit einer seltsamen Inschrift.

KAPITEL 3

Wir sind also der Meinung, daß die Wissenschaft mit wirklichem Wissen nicht mehr zu tun hat als das Wachstum einer Pflanze, die Ordnung in einem Lebensmittelladen oder die Entwicklung einer Nation. Sie alle sind assimilierende, ordnende oder systematisierende Prozesse, die unterschiedliche Versuche darstellen, einen eindeutigen Zustand zu erreichen – jene Ebene, die wir, wie ich denke, ansonsten meist als Paradies bezeichnen.

Es kann keine wirkliche Wissenschaft geben, solange es unbekannte Variablen gibt. Jede Variable aber bleibt unbestimmbar oder unberechenbar, solange sie im Intermediären Reich angesiedelt ist und dort versucht, ihrerseits zu einer festen Größe zu werden. Das Unveränderliche, das Reale oder Stabile, zählt nicht im Intermediären Reich, ähnlich den Geräuschen, die ein Träumender im Schlaf hört und die er in den Traum einbindet, weil die unverfälschte Wahrnehmung der Realität den Traum beenden und den Träumer wecken würde. Die Wissenschaft ist der Versuch, aufzuwachen und die Realität zu sehen, um dort Gesetzmäßigkeit und Einheit zu erkennen. Das Gesetzmäßige und Einheitliche wäre etwas, woneben es nichts Äußeres mehr gibt, das es stören könnte. Mit dem Universellen meinen wir das Reale. Die Idee liegt nahe, daß über diesem Super-Versuch der Wissenschaft das Objekt, um das es eigentlich ging, bedeutungslos wird: daß im Versuch, Gesetzmäßigkeiten zu finden, der wahre Geist der Wissenschaft liegt. Würmer und Sterne und chemische Lösungen: daß sie nur quasi-real sind, und daß es aus ihnen nichts zu lernen gibt; aber, daß die Systematisierung der Pseudo-Daten eine Annäherung an die Realheit oder an das endgültige Erwachen ist.

In einem Traum von Kentauren und Kanarienvögeln, die sich in Giraffen verwandeln, kann es keine reale Biologie dieser Subjekte geben. Jeder Versuch des träumenden Geistes, die Erscheinungen zu systematisieren, wäre ein Schritt zum Erwachen – falls wir mit dem Zustand des – relativen – Wachseins nur eine bessere geistige Koordination meinen.
Nach dem Versuch, die Dinge zu systematisieren und nachdem äußere Einflüsse so weit wie möglich ignoriert wurden, ist die Vorstellung, Dinge könnten von außerhalb auf die Erde fallen, der Wissenschaft so unwillkommen wie Kindertrompeten, die eine relativ symmetrische Komposition stören, wie Fliegen, die auf dem Harmonieversuch eines Malers landen und die Farben verschmieren, wie eine Suffragette, die beim Abendgebet eine politische Ansprache hält.
Wenn alle Dinge eins und also einem Zustand unterworfen sind, der zwischen Irrealheit und Realheit liegt, und wenn es keinem Ding gelungen ist, auszubrechen und eine eigenständige Identität aufzubauen – was bedeuten würde, daß es im Intermediären Reich zu »existieren« aufhörte, da ja ein Neugeborenes auch nicht zugleich im Uterus sein kann –, dann fällt mir beim besten Willen kein eindeutiger Unterschied mehr zwischen der Wissenschaft und der Christlichen Wissenschaft ein, zumal die Haltung beider dem Unwillkommenen gegenüber die gleiche ist: »Es existiert nicht.«
Ein Lord Kelvin oder eine Mrs. Eddy und etwas, das ihnen nicht gefällt – es existiert nicht.
Natürlich nicht, sagen wir Intermediaristen, aber andererseits kann es im Intermediären Reich auch so etwas wie absolute Nichtexistenz nicht geben.
Oder ein Christlicher Wissenschaftler und Zahnschmerz – beide existieren letztlich nicht. Beide sind aber auch nicht absolut nichtexistent, und nach unserer Auffassung wird siegen, wer oder was sich der Realheit am besten anzunähern weiß.
Ein Geheimnis der Macht –
Ich glaube, das ist eine weitere grundlegende Erkenntnis.
Wollen Sie Macht über etwas haben?

Seien Sie einfach mehr fast-real als dieses Etwas.
Beginnen wir mit gelben Substanzen, die auf die Erde gefallen sind. Wir werden sehen, ob unsere Daten über sie eine bessere Annäherung an die Realität ermöglichen als die Dogmen derer, die ihre Existenz verleugnen, und ob sie tatsächlich Produkte eines anderen Ortes als der Erde sind.
Lassen Sie uns Impressionisten sein. Es gibt keine eindeutigen Tests oder Maßstäbe. Der Realismus in der Kunst, der Realismus in der Wissenschaft, beides ist vergänglich. 1859 kam man nicht umhin, den Darwinismus zu akzeptieren. Heute rebellieren viele Biologen und versuchen, sich etwas anderes auszudenken. Es blieb damals nichts anderes übrig, als ihn zu akzeptieren, aber der Darwinismus wurde natürlich nie bewiesen:
Das Überleben der Tüchtigsten.
Wen meinen wir mit den Tüchtigsten?
Nicht die Stärksten und nicht die Klügsten –
Schwäche und Dummheit vermögen allenthalben zu überleben.
Es gibt keinen Weg zu beweisen, wer der Tüchtigste ist, es sei denn durch die Tatsache des Überlebens.
Der »Tüchtigste« zu sein bedeutet demnach nichts anderes als einfach zu »überleben«.
Darwinismus:
Daß die Überlebenden überleben.
Auch wenn der Darwinismus nun eindeutig unbegründet oder gar absolut irrational erscheint, nähert er sich dank einer umfangreichen Sammlung angeblicher Daten und dank seiner vermeintlichen inneren Schlüssigkeit dem Zustand von Ordnung und Konsistenz weiter an als die zaghaften Spekulationen, die ihm vorausgingen.
Oder, daß Kolumbus nie bewiesen hat, daß die Erde rund ist.
Der Schatten der Erde auf dem Mond?
Niemand hat ihn je in voller Größe gesehen. Der Schatten der Erde ist erheblich größer als der Mond. Wenn der Mond gewölbt ist, dann kann auf ihm auch ein geradlinig begrenztes Objekt einen gekrümmten Schatten werfen.
All die anderen sogenannten Beweise können auf die gleiche

Weise angegangen werden. Kolumbus konnte unmöglich beweisen, daß die Erde rund ist. Das war auch nicht nötig. Es reichte, den Versuch zu unternehmen und ein höheres Maß an Eindeutigkeit zu erreichen als seine Widersacher. Dennoch blieb 1492 nichts anderes übrig als zu anzunehmen, daß im Westen jenseits von Europa ein anderes Land lag.
In Übereinstimmung mit dem Zeitgeist in diesem ersten Viertel des zwanzigsten Jahrhunderts biete ich den Gedanken an, daß jenseits dieser Erde andere Länder liegen, von denen Dinge nach Europa herübertreiben, wie sie beispielsweise auch aus Amerika herübertreiben.
Was die gelben Substanzen angeht, die auf die Erde fielen, so fußt das Unternehmen, alle nicht irdischen Ursprünge auszuschließen, auf dem Dogma, daß gelber Regen oder gelber Schnee durch Pollen von irdischen Kiefern gefärbt sei. *Symons' Meteorological Magazine* ist in dieser Hinsicht besonders prüde und weist alle anderen Angebote als äußerst unschicklich zurück.
In der *Monthly Weather Review* vom Mai 1877 ist dennoch von einem gelblich-goldenen Niederschlag die Rede, der am 27. Februar 1877 im deutschen Peckloh gefallen sei. Vier verschiedene Arten von Organismen und nicht etwa Pollen hätten die Färbung verursacht. Es handelte sich um winzige Körper, die geformt waren wie Pfeile, Kaffeebohnen, Hörner und Scheiben.
Vielleicht waren es Symbole. Vielleicht waren es echte Hieroglyphen.
Nur so eine Idee, lassen wir sie los...
In den *Annales de Chimie*, 85-288, ist von Regenfällen die Rede, die Schwefel enthalten hätten. Ich habe dreißig bis vierzig weitere Angaben, doch ich will keine einzige mehr anführen. Ich will zugestehen, daß es sich in jedem einzelnen Fall um den Niederschlag von Pollen handelte. Ich sagte ja schon, daß unsere Methoden die Methoden der Theologen und Wissenschaftler sein sollen, und die beginnen stets mit dem Anschein der Großzügigkeit. Ich will dreißig oder vierzig Punkte vorgeben. Ich bin so großzügig wie jeder von ihnen, nur daß meine

Freigebigkeit mich nichts kostet. Die absonderlichen Daten, die wir haben, sollen für sich sprechen.
Betrachten wir ein typisches Beispiel für dieses Dogma und für die Art und Weise, auf die es sich äußert.
Im *American Journal of Science*, 1-42-196, erfahren wir von einer gelben Substanz, die in einer »windstillen« Nacht im Juni in Pictou Harbour, Nova Scotia, eimerweise auf ein Schiff fiel. Der Autor analysierte die Substanz, die »Stickstoff, Ammoniak und einen Tiergeruch verströmte«.
Eines unserer intermediaristischen Prinzipien lautet, daß unter dem Aspekt der Homogenität alle Substanzen so weit vom Eindeutigen entfernt sind, daß – zumindest im elementaren Sinn – alles überall gefunden werden kann. Mahagonistämme an der Küste Grönlands, Käfer aus einem Tal auf dem Gipfel des Mont Blanc, Atheisten bei einer Andacht, Eis in Indien. Chemische Analysen zeigen beispielsweise, daß praktisch jeder tote Mensch mit Arsen vergiftet wurde, weil im Magen jedes Menschen Eisen, Blei, Zinn, Gold und Arsen zu finden sind – was im Grunde aber keine Rolle spielt, weil der Ordnung halber jedes Jahr eine gewisse Anzahl Menschen wegen Mordes hingerichtet werden müssen, und wenn die Detektive nicht fähig sind, wirklich etwas herauszufinden, dann reicht die Illusion ihres Erfolges völlig aus. Im übrigen ist es sehr ehrenhaft, der Gesellschaft das eigene Leben zu opfern.
Der Chemiker, der die Substanz von Pictou untersuchte, schickte eine Probe an den Herausgeber des *Journal*. Der Herausgeber fand natürlich Pollen darin.
Ich bin der Meinung, daß tatsächlich Pollen darin gewesen sein muß. Im Juni kann in der Nähe der Kiefernwälder von Nova Scotia kaum etwas zu Boden fallen, ohne mit den zahlreichen schwebenden Pollenkörnern in Berührung zu kommen. Aber der Herausgeber sagt nicht, daß diese Substanz Pollen »enthielt«. Er vernachlässigt »Stickstoff und Ammoniak« und den »Tiergeruch« und behauptet, es habe sich nur um Pollen gehandelt. Da wir aber dreißig oder vierzig Punkte Großzügigkeit vorgegeben haben – oder Pseudo-Großzügigkeit, wenn wir

schon nicht wirklich großzügig sein können –, will ich zugestehen, daß der Chemiker, der die erste Untersuchung durchführte, Tiergerüche wahrscheinlich nicht einmal dann erkennen könnte, wenn er im Zoo arbeiten würde. Aber wenn wir weitergehen, fällt es immer schwerer, das Phänomen so leichtfertig zu ignorieren:

Tierische Stoffe fallen vom Himmel.

Ich schlage vor, daß wir uns zunächst in die Situation von Tiefseefischen versetzen:

Wie würden sich solche Fische das Herabfallen tierischer Stoffe erklären?

Sie würden es gar nicht erst versuchen –

Es ist nicht schwer, sich die meisten Menschen als eine Art Tiefseefische vorzustellen.

Journal of the Franklin Institute, 90-11:

Daß am 14. Februar 1870 in Genua in Italien nach den Angaben Direktor Boccardos und Professor Castellanis vom Technischen Institut in Genua eine gelbe Substanz vom Himmel fiel. Unter dem Mikroskop waren jedoch zahlreiche kobaltblaue Kügelchen zu sehen, außerdem perlmuttfarbene Korpuskeln, die an Stärke erinnerten. (Siehe *Nature*, 2-166.)

Comptes Rendus, 56-972:

M. Bouis erwähnt, daß am 30. April, am 1. Mai und am 2. Mai in Frankreich und Spanien stetig und in großen Mengen eine rötliche bis gelbe Substanz herabfiel, die verkohlt schien und den Geruch von verbranntem tierischem Fleisch verströmte. Daß es sich dabei nicht um Pollen handelte, und daß sie bei der Auflösung in Alkohol einen harzigen Rückstand hinterließ.

Hunderttausende von Tonnen dieses Stoffes müssen herabgefallen sein.

Ein »Geruch von verkohltem tierischem Fleisch«.

Vielleicht eine Luftschlacht, die vor mehreren Jahrhunderten im interplanetarischen Raum stattfand? Nach so langer Zeit wären die verschiedenen Überreste nicht mehr voneinander zu unterscheiden –

Es ist alles so absurd, und auch wenn man uns versichert, daß in Frankreich und Spanien drei Tage lang große Mengen tierischer Stoffe vom Himmel gefallen seien – wir sind noch nicht bereit. M. Bouis sagt, es habe sich bei der Substanz nicht um Pollen gehandelt. Auch die große Menge, die herabfiel, spricht gegen Pollen. Andererseits lassen die harzigen Rückstände an die Pollen von Nadelbäumen denken. Wir werden noch einiges über Substanzen, die vom Himmel fallen, und über harzige Rückstände hören. Schließlich werden wir jeden Gedanken an Pollen verwerfen müssen.

Blackwood's Magazine, 3-338:

Ein gelbes Puder, das am 14. März 1813 in Gerace, Kalabrien, vom Himmel fiel. Sig. Simenini, Chemieprofessor in Neapel, sammelte einen Teil der Substanz ein. Sie schmeckte leicht nach Erde und wird als »fettig« beschrieben. Unter Hitzeeinwirkung färbte sich der Stoff braun, dann schwarz und dann rot. In den *Annals of Philosophy*, 11-466, lesen wir, daß es sich bei einem Bestandteil des Gemischs um eine grünlich-gelbe Substanz gehandelt habe, die harzig wurde, wenn man sie trocknete.

Aber die Begleitumstände des Ereignisses:

Am Himmel waren laute Geräusche zu hören.

Steine fielen vom Himmel.

Nach Angaben von Chladni waren dies die Begleitumstände, und mir scheinen sie recht brutal und unpassend für etwas so Sanftes und Zartes wie den Fall von Pollen.

***

Schwarzer Regen und schwarzer Schnee – Regen so schwarz wie ein Tintenschauer – pechschwarze Schneeflocken.

Ein solcher Regen, der am 14. Mai 1894 in Irland fiel, wurde in *Annals of Scientific Discovery* im Jahre 1850 und im *Annual Register* von 1849 beschrieben. Der Regen fiel in einem Gebiet von 400 Quadratmeilen Größe und war schwarz wie Tinte. Er stank schrecklich und schmeckte äußerst unangenehm.

Der Niederschlag, der am 30. April 1887 in Castlecommon in Irland fiel – »dicker schwarzer Regen.« *(American Meteorological Journal*, 4-193)

Am 8. und 9. Oktober 1907 fiel in Irland schwarzer Regen. Er hinterließ einen »sehr eigenartigen und unangenehmen Geruch in der Luft« (*Symons' Meteorological Magazine*, 43-2).
Die orthodoxe Erklärung für diesen Regen finden wir in *Nature* vom 2. März 1908 – eine Rußwolke sei aus Südwales herübergeweht und habe den St. Georgs-Kanal und ganz Irland überquert.
Auch der schwarze Regen, der im März 1898 in Irland fiel, wird in *Symons' Meteorological Magazine*, 33-40, auf Rußwolken zurückgeführt, die von Industriestädten in Nordengland und in Südschottland herübergetrieben seien.
Unser intermediaristisches Prinzip der Pseudo-Logik, unser Prinzip der Kontinuität, besagt natürlich, daß nichts einzigartig oder individuell existiert: daß alle Phänomene in andere Phänomene übergehen: daß, zum Beispiel – angenommen, es gäbe am Himmel riesige super-ozeanische Schiffe oder interplanetarische Fahrzeuge, die sich der Erde nähern und gelegentlich Qualmwolken ausstoßen. Dies können wir im Augenblick natürlich nur vermuten, weil wir auf ganz konventionelle Weise bescheiden und zurückhaltend beginnen. Doch wenn es so wäre, dann müßte es zwangsläufig ein Phänomen auf der Erde geben, mit dem jenes andere Phänomen verschmelzen kann. Außerirdischer Qualm vermischt sich mit dem Qualm der Städte, und beide fallen als schwarzer Niederschlag.
Wenn wir die Kontinuität als gegeben annehmen, dann ist es unmöglich, die Phänomene an dem Punkt zu unterscheiden, an dem sie ineinander übergehen. Deshalb müssen wir nach Extremfällen suchen. Bei den Kleinstlebewesen in einem Aufguß ist es manchmal nicht möglich, zwischen Tieren und Pflanzen zu unterscheiden. Bei Nilpferden und Veilchen fällt die Differenzierung leichter, leicht genug jedenfalls, um im praktischen Leben zurechtzukommen. Niemand außer einem Zirkusdirektor würde ein paar Nilpferde als Geburtstagsstrauß verschicken.
Entfernen wir uns von den Industriestädten.
Schwarzer Regen am 20. Januar 1911 in der Schweiz. Die Schweiz liegt so weit von Industriestädten entfernt, daß *Nature*,

85-451, zu diesem Regen schrieb, unter bestimmten Wetterbedingungen könne Schnee schwarz erscheinen und das Auge täuschen.
Mag sein. Auch in der Nacht, wenn es nur dunkel genug ist, kann Schnee schwarz erscheinen. Aber das bedeutet nur, die Tatsache zu verleugnen, daß am 20. Januar 1911 in der Schweiz schwarzer Regen fiel.
Große Entfernung von Industriegebieten:
La Nature, 1888, 2-406:
Daß am 14. August 1888 am Kap der Guten Hoffnung schwarzer Regen fiel, der als »Tintenschauer« beschrieben wurde.
Die Kontinuität läßt sich nicht fassen. Sie beherrscht uns und hält uns fest. Wir hielten uns für berechtigt zu der Hoffnung, mit Hilfe der Extremfälle den Situationen zu entgehen, in denen die Dinge ineinander übergehen und nicht mehr zu unterscheiden sind. Wir stellen fest, daß jeder Schritt fort von einem Verschmelzungspunkt sofort zu einem anderen führt. Am Kap der Guten Hoffnung kann die Erklärung, es handele sich um Qualm von Industrieansiedlungen, nicht gut mit der Erklärung verschmelzen, der Rauch stamme von außerirdischen Quellen – allerdings bleibt noch der Rauch eines irdischen Vulkans, und zu dieser Erklärung griff *La Nature*.
Das menschliche Denken kennt keine Maßstäbe, um die Dinge wirklich einzuordnen. Für den Augenblick nehmen wir an, daß Dinge, die nahezu eindeutig sind, sich am ehesten durchsetzen werden. Mit nahezu eindeutig meinen wir besser organisiert als andere. Alles verschmilzt mit allem, aber proportional zu seiner Komplexität wirkt ein Ding, wenn es in sich stimmig ist, stark, real und unterscheidbar. Die Ästhetik lehrt, Vielfalt in der Einheit sei eine höhere Form der Schönheit oder eine bessere Annäherung an die Schönheit als eine einfache Einheitlichkeit. Die Logiker glauben, die Übereinstimmung verschiedener Daten sei überzeugender oder stärker als das schlichte Nebeneinanderstellen ähnlicher Beispiele. Für Herbert Spencer ist ein stärker differenziertes und integriertes Ding auch das höher entwickelte. Unsere Gegner bestehen auf dem irdischen Ur-

sprung des schwarzen Regens. Wir werden nun verschiedene Phänomene vorstellen, die auf einen anderen Ursprung schließen lassen. Dabei werden wir nicht nur schwarzen Regen, sondern auch seine Begleitumstände anführen.

In *Knowledge*, 5-190, berichtet ein Korrespondent von einem schwarzen Regen, der am 1. März 1884 in Clyde Valley fiel: Über einen weiteren schwarzen Regen, der zwei Tage später fiel. Nach Angaben des Korrespondenten war am 20. März 1828 und dann noch einmal am 22. März 1828 in Clyde Valley schwarzer Regen gefallen. Laut *Nature*, 9-43, fiel am 4. September 1873 in Marlsford, England, schwarzer Regen. Mehr als vierundzwanzig Stunden später fiel in der gleichen Kleinstadt noch einmal schwarzer Regen.

Der schwarze Regen von Slains:

Reverend James Rust in *Scottish Showers*:

Schwarzer Regen in Slains am 14. Januar 1862 – ein weiterer Regenfall in Carluke, 140 Meilen von Slains entfernt, am 1. Mai 1862 – am 20. Mai 1862 in Slains – in Slains am 28. Oktober 1863.

Aber nach zweien dieser Schauer wurden in der Nähe von Slains große Mengen einer Substanz, die man mitunter als »Bimsstein«, mitunter auch als »Schlacke« bezeichnete, an den Strand gespült. Ein Chemiker erklärte, bei der Substanz habe es sich um Schlacke gehandelt: daß es kein vulkanisches Produkt sei: Schlacke aus einer Schmelzerei. Zum schwarzen Regen gesellt sich nun eine Zutat, die mit Fabrikschloten nicht zu erklären ist. Was es auch war, die Substanz tauchte in derart großen Mengen auf, daß man zur Produktion, wie Mr. Rust erklärte, die vereinten Kapazitäten aller Schmelzereien der Welt gebraucht hätte. Wenn es wirklich Schlacke gewesen sein soll, dann nehmen wir damit an, daß ein künstliches Produkt in gewaltigen Mengen vom Himmel gefallen ist. Wenn Sie nicht glauben, daß solche Ereignisse von der Wissenschaft verdammt wurden, dann lesen Sie *Scottish Showers* und sehen Sie, wie unmöglich es für den Autor war, die Wissenschaft auf die Ereignisse aufmerksam zu machen.

Der erste und der zweite Regen korrespondierten zeitlich mit normalen Ausbrüchen des Vesuv.
Der dritte und vierte fiel nach Angaben von Mr. Rust mit keinerlei bekannten vulkanischen Aktivitäten auf der Erde zusammen.
La Science Pour Tous, 11-26:
Daß zwischen Oktober 1863 und Januar 1866 in Slains in Schottland noch viermal schwarzer Regen fiel.
Der Autor dieses ergänzenden Berichts gibt uns, im Gegensatz zu Mr. Rust, bessere oder auch skrupellosere orthodoxe Erklärungen. Von den acht Regenfällen seien fünf mit Ausbrüchen des Vesuv und drei mit Ausbrüchen des Ätna zusammengefallen.
Das Schicksal aller Erklärungen ist es, eine Tür zu versperren und dabei unweigerlich eine andere weit aufzustoßen. Ich sollte erwähnen, daß meine eigenen Gedanken über das Thema als irrational betrachtet werden dürften, aber immerhin stellt sich bei mir eine gewisse Zufriedenheit ein, wenn ich mich auf die Seite des Aberwitzigen schlage – während dieser Autor und alle, die denken wie er, noch erklären müssen, wie vier Auswürfe eines weit entfernten Vulkans über einen großen Teil Europas hinwegtreiben, nirgendwo zu Niederschlägen führen, sich genau über einer einzigen kleinen Gemeinde im Norden entladen –
Und es bleiben drei weitere Ausbrüche eines anderen weit entfernten Vulkans, die mit präziser Vorliebe und Zielgenauigkeit das gleiche kleine Dorf in Schottland trafen.
Orthodoxe Erklärungen können sich auch nicht auf explodierende Meteoriten und deren Trümmer zurückziehen: Die Präzision und die Wiederholungen wären nach wie vor nur schwer zu erklären.
Ich stelle mir eine Insel in der Nähe einer Handelsroute auf dem Ozean vor. Binnen vier Jahren könnte auf der Insel durchaus siebenmal Abfall von vorbeifahrenden Schiffen angetrieben werden.
Weitere Begleiterscheinungen des schwarzen Regens:
In *Timb's Year Book*, 1851-270, finden wir einen Bericht vom

16. Juli 1850 aus Bulwick Rectory, Northampton, über »eine Art Rumpeln wie von Wagen, das ohne Unterbrechung länger als eine Stunde zu hören war«. Am 19. Juli fiel schwarzer Regen.
In *Nature*, 30-6, beschreibt ein Korrespondent eine tiefe Dunkelheit über Preston, England, am 26. April 1884. Auf Seite 32 schreibt ein anderer Autor über schwarzen Regen am 26. April in Crowle in der Nähe von Worcester. Eine Woche später, am 3. Mai, sei abermals schwarzer Regen gefallen. Ein Regenfall in Church Stretton am 28. April sei so heftig gewesen, daß noch am nächsten Tag die Bäche verfärbt gewesen seien. Den Berichten von vier weiteren Korrespondenten von *Nature* entnehmen wir, daß zu dieser Zeit in England Erdbeben registriert wurden.
Oder der schwarze Regen in Kanada am 9. November 1819. In diesem Fall verwiesen die orthodoxen Erklärungen für den schwarzen Niederschlag auf den Rauch von Waldbränden südlich des Ohio –
Zurcher in *Meteors*, Seite 238:
Daß der schwarze Regen mit »Erschütterungen wie bei einem Erdbeben« einherging.
Edinburgh Philosophical Journal, 2-381:
Daß dieses Erdbeben sich ereignete, als die Dunkelheit am tiefsten war und während schwarzer Regen fiel.

***

Roter Regen.
Die orthodoxe Erklärung:
Sand wurde vom Schirokko aus der Sahara nach Europa geweht.
Vor allem in erdbebenaktiven Regionen Europas kam es häufig zu roten Niederschlägen, die meistens – aber nicht immer – als Regen fielen. Vielfach wurden die Substanzen »eindeutig als Sahara-Sand identifiziert«. Als ich mich für dieses Thema zu interessieren begann, stieß ich auf so viele so entschiedene Versicherungen, daß ich mich, wäre ich nicht zufällig ein Intermediarist, sicher nicht weiter um die Sache gekümmert hätte. In Genua wurden nach einem Regen Proben genommen,

Proben des Sandes, der aus der Sahara herübergeweht war. Die Proben stimmten, wie manche Autoren schrieben »absolut überein«: die gleiche Farbe, die gleichen Quarzpartikel, sogar die gleichen Kieselalgen waren daruntergemischt. Dann die chemischen Analysen: keine nennenswerten Abweichungen.
Unsere intermediaristische Meinung ist, daß – die richtigen Ausschließungen vorausgesetzt – mit Hilfe wissenschaftlicher oder theologischer Methoden alles mit allem zur Übereinstimmung gebracht werden kann, weil alle Dinge nur unterschiedliche Ausdrucksformen eines tieferen Ganzen sind.
Viele nehmen beruhigt und zufrieden die »absolute Übereinstimmung« zur Kenntnis. Absolutheit oder die Illusion der Absolutheit ist das Ziel der universellen Suche. Wenn Chemiker eine Substanz, die in Europa niedergeht, als Sand identifizieren, der durch Wirbelwinde in afrikanischen Wüsten hochgeweht wurde, dann lindert das alle Irritationen der beschränkten Geister, die für ihren Seelenfrieden eine gemütliche, isolierte kleine Welt brauchen, frei von jedem Kontakt mit kosmischer Gemeinheit, sicher vor stellarer Bosheit, unbeeinflußt von interplanetarischen Störmanövern und Übergriffen. Das Problem ist nur, daß die Analyse eines Chemikers, die manch einem so endgültig und eindeutig vorkommt, nicht mehr fast-absolut ist als die Identifizierung eines Kindes oder die Schilderung eines Schwachsinnigen –
Ich muß dies teilweise zurücknehmen: Ich nehme an, daß die Annäherung größer ist –
Aber daß sie auf Trugschlüssen beruht, weil es nichts Eindeutiges gibt, keine Homogenität, keine Stabilität, nur verschiedene Stadien zwischen Stabilität und Unbestimmtheit, zwischen Heterogenität und Instabilität. Es gibt keine chemischen Elemente. Es scheint mir, daß Ramsay und andere dies geklärt haben. Die chemischen Elemente sind nur eine von vielen Enttäuschungen auf der Suche nach dem Bestimmten, dem Eindeutigen, dem Homogenen und dem Stabilen. Wenn es reale Elemente gäbe, dann könnte es eine reale Wissenschaft der Chemie geben.

Am 12. und 13. November 1902 wurde der schwerste Niederschlag von Materie in der Geschichte Australiens registriert. Am 14. November gab es in Tasmanien einen »Schlammregen«. Er wurde natürlich australischen Wirbelstürmen zugeschrieben, aber nach Angaben der *Monthly Weather Review*, 32-365, war ein Dunst zu beobachten, der auch auf den Philippinen und in Hongkong noch bemerkt wurde. Möglicherweise hatte dieses Phänomen nichts mit dem noch stärkeren Materieniederschlag zu tun, der im Februar 1903 in Europa beobachtet wurde.

Mehrere Tage lang wurde der Süden Englands von irgendwoher als Müllkippe benutzt.

Wenn Sie die Meinung eines Chemikers hören wollen, auch wenn es eben nur die Meinung eines Chemikers ist, dann lesen Sie den Bericht über die Sitzung der Chemical Society am 2. April 1903 in London. Mr. E. G. Clayton verlas eine Abhandlung über die Substanz, die vom Himmel gefallen war und die er danach eingesammelt hatte. Die Sahara-Erklärung wurde hauptsächlich für Niederschläge in Südeuropa herangezogen. Weiter im Norden fühlten sich die orthodoxen Erklärer etwas unbehaglich. Der Herausgeber der *Monthly Weather Review*, 29-121, schreibt beispielsweise über einen roten Regen, der Anfang 1890 an der Küste Neufundlands fiel: »Es wäre sehr bemerkenswert, wenn es sich um Sahara-Sand handelte.« Mr. Clayton sagte, die von ihm untersuchte Substanz sei »nichts als vom Wind verwehter Staub von Straßen und Wegen in Wessex« gewesen. Diese Ansicht ist typisch für alle wissenschaftlichen Ansichten – oder für theologische Ansichten oder für weibliche Ansichten –, die allesamt gut klingen, solange man nicht auf die Dinge schaut, die sie vernachlässigen. Das Freundlichste, was mir dazu einfallen will – ich glaube wirklich, wir sollten hin und wieder unsere Bosheit mit etwas Barmherzigkeit ausgleichen – ist, daß Mr. Clayton nichts von dem erstaunlichen Ausmaß dieser Niederschläge wußte, die beispielsweise am 19. auch die Kanarischen Inseln erreichten. Ich selbst glaube, daß wir im Jahre 1903 durch die Überreste einer pulverisierten Welt glitten – die Trümmer eines alten interplanetarischen Streits, die seitdem wie ein roter

Vorwurf im Weltraum hingen. Wie alle anderen Erklärungen bekommt auch die Theorie des Wessex-Staubs rasch etwas Provinzielles, wenn wir sie genauer betrachten.

Alles Denken muß unvollständig bleiben, weil alles Denken sich nur auf das örtlich Gegebene bezieht. Wir Metaphysiker stellen uns natürlich gern vor, daß wir über das Undenkbare nachdenken.

Was die Meinungen oder Ansichten anderer Chemiker angeht, die ja immer wie der Weisheit letzter Schluß klingen, so finden wir etwa eine Analyse in *Nature*, 68-54, nach der Wasser und organische Substanzen einen Anteil von 9,08 Prozent hatten. Besonders die Dezimalstellen wirken immer so überzeugend. Die Substanz wurde als Sahara-Sand identifiziert.

Doch bedenken wir die Entfernungen. In *Nature*, 68-65, erfahren wir, daß es die gleichen Phänomene auch in Irland gab. Auch in diesem Fall war es natürlich die Sahara, denn vor dem 19. Februar hatte es in der Sahara Sandstürme gegeben. Aber in jenem gewaltigen Gebiet gibt es immer irgendwo Sandstürme. Nun, für den Augenblick scheint es vernünftig anzunehmen, daß der Staub über die Kanarischen Inseln aus Afrika zu uns geweht kam. Das Problem, mit dem sich die Weisheiten herumschlagen müssen, sind die anderen Weisheiten. Wenn Unfehlbarkeit auf päpstliches Dogma stößt –

Sie erklären.

Nature, 5. März 1903:

Eine andere Analyse – 36 Prozent organische Stoffe.

Solche Abweichungen machen keinen guten Eindruck. In *Nature*, 68-109, begann dann einer der abweichenden Chemiker zu erklären. Er sagte, er habe verschmutzten Regen und sein Kollege die Sedimente dieses Regens untersucht.

Die Entschuldigungen der Hoheit nehmen wir gern an, aber ich frage mich, ob wir noch ganz so verdammt sind wie vorher, wenn wir den verdammenden Mächten gegenüber nachsichtig und tolerant sind – aber welchen Preis zahlen wir für unsere guten Manieren und unsere Weigerung, allzu streng zu sein –

Nature, 68-223:

Ein dritter Chemiker. Er sagt, es seien 23,49 Prozent Wasser und organische Stoffe gewesen.
Er »identifiziert« das Material als Sand aus einer afrikanischen Wüste – aber nach Fortfall der organischen Stoffe –
Aber auch Sie und ich könnten als Sand aus einer afrikanischen Wüste »identifiziert« werden, nachdem man aus uns alles herausgefiltert hat, was kein Sand ist –
Warum können wir nicht annehmen, daß dieser Sand aus der Sahara kam, warum können wir nicht vergessen, daß der Sand der Sahara überwiegend gar nicht rot ist, sondern als »blendend weiß« beschrieben wird –
Die gewaltigen Ausmaße: daß ein Wirbelwind den Sand mitgeweht haben soll, und daß es sich dabei nicht um einen mutmaßlichen, nicht sicher identifizierten Wirbelsturm gehandelt haben kann, sondern nur um das größte atmosphärische Ereignis in der Geschichte dieser Erde:
Journal of the Royal Meteorological Society, 30-56:
Daß diese Niederschläge in Belgien, Holland, Deutschland und Österreich bis zum 27. Februar angehalten hatten; daß es sich in manchen Fällen nicht um Sand gehandelt hatte, oder daß die Substanz überwiegend organischen Ursprungs gewesen war: daß ein Schiff, das zwischen Southampton und Barbados im Atlantik unterwegs war, den Niederschlag ebenfalls gemeldet hatte. Man kann berechnen, daß allein in England 10000000 Tonnen dieser Substanz niedergegangen sein müssen.
Der Niederschlag wurde laut *Symons' Meteorological Magazine*, März 1903, auch in der Schweiz beobachtet. Es gab Berichte aus Rußland (*Bull. Com. Geolog.*, 22-48). In Australien war schon mehrere Monate zuvor eine große Menge Materie herabgefallen, und auch diesmal fiel wieder etwas (*Victorian Naturalist*, Juni 1903). Es handelte sich um gewaltige Mengen von rotem Schlamm, etwa fünfzig Tonnen pro Quadratmeile.
Die Wessex-Erklärung –
Oder, daß jede Erklärung eine Wessex-Erklärung ist: ich meine damit den Versuch, das Gewaltige mit Begriffen des Winzigen zu erklären – nur, daß sich letzten Endes nichts erklären läßt,

weil wir mit Wahrheit das Universelle meinen; und selbst wenn wir mit unseren Gedanken das Universelle erfassen könnten, wäre damit unsere kosmische Suche nicht beendet, bei der es nicht um Wahrheit geht, sondern um das Konkrete, das wahr ist. Wir verallgemeinern nicht das Konkrete, sondern konkretisieren das Universelle, wir geben einer kosmischen Wolke eine absolute Interpretation, indem wir sie mit staubigen Straßen und Wegen in Wessex in Verbindung bringen. Ich kann mir nicht vorstellen, daß exakte Aussagen möglich sind. Über Näherungswerte werden wir nicht hinauskommen.

Unser intermediaristisches Konzept lautet, daß aufgrund des Zusammenhangs aller »Dinge«, die ja gar keine getrennten, eindeutigen oder realen Dinge sind, alle Pseudo-Dinge an einer tieferen Ebene teilhaben müssen. Sie sind nur unterschiedliche Ausdrucksformen oder Ausprägungen oder Aspekte des Tieferen. Eine Probe von irgendwoher in irgend etwas anderem muß mit einer Probe von irgendwoher in etwas noch anderem korrespondieren.

Daß, wenn man nur die richtige Auswahl trifft und alles andere ebenso unter den Tisch fallen läßt, also mit der wissenschaftlichen und theologischen Methode, daß dann die Substanz, die im Februar 1903 fiel, als alles mögliche identifiziert werden kann, beziehungsweise als Teil oder Aspekt von etwas anderem.

Wir können uns vorstellen, was wir wollen –

Weißen Sand aus der Sahara, Staub aus einem Faß Zucker oder den Staub Ihres Urgroßvaters.

Im *Journal of the Royal Meteorological Society*, 30-57, lesen wir von verschiedenen Proben. Nun verstehen wir, warum meine Meinung, jeder Chemiker müsse zu einem anderen Ergebnis kommen, so abwegig nicht ist:

»Ähnlich wie Ziegelstaub«, heißt es an einer Stelle, »beige oder hellbraun« an einer anderen. »Schokoladefarben, seidig anzufühlen und leicht glänzend«, »grau«, »rostrote Färbung«, »rötliche Regentropfen und grauer Sand«, »schmutzig-grau«, »kräftig rot«, »geblich-braun mit einem Hauch Rosa«, »dunkelgelb, lehmfarben«.

In *Nature* ist außerdem von einer eigenartigen gelblichen Färbung die Rede, die stellenweise ins Rötliche und an anderen Stellen ins Lachsfarbene gehe.
Es könnte eine wahre Wissenschaft geben, wenn es etwas gäbe, worauf man sie anwenden könnte.
Oder die Geschichte der Chemie ist wie die Soziologie, von Anfang an voreingenommen, weil das Sehen selbst bedeutet, voreingenommen zu sehen. So macht sich die Wissenschaft auf zu »beweisen«, daß alle Einwohner New Yorks aus Afrika stammen.
Kein Problem. Man muß die Proben nur aus einem bestimmten Teil der Stadt nehmen und alles andere unberücksichtigt lassen.
Es gibt keine Wissenschaft außer der Wessex-Wissenschaft.
Wir wissen inzwischen, daß es auch keine andere geben kann, daß aber die Annäherungen doch besser sein sollten: daß die Metaphysik uns Streiche spielt und daß der Geist der Wissenschaft eigentlich die kosmische Suche sein sollte.
Wir sind der Ansicht, daß uns auf der Ebene der realen Existenz ein solch fabel-haftes Quasi-System wie die Chemie keinen Augenblick täuschen könnte: daß aber in einer »Existenz«, die erst real werden will, die Wissenschaft für eben dieses Bemühen steht, und daß diese uns deshalb ihre Pseudo-Eindeutigkeit aufzwingen muß, bis sie von einer besseren Annäherung an das Reale vertrieben wird;
Daß die Wissenschaft der Chemie so willkürlich ist wie Wahrsagerei –
Aber halt –
Daß sie, obzwar eine bessere Annäherung an das Reale als beispielsweise die Alchimie, die sie deshalb vertreiben konnte, immer noch irgendwo zwischen Mythos und Eindeutigkeit gefangen ist.
Der Versuch der Realheit, der Versuch, eine reale, eindeutige Aussage über Tatsachen zu machen, klingt so:
Roter Regen ist immer auf Sand aus der Sahara zurückzuführen.
Meine eigenen nicht ganz so eindeutigen Annahmen lauten:

Daß roter Regen manchmal mit gefärbtem Sand aus der Sahara zu erklären ist;
Manchmal mit Sand aus anderen Gegenden der Erde;
Manchmal mit Sand von anderen Welten oder deren Wüsten, oder auch mit Sand von Regionen der Lüfte, die zu verschwommen oder amorph sind, um sie als »Welten« oder »Planeten« zu bezeichnen –
Daß kein mutmaßlicher Wirbelsturm die Hundertmillionen von Tonnen erklären kann, die zwischen 1902 und 1903 in Australien, über dem Pazifik, über dem Atlantik und in Europa herabfielen – daß ein Wirbelsturm, der dazu fähig wäre, kein mutmaßlicher Wirbelsturm sein könnte.
Aber nun wollen wir unseren eigenen Hang zu Wessex-Gedanken abstreifen und annehmen, daß es schon rote Substanzen herabgeregnet hat, die kein Sand waren.
Jede Wissenschaft ist unserer Ansicht nach ein Ausdruck des Versuchs, real zu sein. Aber real zu sein bedeutet, das Universelle zu konkretisieren – oder ein einziges Ding zu erweitern, bis es alle Dinge umfaßt. Ich vermag mir nicht vorzustellen, wie man das tun könnte. Der Hauptwiderstand gegen dieses Unterfangen kommt vom Rest des Universums, der sich gegen die Verdammung, den Ausschluß, die Vernachlässigung, die Behandlung wie in der Christlichen Wissenschaft wehrt, der nicht einverstanden ist, wenn ein Ding den Segen bekommen soll und alle anderen nicht. Auch wenn alle Phänomene zum Absoluten streben oder sich höheren Versuchen unterworfen haben und in ihnen aufgegangen sind – einfach ein Phänomen zu sein oder in der Realheit etwas darzustellen, bedeutet, Beziehungen auszudrücken.
Ein Fluß.
Ein Fluß ist Wasser, in dem sich die Verhältnisse der Schwerkraft auf unterschiedlichen Ebenen ausdrücken.
Das Wasser des Flusses.
Ein Ausdruck chemischer Beziehungen zwischen Wasserstoff und Sauerstoff, die nicht endgültig sind.
Eine Stadt.

Ein Komplex aus wirtschaftlichen und sozialen Beziehungen.
Wie könnte ein Berg existieren ohne Verankerung in einem größeren Körper?
Wie könnte ein Geschäftsmann ohne Kunden leben?
Der Hauptwiderstand gegen den positivistischen Ansatz der Wissenschaft entsteht aus ihren Beziehungen zu anderen Phänomenen und beruht auf der Tatsache, daß die Wissenschaft sich auf diese Beziehungen beschränkt. Eine Wissenschaft kann im Intermediären Reich nur im gleichen Maße als etwas Reines, Isoliertes und eindeutig Unterschiedliches existieren wie ein Fluß, eine Stadt, ein Berg oder ein Geschäft.
Dieser im Intermediären Reich allenthalben zu beobachtende Versuch der Teile, zu Ganzheiten zu werden, ist in unserem Quasi-Zustand zum Scheitern verurteilt, wenn wir annehmen, daß zwei gemeinsam existierende Ganzheiten oder Universalitäten sich gegenseitig ausschließen würden – hochgradige Annäherungen daran mögen allerdings denkbar sein.
Wissenschaftler und ihr Traum von der »reinen Wissenschaft.«
Künstler mit ihrem Traum von der »Kunst um der Kunst willen.«
Wir glauben, daß sie beinahe real würden, wenn sie um diese Zusammenhänge wüßten: daß sie augenblicklich in die reale Existenz übersetzt würden. Solche Denker sind gute Positivisten, aber böse im wirtschaftlichen und soziologischen Sinne, weil dort nur eine Daseinsberechtigung hat, was einem höheren Komplex dient, ihn unterstützt oder dessen Beziehungen zum Ausdruck bringt. Die Wissenschaft wirkt für die ganze Gesellschaft und dient ihr, und sie würde von der Gesellschaft nicht unterstützt, wenn sie nicht von ihren ureigenen Zielen abrücken und sich prostituieren würde. Mit Prostitution meine ich hier offenbar Nützlichkeit.
Im Mittelalter gab es roten Regen, der als »blutiger Regen« bezeichnet wurde. Die Menschen hatten Angst vor diesem Regen, und viele waren so beunruhigt, daß die Wissenschaft in ihrer soziologischen Spielart versuchte, nach Mrs. Eddys Methode das Böse zu beseitigen:

Daß »blutiger Regen« nicht existiert;
Daß der Regen, den man so bezeichnete, nichts war als Wasser, das von Sahara-Sand gefärbt war.
Meine eigene Annahme lautet, daß diese Versicherungen, ob nun frei erfunden oder nicht, ob die Sahara nun »blendend weiß« ist oder nicht, in soziologischem Sinne so gute Ergebnisse zeitigten, daß sie, wenngleich im positivistischen Sinne Prostitution, im soziologischen Sinne gerechtfertigt waren;
Daß wir aber inzwischen ein Stück weitergekommen sind; daß die meisten von uns herangewachsen sind und die Beruhigungspillen der Vergangenheit nicht mehr brauchen:
Daß, wenn es heute über New York in Strömen Blut regnen würde, alles seinen gewohnten Gang weitergehen würde.
Wir begannen mit Regenfällen, die, so nahmen wir für uns an, höchstwahrscheinlich durch Sand verfärbt waren. In meiner eigenen noch unausgegorenen Ketzerei – mit Ketzerei oder Fortschritt meine ich grob gesagt eine Rückkehr, wenn auch mit vielen Abwandlungen, zum Aberglauben der Vergangenheit – kommt mir ein Regen aus Blut höchst abwegig vor. Im Moment will ich ganz konservativ und zaghaft nur vorbringen, daß es roten Regen gab, der stark an Blut und fein zerteiltes Fleisch erinnerte –
Müll von einer interplanetarischen Katastrophe.
Kämpfe in den Lüften.
Verpflegungsvorräte aus Ladungen von Super-Schiffen, die im interplanetarischen Verkehr gestrandet sind.
Am 6. März 1888 fiel im Mittelmeerraum roter Regen. Zwölf Tage später fiel er noch einmal. Worum es sich bei dieser Substanz auch gehandelt haben mag, wenn man sie verbrannte, stieg ein starker, hartnäckiger Geruch nach tierischer Substanz auf (*L'Astronomie*, 1888-205).
Andererseits – die Welt ist bunt, und vielleicht war es Müll von einer anderen Sorte himmlischer Schiffsfracht – es gab auch rote Regenfälle, die weder von Sand noch von tierischen Stoffen gefärbt waren.
Annals of Philosophy, 16-226:

Daß am 2. November 1819 – Wochen vor dem schwarzen Regen und dem Erdbeben in Kanada – in Blankenberge, Holland, roter Regen fiel. Sand wurde nicht gefunden. Zwei Chemiker aus Brügge konzentrierten 144 Unzen auf 4 Unzen, doch »es fiel kein fester Stoff aus«. Die Farbe war so kräftig, daß man bei dieser Eindickung den Sand hätte finden müssen. Man führte weitere Experimente durch, und unter Einwirkung verschiedener Chemikalien zeigten sich Ausfällungen, aber es war niemals Sand. Die Chemiker schlossen, daß das Regenwasser Kobaltverbindungen enthalten haben müsse, was uns nicht viel weiter bringt. Dies ließe sich über viele Stoffe sagen, die mit Schiffen über den Atlantik transportiert werden. Was es auch war, in *Annales de Chimie* 2-12-432 wird die Farbe als rot-violett beschrieben. Die verschiedenen chemischen Reaktionen sind im *Quarterly Journal of the Royal Institute*, 9-202, und im *Edinburgh Philosophical Journal*, 2-381, nachzulesen.

Am 9., 10. und 11. März 1872 fiel mit Staub, den man für Meteoritenstaub hielt, noch etwas anderes herab. Es wird in *Chemical News*, 25-300, als »eigenartige Substanz« beschrieben, die aus rotem Eisenocker, aus Kalziumkarbonat und organischen Stoffen bestanden habe.

Orangeroter Hagel am 14. März 1873 in Tuscany (*Notes and Queries*, 9-5-16).

Am 19. Dezember 1903 regnete in Oudon, Frankreich, eine lavendelfarbene Substanz vom Himmel (*Bulletin de la Société Météorologique de France*, 1904-124).

La Nature, 1885-2-351:

Daß laut Professor Schwedoff am 14. Juni 1880 in Rußland rote, blaue und graue Hagelkörner fielen.

Nature, 34-123:

Ein Korrespondent schreibt, er habe von einem Einwohner einer kleinen Stadt in Venezuela erfahren, daß dort am 17. April 1886 rote, blaue und weißliche Hagelkörner gefallen seien. Der Informant habe mit großer Wahrscheinlichkeit nichts von dem Phänomen in Rußland gewußt und wird als »ehrlicher, einfacher Landarbeiter« beschrieben.

Nature zitiert am 5. Juli 1877 den Korrespondenten der Londoner *Times* in Rom, der einen Artikel aus einer italienischen Zeitschrift geschickt hatte: Auch in Italien sei am 23. Juni 1877 roter Regen gefallen, der »mikroskopisch kleine Sandpartikel« enthalten habe.
Oder, daß nach unserer Auffassung jede andere Geschichte im Jahre 1877 in Italien im soziologischen Sinne eine böse Sache gewesen wäre. Der Zeitungskorrespondent aus einem Land, in dem beängstigender roter Regen nicht eben häufig fällt, hat jedoch kein Gefühl für diese Notwendigkeiten, sondern schreibt: »Ich bin keineswegs damit zufrieden, daß der Regen aus Sand und Wasser bestanden haben soll.« Er bemerkt, daß die Tropfen Flecken hinterließen, wie »sandiges Wasser es nicht getan hätte«. Er hält fest, daß kein Sand zurückblieb, wenn das Wasser verdunstete.
L'Année Scientifique, 1888-75:
Daß am 13. Dezember 1887 in Kotschinchina etwas wie leicht geronnenes Blut herabregnete.
Annales de Chimie, 85-266:
Daß 1812 in Ulm eine dicke, zähflüssige rote Substanz herabfiel.
Wir kennen nun Daten über einen Faktor, der bereits angedeutet wurde und der in diesem Buch immer und immer wieder auftauchen wird. Dieser Faktor wird zu so revolutionären Spekulationen führen, daß wir ihn viele Male werden belegen müssen, ehe wir ihn wirklich werden annehmen können.
Year Book of Facts, 1861-273:
Ein Zitat aus einem Brief von Professor Campini an Professor Matteucci:
Daß am 28. Dezember 1860 um etwa 7.00 Uhr in Siena zwei Stunden lang ein kräftiger rötlicher Regen fiel.
Um 11.00 Uhr gab es einen zweiten roten Regenschauer.
Drei Tage später fiel abermals roter Regen.
Am Tag darauf fiel wiederum roter Regen.
Noch außergewöhnlicher:
Der Regen fiel »immer genau im gleichen Stadtviertel«.

KAPITEL 4

Den Unterlagen der Académie Française können wir entnehmen, daß am 17. März 1669 in Châtillon-sur-Seine eine rötliche Substanz herabregnete, die als »dick, zähflüssig und übelriechend« beschrieben wird.
American Journal of Science, 1-41-404:
Eine Geschichte über eine höchst unangenehme Substanz, die im Wilson County, Tennessee, vom Himmel fiel. Wir erfahren, daß Dr. Troost den Ort des Geschehens besuchte und Nachforschungen anstellte. Wir werden später einige Untersuchungen untersuchen, aber das soll uns im Augenblick nicht kümmern. Dr. Troost berichtete, daß es sich bei der Substanz, die auf Tabakfeldern verstreut war, eindeutig um Blut und Fleischstücke handelte. Er erklärte, ein Wirbelsturm könnte ein Tier in die Luft gehoben, verstümmelt und die Überreste an einem anderen Ort verteilt haben.
Doch in Ausgabe 44, Seite 216, der gleichen Zeitschrift finden wir dann eine Entschuldigung. Die Autoritäten der Zeitung erklären uns dort, daß die ganze Sache ein Schwindel der schwarzen Arbeiter gewesen sei, die behauptet hatten, den Regen beobachtet zu haben. Sie wollten die Gutgläubigkeit ihrer Herren auf die Probe stellen und hätten das verfaulte Fleisch eines toten Schweins in den Feldern verteilt.
Auch wenn wir dies vielleicht nicht annehmen wollen, zumindest erkennen wir die soziologisch notwendige Entschlossenheit, alle Regenfälle auf irdische Ursprünge zurückzuführen, auch wenn es Regen ist, der nicht fällt.
Annual Register, 1821-687:
Daß am 13. August 1819 in Amherst, Massachusetts, etwas vom Himmel gefallen sei. Professor Graves, ein ehemaliger Dozent

am Dartmouth College, hatte es untersucht und beschrieben. Es handelte sich um einen Gegenstand, der einen Flor hatte, einem gewalkten Tuch ähnlich. Nachdem der Flor entfernt war, fand man darunter eine sandfarbene, teigige Substanz. Sie roch abstoßend und färbte sich, wenn sie der Luft ausgesetzt wurde, kräftig rot. Das Ding soll unter Abstrahlung von hellem Licht vom Himmel gefallen sein.

Siehe dazu auch *Edinburgh Philosophical Journal*, 5-295. In *Annales de Chimie*, 1821-67, greift M. Arago den Vorfall auf und nennt vier Beispiele für ähnliche Objekte oder Substanzen, die vom Himmel gefallen sein sollen. Zwei Fälle wollen wir zu den Daten über zähflüssige oder teigige Substanzen hinzuzählen, zwei weitere lasse ich weg, weil mir die Daten zu weit zurückzuliegen scheinen.

Im *American Journal of Science*, 1-2-335, finden wir einen Bericht von Professor Graves, mitgeteilt von Professor Dewey:

Daß am 13. August 1819 in Amherst ein Licht beobachtet wurde – ein fallendes Objekt – ein Geräusch wie von einer Explosion. Das Licht beleuchtete in Professor Deweys Wohnung die Wand eines Zimmers, in dem sich mehrere Mitglieder seiner Familie aufhielten.

Am nächsten Morgen fand man im Vorgarten von Professor Deweys Haus an der einzigen Stelle, von der das am Vorabend beobachtete Licht hatte kommen können, eine Substanz, die »anders war als alles, was die Anwesenden bislang gesehen hatten«. Es war ein schalenförmiger Gegenstand von etwa 20 Zentimetern Durchmesser und etwa 3 Zentimetern Höhe. Das Ding war hell und sandfarben und hatte »einen dichten Flor«. Als der Überzug entfernt war, kam eine sandfarbene, teigige Substanz zum Vorschein, die sich anfühlte wie weiche Seife. Sie roch »aufdringlich und erstickend«.

Als die Substanz ein paar Minuten lang der Luft ausgesetzt gewesen war, veränderte sich die Farbe zu »einem kräftigen Rot, das an venöses Blut erinnerte«. Sie absorbierte rasch die Luftfeuchtigkeit und verflüssigte sich. Der Bericht enthält auch Details über die chemischen Reaktionen.

Es gibt noch eine weitere verlorene Quasi-Seele, deren Daten hierher gehören:

Londoner *Times*, 19. April 1836:

Fische, die in der Umgebung von Allahabad in Indien vom Himmel fielen. Angeblich handelte es sich bei den Fischen um *chalwa*, etwa eine Spanne lang und so schwer wie Indische Fadenfische.

Die Fische waren tot und trocken.

Oder: Sie waren so lange nicht mehr im Wasser gewesen, daß wir nicht annehmen können, daß sie von einem Wirbelsturm aus einem Teich gefegt worden waren – auch wenn man sie eindeutig als Exemplare einer in der Gegend häufig vorkommenden Art erkannte –

Oder, daß es überhaupt keine Fische waren.

Ich persönlich neige zu der Ansicht, daß es sich nicht um Fische, sondern um schlanke, fischförmige Objekte aus der Substanz handelte, die schon in Amherst vom Himmel fiel. Wir erfahren nämlich, daß sie nicht genießbar waren: »In der Pfanne zerliefen sie zu Blut.«

Einzelheiten zu dieser Geschichte können Sie dem *Journal of the Asiatic Society of Bengal*, 1834-307, entnehmen. Als Datum wird im *Journal* der 16. oder 17. Mai 1834 angegeben.

Im *American Journal of Science*, 1-25-362, erfolgte die unvermeidliche Verdammung des Objekts von Amherst:

Professor Edward Hitchcock verlegte seinen Wohnsitz nach Amherst. Er sagt, einige Jahre später sei ein weiteres Objekt wie jenes, das 1819 herabfiel, an »beinahe der gleichen Stelle« gefunden worden. Professor Hitchcock wurde von Professor Graves gebeten, das Objekt zu untersuchen. Es glich dem ersten exakt. Größe, Farbe und Konsistenz waren identisch. Die chemischen Reaktionen waren die gleichen.

Professor Hitchcock erkannte es auf der Stelle.

Es war ein gallertartiger Pilz.

Er konnte die genaue Art nicht feststellen, aber er sagte voraus, daß binnen vierundzwanzig Stunden ähnliche Pilze entstehen könnten –

Aber noch vor dem Abend waren zwei weitere da.
Oder wir sind hier auf den ältesten Einfall der Exklusionisten gestoßen: Algen aus der Gattung der Gallertalgen. Wir werden noch viele Daten über gallertartige Substanzen hören, die angeblich vom Himmel gefallen sind: Fast immer behaupten die Exklusionisten, es habe sich um Gallertalgen (Nostoc) oder um Pilze gehandelt. Eine beinahe genauso beliebte Erklärung heißt »Laich von Fröschen oder Fischen«. Diese Rettungsanker bilden zusammen eine starke Kombination. Wenn aus den Zeugenaussagen nicht eindeutig hervorging, daß die gallertartige Substanz tatsächlich herabgefallen war, dann behauptete man, es handele sich um Nostoc, und die Substanz sei von vornherein schon am Boden gewesen. Wenn nicht zu widerlegen war, daß die Substanz herabgefallen war, dann behauptete man, es sei Laich, der vorher von einem Wirbelsturm hochgeweht worden sei.
Ich kann nun nicht behaupten, daß diese Algen immer grünlich sind, genausowenig wie ich behaupten kann, daß Schwarzdrosseln immer schwarz sind, denn ich habe einmal eine weiße gesehen: Wir werden einen Wissenschaftler zitieren, der von fleischfarbenen Algen wußte, als es sachdienlich war, von ihnen zu wissen. Wenn wir über Schauer von gallertartigen Substanzen sprechen, dann will ich dazu anmerken, daß sie oft als weißlich oder gräulich beschrieben werden. Als ich der Sache nachging, las ich jedoch nur Berichte über grünliche Algen. In *Webster's Dictionary* werden sie als grünlich beschrieben, in der *New International Encyclopedia* sind sie »blaugrün«, in *Science Gossip*, 10-114, sind sie »hellgrün bis olivgrün«, in *Science Gossip*, 7-260, sind sie »grün«, in *Notes and Queries*, 1-11-219, sind sie »grünlich«. Wenn über große Mengen weißer Vögel berichtet wird, dann scheint es plausibel, daß es keine Schwarzdrosseln sind, auch wenn man einmal weiße Schwarzdrosseln gesehen hat. Eine graue oder weißliche gallertartige Substanz besteht nicht aus Algen und ist kein Laich, wenn es nicht die richtige Jahreszeit für Laich ist.
»Das Kentucky-Phänomen«.
So hieß es damals, und heute ereignen sich Dinge, die uns

daran erinnern. Meist wurden diese verflixten Dinge totgeschwiegen und unter den Teppich gekehrt – unterdrückt wie die sieben schwarzen Regenfälle von Slains –, aber am 3. März 1876 geschah etwas im Bath County, Kentucky, das viele Zeitungsreporter anzog.

Die Substanz, die vom Himmel fiel, sah aus wie Rindfleisch.

Am 3. März 1876 fielen in Olympian Springs, Bath County, Kentucky, Flocken einer Substanz, die aussah wie Rindfleisch, »aus dem wolkenlosen Himmel«. Wir möchten an dieser Stelle betonen, daß damals nichts am Himmel zu beobachten war außer dieser herabfallenden Substanz. Das Material fiel in unterschiedlich großen Flocken. Einige waren zwei Zoll, andere einen, drei oder vier Zoll groß. Die Tatsache, daß das Material in Form von Flocken fiel, ist interessant. Später werden wir daraus schließen, daß ein hoher Druck vorliegt – irgendwo. Es war ein dichter Schauer, der den Boden, Bäume und Zäune bedeckte, aber er beschränkte sich auf einen kleinen Streifen, der etwa 100 Meter lang und 50 Meter breit war. Sie finden die Berichte in *Scientific American*, 34-197, und in der *New York Times* vom 10. März 1876.

Dann kamen die Exklusionisten.

Etwas, das aussah wie Rindfleisch: Flocken in der Größe eines kleinen Briefumschlags.

Wenn wir uns erinnern, wie sich die Exklusionisten angestrengt haben, um die Ankunft von normal aussehendem Staub von außerhalb unserer Erde zu widerlegen, dann können sie uns in diesem sensationellen Fall direkt leid tun – vielleicht. Zeitungsreporter schrieben Artikel, Zeugen wurden zitiert, und nirgends war die Rede davon, daß es ein Schwindel sein könnte. Bis auf einen Wissenschaftler leugnete niemand, daß dieser Schauer tatsächlich gefallen war.

Mir scheint, die Exklusionisten sind äußerst konservative Menschen. Sie verschließen sich nicht in erster Linie gegen alle Daten über Substanzen, die von außerhalb auf die Erde herabfallen, sondern verschließen sich gegen alle Daten, die nicht in ein System passen, das derartige Phänomene ausschließt –

Denken wir an den Geist oder die Hoffnung oder den Ehrgeiz des Kosmos, den wir als Versuch der Eindeutigkeit bezeichnet haben: nicht das Neue herauszufinden, nicht das als Wissen bezeichnete zu vermehren, sondern zu systematisieren.
Scientific American Supplement, 2-426:
Daß Leopold Brandeis die Substanz, die in Kentucky fiel, untersucht habe.
»Endlich haben wir nun eine vernünftige Erklärung für dieses aufsehenerregende Phänomen.«
»Es war vergleichsweise leicht, die Substanz zu identifizieren und ihren Zustand zu bestimmen. Das ›Wunder‹ von Kentucky ist nichts anderes als Nostoc.«
Oder, daß es überhaupt nicht gefallen sei; daß es von vornherein am Boden gelegen habe, daß es durch den Regen angeschwollen sei, daß es aufgrund der Zunahme seiner Größe die Aufmerksamkeit wissenschaftlich nicht gebildeter Beobachter geweckt habe, die annahmen, es sei mit dem Regen heruntergekommen –
Was für ein Regen das gewesen sein soll, weiß ich nicht.
Denn es wird mehrmals erwähnt, daß das Material »ausgetrocknet« wirkte. Das ist eins der wichtigsten Details.
Die Beruhigungspille, die uns vom *Supplement* verabreicht wird, mag uns amüsieren, aber ich fürchte, wir müssen uns ein wenig dagegen auflehnen. Ich muß unwillkürlich an den Korpsgeist der Heilsarmee denken: Ein drittklassiger Wissenschaftler findet Erklärungen für den Wurmfortsatz oder das Steißbein, die für Moses annehmbar gewesen wären. Um die »vernünftige Erklärung« zu vervollständigen, sei noch gesagt, daß Mr. Brandeis die Substanz als »fleischfarbenen Nostoc« identifizierte.
Professor Lawrence Smith aus Kentucky, ein sehr energischer Exklusionist:
New York Times vom 12. März 1876:
Daß Professor Smith die Substanz untersucht und analysiert habe. Seiner Ansicht nach weise alles darauf hin, daß es sich um »ausgetrockneten« Laich eines Kriechtieres – »zweifellos vom

Frosch« – handele, der an einer Stelle aufgestiegen und an einer anderen wieder niedergegangen sei. »Ausgetrocknet« bezeichnet hier möglicherweise nur den Zustand, in dem Professor Smith das Material bekam.
Im *Scientific American Supplement*, 2-473, schreibt Dr. A. Mead Edwards, der Präsident der Newark Scientific Association, daß er, als er Mr. Brandeis' Veröffentlichung las, das Gefühl hatte, die Schicklichkeit sei wieder hergestellt und das Problem sei, wie er sich ausdrückte, gelöst. Er kenne Mr. Brandeis gut und habe diesen Inbegriff von Respektabilität um eine Untersuchung der Substanz gebeten, und dieser habe sie dann als Nostoc identifiziert. Aber er hatte auch Dr. Hamilton bestellt, der ebenfalls eine Probe untersuchte, und Dr. Hamilton hatte das Material als Lungengewebe deklariert. Dr. Edwards schreibt über die Substanz, die so vollständig und wunderschön – wenn Schönheit in der Vollständigkeit liegt – als Nostoc identifiziert worden war: »Sie erwies sich auch als Lungengewebe.« Er schrieb an andere Personen, die ebenfalls Proben besaßen, und identifizierte diese Proben als Knorpel oder Muskelfasern: »Woher es stammt, kann ich mir nicht erklären.« Immerhin erwähnt er die Erklärung der Einwohner jener Gegend, so bizarr sie auch ist: Ein Schwarm vollgefressener Bussarde, aber hoch droben und unsichtbar am klaren Himmel –
Sie hatten sich erbrochen.
Professor Fassig führt die Substanz in seiner »Bibliography« als Fischlaich. McAtee (*Monthly Weather Review*, Mai 1918) führt sie als gallertartiges Material, bei dem es sich um »ausgetrockneten« Laich von Fischen oder Fröschen gehandelt habe.
Oder dies ist der Grund dafür, daß es trotz der anscheinend unüberwindlichen Front gegen alle neuen Dinge das geben kann, was wir Fortschritt nennen –
Daß nichts eindeutig ist, wenn wir an Homogenität und Ganzheit denken.
Wenn die ganze Welt sich gegen Sie zu verschwören scheint, dann sind dies nur irreale Kombinationen oder Zwischenstufen zwischen Einheit und Uneinigkeit. Jeder Widerstand ist selbst

unterteilt in Teile, die auch gegeneinander Widerstand leisten. Die einfachste Strategie scheint darin zu bestehen, nie gegen etwas zu kämpfen, sondern die gegnerischen Untergruppen gegeneinander antreten zu lassen.
Wir entfernen uns vom Fleisch und nähern uns gallertartigen Massen, für die wir überreichlich Beispiele und Berichte finden. Diese Daten sind unschicklich und für die heutige Wissenschaft sogar anstößig. Wir werden noch sehen, daß die Wissenschaft, bevor sie so rigoros wurde, weniger prüde war. Chladni war es nicht, und Greg war es auch nicht.
Ich muß für mich annehmen, daß gallertartige Substanzen oft vom Himmel gefallen sind –
Oder, daß weit droben der ganze Himmel aus einer gallertartigen Masse besteht?
Daß Meteoriten durch sie hindurchbrechen und Stücke losreißen?
Daß diese Stücke von Stürmen auf die Erde gefegt werden?
Daß das Blinzeln der Sterne Licht ist, das durch etwas von der Konsistenz eines Wackelpuddings hindurchleuchtet?
Ich glaube, es wäre absurd zu sagen, daß der ganze Himmel aus Gallerte besteht: Eher scheint mir akzeptabel, daß nur Teile davon so beschaffen sind.
Humboldt sagt in *Cosmos*, 1-119, daß auf dieser Ebene alle unsere Daten »in eine Reihe mit den mythischen Sagen der Mythologie eingeordnet werden müssen.« Er ist sich da ganz sicher.
Wir werden mit den üblichen Widerständen konfrontiert:
Von vornherein am betreffenden Ort vorhanden;
»Irgendwo von einem Wirbelsturm hochgeweht und woanders wieder abgesetzt.«
Wir werden uns nicht die Mühe machen, für die eine oder andere Seite zu streiten, weil über allem die Daten eines Geschehnisses schweben, die für sich sprechen sollen. Die Daten besagen, daß etwas mehrere Tage lang stationär über einem kleinen Teil einer englischen Kleinstadt schwebte. Dies ist das revolutionäre Beispiel, auf das wir bereits angespielt haben. Ob

es sich bei der Substanz um Nostoc, um Laich oder Körpergewebe handelt, spielt keine große Rolle. Wenn es mehrere Tage am Himmel verharrte, dann stehen wir auf einer Stufe mit Moses, dem Chronisten ungeheuerlicher Ereignisse. Erzählte er nicht ähnliche Geschichten? Es gibt so viele Berichte über gallertartige Substanzen, die zusammen mit Meteoriten herabfielen, daß manche unter uns vielleicht nicht umhin können, einen Zusammenhang zwischen beiden Phänomenen anzunehmen. Vielleicht gibt es dort droben große Bereiche, die von einer gallertartigen Masse eingenommen werden, durch welche Meteoriten stoßen, so daß ein Teil der Masse auf die Erde fällt.

Comptes Rendus, 3-554:

Daß M. Vallot, Mitglied der Académie Française, im Jahre 1836 eben dieser Akademie einige Stücke einer gallertartigen Masse vorlegte, die angeblich vom Himmel gefallen waren. Er bat, die Proben zu analysieren. Mehr wird zu diesem Thema nicht gesagt.

Comptes Rendus, 23-542:

Daß in Wilnius, Litauen, am 4. April 1846 bei einem Unwetter nußgroße Stücke einer Substanz herabfielen, die als harzig und gallertartig zugleich beschrieben wird. Sie war geruchlos, und als man sie verbrannte, verströmte sie einen starken süßen Duft. Sie wird als eine Art Gelatine beschrieben, war aber fester, doch nachdem sie 24 Stunden in Wasser gelegen hatte, schwoll sie an und war von Gelatine nicht mehr zu unterscheiden –

Sie war gräulich.

Wir erfahren, daß in Kleinasien in den Jahren 1841 und 1846 eine ähnliche Substanz vom Himmel gefallen ist.

In *Notes and Queries*, 8-6-190, wird behauptet, im August 1894 seien in Bath, England, Tausende von Quallen in der Größe eines Shillingstücks vom Himmel gefallen. Ich glaube, man kann nicht annehmen, daß es wirklich Quallen waren, aber es scheint so, als wäre zu dieser Zeit Froschlaich vom Himmel gefallen, der vielleicht von einem Wirbelsturm transportiert worden war, denn etwa zur gleichen Zeit regnete es in Wigan, England, kleine Frösche.

Nature, 87-10:

Daß am 24. Juni 1911 in Eton, Bucks, England, nach einem schweren Regenguß der ganze Boden mit Gelatinestücken in der Größe von Erbsen bedeckt war. Wir bekommen hier nichts über Nostoc zu hören, aber es heißt, die Teilchen hätten zahlreiche Eier von einer »Chironomus-Art enthalten, aus denen bald darauf Larven schlüpften.«

Ich neige zur der Ansicht, daß die Objekte, die in Bath vom Himmel fielen, weder Quallen noch Froschlaich waren, sondern etwas, das sich in einem larvenähnlichen Zustand befand –

Just dies war 23 Jahre zuvor in Bath, England, schon einmal geschehen.

London *Times*, 24. April 1871:

Daß am 22. April 1871 in der Nähe des Bahnhofs in Bath ein Schauer von gallertartigen Tropfen niederging, bei denen es sich weder um Quallen noch um Froschlaich handelte, sondern um

[An dieser Stelle fehlt im Originalmanuskript eine Zeile. Der Hrsg.]

Bahnhof in Bath. »Viele entwickelten sich bald darauf zu wurmähnlichen Larven von etwa einem Zoll Länge.« Der Bericht über dieses Ereignis, der in *Zoologist*, 2-6-2686, erschien, erinnert an die Daten aus Eton, doch ist dort von winzigen Formen die Rede, bei denen es sich um Infusorien gehandelt haben könnte, und nicht von Geschöpfen von einem Zoll Länge.

Transactions of the Entomological Society of London, 1871, xxii:

Daß dieses Phänomen von Rev. L. Jenyns aus Bath untersucht wurde. Er spricht von winzigen Würmern in durchsichtigen Hüllen und versucht, ihre Herkunft zu klären. Das Geheimnis ist, wie so viele von ihnen zusammenkommen konnten. Es gibt viele weitere Berichte über solche Schauer, und in den meisten Fällen ist es ein Rätsel, wie so viele Exemplare zusammenfinden konnten. Ein Wirbelwind ist ja auch alles andere als eine aussondernde Kraft. Die Frage der Aussortierung von Dingen, die vom Himmel fallen, wird – als äußerst verdammenswert – umgangen. Mr. Jenyns stellt sich einen großen Teich vor, in dem sich viele dieser sphärischen Körper befinden. Der Teich trocknet aus, und die Objekte werden auf kleinem Raum konzentriert. Dann kommt ein Wirbelsturm und fegt sie alle zusammen weg –

Doch einige Tage zuvor regnete es am gleichen Ort noch mehr dieser Objekte.

Die Vernunft scheint mir zu sagen, daß man einem Wirbelsturm eine solche Zielsicherheit nicht zutrauen kann:

Es mag ziemlich unvernünftig klingen, wenn man sagt, daß diese Dinger mehrere Tage über der Stadt Bath verharrten –

Die sieben schwarzen Regenschauer von Slains;

Die vier roten Regenschauer von Siena.

Ein interessantes Licht auf die inneren Abläufe der Orthodoxie wirft die Tatsache, daß Mr. Jenyns den zweiten Schauer pflichtschuldigst erwähnt, ohne ihn aber in seiner Erklärung zu berücksichtigen.

R. P. Greg, einer der bekanntesten Chronisten von Meteoritenschauern, erwähnt im *Philosophical Magazine*, 4-8-463, Niederschläge einer zähflüssigen Substanz in den Jahren 1652, 1686, 1718, 1769, 1811, 1819 und 1844. Er nennt auch frühere Daten, aber hier will ich selbst einmal Daten ausschließen. Im *Report of the British Association*, 1860-63, spricht Greg über einen Meteoriten, der zwischen Barsdorf und Freiburg in Deutschland dicht über dem Boden vorbeizufliegen schien. Am nächsten Tag wurde im Schnee eine gelatineähnliche Masse gefunden –

Eine schlechte Jahreszeit für Laich oder Nostoc.

Greg kommentiert diesen Vorfall mit den Worten »eigenartig, wenn es wahr sein sollte«. Kommentarlos berichtet er über einen Meteoriten, der am 6. September 1835 bei der deutschen Stadt Gotha vom Himmel fiel und »eine gelatineähnliche Masse am Boden hinterließ.« Wir erfahren, daß diese Substanz nur drei Schritte von einem Beobachter entfernt auf die Erde fiel. Im *Report of the British Association*, 1855-94, erfahren wir, daß

Greg in einem Brief an Professor Baden-Powell einen Deutschen erwähnte, mit dem Greg persönlich bekannt war. Dieser Mann und ein weiterer Bekannter hätten am 8. Oktober 1844 in der Nähe von Koblenz einen leuchtenden Körper in ihrer unmittelbaren Nähe herabfallen sehen. Am nächsten Morgen kehrten der Mann und sein Bekannter an den betreffenden Ort zurück und fanden eine gallertartige, graue Masse.

Laut Chladnis Bericht in *Annals of Philosophy*, 12-94, fiel im Mai 1652 zwischen Siena und Rom zusammen mit einem Meteoriten eine zähflüssige Masse vom Himmel. Zähflüssiges Material fand man auch nach dem Absturz einer Feuerkugel, der sich im März 1796 in Lusatia ereignete. Nach der Explosion eines Meteoriten in der Nähe von Heidelberg im Juli 1811 fand man ebenfalls eine gallertartige Substanz. Im *Edinburgh Philosophical Journal*, 1-234, wird erwähnt, daß die Substanz von Lusatia »die Farbe und den Geruch von getrocknetem, braunem Lack« gehabt habe. Im *American Journal of Science*, 1-26-133, lesen wir, daß auf der Insel Lethy, Indien, im Jahre 1718 zusammen mit einem Meteoriten eine gallertartige Substanz niedergegangen sei.

Im *American Journal of Science*, 1-25-396, in dem zahlreiche Bemerkungen zu den Meteoriten vom November 1833 abgedruckt sind, finden wir auch Berichte über gallertartige Substanzen:

Daß, Zeitungsberichten zufolge, in Rahway, New Jersey, »Gelatineklumpen« auf dem Boden gefunden wurden. Die Substanz war weißlich und erinnerte an geronnenes Eiweiß;

Daß Mr. H. H. Garland aus dem Nelson County, Virginia, einen gelatineähnlichen Klumpen vom Durchmesser eines Fünfundzwanzigcentstücks gefunden hatte;

Daß laut einer Mitteilung von A. C. Twining an Professor Olmstead eine Frau in West Point, New York, eine Masse in der Größe einer Teetasse gefunden hatte, die aussah wie gekochte Stärke;

Daß laut einer Zeitung in Newark, New Jersey, ein Klumpen einer gallertartigen Substanz, die wie weiche Seife wirkte,

gefunden worden war. »Sie besaß nur wenig Elastizität und verdampfte unter Hitzeeinwirkung wie Wasser.«
Es scheint unglaublich, daß ein Wissenschaftler die Stirn und gar die Treulosigkeit haben könnte zu behaupten, diese Dinge seien vom Himmel gefallen. Dennoch schreibt Professor Olmstead, der diese verlorenen Seelen sammelte:
»Die Tatsache, daß die angeblichen Rückstände übereinstimmend als gallertartige Substanz beschrieben werden, läßt die Waagschale zugunsten der Ansicht ausschlagen, daß sie tatsächlich von dem ihnen zugeschriebenen Ursprung herrühren.«
In zeitgenössischen wissenschaftlichen Veröffentlichungen finden Professor Olmsteads Untersuchungen zum Thema der November-Meteoriten beträchtliche Beachtung. Auf die gallertartige Masse wird jedoch nirgends eingegangen.

KAPITEL 5

Ich werde mir keine besondere Mühe geben, die Daten in einen Zusammenhang zu stellen. Ein mathematisch interessierter Positivist in seiner Illusion, zweimal zwei seien vier – während wir, wenn wir die Kontinuität annehmen, gar nicht erst annehmen können, daß es irgendwo zwei Dinge gebe – ein Positivist also würde nach Regelmäßigkeiten in den Daten suchen. Mir ist so klar, daß das Mathematische oder das Regelmäßige ein Attribut des Universellen ist, daß ich keine große Lust habe, auf der konkreten Ebene danach zu suchen. Dennoch gibt es in diesem Sonnensystem »insgesamt« eine beachtliche Annäherung an das Regelmäßige. Die Mathematik ist so fast-vollendet auf das Konkrete ausgerichtet, daß man beispielsweise Sonnenfinsternisse mit recht großer Genauigkeit voraussagen kann. Allerdings liegen mir Daten vor, die den Astronomen die Freude an ihrer Prahlerei ein wenig trüben könnten, falls das überhaupt möglich wäre. Ein Astronom ist ein schlecht bezahlter und öffentlich kaum anerkannter Mensch, der sehr isoliert lebt. Er lebt von seiner eigenen Aufgeblasenheit. Nehmen Sie einem Bären die Aufgeblasenheit, und er kommt nicht über den Winter. Dieses Sonnensystem gleicht jedem anderen Phänomen, das »als Ganzes« betrachtet werden kann. Die Vorgänge in einem Stadtteil hängen mit den Angelegenheiten der Stadt zusammen, in der er sich befindet; die Stadt hängt mit dem Landkreis zusammen, der Landkreis mit dem Land, das Land mit dem Staat, der Staat mit anderen Staaten, alle Nationen mit klimatischen Bedingungen, die klimatischen Bedingungen mit Einflüssen der Sonne, die Sonne mit übergreifenden planetarischen Zuständen; das Sonnensystem »insgesamt« mit anderen Sonnensystemen – es ist also ein hoffnungsloses Unterfangen, das Phänomen der Ganzheit im Bezirk einer Stadt zu suchen. Positivisten sind Leute, die das Zusammenhängende in einem Stadtteil suchen. Unserer Meinung nach stoßen wir hier auf den Geist der kosmischen Religion. Objektiv ist der Staat im Bezirk einer Stadt nicht erkennbar. Aber wenn ein Positivist sich in den unerschütterlichen Glauben hineinsteigern könnte, er habe ihn gefunden, wäre dies die subjektive Erkenntnis einer Tatsache, die objektiv nicht zu erkennen ist. Natürlich ziehen wir keine klare Trennlinie zwischen Objektivem und Subjektivem – oder daß alle Phänomene, die als Dinge oder Menschen bezeichnet werden, in einem allumfassenden Beziehungsgeflecht subjektiv sind und die Gedanken der sogenannten »Personen« in diesem Netz subsubjektiv. Es ist eher so, als hätte das intermediäre Reich vergeblich versucht, in diesem Sonnensystem Regelmäßigkeit zu etablieren. Daraufhin hat es die Geisteshaltung der Astronomen erschaffen und sich mit der Überzeugung beruhigt, daß ein Fehlschlag auch ein Erfolg sein kann.

Ich habe all die Daten in diesem Buch und noch viele weitere auf Karteikarten festgehalten und in Tabellen sortiert, und einige Verwandtschaftsverhältnisse, über die ich nun sprechen will, waren Offenbarungen für mich: Dennoch ist dies bloß die Methode der Theologen und Wissenschaftler – und, am allerschlimmsten, auch der Statistiker.

Mit der statistischen Methode könnte ich beispielsweise »beweisen«, daß irgendwo auf dieser Erde »regelmäßig« alle sieben Monate schwarzer Regen gefallen ist. Um dies zu tun, müßte ich roten und gelben Regen dazunehmen und, ganz konventionell, in roten und gelben Substanzen einfach die schwarzen Partikel auszählen und den Rest unterschlagen. Sollte dann ab und zu ein schwarzer Regen eine Woche zu früh oder einen Monat zu spät kommen, dann wäre das eine »Akzeleration« oder »Retardierung«. Diese Ausrede soll jedenfalls gelten, wenn man die Umlaufzeiten von Kometen berechnet. Wenn schwarzer Regen oder roter beziehungsweise gelber Regen mit schwarzen Partikeln einmal völlig ausbleibt, dann

behaupten wir – schließlich haben wir unseren Darwin nicht umsonst gelesen –, daß »die Aufzeichnungen nicht vollständig« seien. Weitere Fälle von schwarzem Regen, die nicht in unser Schema passen, wären entweder grau oder braun, oder wir würden neue Regelmäßigkeiten für sie finden.
Ich habe beispielsweise keine Angabe für das Jahr 1819. Ich erwähne es in diesem Buch also überhaupt nicht, aber ich habe dafür Berichte über 31 außergewöhnliche Ereignisse im Jahre 1883. Irgend jemand sollte einmal ein Buch über die Phänomene dieses einen Jahres schreiben – das heißt, falls überhaupt Bücher geschrieben werden sollten. 1849 fällt wegen außergewöhnlicher Regenfälle auf, die so weit voneinander entfernt auftraten, daß jede lokale Erklärung scheitert. Ich meine nicht nur den schwarzen Regen im Mai 1849 in Irland, sondern auch den roten Regen in Sizilien und den roten Regen in Wales. Außerdem wissen wir aus Timb's *Year Book*, 1850-241, daß am 18. oder 20. April 1849 Schäfer am Berg Ararat in einem Umkreis von 5 bis 10 Meilen eine Substanz fanden, die nicht in diese Gegend gehörte. Wahrscheinlich war sie herabgeregnet.
Wir sprachen bereits über die Wissenschaft und ihren Versuch, eindeutig zu sein, und auch über die Forderung an sie, sich irgendwie nützlich zu machen. Es ist leicht einzusehen, daß der größte Teil der theoretischen Wissenschaft des neunzehnten Jahrhunderts nichts weiter war als eine Reaktion auf überkommene theologische Dogmen. Mit der Wahrheit hatte sie ungefähr so viel zu tun wie eine Welle, die von der Küste zurückgeworfen wird. Oder, wenn ein Ladenmädchen, oder Sie oder ich, einen Kaugummi auf einen Meter langziehen würde, wäre das ebenso wissenschaftlich wie die Dehnung des Alters der Erde über mehrere hundert Millionen Jahre.

Alle »Dinge« sind nicht etwa Dinge, sondern Beziehungen oder Ausdrucksformen von Beziehungen: Aber alle Beziehungen streben danach, beziehungslos zu sein, oder sie haben sich höheren Versuchen dieser Art hingegeben und unterworfen. Die erwähnte Reaktion, die auch nur eine Beziehung war, hat deshalb einen positivistischen Aspekt. Er besteht in dem Versuch, alle Phänomene auf der materialistischen Ebene zu erklären oder ein endgültiges, alles umfassendes System auf materialistischer Grundlage zu formulieren. Wenn dieser Versuch erfolgreich verliefe, dann käme dies dem Erreichen der Realheit gleich; aber dieser Versuch kann nur durchgeführt werden, indem man beispielsweise alle paranormalen Phänomene ausklammert – oder, falls die Wissenschaft jemals ihre Pforten für das Paranormale öffnete, bestünde keine größere Berechtigung, das Immaterielle mit materiellen Begriffen zu erklären, als für die Erklärung des Materiellen mit immateriellen Begriffen. Wir sind der Ansicht, daß Materielles und Immaterielles zu einer Einheit gehören und beispielsweise in einem Gedanken verschmelzen, der fließend in eine physische Handlung übergeht: daß Einheit nicht erklärbar ist. Denn mit jeder Erklärung macht man sich eine Sache in den Begriffen von etwas anderem, was als Grundlage betrachtet wird, zu eigen: Im Reich der Kontinuität aber gibt es nichts, was mit größerem Recht als Grundlage dienen könnte als irgend etwas anderes – es sei denn, wir halten eine Täuschung, die auf einer anderen Täuschung aufbaut, für weniger real als ihre Pseudo-Grundlage.

In Timb's *Year Book*, 1848-235 lesen wir, daß 1829 in Persien eine Substanz herabfiel, wie die Leute dort sie noch nie zuvor gesehen hatten. Sie hatten keine Vorstellung, was es sein könnte, aber sie sahen, daß die Schafe die Substanz fraßen. Sie mahlten sie zu Mehl und buken Brot daraus, das recht passabel, wenn auch etwas fade, geschmeckt haben soll.

Diese Chance ließ sich die Wissenschaft nicht entgehen. Das Manna hatte eine vernünftige Grundlage bekommen, es war assimiliert und versöhnt mit einem System, das die frühere – und weniger fast-reale – Version einst ausgeschlossen hatte. Es hieß nun, daß Manna – durchaus wahrscheinlich – in alten Zeiten vom Himmel gefallen sei – da es noch immer herabfalle – daß jedoch kein göttlicher Einfluß dahinterstecke, sondern es sich um eine Flechte aus den Steppen Kleinasiens handele: »Irgendwo von einem Wirbelsturm hochgeweht und woanders wieder abgesetzt.« Im *American Almanac*, 1833-71, erfahren wir, daß diese Substanz – »den Einwohnern jener Region unbekannt« – von den untersuchenden Wissenschaftlern »auf den ersten Blick erkannt« wurde: und daß »auch die chemische Analyse ergab, daß es sich um eine Flechte handelte«.

In jenen Tagen war die chemische Analyse eine Göttin. Später sind ihre Anhänger oft schockiert und enttäuscht worden. Ich weiß nicht, wie eine chemische Analyse zu botanischen Erkenntnissen führen kann, aber sie hat gesprochen, und sie sprach mit gebieterischer Stimme. Mir scheint, das vermeintliche Unwissen der Einwohner, das im Gegensatz zum Wissen der auswärtigen Wissenschaftler stand, wurde hier überbewertet. Wenn es etwas Gutes zu essen gibt – in einer Entfernung, die ein Wirbelsturm bequem überbrücken kann –, dann dürfte es den Einwohnern bekannt sein. Ich habe Daten von anderen eßbaren Schauern in Persien und im asiatischen Teil der Türkei. Immer wurde dogmatisch gesagt, es sei »Manna« gewesen, und »Manna« wird ebenso dogmatisch zu einer Flechtenart aus der kleinasiatischen Steppe erklärt. Ich vertrete den Standpunkt, daß diese Erklärung von Leuten stammt, die nichts über Niederschläge von Pflanzen oder anderen eßbaren Substanzen in anderen Teilen der Welt wußten: daß sie der übliche Versuch ist, das Allgemeine in Begriffen des Konkreten zu erklären; daß, wenn wir Daten über Pflanzenschauer in Kanada oder Indien erhalten, es sich nicht um Flechten von kleinasiatischen Steppen gehandelt haben kann; daß nicht alle Schauer im asiatischen Teil der Türkei und in Persien aus der gleichen Substanz bestanden, auch wenn sie pauschal und bequem als »Manna« bezeichnet werden. In einem Fall wurden die Partikel auch als »Samen« bezeichnet. In *Comptes Rendus* wird die Substanz von 1841 und 1846 als gallertartig beschrieben, im *Bulletin des Sciences Naturelles de Neuchatel* wird gesagt, sie bestünde aus haselnußgroßen Klumpen von etwas, das zu Mehl gemahlen worden sei. Aus diesem Mehl habe man sehr appetitlich aussehendes, aber fades Brot gebacken.

Das Problem besteht darin, die saubere Trennung der Objekte bei diesen Schauern zu erklären –

Aber Tiefseefische, auf die ab und zu eßbare Substanzen herabregnen: Säcke voller Korn, Fässer mit Zucker. Dinge, die nicht durch untermeerische Stürme oder Strömungen an einer Stelle des Meeresbodens aufgewirbelt und woanders fallen gelassen wurden –

Ich glaube, man denkt – Aber Getreidesäcke sind noch nie herabgeregnet –

Das Objekt von Amherst – eine Hülle wie »gewalktes Tuch« –

Oder, daß Fässer mit Korn, die von einem Schiff fallen, nicht gleich untergehen – viele von ihnen prallen nach einem Schiffsunglück aneinander – sie platzen, das Korn sinkt sofort oder sobald es vollgesogen ist; das Holz der Fässer treibt etwas länger –

Wenn es da droben nicht einen Verkehr gibt, der unserem Verkehr über die irdischen Ozeane ähnelt, dann bin ich nicht der Tiefseefisch, für den ich mich halte.

Ich habe keine weiteren Daten, die wie der Bericht aus Amherst auf Dinge wie Säcke oder Fässer schließen lassen, aber ich denke mir, daß Säcke oder Fässer, die nach einem Schiffsunglück sinken, nicht mehr als Säcke oder Fässer erkennbar sind, wenn sie irgendwann auf dem Meeresgrund ankommen. Wenn wir aber Daten über Schauer von faserartigem Material haben, die Tuch oder Papier oder Holz gewesen sein könnten, dann wollen wir zufrieden sein.

Proceedings of the Royal Irish Academy, 1-379:

»Im Jahre 1686 fanden einige Knechte, die sieben deutsche Meilen von Memel entfernt Wasser aus einem Teich geholt hatten und zur Arbeit zurückkehrten, nach dem Essen (das sie während eines Schneesturms einnahmen) den ebenen Grund um den Teich mit einer pechschwarzen, blättrigen Masse bedeckt. Ein Mann, der in der Nähe lebte, sagte, er habe die Substanz in kleinen Flocken zusammen mit dem Schnee fallen gesehen.«

Einige dieser Fladen waren so groß wie Tischplatten.
»Die Masse war feucht und roch unangenehm wie verfaulter Tang, aber wenn sie getrocknet war, verflog der Geruch.«
»Sie ließ sich zerreißen und war faserig wie Papier.«
Die klassische Erklärung:
»An einem Ort hochgewirbelt, woanders wieder abgesetzt.«
Aber was stieg da, getragen von einem Wirbelsturm, an einem Ort hoch? Wir als Intermediaristen nehmen natürlich an, daß es sich um eine äußerst eigenartige Substanz aus einer äußerst eigenartigen Welt handeln muß. Irgendwo auf dieser Erde müßte es eine ähnliche Substanz geben, von der diese wenigstens subjektiv und wenn man den Beschreibungen glaubt, nicht leicht zu unterscheiden wäre. Oder daß alles in New York nur ein anderer Grad oder ein anderer Aspekt von etwas anderem oder einer anderen Kombination von Dingen ist, die es auch in einem Dorf in Zentralafrika gibt. Es ist schwer, sich wirklich etwas Neues auszudenken: Schreiben Sie etwas, das Ihnen neu vorkommt, und irgend jemand wird Ihnen erzählen, daß die dreimal verfluchten Griechen das gleiche schon vor langer Zeit gesagt haben. Existenz ist Appetit: Wir schlagen die Zähne ins Dasein, und jedes Ding versucht, alle anderen Dinge, die sich noch nicht unterworfen haben, zu vereinnahmen. Es war nicht verwunderlich, daß die Wissenschaftler, die sich dem wissenschaftlichen System unterworfen hatten und ihm zu Diensten waren, den Prinzipien des Systems entsprechend versuchten, die Substanz, die in Memel herabfiel, mit Hilfe eines bekannten irdischen Stoffes zu vereinnahmen. Auf der Sitzung der Royal Irish Academy kam dann heraus, daß es eine seltene Substanz gibt, die bekanntermaßen dünne Schichten auf Marschland bildet.
Sie sieht aus wie grünliches Fell.
Die Substanz von Memel:
Eine feuchte, pechschwarze und blättrige Masse.
Wenn die Marschsubstanz zerbrochen wird, zerfällt sie zu Flocken und reißt in Fasern auseinander.
Ein Elefant kann als Sonnenblume angesehen werden, denn

beide können mit dem Kopf nicken. Ein Kamel ist von einer Erdnuß nicht zu unterscheiden, wenn man nur den Höcker berücksichtigt.
Das Problem bei diesem Buch ist, daß es viel intellektuelles Geschwafel unterbinden wird: Wir werden unfähig sein, uns noch über irgend etwas zu wundern. Wir wissen beispielsweise, daß die Übergänge zwischen Wissenschaft und Wahnsinn fließend sind; dennoch sind viele Ausdrucksformen des Grenzbereichs auf den ersten Blick verblüffend. Wir glauben, Professor Hitchcocks Auftritt bei der Identifizierung des Phänomens von Amherst war eine wissenschaftliche Zirkusnummer. Wir sollten ihn vom Vorwurf der Ernsthaftigkeit freisprechen. An einem Ort, wo Pilze so verbreitet sind, daß binnen eines Tages zwei von ihnen wuchsen, konnte nur er, ein Fremder an diesem pilzreichen Ort, einen Pilz erkennen, als er etwas sah, das vielleicht ein Pilz war, und wenn wir außer acht lassen, wie schnell sich der vermeintlichte Pilz dann verflüssigt hat. Das sind aber nur meine bescheidenen Gedanken, denn wir haben es mit einer hervorragenden Truppe zu tun. Es sind nicht einfach Iren, es sind königliche Iren.
Die königlichen Iren schlossen die »pechschwarze Farbe« aus und ließen die Faserigkeit zu. Also war diese Substanz »Marschpapier«, das »von einem Sturm in die Luft gehoben wurde und an anderer Stelle herabfiel«.
Zweiter Akt:
Laut M. Ehrenburg erkannte man, daß »das Meteoriten-Papier zum Teil aus pflanzlichem Material bestand, vor allem aus Teilen von Nadelbäumen.«
Dritter Akt:
Eine Sitzung der königlichen Iren: Stühle, Tische und Iren.
Ein paar Flocken des Marsch-Papiers wurden herumgezeigt.
Sie bestanden überwiegend aus Teilen von Nadelbäumen.
Dies war ein doppelter Einschluß: oder die Art von Übereinkunft, die Logikern so wichtig ist. Kein Logiker gibt sich damit zufrieden, eine Erdnuß als Kamel zu identifizieren, nur weil beide einen Höcker haben: Er verlangt eine weitere Überein-

stimmung – beispielsweise, daß beide lange ohne Wasser auskommen.

Gehen wir von den freien Sitten des Theaters aus, dann ist es nicht unvernünftig, in diesem Buch einfach anzunehmen, daß eine grüne Substanz von einem Wirbelwind an einem Ort hochgeweht werden kann, um an einem anderen Ort als schwarze Substanz wieder herunterzufallen. Aber die Iren schlossen noch etwas anderes aus. Ich meine Daten, die ihnen ebenso zugänglich waren wie mir:

Daß es sich nach Chladni sich nicht um eine kleine, eng begrenzte Ablagerung handelte, die von irgend jemand bemerkt wurde, der irgendwo in der Nähe eines Teichs lebte.

Es war ein gewaltiger Regen aus einem riesigen Bereich des Himmels.

Wahrscheinlich hätte alles Marsch-Papier der Welt nicht für diesen Schauer ausgereicht.

Zugleich fiel diese Substanz »in großen Mengen« auch in Norwegen und Pommern. Siehe auch Kirkwood, *Meteoric Astronomy*, S. 66:

»Eine Substanz wie verkohltes Papier fiel am 31. Januar 1686 in Norwegen und anderen Teilen Nordeuropas.«

Ein Wirbelwind, der sich über so ausgedehnte Teile der Welt erstreckte, dürfte sich meiner Ansicht nach kaum auf eine Substanz namens »Marsch-Papier« beschränkt haben. Es hätte auch Zäune, Hausdächer und Äste regnen müssen. Aber wir wissen nichts über einen Tornado in Nordeuropa im Jahre 1686. Es wird nur berichtet, daß die genannte Substanz an verschiedenen Stellen vom Himmel fiel.

Die Zeit verging, aber die übliche Entschlossenheit, alle Schauer von Substanzen auszuschließen, die nicht von dieser Erde stammten und die keine normalen Meteoriten waren, wuchs.

Annals of Philosophy, 16-68:

Die Substanz, die im Januar 1686 fiel, wird beschrieben als eine »Masse schwarzer Blätter, die aussahen wie verbranntes Papier, die aber fester und brüchig waren.«

»Marsch-Papier« wird nicht erwähnt, und nichts verlautet über die »Nadelbäume«, von denen die königlichen Iren so überzeugt waren. Pflanzliche Bestandteile werden vernachlässigt. Es ist, als fände man es einfach bequem, eine krumme Gurke als großen Angelhaken zu bezeichnen.

Meteoriten haben meist einen schwarzen, schuppigen Überzug. Die Substanz von 1686 ist schwarz und schuppig. Wenn man so will, kann »blättrig« auch als »schuppig« verstanden werden. Im Rahmen dieses Versuches, Dinge mit dem Hergebrachten in Übereinstimmung zu bringen, erfahren wir, daß es sich bei der Substanz um eine mineralische Masse handele: daß es genau jene schwarzen Schuppen seien, von denen Meteoriten bedeckt sind.

Der Wissenschaftler, der diese »Bestimmung« vornahm, war von Grotthus. Er hatte den Gott der chemischen Analyse angerufen. Oder die Macht und den Ruhm der Menschheit – von dem wir oft nicht einmal besonders beeindruckt sind – aber die Götter müssen uns sagen, was wir hören wollen. Wir erkennen abermals, daß, obwohl nichts eine eigene Identität besitzt, alles als irgendetwas »identifiziert« werden kann. Es gibt nichts Unvernünftiges, solange man nicht die Nase in die Dinge steckt, die ausgeschlossen wurden. Aber in diesem Fall war der Konflikt noch nicht aus der Welt. Berzelius untersuchte die Substanz. Er konnte kein Nickel darin finden. Zu jener Zeit war der Nachweis von Nickel ein »eindeutiger« Beweis für meteorisches Material. Angesichts dieses angeblich eindeutigen »Gegenbeweises« widerrief von Grotthus seine »Identifizierung«. (*Annals and Magazine of Natural History*, 1-3-185.)

Da sich die Geistesgrößen nun gegenseitig ausgeschaltet haben, können wir unsere eigenen Ideen vorbringen, die ansonsten ungehört bleiben würden:

Daß es schade ist, daß niemand genau hinsah und – Hieroglyphen? – etwas Geschriebenes auf diesen Papierblättern fand?

Wenn bisher noch nicht viele verschiedene Substanzen auf die Erde gefallen sind, es aber auf der Erdoberfläche eine unendliche Menge von Substanzen gibt, die von Wirbelstürmen hoch-

geweht werden können, dann sind zwei Schauer einer so seltenen Substanz wie Marsch-Papier bemerkenswert.
In der *Edinburgh Review*, 87-194, erklärt ein Autor, er habe gerade ein 200 Quadratfuß großes Stück einer Substanz vor sich, die im Jahre 1839 im schlesischen Karlsberg vom Himmel gefallen sei. Die Substanz sei Filz, wie man ihn für Kleider nimmt, sehr ähnlich. Der Gott der mikroskopischen Untersuchung hatte gesprochen. Die Substanz bestand überwiegend aus Teilen von Nadelbäumen.
Journal of the Asiatic Society of Bengal, 1847-1-193:
Daß am 16. März 1846 – etwa zu der Zeit, als in Kleinasien eßbare Substanzen vom Himmel fielen – in der Nähe von Schanghai ein olivfarbenes bis graues Pulver niederging. Unter dem Mikroskop erwies es sich als Zusammenballung von zwei verschiedenen Haarsorten: schwarze und ziemlich dicke weiße. Man hielt die Haare zunächst für mineralische Fasern, aber wenn sie verbrannt wurden, verströmten sie »den bekannten stechenden Geruch von verbranntem Haar oder Gefieder«. Der Autor beschrieb das Phänomen als »3800 Quadratmeilen große Wolke aus Fasern, Alkali und Sand«. In einem Anhang erklärt er noch, daß andere Forscher, die über bessere Mikroskope verfügten, die Ansicht vertraten, bei den Fasern handele es sich nicht um Haare; daß die Substanz vielmehr hauptsächlich aus Teilen von Nadelbäumen bestehe.
Bemitleidenswert, wie die Wissenschaft ebenso dumm und einfallslos wie mutig auf ihrem Standpunkt ausharrt: Alles, was sie scheinbar herausfindet, erweist sich wieder als falsch – durch immer stärkere Mikroskope und Teleskope; durch immer bessere, präzisere Mittel und Methoden – immer neue, nicht zu unterdrückende Tatsachen tauchen auf; immer gelten sie als letzte Wahrheit; immer die Illusion des Endgültigen; wenig ist zu sehen vom wahren Geist des Intermediaristen –
Daß das Neue, dem das Alte weichen muß, eines Tages selbst ersetzt werden wird, daß es seinerseits als mythischer Unsinn abgetan werden wird –

Aber, daß den Phantomen, wenn sie heraufklettern, jede Leitersprosse gelegen kommt.
Annual Register, 1821-681:
Daß nach einem Bericht von M. Lainé, dem französischen Konsul in Pernambuco, Anfang Oktober 1821 ein Schauer einer Substanz niederging, die an Seide erinnerte. Es war eine gewaltige Menge, vielleicht eine ganze Ladung, die irgendwo zwischen Jupiter und Mars verlorengegangen war und Jahrhunderte im Weltraum trieb, während sich das ursprüngliche Gewebe nach und nach auflöste. In *Annales de Chimie*, 2-15-427, lesen wir, daß M. Lainé Proben dieser Substanz nach Frankreich schickte. Man konnte nachweisen, daß sie tatsächlich den Seidefasern ähnelten, die zu gewissen Jahreszeiten in der Nähe von Paris mit dem Wind herangeweht werden.
In *Annals of Philosophy*, 12-93, wird eine faserige Substanz erwähnt, ähnlich wie blaue Seide, die am 23. März 1665 in der Nähe von Naumburg vom Himmel fiel. Nach Chladni (*Annales de Chimie*, 2-31-264), handelte es sich um eine gewaltige Menge. Vor das Datum setzte er ein Fragezeichen.
Einer der Vorteile des Intermediarismus ist, daß es in unserem alles umfassenden Quasi-Zustand keine unklaren Metaphern geben kann. Was in einem Zusammenhang annehmbar ist, das ist in gewissem Maße oder angesichts gewisser Aspekte auch in allen anderen Fällen akzeptabel. Wir können also problemlos über ein Ding sprechen, das fest ist wie Fels und doch mit vollen Segeln majestätisch an uns vorbeimarschiert. Die Iren sind gute Monisten. Natürlich lachte man über ihre kühnen Einfälle. Wir schreiben also ein Buch, oder ist es eine Prozession oder ein Museum?, in dem das Horrorkabinett viel zu viel Raum einnimmt. Im *Scientific American*, 1859-178, wird beispielsweise ein überaus schrecklicher Zusammenhang hergestellt. Ein Korrespondent sah eine seidenartige Substanz fallen – zur gleichen Zeit waren Nordlichter zu beobachten –, und schrieb die Substanz dem Leuchten zu.
Seit Darwin lautet die klassische Erklärung, daß alle seidigen Substanzen, die vom Himmel fallen, Spinnweben sein müssen.

1832 sah Darwin an Bord der *Beagle*, in der Mündung des Rio de la Plata, 60 Meilen vom Land entfernt, eine große Menge Spinnweben herabfallen. Es handelte sich um das, was wir als »Altweibersommer« bezeichnen, um jene kleinen Spinnenpiloten, die auf ihren Fäden vom Wind getragen werden.

Es ist schwer zu behaupten, daß seidige Substanzen, die auf die Erde fallen, keine Spinnweben sein sollen. Ich nehme an, daß Spinnweben der gemeinsame Nenner sind; daß es Schauer einer seidigen Substanz gab, die nicht von dieser Erde stammte, und Schauer von Spinnweben, mit denen irdische Spinnen flogen; daß es in manchen Fällen unmöglich ist, das eine vom anderen zu unterscheiden. Natürlich mischt sich unsere Deutung dieser seidigen Substanzen in andere Erklärungen scheinbar textiler Substanzen, und ich weiß gar nicht, ob wir nun besser dran sind –

Außer daß, wenn auch gewebte Stoffe vom Himmel gefallen sind –

Im Rahmen unserer ersten, zögernden Vorstöße mag es reichen, wenn wir in diesem Buch so weit kommen, daß wir das einfach annehmen können.

In *All the Year Round*, 8-254, wird ein Schauer geschildert, der am 21. September 1741 in England in den Orten Bradly, Selbourne und Alresford und im Dreieck zwischen diesen Städten beobachtet wurde. Die Substanz wird als »Spinnweben« beschrieben, doch sie fiel »in Flocken oder Fetzen von einem Zoll Breite und fünf oder sechs Zoll Länge«. Die Flocken bestanden aus einer recht schweren Substanz, denn »sie fielen relativ schnell.« Große Mengen dieser Substanz kamen herunter – die kürzeste Seite des Dreiecks ist acht Meilen lang. In den *Transactions of the Wernerian Natural History Society*, 5-386, werden zwei Schauer erwähnt, die im Abstand von einigen Stunden stattfanden. So langsam werden uns diese Daten vertraut, aber erst wenn wir immer und immer wieder auf diese Wiederholungen stoßen, können wir sie in Betracht ziehen. Angeblich hat der zweite Schauer von neun Uhr morgens bis zum Abend gedauert.

Die Hypnose der klassischen Erklärer – daß das, was wir Intelligenz nennen, nur Ausdruck eines Ungleichgewichts ist; daß wenn das Denken sich anzupassen beginnt, die Intelligenz verfällt – oder natürlich, daß Intelligenz das Eingeständnis von Unwissenheit ist. Wenn Sie einem Thema Ihre Intelligenz gewidmet haben, dann bedeutet dies, daß Sie noch viel darüber zu lernen haben – natürlich nur, wenn wir darin übereinstimmen, daß das Lernen mechanisch vor sich geht, und wenn wir uns auf diese Quasi-Begriffe einigen, weil man im Grunde ja nichts endgültig lernen kann.

Man beschloß, daß es sich bei der Substanz um Spinnweben handelte. Das war die Anpassung. Aber bei mir funktioniert diese Anpassung nicht, ich fürchte also, ich besitze in dieser Hinsicht noch etwas Intelligenz. Wenn ich je zu einer Anpassung bei diesem Thema gelangen sollte, dann werde ich außer Routine-Gedanken nichts mehr denken können. Ich habe noch keine endgültige Entscheidung getroffen, und deshalb kann ich darauf hinweisen:

Daß die Substanz in so großen Mengen fiel, daß weithin die Leute aufmerksam wurden –

Daß es ebenso bemerkenswert gewesen wäre, wenn sie aufgestiegen wäre –

Daß aber nirgends, nicht aus England und nicht von anderswo, Berichte über Tonnen von »Spinnweben« vorliegen, die im September 1741 in die Luft gestiegen wären.

Ein weiteres Eingeständnis meiner Intelligenz in dieser Sache: Wenn man nun unbedingt will, daß die Substanz an einem weit entfernten Ort, aber nichtsdestotrotz von der Erde aufstieg –

Dann hätten wir es abermals mit einer unglaublichen Zielsicherheit zu tun – stundenlang wurde ein kleiner, dreieckiger Flecken getroffen – dann ein paar Stunden Pause – und von neun Uhr morgens bis zum Abend: noch einmal der gleiche kleine dreieckige Bereich.

Dies sind die Unterlassungssünden der klassischen Erklärer. Ganz zu schweigen davon, daß keine Spinnen gesehen wurden. Akzeptiert wurde die Erkenntnis, daß die Substanz in großen

Flocken von einigem Gewicht fiel und klebrig war. In dieser Hinsicht ähnelte sie Spinnweben: Sie verklebte die Augen von Hunden, die im Gras daran herumschnüffelten. Dieser Umstand läßt natürlich an Spinnweben denken –

Es sei denn, wir können annehmen, daß es in Regionen hoch droben riesige zähflüssige oder gallertartige Bereiche gibt, und daß Dinge, die dort hindurchstoßen, bekleckert werden.

Oder wir klären das Durcheinander in den Beschreibungen der Substanz, die 1841 und 1846 in Kleinasien herabregnete. In einer Publikation wird sie als gallertartig und in einer anderen als getreideähnlich beschrieben. Vielleicht war es Getreide, das durch eine gallertige Region gekommen war. Auch die papierähnliche Substanz von Memel könnte ähnliches durchgemacht haben, denn Ehrenburg fand in ihr gelatineähnliche Stoffe, die er als »Nostoc« bezeichnete (*Annals and Magazine of Natural History*, 1-3-185).

Scientific American, 45-337:

Ende Oktober 1881 fiel in Milwaukee, Wisconsin, und in anderen Städten eine Substanz vom Himmel, die als »Spinnweben« beschrieben wurde. Erwähnt werden die Orte Green Bay, Vesburge, Fort Howard, Sheboygan und Ozaukee. Die fliegenden Spinnen, der Altweibersommer, können fliegen, weil die Fäden extrem leicht sind und vom Wind getragen werden. Zu der Substanz, die in Wisconsin fiel, heißt es:

»In allen Fällen waren die Fäden kräftig und strahlend weiß.«

Der Herausgeber schreibt:

»Eigenartig ist, daß nirgends, in keinem einzigen Bericht, die Spinnen selbst erwähnt werden.«

Unser Versuch, ein möglicherweise außerirdisches Produkt von seinem irdischen Gegenstück zu unterscheiden: unsere Freude, da wir glauben, etwas gefunden zu haben:

Die *Monthly Weather Review*, 26-566, zitiert den *Montgomery Advertiser* aus Montgomery, Alabama:

Daß am 21. November 1898 in Montgomery zahlreiche Stücke einer spinnwebartigen Substanz in Strähnen von mehreren Zoll Länge und Breite vom Himmel fielen. Der Autor erklärt, es

habe sich nicht um Spinnweben, sondern um etwas gehandelt, das ihn an Asbest erinnerte, und es habe phosphoresziert.
Der Herausgeber der *Review* merkt dazu an, daß er keinen Grund sähe daran zu zweifeln, daß es sich dennoch um Spinnweben gehandelt habe.
La Nature, 1883-342:
Ein Korrespondent schreibt, er habe die Probe einer Substanz, die am 16. Oktober 1883 in Montussan (Gironde) vom Himmel fiel, zur Untersuchung eingeschickt. Ein Zeuge, den der Korrespondent zitiert, habe erklärt, eine große Wolke sei aufgetaucht, es habe geregnet, und ein heftiger Wind habe geweht. Die Wolke habe aus faustgroßen Klumpen einer wollähnlichen Substanz bestanden, die auf den Boden fielen. Der Herausgeber (Tissandier) sagt, die Substanz sei weiß gewesen, habe aber den Eindruck erweckt, als sei sie verbrannt worden. Sie war faserig. M. Tissandier verblüfft uns mit dem Eingeständnis, daß er die Substanz nicht identifizieren könne. Wir dachten bisher, alles könne als irgend etwas »identifiziert« werden. Er kann aber nur sagen, daß die fragliche Wolke eine außergewöhnliche Zusammenballung gewesen sei.
Annual Register, 1832-447:
Daß im März 1832 in den Feldern von Kourianow, Rußland, eine brennbare gelbe Substanz vom Himmel fiel, die, mindestens zwei Zoll hoch, einen Bereich von 600 bis 700 Quadratfuß bedeckte. Sie war harzig und gelblich. So lag die konventionelle Erklärung nahe, daß es sich um Kiefernpollen handelte. Doch wenn die Substanz zerrissen wurde, zeigte sich, daß sie widerstandsfähig war wie Baumwolle. Legte man sie in Wasser, dann verhielt sie sich wie Harz. »Dieses Harz hatte die Farbe von Bernstein, es war elastisch wie Kautschuk und roch wie eine Mischung aus Öl und Wachs.«
Wir dachten an Frachtladungen allgemein – und an Frachtladungen mit Lebensmitteln:
In *den Philosophical Transactions*, 19-224, finden wir einen Auszug aus einem Brief von Mr. Robert Vans aus Kilkenny, Irland, der mit dem 15. November 1695 datiert ist. Es habe,

schreibt Vans, »kürzlich« in den Countys Limerick und Tipperary Schauer einer Substanz gegeben, die an Butter oder Fett erinnerte und »abscheulich stank.«

Darauf folgt ein Auszug aus einem Brief des Bischofs von Cloyne, der ein »sehr eigenartiges Phänomen« schildert, das in Munster und Leinster beobachtet wurde: Über längere Zeit fiel im Frühjahr 1695 eine Substanz vom Himmel, die von den Einwohnern »Butter« genannt wurde. Es war eine »weiche, klebrige und dunkelgelbe Masse«, die vom Vieh auf den Weiden »gleichgültig« verspeist wurde.

»Sie fiel in Klumpen so groß wie ein Fingerhut«, und sie »roch übel.« Seine Gnaden bezeichnet sie als »stinkenden Tau«.

In Mr. Vans' Brief heißt es weiter, die »Butter« habe angeblich Heilkräfte besessen und sei »von einigen Anwohnern in Töpfen und anderen Gefäßen gesammelt« worden.

Und:

In den folgenden Bänden der *Philosophical Transactions* finden wir keine weiteren Spekulationen über dieses ungewöhnliche Thema. Ächtung. Das Schicksal dieser Daten ist ein gutes Beispiel für die Verdammung – nicht durch Leugnen, nicht durch Wegerklären, sondern durch schlichte Nichtbeachtung. Chladni erwähnt diesen Schauer, er wird auch in anderen Werken erwähnt, aber das Fehlen jeglicher Nachforschungen, die Beschränkung auf die nackte Erwähnung des Vorfalls selbst, zeigt uns, daß der Fall wie so viele vom herrschenden System exkommuniziert wurde. Die Daten sind bei lebendigem Leibe begraben worden. Sie sind mit dem modernen System von Dogmen so unvereinbar, wie geologische Schichten und Wurmfortsätze dem vorhergehenden Dogmensystem zuwiderliefen.

Wenn diese Substanz »im Frühjahr über längere Zeit« in zwei irischen Grafschaften immer wieder herabfiel, dann müssen wir, heftiger als je zuvor, abermals an einen stationären Bereich in den Lüften denken – an eine Region, die Produkte in Empfang nimmt, die unseren irdischen Produkten ähneln, jedoch von äußeren Quellen stammen. Eine Region, in der die hiesigen Gesetze der Schwerkraft und der Meteorologie keine große

Bedeutung haben – falls tatsächlich ein Gutteil dieser Substanz wochenlang droben schwebte, ehe er endlich herabfiel. Wir nehmen an, daß Mr. Vans und der Bischof von Cloyne im Jahre 1685 ebenso in der Lage waren, das, was sie sahen, angemessen zu beschreiben, wie die Zeugen aus dem Jahr 1885 ihre Wahrnehmungen schildern konnten. Dennoch liegt der Fall weit zurück, und wir müssen noch einige moderne Beispiele heranziehen, ehe wir das Ganze annehmen können.

Im *American Journal of Science*, 1-28-361, finden wir einen Bericht über einen weiteren Schauer. Am 11. April 1832, etwa einen Monat nach dem Schauer in Kourianow, fiel eine Substanz vom Himmel, die gelblich, durchscheinend und weiß war und nach ranzigem Fett roch. M. Herman, ein Chemiker, der die Substanz untersuchte, nannte sie »Himmelsöl«. Angaben zur Analyse und zu chemischen Reaktionen finden Sie im *Journal*. Das *Edinburgh New Philosophical Journal*, 13-368, erwähnt, daß 1832 in der Nähe von Rotterdam eine »stinkende« Substanz vom Himmel fiel. In *Comptes Rendus*, 13-215, finden wir einen Bericht über eine ölige, rötliche Masse, die im Februar 1841 in Genua vom Himmel fiel.

Was es auch war –

Die meisten unserer Schwierigkeiten scheinen Probleme zu sein, die wir besser den späteren Erforschern einer Supergeographie überlassen sollten. Wer Amerika entdeckt, sollte Long Island seinen Nachfolgern überlassen. Wenn es Superschiffe gibt, die zwischen Jupiter und Mars und Venus herumfahren und manchmal Unfälle erleiden, drängt sich uns der Gedanke an Brennstoff und Ladung auf. Am überzeugendsten wäre es natürlich, wenn Kohle vom Himmel fiele. Aber wir können annehmen, daß in einer fortschrittlicheren Welt Maschinen, die Öl verbrennen, schon lange erfunden sind. Doch wie gesagt, wir sollten auch unseren Schülern etwas lassen – also werden wir nicht speziell nachforschen, ob es sich bei diesen butterartigen oder öligen Substanzen um Brennstoff oder um Nahrungsmittel gehandelt hat. Wir wollen nur festhalten, daß im *Scientific American*, 24-323, ein Bericht über Hagelkörner abgedruckt ist, die Mitte April 1871 in Mississippi herabfielen. Sie enthielten eine Substanz, die als Terpentin beschrieben wird.

Am 1. Juni 1842 fiel in der Nähe von Nîmes, Frankreich, zusammen mit Hagelkörnern eine Substanz, die nach Orangensaft schmeckte. Sie wurde als Salpetersäure identifiziert (*Journal de Pharmacie*, 1845-273).

Hagel und Asche in Irland im Jahre 1755 (*Scientific American*, 5-168).

Daß in Elizabeth, New Jersey, am 9. Juni 1874 ein Hagelschauer niederging, der nach Angaben von Professor Leeds vom Stevens Institute Natriumkarbonat enthielt (*Scientific American*, 30-262).

Wir haben uns ein wenig vom Thema entfernt, aber es wird später von Bedeutung sein, daß so viele außergewöhnliche Niederschläge mit Hagel einhergingen. Wenn nun diese Substanzen von anderen Orten als dieser Erde stammten, kam der Hagel dann auch daher? Unsere Akzeptanz wird hier von der Zahl der Fälle abhängen. Es scheint jedenfalls vernünftig anzunehmen, daß manche Dinge, die auf die Erde fallen, von Hagel begleitet sind.

Kommen wir noch einmal auf die pflanzlichen Substanzen zurück, die in derartigen Mengen herabregneten, daß es an verlorene Schiffsladungen denken läßt. Im *Intellectual Observer*, 3-468, finden wir eine Bemerkung über einen Regenschauer, der am 1. Mai 1863 in Perpignan fiel. Er »enthielt eine rote Substanz, die sich nach einer Untersuchung als rotes Mehl erwies, das mit feinem Sand versetzt war.« Diese Substanz ging an verschiedenen Stellen im Mittelmeerraum nieder.

In *den Philosophical Transactions*, 16-281, ist ein Bericht über vermeintliches Getreide abgedruckt, das im Jahre 1686 in Wiltshire vom Himmel gefallen sei. Ein Teil der »Weizenkörner« sei in Hagelkörner eingeschlossen gewesen. Der Autor führt in *Philosophical Transactions* aus, daß er die Körner untersucht und festgestellt habe, es seien in Wirklichkeit Efeubeeren gewesen, die aus den Löchern und Spalten, in denen Vögel sie versteckt hatten, verweht worden seien. Wenn Vögel gewohn-

heitsmäßig Beeren verstecken, und wenn heute noch Winde wehen, dann verstehe ich nicht, warum sich das Phänomen seit zweihundert Jahren nicht wiederholt hat.
Oder der rote Regen in Siena, Italien, im Mai 1830. Arago meint, er habe pflanzliche Stoffe enthalten. (Arago, *Œuvres*, 12-468).
Es sollte einmal jemand Daten über die Niederschläge sammeln, die allein in Siena fielen.
In der *Monthly Weather Review*, 29-465, schreibt ein Korrespondent, daß am 16. Februar 1901 in Pawpaw, Michigan, an einem Tag, an dem wegen Windstille die Windmühle nicht in Betrieb war, ein brauner Staub herabfiel, der aussah, als sei er pflanzlichen Ursprungs. Der Herausgeber der *Review* zieht den Schluß, daß es sich nicht um von einem Tornado transportierte Stoffe gehandelt habe, weil es von keinem anderen Ort ähnliche Berichte gab.
Ranziger, stinkender Geruch, Verwesung – wir stießen mehrmals auf diese Eigenschaften. Natürlich ist nichts von Bedeutung, oder alle Bedeutungen gehen fließend in andere Bedeutungen über. Jeder Schuldbeweis ist zugleich ein Beweis der Unschuld. Immerhin können wir vermuten, daß gewisse Dinge lange schwebend zwischen den Sternen verharren. Ein schreckliches Unglück zur Zeit Julius Cäsars; die Überreste erreichten die Erde erst zur Zeit des Bischofs von Cloyne. Wir wollen es unseren Nachfahren überlassen, sich über bakterielle Einflüsse und Verwesung den Kopf zu zerbrechen und über die Frage zu diskutieren, ob Bakterien in etwas, das wir Weltraum nennen und worüber wir nichts wissen, überleben können –
Chemical News, 35-182:
Dr. A. T. Machattie (Mitglied der Chemical Society) schreibt, daß am 24. Februar 1868 in London, Ontario, während eines heftigen Schneesturms eine dunkle Substanz vom Himmel fiel. In einem 50 Meilen langen und 10 Meilen breiten Korridor gingen etwa 500 Tonnen nieder. Das Material wurde von Dr. Machattie mikroskopisch untersucht. Er stellte fest, daß es sich um pflanzliche Stoffe handelte, die sich »in einem fort-

geschrittenen Stadium der Verwesung« befanden. Dann untersuchte Dr. James Adams aus Glasgow die Substanz und erklärte sie zu Überresten von Getreide. Dr. Machattie betont, daß zu dieser Zeit der Boden in Kanada schon seit Monaten gefroren war. In diesem Fall müßte man also an eine recht weit entfernte Herkunft denken. Dr. Machattie glaubt, das Material sei aus dem Süden gekommen. »Aber«, schreibt er, »das ist reine Mutmaßung«.

American Journal of Science, 1841-40:

Daß am 24. März 1840 in Rajkit, Indien – während eines Gewitters – Getreide vom Himmel fiel. Der Bericht stammt von Col. Sykes von der British Association.

Die Eingeborenen waren sehr aufgeregt, weil es sich um eine ihnen unbekannte Getreidesorte handelte.

Gewöhnlich tritt in solchen Fällen ein Wissenschaftler auf den Plan, der mehr über die Dinge weiß als die ortskundigen Einwohner, doch in diesem Fall gab es eine Abweichung vom üblichen Schema.

»Das Korn wurde Botanikern gezeigt, die es nicht sofort erkannten. Sie hielten es für Grassamen oder eine Bohnensorte.«

KAPITEL 6

Blei, Silber, Diamanten, Glas.
Sie klingen wie die Verdammten, aber sie sind es nicht mehr: Sie gehören jetzt zu den Erwählten – jedenfalls, wenn sie in jenen Brocken aus Metall oder Stein vorkommen, welche die Wissenschaft als Meteoriten anerkannt hat. Auf Widerstand stoßen allerdings Substanzen, die nicht in dieser Weise vermischt und ummantelt sind.
Unter den Verfluchten scheint mir der Zunder besonders verdammenswert. Im *Report of the British Association*, 1878-376, wird eine schokoladenbraune Substanz erwähnt, die zusammen mit einem Meteoriten auf die Erde stürzte. Einzelheiten werden nicht genannt, und ich konnte keinen weiteren Hinweis finden. In dieser englischen Schrift kommt der Begriff »Zunder« nicht vor. Der Stoff heißt dort »amadou«. Wären die Daten in einer französischen Publikation veröffentlicht worden, dann hätte man das Wort »amadou« gemieden und »Zunder« eingesetzt.
Oder die Einheit der Allheit: wissenschaftliche Werke und soziales Ansehen: Ein Goldstein, der als Goldstein nicht zugelassen wird, findet als Jackson Einlaß.
Der Niederschlag von Schwefel war der modernen orthodoxen Wissenschaft besonders widerwärtig – vor allem wegen seiner Nähe zum Aberglauben oder zu den Prinzipien einer anderen orthodoxen Organisation – Geschichten vom Teufel: schweflige Ausdünstungen. Mehrere Autoren bekannten sich offen zu dieser Abneigung. Ebenso die wissenschaftlichen Reaktionäre, die sich vehement gegen das Vorhergehende wehrten, weil es das Vorhergehende war: Und die wissenschaftliche Puristen schlossen den Schwefel in reinem Exklusionismus aus, legten sich die

schlanken Hände auf ihre bleichen Augen und leugneten den Niederschlag von Schwefel. Mir liegen viele Angaben zum schwefligen Dunst von Meteoriten vor, und viele Anmerkungen zu phosphoreszierenden Dingen, die von außerhalb kamen. Irgendwann werde ich mir die alten Geschichten über Dämonen vornehmen, die in Schwefelwolken gehüllt auf diese Erde traten, und ich werde die Idee zum Ausdruck bringen, daß wir oft ungebetene Gäste von anderen Welten hatten oder daß Schwefeldunst ein Hinweis auf außerirdische Herkunft ist. Ich denke, daß die Dämonologie eines Tages der Vernunft zugänglich sein wird, aber im Augenblick sind wir noch nicht weit genug fortgeschritten, um so weit zurückzugehen.

Der *Report of the British Association*, 1874-272, berichtet von einem Klumpen brennenden Schwefels, so groß wie eine Männerfaust, der am 30. Januar 1868 auf einer Straße in Pultusk, Polen, niederging, wo er von Dorfbewohnern ausgetreten wurde.

Die Macht der Exklusionisten liegt darin, daß sich in ihren Reihen die modernen wie die archaischen Systematiker finden. Niederschläge von Sandstein und Kalkstein sind für Theologen wie für Wissenschaftler unannehmbar. Sandstein und Kalkstein lassen an andere Welten denken, auf denen Prozesse stattfinden, die geologischen Prozessen ähneln, und Kalkstein, in dem oft Fossilien gefunden werden, ist natürlich besonders unerwünscht.

In *Science*, 9. März 1888, lesen wir einen Bericht über einen Kalksteinbrocken, der in der Nähe von Middleburgh, Florida, niedergegangen sein soll. Er wurde in Jacksonville auf einer Ausstellung gezeigt. Der *Science*-Autor leugnet, daß der Brokken vom Himmel stamme. Er meint:

Es gibt keinen Kalkstein am Himmel;

Deshalb ist dieser Kalkstein nicht vom Himmel gefallen.

Ich kann mir keine plausibleren Überlegungen vorstellen – weil wir wissen, daß eine letzte, grundlegende Aussage – die universelle Wahrheit – alle Dinge einschließen würde: so daß nichts mehr zu überlegen wäre – so daß also all unsere Überlegungen

auf »etwas« beruhen müssen, das nicht universell ist, das nur ein Phantom ist im Intermediären Reich zwischen den Polen des Nichts und des Alles, zwischen Negativität und Positivität.
La Nature, 1890-2-127:
In Pel-et-Der (L'Aube) in Frankreich gingen am 6. Juni 1890 Kalksteinkiesel nieder. Sie wurden als Kalkstein aus Château Landon identifiziert – oder »irgendwo von einem Wirbelsturm hochgeweht und woanders wieder abgesetzt«. Aber diese hier fielen zusammen mit Hagelkörnern herab, die im Juni leider nicht als Eis aus Château Landon erklärt werden konnten. Vielleicht ein dummer Zufall.
Auf Seite 70 schreibt der Herausgeber von *Science Gossip*, 1887, in Little Lever, England, sei angeblich ein Stein vom Himmel gefallen. Er selbst habe eine Probe davon erhalten. Es sei Sandstein. Und natürlich sei der Stein nicht herabgefallen, sondern habe von vornherein am Boden gelegen. Doch auf Seite 140 der gleichen Ausgabe finden wir einen Bericht über einen »großen, vom Wasser geglätteten Kieselstein«, der im Holz einer ausgewachsenen Buche gefunden wurde. Es scheint mir, als wäre dieser Stein glühend heiß herabgefallen und mit hoher Geschwindigkeit ins Holz eingedrungen. Aber ich habe noch nie gehört, daß etwas rotglühend aus einem Wirbelsturm herabgefallen ist –
Das Holz um den Stein war schwarz, als sei es verkohlt.
Dr. Farrington etwa verzichtet in seinen Büchern gänzlich auf die Erwähnung von Sandstein. Dagegen ist die British Association, wenn auch widerstrebend, weniger streng. In ihrem *Report* aus dem Jahre 1860 lesen wir auf Seite 107 von einem Brocken in der Größe eines Enteneis, der am 9. Juni 1860 in Raphoe, Irland, niederging (das Datum ist nicht gesichert). Es wird nicht ausdrücklich behauptet, daß es sich um Sandstein gehandelt habe, aber das Objekt habe krümeligem Sandstein »geähnelt«.
Niederschläge von Salz werden oft gemeldet. Wissenschaftliche Autoren gehen ihnen aus dem Wege, weil nur Wasser durch Verdunstung aufsteigen kann, nicht die in ihm gelösten Stoffe. Doch Dalton und andere wurden auf Niederschläge von Salz-

wasser aufmerksam. Sie schrieben sie Wirbelstürmen auf dem Meer zu. Das ist natürlich vernünftig – quasi-vernünftig –, wenn die Niederschläge nicht weit vom Meer entfernt herunterkommen –

Aber das Salz kam hoch in den Schweizer Bergen herunter –

Wir hätten uns gleich denken können, daß wir derartige Daten finden würden. Wir können lokale Erklärungen an der Küste Englands zulassen – aber nicht für die Schweizer Berge.

In der Schweiz fielen – während eines Hagelschauers – am 20. April 1870 große Salzkristalle vom Himmel. Die orthodoxe Erklärung ist ein Verbrechen. Wer sie erfand, gehört erkennungsdienstlich behandelt. Wir hören (*Annual Record of Science*, 1872), daß diese Objekte aus Salz »aus Afrika über das Mittelmeer kamen«.

Die konventionellen Erklärungen hypnotisieren uns, solange sie glatt klingen. Wenn wir eine Behauptung lesen, die glatt und knapp und einleuchtend klingt, dann stellen wir kaum Fragen. Oder wir denken, »wie komisch«, und vergessen die Sache. Aus dem Erdkundeunterricht wissen wir: Das Mittelmeer ist höchstens zehn Zentimeter breit, auf der Karte natürlich, die Schweiz ist ein paar Zentimeter mehr davon entfernt. Die beachtlichen Salzmassen werden im *American Journal of Science*, 3-3-239, als »unvollkommene würfelförmige Kristalle aus gewöhnlichem Salz« beschrieben. Das Zusammentreffen mit Hagel – das mag man in einem Fall, in zehn oder in zwanzig Fällen als Zufall bezeichnen.

Ein weiteres Datum: das außergewöhnliche Jahr 1883:

Die Londoner *Times*, 25. Dezember 1883:

Übersetzung eines Artikels aus einer türkischen Zeitung; in Skutari ging am 2. Dezember 1883 eine Substanz nieder; sie war unbekannt und fiel in Partikeln – oder Flocken? – wie Schnee. »Sie schmeckte salzig und war gut wasserlöslich.«

Verschiedene weitere Meldungen:

»Ein schwarzer, von dünnen Adern durchzogener Stoff« fiel am 16. November 1857 in Charleston, South Carolina, herab (*American Journal of Science*, 2-31-459).

Kleine, brüchige, blasige Stücke in der Größe von Erbsen bis Walnüssen regnete es am 18. Januar 1835 in Lobau (*Report of the British Association*, 1860-85).
In Peshawur, Indien, fiel im Juni 1893 während eines Sturms etwas vom Himmel: Die Substanz sah aus wie kristallisierter Salpeter und schmeckte wie Zucker (*Nature*, 13. Juli 1893).
Ich glaube, manchmal fällt den Tiefseefischen Holzkohle auf die Nase. Wenn ihre Heimat unter stark befahrenen Schiffsrouten liegt, ist die Trefferwahrscheinlichkeit besonders hoch. Ich glaube nicht, daß sie nachforschen würden. Sie sind eben nur Tiefseefische.
Oder die Schlacke von Slains. Daß sie das Produkt eines Hochofens war. Reverend James Rust schien sich getroffen zu fühlen. Er versuchte vergebens, eine Untersuchung in Gang zu bringen.
Nehmen wir einen Bericht aus Chicago. Am 9. April 1897 fiel Schlacke vom Himmel. Professor E. S. Bastian (*American Journal of Science*, 3-18-78) meint, die Schlacke habe von vornherein auf dem Boden gelegen. Es war Hochofenschlacke. »Eine chemische Untersuchung der Proben ergab keinerlei Charakteristika, wie sie für Meteoriten typisch sind.«
Immer und immer und immer wieder die universelle Täuschung; Hoffnung und Verzweiflung beim Versuch, eindeutig zu werden; reale Kriterien oder klare Charakteristika irgendeiner Sache zu finden. Wenn jemand definieren kann – nicht bloß vermuten, wie Professor Bastian –, wenn jemand die wahren Charakteristika eines Dings definieren kann, wenn er irgendwo das Wahre konkretisieren kann, dann macht er die Entdeckung, nach der sich der ganze Kosmos sehnt. Er wird wie der biblische Elias augenblicklich ins Positive Absolute versetzt werden. Ich glaube, daß Elias in einem Augenblick der Superkonzentration ein derart fast-realer Prophet wurde und mit solcher Geschwindigkeit gen Himmel fuhr, daß er einen Feuerschweif hinter sich herzog. Im weiteren werden wir auf das »unfehlbare Kriterium für meteorisches Material« stoßen, das in der Vergangenheit als absolut sicher galt und sich dennoch in Wohlgefallen auflösen wird. Professor Bastian erklärt auf der

mechanischen Ebene, auf der Grundlage der üblichen Reflexe im Zusammenhang mit allen Berichten über unwillkommene Substanzen: daß in der Nähe des Fundortes dieser Schlacke Telegraphendrähte vom Blitz getroffen worden seien; daß Partikel des geschmolzenen Drahtes in der Nähe der Schlacke zu Boden gefallen seien – die von vornherein am Boden gewesen sei. Doch in der *New York Times* vom 14. April 1879 lesen wir, daß zwei Scheffel dieser Substanz gefallen seien.

Am 7. Juni 1846 soll in Darmstadt etwas vom Himmel gefallen sein, das von Greg (*Report of the British Association*, 1867-416) als »gewöhnliche Schlacke« bezeichnet wird.

Philosophical Magazine, 4-10-381:

Daß im Jahre 1855 in Battersea Fields ein großer Stein tief im Innern eines Baumes gefunden wurde.

Manchmal werden Kanonenkugeln im Innern von Bäumen gefunden. Das scheint keiner weiteren Diskussion würdig. Es kommt kaum in Frage, daß jemand ein Loch in einen Baum schneidet und eine Kanonenkugel darin versteckt, die man ebensogut auch mit ins Bett nehmen und unter dem Kopfkissen verstecken könnte. Gleiches gilt für den Stein von Battersea Fields. Was bleibt zu sagen, außer daß er mit hoher Geschwindigkeit fiel und in den Baum eindrang? Dennoch gab es aufgeregte Diskussionen –

Denn am Fuß des Baumes fand man Schlackenreste, die vom Stein abgebröckelt zu sein schienen.

Ich habe neun weitere Beispiele.

Schlacke und verkohlte Stoffe und Asche, und Sie werden doch wohl ebensowenig wie ich glauben, daß sie aus den Schmelzöfen gewaltiger himmlischer Super-Anlagen stammen! Wir werden sehen, was uns annehmbar erscheint.

Wenn wir die Asche betrachten, stoßen wir auf große Schwierigkeiten, weil wir mit vielen Niederschlägen von irdischer Asche rechnen müssen – Vulkane und Waldbrände.

Bei manchen unserer Annahmen komme ich mir ein wenig radikal vor –

Ich glaube, vor allem wollen wir zeigen, daß in der Quasi-

Existenz nichts existiert außer dem Unsinnigen – beziehungsweise nichts außer Dingen, die zwischen absolutem Unsinn und absoluter Vernunft liegen –, daß das Neue immer das offensichtlich Unsinnige ist; daß es sich etabliert und zum nichtoffensichtlich Unsinnigen wird; daß es nach einer Weile etwas anderem weicht und abermals als Unsinn gilt. Oder, daß aller Fortschritt von der Ungehörigkeit zur akademischen Gültigkeit oder Absegnung und zurück zur Ungehörigkeit verläuft – modifiziert allerdings durch eine Entwicklung hin zu immer besserer Annäherung an das nicht Unsinnige. Manchmal fühle ich mich etwas entmutigt, aber ich denke, wir haben uns inzwischen halbwegs an den Gedanken gewöhnt, daß alles eins ist; oder, daß die Methoden, mit denen die Wissenschaft ihr System erhält, so unmöglich sind wie die Versuche der Verdammten, doch noch Einlaß zu finden. Im *Annual Record of Science* wird Professor Daubrée zitiert: daß die Asche, die auf den Azoren niederging, auf einen Brand in Chicago zurückzuführen sei –

Die Verdammten und die Erlösten, und wenig Raum dazwischen; und Engel sind Wesen, bei denen nicht ohne weiteres ein Stachelschwanz ersichtlich ist – beziehungsweise man darf nie so ungezogen sein, einem Engel unter die Gürtellinie zu gehen.

Professor Daubrées Ausfall wurde allerdings in Frage gestellt. Der Herausgeber des *Record* kommt in der Ausgabe von 1876 darauf zurück und hält es für »im höchsten Maße unangebracht zu behaupten, auf den Azoren sei Asche aus Chicago niedergegangen«.

Bulletin de la Société Astronomique de France, 22-245:

Ein Bericht über eine weiße Substanz, die Asche ähnelte und am 27. März 1908 im französischen Annoy niederging: Der Vorgang wurde einfach als eigenartiges Phänomen registriert, und man unternahm keinen Versuch, eine irdische Quelle aufzuspüren.

Flocken, die darauf hinweisen, daß der Stoff durch eine Region mit hohem Druck gegangen ist, tauchen häufig auf. Kugeln

allerdings – als wären die Dinge endlos auf einer flachen Oberfläche gerollt – sind noch häufiger:
Nature, 10. Januar 1884, zitiert aus einer Zeitung aus Kimberley:
Daß Ende November 1883 in Queenstown, Südafrika, ein dichter Schauer von einer aschenähnlichen Substanz fiel. Das Material fiel in murmelgroßen Kugeln, die weich und klebrig wirkten, jedoch, sobald sie ausgetrocknet waren, in den Händen zerfielen. Der Schauer war auf einen schmalen Landstrich beschränkt. Es wäre der übliche Unsinn, diesen Schauer Krakatau zuschreiben zu wollen –
Aber während des Schauers waren laute Geräusche zu hören gewesen –
Aber ich werde viele Angaben zu Asche unterschlagen: Wenn Asche auf Tiefseefische herunterrieselt, dann kann man nicht einfach behaupten, daß sie von Dampfschiffen stammt.
Daten über verkohlte Stoffe wurden vor allem vom Meteorologen G.T. Symons verdammt, dessen Untersuchungen wir später untersuchen wollen – dennoch –
Angaben zu einem Schauer, der am 14. April 1875 (*Report of the British Association*, 1875-242) in Victoria, Australien, niederging – immerhin erfahren wir auf die übliche widerstrebende Weise, daß jemand »glaubte«, des Nachts in der Nähe etwas herabfallen gesehen zu haben. Am nächsten Tag fand er verkohltes Material.
In den *Proceedings of the London Royal Society*, 19-122, finden wir einen Bericht über verkohlte Materie, die am 9. Januar 1873 auf das Deck eines Feuerschiffs fiel. Im *American Journal of Science*, 2-24-449, befindet sich eine Bemerkung des Herausgebers, der eine Probe eines verkohlten Stoffes erhalten hatte. Das Material sei am 17. Januar 1857 bei Regenwetter auf einer Farm in der Nähe von Ottawa, Illinois, heruntergekommen.
Nachdem diese Dinge so zweifelhaft sind, die verkohlten Stücke, die Asche, die Schlacke, muß der Hohepriester der Verdammten die Stimme erheben: Kohle, die vom Himmel fiel.
Meinetwegen auch Koks:

Wir erfahren, daß der Zeuge, der glaubte, verkohlte Materie gesehen zu haben, auch glaubte, etwas wie Koks gesehen zu haben.

Nature, 36-119:

Am 24. April 1887 kam 1887 während eines Gewitters in Orne, Frankreich, etwas herunter, »das genauso aussah wie Koks«.

Oder Holzkohle:

Dr. Angus Smith schreibt in den *Literary and Philosophical Society of Manchester Memoirs*, 2-9-146, daß um 1827 - wie Lyells *Principles* und Darwins *The Origin of Species* beruht auch sein Bericht zu einem guten Teil auf Hörensagen - in der Nähe von Allport, England, etwas vom Himmel fiel. Dieses Etwas leuchtete und schlug mit einem Knall ein. Es barst, und die Stücke wurden auf einem Feld verstreut. Ein Bruchstück, das Dr. Smith zu sehen bekam, wird von ihm als »allem Anschein nach gewöhnliche Holzkohle« beschrieben. Dennoch wird der geneigte Leser, der sich nun beruhigt fühlt, durch weitere Daten verunsichert. Die Substanz war so schwer, daß man glauben konnte, es sei Eisen darin enthalten, und es gab auch »Spuren von Schwefel«. Das Material war laut Professor Baden-Powell »ganz anders als alle anderen Meteoritenproben«. In seinem Katalog (*Report of the British Association*, 1860-73) nennt Greg das Material eine »mehr als fragwürdige Substanz«. Aber trotz dieser Einwände besteht auch hier kein Zweifel an der Authentizität. Greg meint, der Stoff ähnele komprimierter Holzkohle, in der Spuren von Schwefel und Eisenpyrit enthalten gewesen seien.

Wir werden wieder beruhigt:

Professor Baden-Powell erklärt: »Es war auch Holzkohle darin, die vielleicht von Materie stammt, durch welche das Objekt fiel.«

Das ist so üblich bei den Exklusionisten: daß Substanzen, die nicht »echt meteoritisch« sind, nicht vom Himmel gefallen sein können, sondern von »echten Meteoriten« unterwegs mitgenommen wurden und sich erst beim Einschlag auf der Erde und natürlich nur oberflächlich festsetzten.

Ein Tanz von Beschwichtigung und erneuter Verunsicherung: Laut Dr. Smith war diese Substanz nicht bloß mit Holzkohle überzogen. Seine Analyse nennt einen Anteil von 43,59 Prozent Holzkohle.
Wir werden mittels der Daten über harzige Substanzen und pechartige Substanzen – die sich vermischen, bis sie nicht mehr zu unterscheiden sind – dahin kommen, anzunehmen, daß auch Kohle vom Himmel gefallen ist.
Harzige Substanzen kamen am 15. April 1887 im ungarischen Kaba herunter (*Report of the British Association*, 1860-94).
Eine harzige Substanz, die nach einer Feuerkugel vom Himmel fiel? Dies geschah in Neuhaus, Böhmen, am 17. Dezember 1824 (*Report of the British Association*, 1860-70).
Am 28. Juli 1885 ging in Luchon während eines Unwetters eine bräunliche Substanz nieder. Es handelte sich um ein äußerst mürbes, kohlenstoffhaltiges Material. Wenn es verbrannt wurde, entstand ein harziger Geruch (*Comptes Rendus*, 103-837).
Am 17., 18. und 19. Februar 1841 fiel in Genua, Italien, eine angeblich harzige Masse vom Himmel. Nach Arago (*Œuvres*, 12-469) war sie pechartig und enthielt Sand.
Während eines Gewitters im Juli 1681 fiel in der Nähe von Cape Cod ein »brennender, pechartiger Stoff« (*Edinburgh New Philosophical Journal*, 26-86) auf das Deck des englischen Schiffs *Albemarle*. In Christiana, Norwegen, kam am 13. Juli 1822 ein pechartiger Stoff herunter, in Gregs Auflistung als zweifelhaft bezeichnet. Am 8. März 1798 fiel nach Greg in Deutschland pechartige Materie vom Himmel. Lockyer erwähnt in *The Meteoric Hypothesis*, S. 24, eine Substanz, die am 13. Oktober 1838 am Kap der Guten Hoffnung vom Himmel fiel. Es waren etwa fünf Kubikfuß, und das Material war so weich, daß man es mit dem Messer schneiden konnte. »Nach einigen Experimenten blieb ein Rückstand übrig, der stark nach Pech roch.«
Diese Aussage von Lockyer – soweit in allen mir bekannten einschlägigen Büchern auffindbar – kommt, in Büchern, unserer Wunschaussage, daß Kohle vom Himmel gefallen sei, denkbar

nahe. Dr. Farrington ignoriert, abgesehen von einer kurzen Bemerkung, den Niederschlag von kohlenstoffhaltigen Dingen gänzlich. Proctor kommt in allen seinen Büchern, soweit ich sie kenne, dem Zugeständnis recht nahe, daß Kohlenstoff »in winzigen Spuren« in Meteoriten gefunden worden sei. Ich habe den Verdacht, daß es nur möglich ist, etwas zu verdammen, wenn man die eigene Seele verkauft. Die Quasi-Seele natürlich.
Scientific American, 35-120:
Daß die Substanz, die am Kap der Guten Hoffnung vom Himmel fiel, »am ehesten einem Stück Anthrazitkohle ähnelte«.
Ich glaube, das ist ein Fehler. Ich glaube, der Stoff ähnelte eher Fettkohle, aber wir sind bei unseren Daten auf Zeitschriften angewiesen. Für die Autoren der Bücher über Meteoriten wäre es so schlimm – will sagen Abschied von den bekannten Eigenschaften einer etablierten Spezies – einer quasi-etablierten, natürlich –, wenn sie sagten, daß Kohle vom Himmel gefallen sei, als käme ein Bewohner des Hühnerhofs auf die Idee, auf einen Baum zu steigen und Vögel zu fangen. Domestizierte Tiere auf dem Hühnerhof: und wie die wilden Tiere draußen im Wald ihnen erscheinen. Oder der Homöopath – aber wir wollen Kohle-Daten schaufeln.
Wenn wir dabei immer und immer wieder hören, daß Massen von weicher Kohle auf die Erde gefallen seien, wenn in keinem einzigen Fall bewiesen werden konnte, daß die Materie von vornherein am Boden war und überhaupt nicht gefallen ist; wenn wir genug Beispiele haben, dann werden wir ein für alle Mal den mechanischen Reflex zurückweisen, die Materie sei von einem Wirbelwind von einem Ort an einen anderen versetzt worden, denn es scheint einfach nicht akzeptabel, daß Wirbelwinde so wählerisch sein könnten, sich auf nur *eine* eigenartige Substanz zu beschränken. Der einzige unter den Bücherschreibern, der es nicht bei einer knappen Erwähnung bewenden läßt, ist Sir Robert Ball. Er ist der Vertreter einer noch älteren Orthodoxie, er ist ein Exklusionist vom alten Schlage, der sich sogar gegen Meteoriten verwahrt. Er zitiert mehrere Niederschläge von kohlenstoffhaltiger Materie, läßt

einige Fälle aus und will uns einreden, irdische Materie sei von Wirbelstürmen irgendwo hochgeweht und woanders abgesetzt worden. Wenn er eine vollständige Liste aufgeführt hätte, wäre die Frage auf ihn zugekommen, wie die Vorliebe der Wirbelstürme für eine bestimmte Art von Kohle zu erklären sei. Er legt keine vollständige Liste vor. Wir werden alles anführen, was sich nur finden läßt, und wir werden sehen, daß bei der Krankheit, gegen die wir anschreiben, homöopathische Dosen nicht helfen. Ein anderer Exklusionist war Professor Lawrence Smith. Sein Eiertanz bestand darin, auf alle Berichte über Kohle, die vom Himmel gefallen sei, mit der Bemerkung zu reagieren, daß sich die verdammten Materialien erst beim Aufschlag auf der Erde an die nicht verdammten angelagert hätten. Die meisten unserer Fälle liegen vor seiner Zeit oder in seiner Zeit und waren ihm genauso zugänglich wie uns. In seinem Versuch der Eindeutigkeit unterschlägt er einfach – und anmutig –, daß diese Objekte nach Angaben von Berthelot, Berzelius, Cloez, Wohler und anderen nicht einfach mit Kohlenstoff überzogen waren, sondern durch und durch aus Kohle bestanden oder von ihr durchzogen waren. Wir könnten uns fragen, wie jemand so resolut und dogmatisch und in gesegneter Blindheit auf seinem Standpunkt beharren kann, aber wir wissen ja, daß Denken immer bedeutet, manche Dinge auszuschließen und andere einzuschließen; daß es bedeutet, Dinge auszuschließen, die das gleiche Recht auf Zulassung hätten wie die eingeschlossenen – daß eine Meinung zu einem Ding zu haben, bedeutet, ein Lawrence Smith zu sein – weil es keine eindeutigen Dinge gibt.

Dr. Walter Flight (*Eclectic Magazine*, 89-71) schreibt über die Substanz, die am 15. März 1806 in der Nähe von Alais in Frankreich fiel, sie habe, wenn sie erhitzt wurde, »eine schwach pechartige Substanz« abgesondert. Dies fanden Berzelius und eine von der Académie Française eingesetzte Kommission heraus. Dieses Mal hören wir nicht das Widerstreben, das in Begriffen wie »ähnlich« und »erinnert an« zum Ausdruck kommt. Wir erfahren, daß die Substanz eine »irdische Kohleart« ist.

Was die »winzigen Spuren« angeht, so hören wir, daß die Substanz, die am Kap der Guten Hoffnung niederging, zu etwas mehr als einem Viertel aus organischer Materie bestand. In Alkohol aufgelöst, zeigte sich die bekannte gelbe, harzige Masse. Dr. Flight nennt noch weitere Beispiele:

1840 gab es in Tennessee einen Niederschlag von kohlenstoffhaltiger Materie. 1861 das gleiche in Cranbourne, Australien. Am 14. Mai 1864 in Montauban, Frankreich (zwanzig Stücke, manche so groß wie ein menschlicher Kopf, und der Stoff »ähnelte stumpfem irdischem Lignit«). Um 1867 in Goalpara, Indien (etwa 8 Prozent eines Kohlenwasserstoffes). Am 11. Juli 1868 in Ornans, Frankreich (eine Substanz mit »organischen, brennbaren Bestandteilen«). Am 1. Januar 1860 in Hessle, Schweden.

Knowledge, 4-134:

Daß Professor Daubrée zufolge die Substanz, die in Argentinien fiel, »gewissen Arten von Braunkohle oder Torf ähnelte«. In *Comptes Rendus*, 96-1764, erfahren wir, daß dieser Stoff am 30. Juni 1880 in der Provinz Entre Rios in Argentinien niederging: daß sie »wie« Braunkohle war; daß sie all den anderen kohlenstoffhaltigen Dingen ähnelte, die vom Himmel gefallen sind.

In Grazac, Frankreich, gab es am 10. August 1885 einen Niederschlag. Wenn man den Stoff verbrannte, roch er nach Fettkohle (*Comptes Rendus*, 104-1771).

Kohlenstoffhaltige Materie kam am 22. Januar 1911 in Rajpunta, Indien herunter. Der Stoff war sehr mürbe und ließ sich zu 50 Prozent in Wasser auflösen (*Records of the Geological Survey of India*, 44-1-41).

Eine brennbare, kohlenstoffhaltige Substanz fiel am 14. März 1818 in Neapel zusammen mit Sand vom Himmel (*American Journal of Science*, 1-1-309).

Scientific American Supplement, 29-11798:

Daß am 9. Juni 1889 in Mighei, Rußland, eine sehr brüchige, dunkelgrüne bis schwarze Substanz vom Himmel fiel. Sie enthielt 5 Prozent organische Stoffe, die, wenn sie zu Pulver zer-

stoßen und in Alkohol gelöst wurden, nach dem Verdunsten ein hellgelbes Harz zurückließen. In dieser Masse war mit einem Anteil von 2 Prozent ein unbekanntes Mineral enthalten.
Zunder, Asche, Schlacke, Koks, Holzkohle und Kohle.
Und die Dinge, die Tiefseefischen manchmal auf die Nase fallen.
Widerstände und Ausweichmanöver und geordneter Rückzug auf Begriffe wie »-artig« oder »-ähnlich« – oder, daß die Bedingungen des Intermediären Reiches abrupte Übergänge verbieten – aber, daß der Geist, der das ganze Intermediäre Reich belebt, abrupte Übergänge herbeiführen will – weil etwas, das sich endgültig von seinem Ursprung und aus seiner Umgebung lösen könnte, etwas Reales wäre – etwas, das nicht mehr bis zur Unkenntlichkeit mit der Umgebung verschmilzt. Jeder Versuch, eigenständig zu existieren, jeder Versuch, etwas zu erfinden, das mehr ist als eine bloße Erweiterung oder Modifikation des Vorhergehenden, ist Positivismus. Könnte jemand sich ein Gerät zum Fliegenfangen ausdenken, das sich eindeutig von allen anderen Geräten unterscheidet und in keinerlei Beziehung zu diesen steht, dann würde er augenblicklich gen Himmel ins Positive Absolute auffahren und eine feurige Spur hinterlassen, daß ein Zeitalter später die Menschen sagen, es sei einer in einem feurigen Wagen gen Himmel aufgefahren, und daß noch ein Zeitalter später behauptet wird, es sei einer vom Blitz getroffen worden.
Ich sammle auch Angaben über Leute, die vom Blitz getroffen worden sein sollen. Ich glaube, dabei kam es oft zu hohen Annäherungen an die Eindeutigkeit, an den Sofortigen Übergang in den Himmel. Ein paar Krümel Negativität blieben zurück und sahen ganz ähnlich aus wie das, was ein Blitzschlag hinterläßt. Eines Tages werde ich die Geschichte der *Marie Celeste* erzählen. Ich werde »sachlich«, wie es das *Scientific American Supplement* formulieren würde, über das geheimnisvolle Verschwinden eines Kapitäns, seiner Familie und seiner Besatzung sprechen –
Unter den Posivitisten, die sich dem Sofortigen Übergang

annäherten, fällt meiner Meinung nach besonders Manet ins Auge. Aber seine Annäherung wurde durch die Tatsache behindert, daß er in der Öffentlichkeit umstritten war. Andere zu beleidigen und ihnen zu trotzen, ist ebenso hinderlich wie Kriechen und Schmeicheln. Manet begann in Übereinstimmung mit Courbet und anderen, und zwischen ihm und Monet gab es wechselseitige Einflüsse, aber der Geist des Positivismus ist der Geist abrupter Unterschiedlichkeit, und Manet mußte sich gegen das Diktum wehren, daß Licht und Schatten fein ineinander übergehen und einander den Boden bereiten müssen. Ein Biologe wie de Vries repräsentiert den Positivismus, das Ausbrechen aus der Kontinuität, indem er sich gegen das Dogma kaum unterscheidbarer Abstufungen durch »winzige Variationen« wehrt und sich eine Evolution durch Mutation vorzustellen versucht. Die Kontinuität ist gegen ihn. Er darf nicht abrupt mit der Vergangenheit brechen. Er darf seine Arbeit veröffentlichen, aber nur als »interessante Hypothese«.

Kontinuität – und daß alles, was wir Evolution oder Fortschritt nennen, der Versuch ist, aus genau diesem Zusammenhang auszubrechen –

Daß unser ganzes Sonnensystem einst der Versuch der Planeten war, sich aus dem elterlichen Geflecht zu lösen und Individualität zu erlangen. Als dies fehlschlug, verlegten sich die Planeten auf quasi-regelmäßige Umlaufbahnen, die Ausdruck ihrer Beziehungen zur Sonne und untereinander sind. Alle gaben sich geschlagen und sind nun in eine höhere Annäherung an Ordnung quasi-inkorporiert;

Das intermediäre Reich und der mineralogische Aspekt des Positivismus – oder Eisen, das sich von Schwefel und Sauerstoff lösen und echtes, homogenes Eisen werden will – es scheitert insofern, als reines Eisen nur in den Lehrbüchern der Chemie vorkommt;

Das Intermediäre Reich und der biologische Aspekt des Posivitismus – oder die wilden, phantastischen, grotesken, monströsen Dinge, die sich das Leben einfallen ließ, manchmal im hektischen Versuch, sich abrupt von allen anderen vorhergehenden

Arten zu distanzieren – Fehlschläge wie die Giraffe, diese Karikatur einer Antilope –
Alle Dinge lösen eine Beziehung auf, nur um eine andere einzugehen –
Alle Dinge schneiden ihre Nabelschnur ab, um sich sogleich an die Brust zu klammern.
So auch der Kampf der Exklusionisten, die das Traditionelle erhalten wollen – oder abrupte Veränderungen des Quasi-Etablierten verhindern wollen – sie kämpften, und obwohl seit dem Einschluß der Meteoriten mittlerweile mehr als einhundert Jahre vergangen sind, gibt es keine weitere nennenswerte Neuaufnahme, abgesehen höchstens vom Kosmischen Staub, den Nordenskiold mit seinen Daten salonfähig machte.
So auch Proctor, der kämpfte und sich vehement gegen das Unannehmbare wandte, gegen Sir William H. Thomsons Gedanken über Organismen, die mit Meteoriten auf diese Erde gelangt sein könnten –
»Ich kann das nur als Scherz auffassen.« (*Knowledge*, 1-302)
Vielleicht gibt es nichts anderes als Scherze – oder etwas, das im Intermediären Reich zwischen Scherz und Tragödie angesiedelt ist;
Daß wir nicht existieren, sondern nur Äußerungen sind;
Daß Momus sich uns ausdenkt zum Vergnügen der Götter, und zwar so erfolgreich, daß einige von uns fast zu leben scheinen – wie die Charaktere, die ein Romancier beschreibt; die oft in beachtlichem Ausmaß die Belange des Verfassers ausleben –
Daß Momus sich uns ausdenkt und unsere Künste und Wissenschaften und Religionen und über uns erzählt oder uns schildert als Satire auf die reale Existenz der Götter.
Man muß sich schließlich fragen, warum es so einen Aufruhr gab, als Dr. Hahn erklärte, er habe in Meteoriten Fossilien gefunden. Schließlich haben wir viele Daten über Kohle, die vom Himmel fiel. Die Daten waren auch damals schon zugänglich, und immerhin hat die Wissenschaft die Kohle selbst zum Fossil erklärt. Der Aufruhr ist erstaunlich für eine real existierende Wissenschaft, für einen Zustand also, in dem es reale Intelli-

genz oder eine Form des Denkens gibt, die nicht unweigerlich in Schwachsinn abgleitet.

Schon damals ohne weiteres zugänglich:

Philosophical Magazine, 4-17-425:

Daß in Kaba, Ungarn, am 15. April 1857 eine Substanz vom Himmel fiel, die organische Stoffe »in der Art von fossilen Wachsen« enthielt.

Oder Kalkstein:

Der Kalkstein, der in Middleburgh, Florida, niedergegangen sein soll. *Science*, 11-118, erklärt dazu, er sei »auf ein altes Feld« gefallen. Aber die Zeugen, die dorthin rannten, hoben etwas auf, das »von vornherein dort gelegen« hatte. Der Autor, der uns dies mit der üblichen Phantasie der Exklusionisten erklärt, die man auch Dummheit nennt – zu Unrecht übrigens, weil es keine wirkliche Dummheit gibt –, glaubt, er könne sich einen recht großen Stein vorstellen, der schon lange auf kultiviertem Land herumliegt, aber zuvor nie jemandem aufgefallen war und beispielsweise nie beim Pflügen gestört hat. Er versichert uns allen Ernstes und unverfroren, der Stein habe 200 Pfund gewogen. Ich dagegen denke, ausgehend von meinen eigenen Erfahrungen mit unserer Wahrnehmung, daß ein 500 Pfund schwerer Stein vielleicht zwanzig Jahre lang unbemerkt im Wohnzimmer herumliegen kann, aber sicher nicht auf altem Ackerland, wo er beim Pflügen stört – falls er gestört hat.

Dr. Hahn schreibt in *Popular Science*, 20-83, er habe in Meteoriten Fossilien gefunden. Er beschreibt von ihm fotografierte Korallen, Schwämme, Muscheln und Seelilien, alle mikroskopisch klein.

Dr. Hahn war ein bekannter Wissenschaftler. Danach war er noch bekannter.

Wir können über andere Welten und Bedingungen auf ihnen mutmaßen, die den unseren ähnlich sind. Wären Hahns Gedanken als Fiktion oder als »interessante Hypothese« veröffentlicht worden, dann hätte er keine harschen Reaktionen provoziert.

Doch Dr. Hahn sagte klipp und klar, er habe die Fossilien in genau bezeichneten Meteoriten gefunden. Er veröffentlichte sogar

Fotos von ihnen. Sein Buch steht in der Stadtbücherei von New York. In den Reproduktionen der Bilder sind die Details der kleinen Muscheln deutlich zu sehen. Wenn es keine Muscheln sind, dann sind die Dinger in der Feinkostabteilung, die »Austern« heißen, auch keine. Die Riefelung ist deutlich zu erkennen, und man sieht sogar die Scharniere der Muschelhälften. Professor Lawrence Smith sagt dazu in *Knowledge*, 1-258: »Dr. Hahn ist nicht recht bei Trost, und seine Phantasie ist mit ihm durchgegangen.«

Bewahrung der Kontinuität.

Dann untersuchte Dr. Weinland Dr. Hahns Proben. Er brachte seine Meinung zum Ausdruck, daß es sich um Fossilien handele, und daß es keineswegs Enstatitkristalle seien, wie Professor Smith behauptete, der die Proben nie selbst gesehen hatte.

Verdammung durch Leugnen und Verdammung durch Nichtbeachtung:

Nach der Veröffentlichung von Dr. Weinlands Erkenntnissen – Schweigen.

KAPITEL 7

Die lebenden Dinge, die auf die Erde gefallen sind: Versuche, das System zu schützen:

Daß kleine Frösche und Kröten etwa überhaupt nicht vom Himmel gefallen sind, sondern »von vornherein auf dem Boden waren«; oder, wenn es wirklich einmal solche Niederschläge gab, dann »mit einem Wirbelwind irgendwo hoch und woanders herunter«.

Gäbe es einige besonders froschige Orte in Europa, so wie es besonders sandige Gegenden gibt, dann würde die wissenschaftliche Erklärung natürlich lauten, daß alle kleinen Frösche, die in Europa vom Himmel fallen, aus dem Zentrum der Froschigkeit stammen.

Zunächst möchte ich aber betonen, daß ich nur deshalb sehen kann, weil ich noch primitiv bin, oder weil ich intelligent oder schlecht angepaßt bin:

Daß es nicht einen Bericht gibt, nach dem Kaulquappen vom Himmel gefallen wären.

Was das »schon von vornherein auf dem Boden gewesen« angeht:

Siehe *Leisure Hours*, 3-779. Dort finden Sie Berichte über kleine Frösche oder Kröten, die vom Himmel gefallen sind. Der Autor sagt, alle Beobachter hätten sich geirrt. Die Frösche oder Kröten müßten von Bäumen oder höher gelegenen Stellen herabgefallen sein.

Gewaltige Mengen kleiner Kröten, ein bis zwei Monate alt, fielen angeblich aus einer großen dicken Wolke, die im August 1804 plötzlich in der Nähe von Toulouse, Frankreich, am zuvor wolkenlosen Himmel erschien. Die Angabe stammt aus einem

Brief von Professor Pontus an M. Arago (*Comptes Rendus*, 3-54).

Es gibt viele Beispiele für Frösche, die vom Himmel fielen. *Notes and Queries*, 8-6-104; Berichte über solche Niederschläge, von den Zeugen mit Unterschrift beglaubigt (*Notes and Queries*, 8-6-190).

Scientific American, 12. Juli 1873:

»Ein Schauer von Fröschen, die den Himmel verdunkelten und in einem weiten Gebiet den Boden bedeckten, ist das Ergebnis eines Gewitters, wie aus Kansas City, Missouri, berichtet wurde.«

Was das »schon von vornherein am Boden gewesen« angeht: Nach einem schweren Unwetter wurden am 30. Juli 1838 in London kleine Frösche gefunden (*Notes and Queries*, 8-7-437). Kleine Kröten wurden nach einem Regenschauer in der Wüste gefunden (*Notes and Queries*, 8-8-493).

Ich will die konventionelle Erklärung – »hoch und wieder herunter« – nicht gleich in Bausch und Bogen ablehnen. Ich glaube, solche Dinge können wirklich geschehen. Ich lasse viele Aufzeichnungen weg, in denen die Zusammenhänge nicht ganz geklärt sind. In der Londoner *Times* vom 4. Juli 1883 ist ein Bericht über einen Schauer aus Zweigen und Blättern und kleinen Kröten abgedruckt, die während eines Sturms auf den Hängen der Apenninen niedergingen. Hier könnte es sich tatsächlich um die Hinterlassenschaft eines Wirbelsturms gehandelt haben. In die Sammlung aufnehmen möchte ich allerdings zwei weitere Schauer von kleinen Kröten im Jahre 1883, einer in Frankreich und einer in Tahiti, und dazu einen Schauer von Fischen in Schottland. Im Fall der Apenninen finde ich die Mischung typisch für die Folgen eines Wirbelsturms. Aber die beiden anderen Fälle scheinen mir typisch für etwas wie – eine Krötenwanderung? Auffällig ist die große Zahl und die Homogenität. In den Annalen der Verdammten stoßen wir immer wieder auf das Phänomen der Aussonderung. Aber ein Wirbelsturm ist ein chaotischer – oder quasi-chaotischer – Vorgang: Auch dies natürlich keine endgültige Aussage –

Monthly Weather Review, Juli 1881:
»Ein kleiner Teich, über den eine Wolke zog, wurde leergesaugt, das Wasser wurde zusammen mit einer großen Menge weichen Schlamms auf den Feldern in der Nähe verteilt und im Umkreis von einer halben Meile versprüht.«
Es ist leicht zu behaupten, kleine Frösche, die vom Himmel gefallen sind, seien von einem Wirbelsturm aufgeschaufelt worden; aber das Schaufeln hat Begleitumstände; in der Phantasie der Exklusionisten wird weder Schlamm berücksichtigt, noch der übliche Schutt, der sich auf dem Grund eines Teichs finden mag, es gibt keine Hinweise auf Vegetation oder andere Dinge, die vom Ufer losgerissen wurden – nur die Frösche werden präzise herausgepickt. Unter allen mir bekannten Fällen, in denen Schauer kleiner Frösche oder Kröten einem Wirbelsturm zugeschrieben werden, ist nur in einem Fall der Ort genannt, an dem der Wirbelwind tobte. Außerdem wäre, wie bereits angedeutet, ein Teich, der in die Lüfte steigt, mindestens so interessant wie herabregnende Frösche. Wir lesen immer wieder von Wirbelstürmen – aber wo, und welcher Wirbelsturm? Mir scheint, wir hätten davon gehört, wenn irgendwo jemand einen Teich verloren hätte.
In *Symons' Meteorological Magazine*, 32-106, wird Froschregen, der sich am 30. Juni 1892 in der Nähe von Birmingham ereignete, einem bestimmten Wirbelsturm zugeordnet – aber wir finden kein Wort über den Teich, aus dem die kleinen Frösche gekommen sein sollen. Mir fällt außerdem auf, daß die Frösche als hell, beinahe weiß, beschrieben werden.
Ich fürchte, uns bleibt keine andere Wahl. Wir werden die Zivilisation auf Erden erweitern müssen – um ein paar neue Welten.
Orte, an denen es weiße Frösche gibt.
Wir fanden mehrmals Daten über unbekannte Dinge, die – von irgendwo – herabfielen. Aber wenn Lebewesen auf der Erde gelandet sind – trotz allem, was wir über die Fallbeschleunigung und deren Folgen für Lebewesen wissen – und sich sogar vermehrten, dann bleibt immer noch die Frage, warum das

Exotische zum Einheimischen wird, warum von den seltsamsten Orten vertraute Dinge zu uns kommen. Oder, wenn Massen lebender Frösche von irgendwo auf die Erde gekommen sind, dann kann auch alles andere Leben von irgendwo auf die Erde gekommen sein.

Ich stelle fest, daß ich eine weitere Notiz zu einem ganz bestimmten Hurrikan habe:

Annals and Magazine of Natural History, 1-3-185:

Nach einem der schwersten Stürme in der Geschichte Irlands wurden einige Fische »bis zu 15 Meter vom Seeufer entfernt« gefunden.

Noch ein Beispiel: es wird den Exklusionisten gefallen:

In Paris regneten Fische vom Himmel, und es heißt, ein Teich in der Nähe sei trocken gefallen. (*Living Age*, 52-186.) Ein Datum habe ich nicht, aber ich habe noch an anderer Stelle einen Bericht darüber gelesen.

Der bekannteste Fischregen ist jener, der sich am 11. Februar 1859 in Mountain Ash im Valley of Abedare, Glamorganshire, ereignete.

Der Herausgeber des *Zoologist*, 2-677, kommentiert einen Bericht über einen Fischregen folgendermaßen: »Ich bekomme immer wieder derartige Angaben zu Fröschen und Fischen.« Aber in allen Ausgaben des *Zoologist* konnte ich nur zwei Berichte über derartige Niederschläge finden. Mir bleibt nichts übrig, als daraus den Schluß zu ziehen, daß eine Unmenge Daten verloren ging, weil die Orthodoxie derartige Berichte mit scheelem Blick betrachtet. Die *Monthly Weather Review* erwähnt mehrere Fischregen in den Vereinigten Staaten, aber Berichte über diese Ereignisse sind in anderen amerikanischen Publikationen nicht zu finden. Dennoch muß man sagen, daß der *Zoologist* den Niederschlag von Mountain Ash fair behandelte. Zuerst erscheint in der Ausgabe 1859-6493 ein Brief von Reverend John Griffith, dem Pastor von Abedare. Dort heißt es, der Schauer sei hauptsächlich auf dem Land eines Mr. Nixon in Mountain Ash niedergegangen. Auf Seite 6540 tut sich dann Dr. Gray vom British Museum als Exklusionist hervor. Er schreibt, einige dieser Fische, die ihm lebend übergeben wurden, seien »ganz junge Elritzen« gewesen. Er sagt weiter: »Wenn ich die Aussagen lese, dann scheint es mir sehr wahrscheinlich, daß es sich um einen Streich handelt. Vielleicht hat einer von Mr. Nixons Knechten mit einem Eimer Wasser einen anderen naßgespritzt, der dann glaubte, die Fische seien vom Himmel gefallen.« Ein Eimer, aus dem Bach geschöpft.

Die Fische – noch lebendig – wurden im Zoologischen Garten am Regent's Park ausgestellt. Der Herausgeber meint, einer sei eine Elritze gewesen, die anderen Stichlinge.

Er fügt noch hinzu, daß Dr. Grays Erklärung zweifellos die richtige sei.

Doch auf Seite 6564 ist der Brief eines anderen Lesers abgedruckt, der sich dafür entschuldigt, »einer so anerkannten Autorität wie Dr. Gray« zu widersprechen, doch er habe, schreibt er, einige Fische von Leuten erhalten, die ein ganzes Stück entfernt und somit außer Reichweite des hinterhältigen Eimers lebten.

Im *Annual Register*, 1859-14, heißt es, die Fische selbst seien eimerweise herabgefallen.

Wenn die Fische nicht von vornherein auf dem Boden waren, dann können wir unsere Einwände gegen die Wirbelsturm-Erklärung auf zwei Daten gründen:

Daß sie nicht über ein großes Gebiet verteilt fielen, wie man es bei einem Wirbelsturm erwarten müßte, sondern auf einem schmalen Streifen Land: ungefähr 80 Meter lang und 12 Meter breit –

Das zweite Datum ist wieder jener Gedanke, der auf den ersten Blick so unglaublich schien, für den aber immer mehr Fakten zu sprechen scheinen, der Gedanke an eine stationäre Quelle über uns –

Daß es zehn Minuten später auf dem gleichen schmalen Streifen noch einmal Fische regnete.

Selbst wenn man annimmt, daß der Wirbelwind zehn Minuten am gleichen Ort verharrte, müßte er die Fische rings um sich im Kreis verstreut haben. Woher die Fische auch kamen, es scheint kaum vorstellbar, daß einige sofort herunterfielen und andere noch eine Weile herumwirbelten, um später in einem zweiten Schauer herunterzukommen. Aufgrund dieser widrigen Umstände schien es das Beste zu sein, einfach über die Sache zu lachen und zu behaupten, irgend jemand habe jemand anders einen Kübel Wasser übergekippt, in dem sich zufällig ein paar »ganz junge Elritzen« befanden.

Am 2. März 1859 druckte die Londoner *Times* einen Brief von Mr. Aaron Roberts ab, dem Vikar von St. Peter's in Carmathon. In diesem Brief heißt es, die Fische seien etwa zehn Zentimeter groß gewesen, aber es sei nicht klar, welcher Art sie angehörten. Ich bin davon überzeugt, daß es Elritzen und Stichlinge waren. Manche, die man für Seefische hielt, setzte man, wie Mr. Roberts erklärte, in Salzwasser, aber »die Folge war, daß sie fast augenblicklich verendeten«. – »Einige wurden in Süßwasser gesetzt, und dort schienen sie zu gedeihen.« Was das kleine Zielgebiet des Niederschlags angeht, so erfahren wir, daß die Fische »mehr oder weniger auf dem Land von Mr. Nixon« herunterkamen. »Es wurde nicht beobachtet, daß an anderen Orten in der Gegend ebenfalls Fische herunterkamen. Der Vorfall beschränkte sich auf die erwähnte Stelle.«

In der *Times* vom 10. März 1859 ist ein Beitrag von Vikar Griffith:

»Die Dächer mancher Häuser waren von Fischen bedeckt.«

Aus diesem Brief geht hervor, daß die größten Fische zwölf Zentimeter lang gewesen seien und den Sturz nicht überlebt hätten.

Report of the British Association, 1859-158:

»Die Beweise für den Niederschlag von Fischen waren in diesem Fall nicht von der Hand zu weisen.« Ein Exemplar wurde ausgestellt und als *Gasterosteus leirus* bestimmt.

Gasterosteus leuris ist der Stichling.

Insgesamt glaube ich, um unser Anliegen ist es so schlecht nicht bestellt, wenn unsere Gegner sich auf die Erklärung festlegen, ein Mann habe einem anderen einen Streich mit einem Eimer

Wasser spielen wollen und habe mit dem Wasser versehentlich Tausende von zehn oder zwölf Zentimeter langen Fischen geschöpft, die dann teils auf Hausdächer flogen und teils zehn Minuten in der Luft verharrten. Um des Kontrastes willen stellen wir unsere Annahme daneben:
Daß der Boden eines super-geographischen Teichs herausgefallen war.
Ich habe zahlreiche Angaben zu fallenden Fischen, und dies trotz des Problems, daß derartige Berichte häufig überhaupt nicht veröffentlicht werden. Ich will nun einige Beispiele auswählen, die für unsere super-geographische Idee oder die Prinzipien der Super-Geographie von Belang sein könnten: oder die Daten von Dingen, die länger in der Luft blieben, als man es einem Wirbelsturm zutrauen würde; die in einem eng begrenzten Gebiet gefallen sind, wie es ein Wirbelsturm nicht vollbracht hätte; die längere Zeit auf ein und demselben Gelände niedergingen.
Diese drei Faktoren weisen darauf hin, daß es irgendwo, nicht weit über uns, eine Region gibt, die für die Schwerkraft der Erde unempfindlich ist, die aber, da die Dinge eben immer im Fluß sind und sich ändern, manchmal dieser Kraft eben doch unterliegt. Danach wird sich unsere Ketzerei allerdings aufspalten.
Ich glaube, wir werden einer Kreuzigung recht nahe kommen. Aber so sehr uns auch die Daten über Schauer von kleinen Fröschen beeindrucken, es läßt sich kein einziger Bericht über herabregnende Kaulquappen finden, und so müssen wir angesichts der Umstände eine weitere Anpassung vornehmen.
Abgesehen von den drei Faktoren, die für unsere Idee sprechen, ist noch die erstaunliche Tatsache festzuhalten, daß Lebewesen herabfielen, ohne dabei verletzt zu werden. Die Anhänger des Heiligen Isaac erklären uns, daß sie auf dichtes Gras fielen und deshalb überleben konnten. Aber Sir James Emerson Tennant erwähnt in seiner »History of Ceylon« Fische, die auf Kies stürzten und ebenfalls unverletzt blieben. Abgesehen von den drei Punkten, die wir erwähnten, ist ein Phänomen von Interesse,

das man als alternierende Serie von Fisch-Schauern bezeichnen könnte, was auch immer das bedeuten mag:

Meerut, Indien, im Juli 1824 (*Living Age*, 52-186); Fifeshire, Schottland, im Sommer 1824 (*Transactions of the Wernerian Natural History Society*, 5-575); Moradabad, Indien, im Juli 1826 (*Living Age*, 52-186); Ross-shire, Schottland, 1828 (*Living Age*, 52-186); Moradabad, Indien, 20. Juli 1829 (*Transactions of the Linnean Society of London*, 16-764); Perthshire, Schottland (*Living Age*, 52-186); Argyleshire, Schottland, 9. März 1830 (*Recreative Science*, 3-329); Feridpoor, Indien, 19. Februar 1830 (*Journal of the Asiatic Society of Bengal*, 2-650).

Ein Psychotropismus oder ein mechanischer, von der Intelligenz unabhängiger Reflex, der hier deutlich wird – wobei vernachlässigt wird, daß die Ereignisse in Serien auftraten –, ist die Idee, daß die Fische in Indien nicht vom Himmel fielen; daß sie nach starken Regengüssen auf dem Boden gefunden wurden, weil Flüsse über die Ufer getreten und dann wieder in ihr Bett zurückgekehrt seien.

In der Region der Schwerelosigkeit, die wir meinen, uns vorstellen zu können, in einem Gebiet, das im Schwerkraftfeld der Erde eine ähnliche Position hat wie die neutrale Zone bei einem Magneten, dürfte es Gewässer und freie Räume geben – der Boden von Teichen fällt heraus – es müssen interessante Teiche sein, an deren Grund keine Erde ist – riesige Wassertropfen schweben in dem, was wir Weltraum nennen – Fische und Wasser stürzen herab –

Aber es muß auch andere Bereiche geben, in denen Fische – wie auch immer sie dorthin kamen: diese Frage werden wir später untersuchen – zurückblieben und austrockneten und sogar verwesten, um erst viel später aufgrund von atmosphärischen Störungen herabzuregnen.

Nach einem »sintflutartigen Regen, einem der schwersten Niederschläge in der Geschichte« (*All the Year Round*, 8-255) am 25. Juli 1850 »fand man den Boden buchstäblich mit Fischen gepflastert.«

Auf das Wort »fand« können sich die störrischen konventionel-

len Denker, die an Überschwemmungen durch Flüsse denken, noch einlassen. Laut Dr. Buist »fand« man einige dieser Fische jedoch hoch oben auf Heuhaufen.
Ferrel berichtet in *A Popular Treatise*, Seite 414, von einem Regen lebender Fische. Einige wurden in einen Behälter gesetzt und überlebten. Der Vorfall ereignete sich am 20. September 1839 etwa 20 Meilen südlich von Kalkutta in Indien. Ein Zeuge beschreibt das Ereignis folgendermaßen:
»Das Eigenartigste, das mir dabei auffiel, war, daß die Fische nicht bunt durcheinander und hier und dort fielen, sondern in einem geraden Strahl, der kaum dicker war als eine Elle.« (Siehe *Living Age*, 52-186)
American Journal of Science, 1-32-199:
Daß nach einer Zeugenaussage, die bei der Stadtverwaltung aufgenommen wurde, am 19. Februar 1830 in der Nähe von Feridpoor, Indien, ein Schauer von Fischen unterschiedlicher Größe niederging - einige waren heil und frisch, andere waren »verstümmelt und verwest«. Unsere Antwort auf alle, die nun einwenden, daß es im indischen Klima nicht lange dauert, bis Fische verwesen, lautet, daß das indische Klima hoch droben in der Luft nicht heiß ist. Eine weitere seltsame Begleiterscheinung dieses Falls ist die Tatsache, daß einige Fische viel größer waren als andere. Wer nun vorbringen will, daß ein Wirbelsturm durchaus Dinge voneinander trennen kann, daß Objekte, die beispielsweise doppelt so schwer sind wie andere, von den leichteren getrennt werden, der soll noch wissen, daß einige dieser Fische doppelt so schwer waren wie die anderen.
Im *Journal of the Asiatic Society of Bengal*, 2-650, finden wir die Angaben einiger Zeugen.
»Einige Fische waren frisch, andere waren verfault und hatten keine Köpfe mehr.«
»Von denen, die ich fand, waren fünf Fische frisch, die anderen stanken und hatten keine Köpfe.«
Wir erinnern uns an die Bemerkung Seiner Gnaden einige Seiten zurück.

Nach Dr. Buist wogen einige der Fische anderthalb Pfund, einige andere bis zu drei Pfund.
Ein Schauer von Fischen am 16. Mai 1833 in Futtepoor, Indien: »Sie waren alle tot und vertrocknet.« (Dr. Buist, *Living Age*, 52-186.)
Indien ist weit weg, 1830 lange her.
Nature, 19. September 1918-46:
Ein Mitarbeiter des Dove Marine Laboratory in Cuttercoats, England, schreibt, daß in Hindon, einem Vorort von Sunderland, am 24. August 1918 Hunderte kleiner Fische vom Himmel gefallen seien, die als Sandaale identifiziert wurden.
Wieder der kleine Bereich: nur 60 mal 30 Meter groß.
Die Fische kamen während eines Gewitters – oder ähnlicher atmosphärischer Störungen hoch droben – herunter, doch Blitze waren nicht zu sehen. Hindon ist nicht weit vom Meer entfernt, aber wenn Sie versuchen, sich einzureden, diese Fische seien von einem Wirbelwind aus dem Meer gerissen und transportiert worden, dann bedenken Sie diese bemerkenswerte Angabe:
Daß der Fischregen nach Berichten von Augenzeugen in diesem kleinen Bereich zehn Minuten anhielt.
Ich kann mir keinen besseren Beleg für Niederschläge vorstellen, die aus einer stationären Quelle stammen.
Und:
»Die Fische waren alle tot, sie waren sogar steif und hart, als wir sie unmittelbar nach dem Vorfall aufhoben.«
Ich will mit all dem sagen, daß wir gerade erst begonnen haben, Daten über Dinge zu sammeln, die von einer stationären Quelle über uns herunterfielen. Wir müssen uns dem Thema noch aus vielen weiteren Blickwinkeln nähern, ehe unsere Ansicht, die so rigoros belegt sein soll wie nur etwas, von den Verdammten auferstehen kann.
Ich weiß nicht, ob uns das Pferd und die Scheune dabei helfen können: Aber wenn je etwas von der Erde aufstieg und droben verharrte – dann waren es wahrscheinlich diese beiden verdammten Dinge:

Monthly Weather Review, Mai 1878:
Durch einen Tornado wurden am 23. März 1878 in Wisconsin »eine Scheune und ein Pferd ganz und gar fortgetragen, und weder Scheune noch Pferd noch irgendein Teil von ihnen wurde hernach wiedergefunden«.
Nach diesem Bericht, den wir übertrieben finden könnten, hülfe er nicht unserer Verdauung auf die Sprünge, während wir weiterschreiten, können wir an der Schildkröte, die etwa sechs Monate über einer Kleinstadt in Mississippi schwebte, kaum noch etwas Bizarres und Unverdauliches finden:
Monthly Weather Review, Mai 1894:
Daß am 11. Mai 1894 in Vicksburg, Mississippi, ein kleines Stück Alabaster vom Himmel fiel; daß in Bovina, acht Meilen von Vicksburg entfernt, eine Gopherschildkröte herunterkam. Sie fielen während eines Hagelschauers vom Himmel.
Über das Ereignis wurde damals in vielen Zeitungen berichtet, beispielsweise in *Nature*, in einem der Bände aus dem Jahre 1894 auf Seite 430, und im *Journal of the Royal Meteorological Society*, 20-273. Eine Diskussion der Ereignisse fand nicht statt. Wissenschaft und ihr fließender Übergang zum Kirchendogmatismus – Daten wie diese sind von Geburt an verdammt. Die *Weather Review* tut nichts, um dieses unschuldige Kindlein zu nähren, zu taufen oder zu retten. In der gesamten meteorologischen Literatur, die ich nach diesen Daten abgesucht habe, findet sich kein Wort dazu, abgesehen von zwei oder drei bloßen Erwähnungen. Der Redakteur der *Review* sagt:
»Die Untersuchung der Wetterkarten zeigte, daß die Hagelschauer am Südrand einer Region kalter Nordwinde auftraten und Bestandteil einer ganzen Reihe ähnlicher Stürme waren. Anscheinend waren einige örtlich begrenzte Wirbelwinde oder Böen in der Lage, schwere Objekte vom Erdboden aufzunehmen und hinauf in die Wolken zu tragen.«
Unter all den Unglaubwürdigkeiten, aus denen wir auswählen dürfen, vergebe ich den ersten Preis an einen Wirbelsturm, der eine bestimmte Region heimsucht und sich dann zielstrebig

eine Schildkröte und ein Stück Alabaster herauspickt. Dieses Mal kann das Argument des »es war schon von vornherein da« nicht treffen, weil belegt ist, daß beide Gegenstände mit Eis überzogen waren – und das im Mai in den Südstaaten. Wenn es denn ein Wirbelsturm war, dann muß er in der Tat sehr wählerisch gewesen sein. Es gibt keinerlei Berichte über andere Objekte, die vom Himmel gefallen wären. Allerdings wird in der *Review* gar nicht erst der Versuch unternommen, einen bestimmen Wirbelsturm verantwortlich zu machen.

Diese beiden auf merkwürdige Weise zusammenhängenden Dinge wurden auf ebenso bemerkenswerte Weise voneinander getrennt.

Sie gingen in einem Abstand von acht Meilen zu Boden.

Sie müssen, so sagt uns die Vernunft, sehr hoch gewesen sein, wenn sie so weit voneinander entfernt herunterkamen, oder eines von ihnen muß acht Meilen weit horizontal geflogen sein. Beide Annahmen sprechen für Kräfte, die weit über einen örtlichen Wirbelwind oder eine Bö hinausgehen. Beides spricht für eine große, sehr eigenartige Störung im Mai 1894, über die es aber keine Aufzeichnungen gibt.

Dennoch – ich versuche wirklich, vernünftig zu sein – habe ich den Eindruck und muß ich annehmen, daß diese Schildkröte irgendwo in der Nähe von Vicksburg tatsächlich von der Erde aufstieg, denn die Gopherschildkröte kommt in den Südstaaten häufig vor.

Ich stelle mir einen Hurrikan vor, der Wochen oder Monate vor dem 11. Mai 1894 im Staat Mississippi tobte.

Nein – ich suche nicht danach – und werde unweigerlich fündig.

Oder, daß Dinge von Hurrikanen so hoch geschleudert werden, daß sie unendlich lange oben bleiben – aber nach einer Weile werden sie vielleicht von Stürmen wieder heruntergerissen. Immer und immer wieder sahen wir, daß bei Unwettern seltsame Dinge vom Himmel fielen. Die Schildkröte und das Stück Alabaster mögen unterschiedlichen Ursprungs sein – vielleicht sogar aus verschiedenen Welten stammen –, aber beide sind in eine schwerelose Region über dieser Erde eingedrungen – sie schweben nebeneinander – lange Zeit – werden schließlich durch atmosphärische Störungen herabgeworfen – zusammen mit Hagel vielleicht – oder, daß auch Hagelkörner, wenn sie groß sind, auf einen andauernden Schwebezustand schließen lassen: daß es keinesfalls einsichtig ist, daß die riesigen Hagelkörner nur dadurch so groß werden, daß sie aus den Wolken fallen.

Immer wieder stoßen wir auf Widerwärtigkeit, oder auf Verwesung – lange Verweildauer. Darauf gibt es noch weitere Hinweise.

Ich stelle mir eine Region irgendwo über dieser Erde vor, wo die Schwerkraft nicht wirkt und wo das Quadrat der Entfernung keine Gültigkeit hat, ähnlich dem Magnetismus, der in kurzer Entfernung vom Magneten vernachlässigbar ist. Theoretisch sollte die Anziehungskraft eines Magneten mit dem Quadrat der Entfernung abnehmen, aber in unmittelbarer Nähe zum Magneten geschieht die Abnahme fast abrupt.

Ich glaube, Dinge, die von der Erdoberfläche in jene Region aufstiegen, wurden dort oben festgehalten, bis Stürme sie erfaßten –

Die Super-Sargassosee.

Treibgut, Schutt, alte Frachtladungen aus interplanetarischen Wracks, Dinge, die nach Turbulenzen auf anderen Planeten in das hinaustrieben, das wir als Weltraum bezeichnen, Dinge aus der Zeit Alexanders, Cäsars und Napoleons von Mars und Jupiter und Neptun. Dinge, die von Zyklonen auf dieser Erde hochgehoben wurden: Pferde und Scheunen und Elefanten und Fliegen und Dronten, Moas und Flugsaurier. Blätter von heutigen Bäumen und Blätter aus dem Karbon – und alles neigt dazu, sich zu einem gleichförmigen Schlamm oder Staub aufzulösen, der rot oder schwarz oder gelb sein kann – Fundgruben für Paläontologen und Archäologen – angehäuft in Jahrhunderten – Wirbelstürme in Ägypten, Griechenland und Assyrien – vertrocknete, harte Fische, die nur kurze Zeit droben waren: andere Fische, die lange genug oben blieben, um zu verwesen.

Aber auffällig die Heterogenität – auch lebende Fische – Teiche mit Süßwasser: Ozeane voller Salzwasser.
Was das Gesetz der Schwerkraft angeht, so möchte ich nur auf einen einfachen Punkt hinweisen:
Die orthodoxen Denker sprechen von der Wechselwirkung und der Äquivalenz der Kräfte:
Die Gravitation ist eine dieser Kräfte.
Überall gibt es neben der Anziehungskraft auch Abstoßung und Trägheit, wobei Entfernungen keine Rolle spielen.
Aber die Newtonsche Gravitation läßt nur die Anziehungskraft zu:
Dann kann die Newtonsche Gravitation selbst für die Orthodoxen nur zu einem Drittel annehmbar sein, oder sie würden die Wechselwirkung und die Äquivalenz der Kräfte leugnen.
Oder, noch einfacher:
Hier sind die Daten.
Machen Sie damit, was Sie wollen.
In unserer intermediaristischen Revolte gegen homogene oder eindeutige Erklärungen, oder in unserer Annahme, daß das Allumfassende nichts anderes als das Universelle selbst sein kann, neben dem allerdings nichts anderes Umfassendes mehr existieren kann, in diesem Zusammenhang sind unsere Gedanken über die Super-Sargassosee unangemessen, auch wenn sie zu den Daten von Fischen passen, die von einer stationären Quelle herabzufallen scheinen – und natürlich auch zu anderen Daten –, weil sie zwei Eigentümlichkeiten der Schauer von Fröschen nicht erklären können:
Daß noch nie über einen Schauer von Kaulquappen berichtet wurde;
Daß noch nie über einen Schauer von ausgewachsenen Fröschen berichtet wurde –
Immer nur Frösche, die erst ein paar Monate alt waren.
Das klingt wie eine endgültige Aussage, aber falls es wirklich derartige Berichte gibt, dann sind sie mir jedenfalls nicht zugänglich.
Dabei müßten eigentlich eher Kaulquappen als Frösche vom

Himmel fallen, ob letztere nun klein oder groß sind – jedenfalls, wenn man diese Schauer Wirbelstürmen zuschreiben will. Die Kaulquappen müßten, wenn wir vorläufig und vorsichtig die Super-Sargassosee als gegeben annehmen, in erster Linie von dort stammen.

Bevor wir uns eine Meinung über Schauer von unreifen Lebensformen und Larven bilden, bevor wir uns über die Notwendigkeit unterhalten, neben einem stationären Bereich, in dem Dinge schweben und verwesen können, einen weiteren Faktor einzuführen, sollten wir noch einige Daten betrachten, die Fischregen sehr ähneln.

Science Gossip, 1886-238:

Daß »während eines schweren Gewitters« in Redruth in Cornwall am 8. Juli 1886 kleine Landschnecken herunterkamen: Straßen und Felder waren übersät mit ihnen, so daß man sie mit dem Hut schaufeln konnte: der Autor des Berichts hatte sie nicht selbst fallen gesehen: die Schnecken seien »untypisch für diese Gegend« gewesen.

Auf Seite 282 kommt dann die Orthodoxie zum Zuge. Ein anderer Autor schreibt, er habe von dem angeblichen Schneckenregen gehört: er habe eigentlich angenommen, derartige Geschichten seien genauso verschwunden wie die Märchen über Hexen; nun habe er zu seinem Erstaunen in einem »bekannten und angesehenen Lokalblatt« einen Bericht über die absurde Geschichte gefunden.

»Ich dachte, ich sollte einmal versuchen, den Ursprung einer dieser sagenhaften Geschichten aufzuspüren.«

Unsere Ansicht ist, daß es im Intermediären Reich keine Gerechtigkeit geben kann, sondern nur eine Annäherung an Gerechtigkeit oder Ungerechtigkeit; daß fair zu sein bedeutet, überhaupt keine Meinung zu haben; daß ehrlich zu sein bedeutet, sich nicht zu interessieren; daß zu untersuchen bedeutet, Vorurteile einzugestehen; daß niemand bisher wirklich etwas untersucht hat, sondern daß alle immer versucht haben, etwas zu beweisen oder zu widerlegen, wovon sie schon zuvor überzeugt waren oder was sie mindestens vermuteten.

»Wie ich vermutet hatte«, schreibt der Korrespondent, »stellte ich fest, daß es sich bei den Schnecken um eine verbreitete Landschneckenart handelte« – daß sie »von vornherein auf dem Boden« waren.

Er fand heraus, daß angesichts der Schnecken, die nach dem Regen erschienen, »erstaunte Bauern vorschnell schlossen, daß sie heruntergeregnet seien«.

Er traf sich mit einem Zeugen, der sagte, er habe die Schnecken herabfallen sehen.

»Er hat sich geirrt«, erklärt der Forscher.

Im *Philosophical Magazine*, 58-310, finden wir einen Bericht über Schnecken, die in Bristol in einem hektargroßen Gebiet angeblich in solchen Mengen herabgeregnet seien, daß man sie wegschaufeln konnte. Es heißt dort, die Schnecken könnten »einer einheimischen Art« zugeordnet werden. Auf Seite 457 schreibt ein anderer Korrespondent, die Menge der Schnecken sei übertrieben, und seiner Ansicht nach hätten sie sich von vornherein auf der Erde befunden. Daß in den Lüften damals ungewöhnliche Bedingungen geherrscht haben müssen, ergibt sich aus seiner Beobachtung »einer eigenartigen azurblauen Färbung der Sonne zu jener Zeit«.

Nature, 47-278:

Daß nach Angaben der Zeitschrift *Das Wetter* (Dezember 1892) am 9. August 1892 über Paderborn eine gelbe Wolke auftauchte. Aus der Wolke fiel ein sintflutartiger Regen, und mit ihm regneten Hunderte von Muscheln herunter. Es wird nichts über Dinge berichtet, die von vornherein auf der Erde lagen, und es ist nicht die Rede von einem Wirbelsturm.

Eidechsen – angeblich am 28. Dezember 1857 auf die Gehwege Montreals herabgeregnet (*Notes and Queries*, 8-6-104).

Im *Scientific American*, 3-112, schreibt ein Korrespondent aus South Granville, New York, er habe während eines schweren Unwetters am 3. Juli 1860 ein eigenartiges Geräusch vor sich auf dem Boden gehört, und als er den Blick senkte, habe er eine Schlange gesehen, die wie betäubt vor ihm lag. Dann sei sie wieder zu sich gekommen. Eine graue Schlange, etwa einen Fuß lang.

Diese Daten sind so bedeutsam oder unbedeutend oder verdammenswert, wie wir es uns nur wünschen können. Aber was den Niederschlag in Memphis, Tennessee, angeht, so fallen doch einige Dinge auf. Unsere Quasi-Überlegungen zu diesem Thema lassen sich auf alle Aussonderungen anwenden, die wir bisher erwähnt haben.

Monthly Weather Review, 15. Januar 1877:

Daß man in Memphis, Tennessee, am 15. Januar 1877 in einem eng umgrenzten Gebiet, wie es heißt, »im Umkreis von zwei Blocks«, nach einem heftigen Sturm – »es goß in Strömen« – Schlangen fand. Die Tiere krochen massenhaft auf Gehwegen, in Höfen und auf den Straßen herum, aber »keine einzige wurde auf Dächern oder sonstwo über ebener Erde gefunden«, und keine »wurde im Fall beobachtet«.

Wenn Sie glauben wollen, daß es die Schlangen schon immer dort gab oder daß sie von vornherein auf dem Boden gewesen waren, und daß die Leute erst am 15. Januar 1877 durch einen Zufall plötzlich auf sie aufmerksam wurden – nun, das ist nur vernünftig: das ist genau die Art Vernunft, die von vornherein gegen uns sprach.

Es wird nicht gesagt, ob die Schlangen einer bekannten Art angehörten, nur daß sie »dunkelbraun oder schwarz waren«. Ich tippe auf Steignattern.

Wenn wir annehmen, daß die Schlangen vom Himmel gefallen sind, auch wenn ihr Fall nicht von den Menschenmassen beobachtet wurde, die während des heftigen Sturms mit Schaufensterbummeln beschäftigt waren, und wenn wir annehmen, daß sie nicht von vornherein in Knäueln oder einzeln auf den Straßen herumgekrochen sind;

Wenn wir zu akzeptieren versuchen, daß die Schlangen von einem Wirbelwind an irgendeinem anderen Ort dieser Welt erfaßt wurden;

Wenn wir zu akzeptieren versuchen, daß ein Wirbelwind die Schlangen herauspicken konnte –

Wir nehmen also die Aussonderung anderer Gegenstände an, die der gleiche Wirbelwind emporgehoben hat.

Dann müßten irgendwo in der Nähe dieses Wirbelsturms die schwereren Objekte heruntergekommen sein, die zusammen mit den Schlangen hochgerissen worden waren: Steine, Zäune, Äste. Vielleicht waren nach diesen Objekten die Schlangen die schwerste Fracht des Sturms, und nach den Schlangen müßten dann die leichteren Objekte heruntergekommen sein: Blätter, kleine Zweige, Grasbüschel.
In der *Monthly Weather Review* ist nicht die Rede von anderen auffälligen Niederschlägen im Januar 1877.
Wir sprechen uns abermals gegen die Zielgenauigkeit eines Wirbelsturms aus. Denkbar ist, daß ein Wirbelsturm eine Höhle mit überwinternden Schlangen aushebt, zusammen mit Steinen und Erde und einem Haufen anderem Unrat. Ein paar Dutzend könnten erfaßt werden – ich weiß nicht, wie viele Schlangen eine Schlangengrube ausmachen, vielleicht sind es sogar ein paar hundert –, aber nach dem Bericht der *New York Times* über dieses Ereignis waren es Tausende lebendiger Schlangen, zwischen dreißig und fünfundvierzig Zentimeter lang. Der *Scientific American*, 36-86, erwähnt diesen Niederschlag und meint ebenfalls, es seien Tausende gewesen. Wir bekommen die übliche Wirbelsturm-Erklärung zu lesen – »aber an welchem Ort Schlangen in solchen Massen existieren, bleibt ein Geheimnis.«
Die große Zahl der Tiere läßt mich an eine Schlangenwanderung denken – aber wenn überhaupt, dann sind Schlangen in den Vereinigten Staaten bestimmt nicht im Januar unterwegs.
Wenn wir an fallende oder flatternde geflügelte Insekten denken, dann scheinen die gewöhnlichen Vorstellungen von schwärmenden Tieren ausreichend. Im Falle von Ameisen kamen jedoch noch einige eigenartige Umstände hinzu.
L'Astronomie, 1889-353:
Ein Niederschlag von Fischen am 13. Juni 1889 in Holland; Ameisen am 1. August 1889 in Straßburg; kleine Kröten am 2. August 1889 in Savoyen.
Im Sommer 1874 regnete es im englischen Cambridge Ameisen. »Einige hatten keine Flügel.« (*Scientific American*, 31-193.)

Gewaltige Mengen von Ameisen fielen am 21. Juli 1887 in Nancy, Frankreich - »die meisten von ihnen flügellos«, wie *Nature*, 36-349, schreibt. Riesige Ameisen einer unbekannten Art - groß wie Wespen - kamen im Juni 1895 in Manitoba herunter (*Scientific American*, 72-385).
Aber unsere Idee ist:
Daß flügellose Larven in Massen, die den Gedanken an eine Wanderung von einem äußeren Ort auf die Erde nahelegen, vom Himmel gefallen sind.
Daß diese »Wanderungen« - falls wir sie annehmen können - geschahen, als die einheimischen Larven der nördlichen Hemisphäre tief im Boden vergraben waren und Winterschlaf hielten. Daß es wohl etwas zu bedeuten hat, wenn diese Niederschläge mehrmals im Januar auftraten. Die Annahme, ein Wirbelsturm habe sich ausgerechnet Larven herausgepickt, und dies sei ausgerechnet im Januar mehrmals geschehen, ist für uns unglaubwürdig im Quadrat.
Ich nehme an, daß es auf dieser Erde »Schneewürmer« gibt - woher sie ursprünglich auch gekommen sein mögen. In den *Proceedings of the Academy of Natural Sciences of Philadelphia*, 1899-125, ist eine Beschreibung gelber Würmer abgedruckt, die in Gletschern in Alaska gefunden wurden. Abgesehen von Mikroorganismen gab es in den Gletschern mit ziemlicher Sicherheit keine weiteren Lebensformen. Die Beschreibung dieser wahrscheinlich polymorphen Art paßt gut zu einer Beschreibung von Larven, die in der Schweiz niedergegangen sein sollen, und etwas weniger gut zu einer weiteren Schilderung. Es gibt hier keine Einwände, falls unsere Daten über die Niederschläge klar sind. Frösche aus alltäglichen Teichen sehen aus wie die Frösche, die angeblich vom Himmel gefallen sind - mit Ausnahme der weißen Frösche in Birmingham. Doch nicht alle Niederschläge von Larven sind Ende Januar heruntergekommen:
Die Londoner *Times* vom 24. April 1837:
Daß in der Gemeinde Bramford Speke während eines Schneesturms große Mengen schwarzer Würmer, etwa zwei Zentimeter lang, herabregneten.

In *Timb's Year Book*, 1877-26, finden wir einen Beitrag über Würmer, die im Winter 1876 in Christiana, Norwegen, auf dem Boden herumkrochen. Es war ein Rätsel, weil die Würmer nicht aus dem Boden gekommen sein konnten, der zu dieser Zeit gefroren war, und weil sie gleichzeitig auch an anderen Orten in Norwegen auftauchten.

Ungeheure Mengen schwarzer Insekten, 1827 während eines Schneesturms in Pakroff, Rußland (*Scientific American*, 30-193).

In Orenburg, Rußland, fielen am 14. Dezember 1830 viele kleine, schwarze Insekten zusammen mit Schnee. Es soll sich um Mücken gehandelt haben, aber sie sollen sich andererseits wie Flöhe bewegt haben (*American Journal of Science*, 1-22-375).

Eine große Zahl von Würmern wurde während eines Schneesturms am 18. November 1850 auf zehn Zentimeter hohem Schnee in der Nähe von Sangerfield, New York, gefunden (*Scientific American*, 6-96). Der Autor glaubt, die Würmer seien aufgrund des kurz zuvor gefallenen Regens aufgetaucht.

Scientific American, 21. Februar 1891:

»In einigen Teilen des Valley Bend District, Randolph County, Virginia, wurde in diesem Winter ein verblüffendes Phänomen beobachtet. Der verharschte Schnee war zwei- oder dreimal mit Würmern bedeckt, die gewöhnlichen Raupen ähnelten. Wenn sie nicht zusammen mit dem Schnee gefallen sind, dann ist nicht zu erklären, woher sie gekommen sein sollen.« Im *Scientific American*, 7. März 1891, schreibt der Herausgeber, ähnliche Würmer seien, ebenfalls auf einer Schneedecke, auch in Utica, New York, und im Oneida County sowie im Herkimer County beobachtet worden. Man habe Proben der Würmer an das Landwirtschaftsministerium in Washington geschickt. Es habe sich um zwei verschiedene oder eine einzige polymorphe Art gehandelt. Professor Riley schloß Polymorphismus aus und entschied sich für »zwei verschiedene Spezies«, was wir aufgrund unserer Daten bezweifeln. Eine Sorte war größer als die andere: Farbunterschiede werden nicht erwähnt. Eine wurde als Larvenform des verbreiteten Soldatenkäfers erkannt, die andere »scheint eine besondere Mottenart zu sein«. Es gab keinen Versuch zu erklären, wie die Tiere im Schnee auftauchen konnten.

Große Mengen von Käferlarven regnete es im Mai 1858 in der Nähe von Mortagne, Frankreich. Die Larven bewegten sich nicht und waren wie vor Kälte erstarrt (*Annales de la Société Entomologique de France*, 1858).

In den *Transactions of the Entomological Society of London*, 1871-183, ist ein Bericht über »Schneefall und Larven« in Schlesien im Jahre 1806 abgedruckt. »Viele Larven auf dem Schnee« fand man 1811 in Sachsen. »Lebendige Larven auf dem Schnee« im Jahre 1828. Larven und Schnee »fielen zusammen« am 30. Januar 1847 in der Eifel. »Insektenregen« am 24. Januar 1849 in Litauen. Schätzungsweise 300000 Larven wurden 1856 in der Schweiz auf dem Schnee gefunden. Wir erfahren in der Veröffentlichung, daß die meisten dieser Larven sonst unter der Erde oder zwischen Baumwurzeln leben. Wirbelstürme hätten Bäume entwurzelt und die Larven davongetragen – was bedeutet, daß die Tiere sauber aus der gefrorenen Erde herausgepickt wurden wie Johannisbeeren aus dem Dessert. In *Revue et Magasin de Zoologie*, 1849-72, ist ein Bericht über den Schauer vom 24. Januar 1849 in Litauen abgedruckt. Dort seien schwarze Larven in großer Zahl vom Himmel gefallen.

Larven, die man zunächst für die Käferlarven hielt, die dann aber als »Raupen« beschrieben werden, fand man nach einem Schneefall am 20. Januar 1850 in Warschau im Schnee (*All the Year Round*, 8-253).

Flammarion berichtet in *The Atmosphere*, S. 414, von einem Larvenregen, der sich am 30. Januar 1869 während eines Schneesturms im oberen Savoyen ereignet haben soll. »Sie konnten unmöglich in den vorangegangenen Tagen in der Nähe geschlüpft sein, weil die Temperaturen sehr niedrig waren.« Es soll sich um eine Art gehandelt haben, die in Südfrankreich häufig vorkommt. In *La Science Pour Tous*, 14-183, steht, daß neben den Larven auch voll entwickelte Insekten beobachtet wurden.

L'Astronomie, 1890-313:
Daß am letzten Januar des Jahres 1890 während eines heftigen Unwetters unzählige Larven vom Himmel fielen. Einige seien schwarz und andere gelb gewesen, und sie fielen in so großer Zahl, daß Unmengen von Vögel angelockt wurden.
Insgesamt können wir dies als einen sehr guten Hinweis auf äußere Ursprünge und als Argument gegen die Wirbelsturm-Erklärung auffassen. Wenn ein Exklusionist behauptet, im Januar seien Larven mit unglaublicher Zielgenauigkeit und in ungeheuren Mengen aus dem gefrorenen Boden gepflückt worden, dann denkt er dabei an eine gewaltige Kraft, übersieht aber die Folgen dieser Kraft. Wenn Ursprung und Ankunftsort nicht sehr weit auseinander liegen, muß man sich fragen, was aus den Unmengen des sonstigen Materials wurde, da doch keine Zeit blieb, die Dinge voneinander zu trennen?
Wenn er sich aber einen langen Flug vorstellt – sagen wir von Südfrankreich bis nach Savoyen –, dann mag er sich einreden, die Schwerkraft habe die Dinge aufgrund ihres unterschiedlichen Gewichts fein aussortiert. Doch diese strenge Auswahl würde auch Larven von voll entwickelten Insekten trennen.
Was die Trennung durch Schwerkraft angeht: Die gelben Larven, die im Januar 1890 in der Schweiz fielen, waren dreimal so groß wie die schwarzen Larven, die mit ihnen zusammen herunterkamen. In den Berichten über den Vorfall wird dieses Detail nicht bezweifelt.
Oder, daß sie überhaupt nicht von einem Wirbelsturm zusammengebracht, gehalten und zusammen abgeworfen wurden –
Daß sie von Genesistrine stammen.
Wir kommen nicht mehr umhin. Man wird uns dafür ächten.
Glauben Sie's, oder lassen Sie's bleiben –
Genesistrine.
Unsere Annahme ist, daß es irgendwo über uns einen Ort gibt, auf dem das irdische Leben seinen Ursprung nahm. Ob es der Planet Genesistrine oder der Mond ist oder eine riesige amorphe Region oberhalb der Erde, oder ob es eine Insel in der Super-Sargassosee ist, das sollten wir vielleicht den Erforschern

der Super-Geographie – oder der Extra-Geographie – überlassen. Daß die ersten Einzeller von Genesistrine auf die Erde kamen – oder, daß Menschen oder menschenähnliche Wesen sogar noch vor den Amöben da waren: daß es auf Genesistrine vielleicht eine Evolution gab, die den konventionellen biologischen Vorstellungen entspricht, daß aber die Evolution auf der Erde – wie die Evolution im modernen Japan – durch äußere Einflüsse angeregt wurde; daß die ganze Evolution auf unserer Erde ein Prozeß der Besiedelung durch Immigration oder Bombardierung war. Ich habe einige Aufzeichnungen über die Überreste von Menschen und Tieren, die eingekapselt oder mit Lehm oder Stein bedeckt waren, als seien sie wie Projektile hierhergeschossen worden. Ich will diese Berichte jetzt übergehen, weil es mir am besten scheint, das ganze Phänomen als Tropismus aufzufassen – als eine Art Geotropismus, als eine Art atavistischen oder überlebten Vorgang, der auch dann noch weiterläuft, wenn er überflüssig geworden ist; daß vor langer Zeit alle möglichen Dinge von Genesistrine herüberkamen, daß aber jetzt nur noch Würmer und ähnliche Geschöpfe in großen Abständen diesen Drang verspüren.

Es gibt keinen einzigen Bericht über Kaulquappen, die auf die Erde gefallen wären. Es scheint plausibel, daß ein Wirbelsturm einen Teich ausschöpfen kann und die Frösche und alles andere erfaßt, um die Frösche irgendwo wieder abzusetzen: aber noch plausibler ist, daß der Wirbelsturm auch Kaulquappen erwischt, weil es viel mehr Kaulquappen als Frösche gibt. Kaulquappensaison ist im Frühling, in einer Zeit, in der es öfter Stürme gibt. Sprechen wir in logischen Begriffen, als gäbe es eine Logik. Wenn X wahrscheinlich Y verursacht, aber mit viel größerer Wahrscheinlichkeit Z verursachen müßte, Z jedoch nicht zu beobachten ist, dann kann X nicht die Ursache von Y sein. Auf diese Quasi-Logik gründen wir unsere Ansicht, daß die kleinen Frösche, die auf die Erde fielen, nicht von Wirbelstürmen getragen wurden. Sie kamen von außerhalb auf die Erde, von Genesestrine.

Ich stelle mir biologische Mechanismen in Genesistrine vor:

Nicht, daß Ende Januar irgendwo jemand Käfer und Ende Juli und August jemand anders Frösche sammelt, um mit ihnen die Erde zu bombardieren. Das ist ebensowenig der Fall, wie im Herbst jemand durch nördliche Regionen geht, um Vögel zu fangen und einzusammeln und nach Süden zu werfen.
Der atavistische oder überlebte Geotropismus in Genesistrine bedeutet vielmehr, daß Millionen Larven zu kriechen oder Millionen kleiner Frösche zu hüpfen beginnen und so wenig wissen, was sie tun, wie wir, wenn wir morgens zur Arbeit kriechen und abends nach Hause hüpfen.
Ich sollte noch sagen, daß Genesistrine eine Region in der Super-Sargassosee ist, und daß Teile der Super-Sargassosee in einem bestimmten Rhythmus der irdischen Anziehungskraft ausgesetzt sind.

KAPITEL 8

Ich nehme an, daß bei Stürmen die verdammtesten der ausgeschlossenen, exkommunizierten Dinge – Dinge, die von den Gläubigen gemieden werden wie die Pest – aus der Super-Sargassosee oder aus dem Bereich, den wir der Einfachheit halber so bezeichnen, zu uns herunterkommen. Dies wurde bisher weitgehend ignoriert.

Daß Dinge von Stürmen auf die Erde geworfen werden, genau wie andere Dinge von Stürmen aus der Tiefe des Meeres heraufgeholt werden. Natürlich meinen die Orthodoxen, daß Stürme praktisch keinen Einfluß auf die Tiefen des Meeres haben. Aber eine Meinung zu haben bedeutet zwangsläufig, alles Gegensätzliche und alles, was die Meinung modifizieren könnte, zu ignorieren.

Symons' Meteorological Magazine, 47-180:

Daß an der Küste Neuseelands in Regionen ohne untermeerische Vulkanausbrüche von Stürmen häufig Tiefseefische an die Oberfläche gebracht werden.

Eisen und Steine fallen vom Himmel; gleichzeitig atmosphärische Störungen:

»Es gibt absolut keinen Zusammenhang zwischen diesen beiden Phänomenen.« (*Symons' Meteorological Magazine*)

Der orthodoxe Glaube ist, daß Objekte, die sich mit der Geschwindigkeit von Planeten bewegen, von Hurrikans praktisch nicht beeinflußt werden, wenn sie in die Erdatmosphäre eindringen. Man könnte es mit einer Gewehrkugel vergleichen, die auch nicht von ihrer Bahn abweicht, wenn jemand sich Luft zufächelt. Das einzige Problem bei diesen orthodoxen Überlegungen ist das übliche – sie sind beherrscht von einem Phantom und basieren auf einem Mythos – wir haben Daten

gesehen, und wir werden noch weitere Daten über Dinge sehen, die sich am Himmel eben doch nicht mit unabhängiger Geschwindigkeit bewegen.
Es gibt so viele Stürme und so viele Meteore und Meteoriten, daß es ungewöhnlich wäre, wenn es nicht hin und wieder ein Zusammentreffen gäbe. Aber Professor Baden-Powell hat so viele eigenartige Zufälle aufgezeichnet (*Report of the British Association*, 1850-54), daß man – es zur Kenntnis nimmt.
Siehe den *Report of the British Association*, 1860 – weitere Fälle. Der berühmte Niederschlag von Steinen in Siena, Italien, im Jahre 1794 – »während eines heftigen Sturms«.
Siehe *Gregs Catalogues* – zahlreiche Beispiele. Ein besonders auffälliges ist – eine »hell leuchtende, brennende Kugel während eines Hurrikans am 2. September 1786 in England.« Bemerkenswert ist hier, daß das Phänomen vierzig Minuten lang sichtbar blieb. Das ist etwa 800mal so lange, wie orthodoxe Wissenschaftler einem Meteor oder einem Meteoriten zugestehen würden.
Siehe das *Annual Register* – zahlreiche Beispiele.
In *Nature*, 25. Oktober 1877, und in der Londoner *Times* vom 15. Oktober 1877 ist die Rede von etwas, das während eines Sturms am 14. Oktober 1877 herunterkam. Das Objekt wird als »riesige, grün lodernde Kugel« beschrieben. Ein anderer Korrespondent beschreibt in *Nature*, 17-10, das gleiche Phänomen, und W. F. Denning reichte den Bericht eines weiteren Zeugen bei *Nature* ein.
Es gibt so viele Beispiele, daß manche von uns sich vielleicht gegen die Vorstellung der Gläubigen wehren, dies alles sei nur Zufall, und annehmen, daß es einen recht einfachen Zusammenhang gibt. Wenn wir nicht in der Lage sind uns vorzustellen, daß Steine und Metalle von Stürmen aus ihrer Flugbahn geworfen werden, solange sie sich mit hoher Geschwindigkeit bewegen, dann sollten wir an niedrige Geschwindigkeiten denken – oder an Dinge, die sich überhaupt nicht bewegen, sondern ein paar Meilen über dieser Erde schweben, wo sie

von Stürmen angestoßen werden, bis sie, begleitet von Leuchterscheinungen, herunterfallen.

Aber hier stoßen wir auf so großen Widerstand, und der »Zufall« wird so energisch befürwortet, daß wir noch einige weitere Beispiele anführen sollten.

Ein Aerolith während eines Sturms in St. Lenonard's-on-Sea, England, am 17. September 1885, von dem keine Spur gefunden wurde (*Annual Register*, 1885); ein Meteorit während eines Sturms am 1. März 1886, geschildert in *Monthly Weather Review*, März 1886; Meteoriten während eines Gewitters vor der griechischen Küste am 19. November 1899 (*Nature*, 61-111); ein Meteorit während eines Sturms am 7. Juli 1883 in der Nähe von Lachine, Quebec (*Monthly Weather Review*, Juli 1883); das gleiche Phänomen wird in *Nature*, 28-319, erwähnt; ein Meteorit während eines Wirbelsturms in Schweden am 24. September 1883 (*Nature*, 29-15).

Proceedings of the London Royal Society, 6-276:

Am 17. Dezember 1852 tauchte während eines Sturms eine dreieckige Wolke auf; ein roter Kern, etwa halb so groß wie der scheinbare Durchmesser des Mondes, und ein langer Schweif; dreizehn Minuten lang sichtbar; der Kern explodierte.

In *Science Gossip*, 6-65, wird dennoch behauptet, daß während eines Sturms zwar Meteoriten herabfallen können, daß es aber zwischen beiden Phänomenen, außer für dumme Bauern, keine Verbindung gebe.

Einige von uns Bauern haben allerdings den *Report of the British Association*, 1852, gelesen. Auf Seite 239 schreibt Dr. Buist, der noch nie etwas von der Super-Sargassosee gehört hat, es sei zwar schwierig, eine Verbindung zwischen den Phänomenen herzustellen, aber immerhin seien in Indien während verschiedener Unwetter im Jahre 1851 (möglicherweise auch 1852) drei Aerolithe niedergegangen. Die Berichte der Zeugen finden Sie dort auf Seite 229.

Oder – wir sind drauf und dran, »Donnerkeile« zu erklären.

Ich komme noch einmal auf meine Überzeugung zurück, daß unsere Existenz eine Existenz im Intermediären Reich ist, in der

es nichts Fundamentales oder nichts Endgültiges gibt, das man als Maß aller Dinge verwenden könnte.
Bauern glauben an Meteoriten.
Wissenschaftler schließen Meteoriten aus.
Bauern glauben an »Donnerkeile«.
Wissenschaftler schließen »Donnerkeile« aus.
Es ist sinnlos vorzubringen, daß die Bauern draußen auf den Feldern arbeiten, während die Wissenschaftler in Labore und Vortragssäle gesperrt sind. Wir können nicht die Tatsache zugrundelegen, daß Bauern bei Phänomenen, mit denen sie vertraut sind, eher recht haben dürften als Wissenschaftler, denn dann werden sich sofort die biologischen und meteorologischen Irrtümer der Bauern wie eine Armee gegen uns erheben.
Ich sollte sagen, daß unsere »Existenz« wie eine Brücke ist – nur, daß dieser Vergleich statische Begriffe benutzt –, aber wie die Brooklyn Bridge, auf der unzählige kleine Geschöpfe eine Grundlage suchen – sie gelangen zum Längsträger, der fest und endgültig wirkt – aber der Längsträger ruht auf den Stützpfeilern. Ein Stützpfeiler wirkt endgültig. Aber er ruht auf seinen Fundamenten. An der ganzen Brücke läßt sich nichts Endgültiges finden. Sie ist vielmehr eine Beziehung zwischen Manhattan und Brooklyn. Wenn unsere »Existenz« eine Beziehung zwischen dem Positiven Absoluten und dem Negativen Absoluten ist, dann muß die Suche nach Endgültigkeit vergeblich bleiben. Alles in dieser Welt ist relativ, weil das »Ganze« für uns nie das Ganze, sondern selbst auch nur eine Beziehung ist.
Da wir akzeptieren wollen, lautet unsere Pseudo-Grundlage:
Die Zellen eines Embryos befinden sich in der reptilischen Phase des Embryos;
Einige Zellen werden angeregt, neue Erscheinungsformen anzunehmen.
Wenn es dem Zellverband bestimmt ist, sich zu einem Säugetier zu entwickeln, dann werden sich die Zellen, die für diese Entwicklung zuständig sind, gegen alle Widerstände durchsetzen, gegen alle anderen Zellen, und sie werden relativ – wenn auch nicht endgültig gesehen – recht haben. Beizeiten

werden sie dann den Vertretern einer höheren Entwicklungsstufe weichen.
Wenn wir am Rande eines neuen Zeitalters stehen, in dem der Exklusionismus zu überwinden ist, dann steht es der Wissenschaft gut an, uns nicht als dumme Bauerntölpel zu bezeichnen. Auf unsere unbeholfene, bäurische Art unternehmen wir ein Attentat auf den gesunden Menschenverstand und nennen Dinge beim Namen, die eines Tages selbstverständlich sein werden:
Daß bearbeitete Gegenstände aus Stein und Eisen vom Himmel gefallen sind:
Daß sie aufgrund atmosphärischer Störungen aus einer Zone der Schwerelosigkeit herabkamen, aus einer Region, in welcher die Anziehungskraft der Erde nicht wirkt.
Der »Donnerkeil« ist meist ein »schön poliertes, keilförmiges Stück Grünstein«, sagt ein Autor im *Cornhill Magazine*, 50-517. Das trifft nicht zu. Es kann fast jede Art von Stein sein. Wir wollen uns aber auf das handwerkliche Geschick konzentrieren, mit dem die Steine bearbeitet wurden. Natürlich sagt der Autor weiter, daß alles nur Aberglaube sei. Sonst wäre er ja einer von uns dummen, einfältigen Söhnen der Erde.
Die konventionelle Verdammung besagt, daß Steinwerkzeuge, von Anfang an oder »von vornherein auf dem Boden« – in der Nähe von Blitzeinschlägen gefunden werden: daß erstaunte Bauern oder andere wenig intelligente Menschen behaupten, die Steine seien im Blitz oder zusammen mit ihm herabgekommen.
In diesem Buch werden wir einen großen Teil der Wissenschaft als schlechte Fiktion einstufen. Wann ist Fiktion schlecht, billig oder dumm? Wenn der Zufall überstrapaziert wird. Das ist ein Kriterium. Aber der einzelne Autor strapaziert den Zufall selten über Gebühr. Das Übermaß sticht ins Auge, wenn man das Thema insgesamt betrachtet. Ein Autor wie der im *Cornhill Magazine* erzählt uns vage etwas über den Aberglauben der Bauern. Aber er führt keine Unmengen von Beispielen an. Unsere Methode wird die Methode der massiven Datenhäufung sein.

Denkbar, daß ein Blitz den Boden an einer Stelle trifft, wo schon zuvor ein keilförmiges Objekt lag: wieder und wieder und wieder: ein Blitzschlag in der Nähe eines keilförmigen Objekts in China; ein Blitzschlag in der Nähe eines keilförmigen Objekts in Schottland; ein Blitzschlag in der Nähe eines keilförmigen Objekts in Zentralafrika: ein Zufall in Frankreich; ein Zufall in Java; ein Zufall in Südamerika –

Wir wollen große Zugeständnisse machen, aber wir bleiben unruhig. Das oben Gesagte ist jedenfalls die übliche Antwort der Wissenschaft auf die »Donnerkeile«, die unter Leuchterscheinungen herabgefallen sein sollen.

Grünstein kommt auf der Insel Jamaika vor, wo man gemeinhin glaubt, daß Äxte aus hartem Grünstein vom Himmel fallen, »wenn es regnet«. (*Journal of the Institute of Jamaica*, 2-4) An anderer Stelle werden wir uns Gedanken über Objekte aus bestimmten Materialien machen, die an bestimmten Orten gefunden werden. »Sie bestehen aus einer Gesteinsart, die an keinem anderen Ort in Jamaika vorkommt.« (*Notes and Queries*, 2-8-24)

Da ich auch selbst gern ausschließe, und da ich ein Bauer oder ein Wilder bin, der nicht gern mit anderen Bauern oder Wilden in einen Topf geworfen wird, lasse ich mich vom Glauben der Einheimischen nicht beeindrucken. Die Gründe kann ich kaum erklären. Wenn das Wort eines Lord Kelvin in der Wissenschaft mehr Gewicht hat als das Wort eines Sitting Bull – im Falle, daß beide nicht mit der konventionellen Sichtweise übereinstimmen –, dann kann dies nur daran liegen, daß die Wilden schlechte Tischmanieren haben. Meine Überheblichkeit wird allerdings etwas gedämpft, wenn ich an die weit verbreiteten Überzeugungen der sogenannten Wilden und der Bauern denke. »Donnerkeile« gibt es überall auf der Welt.

Die Einwohner von Burma, China und Japan glauben nach Blinkenberg (*Thunder Weapons*, S. 100) – nicht, daß er selbst auch nur ein Wort davon glauben würde –, daß bearbeitete Steine vom Himmel fallen, denn sie haben solche Objekte herabfallen sehen. Die Objekte heißen dort »Donnersteine«. In

Mähren, Holland, Belgien, Frankreich, Kambodscha, Sumatra und Sibirien nennt man sie »Donnerbeile«. In der Lausitz heißen sie »Gewittersteine«, in Slawonien »Himmelspfeile«, in England und Schottland nennt man sie »Donneräxte«, in Spanien und Portugal kennt man sie als »Blitzsteine«, in Griechenland sind es »Himmelsäxte«, in Brasilien »Blitzkeile«, auf Amboina »Donnerzähne«.
Dieser Glaube ist so verbreitet wie der Glaube an Geister und Hexen, den heute nur abergläubische Menschen leugnen.
In Hinblick auf den Glauben der nordamerikanischen Indianer gibt Tyler eine ganze Reihe von Referenzen (*Primitive Culture*, 2-237). Auch die südamerikanischen Indianer sagen, daß »gewisse Steinbeile aus dem Himmel herabgefallen seien.« (*Journal of American Folk Lore*, 17-203)
Wenn Sie wie ich Schwierigkeiten haben, bei dieser Häufung noch an Zufälle zu glauben, wenn Sie aber andererseits unsere »Donnerkeile« etwas zu schwer verdaulich finden, dann möchte ich Ihnen die Erklärung eines gewissen Tallius anbieten, der 1649 schrieb:
»Die Naturkundler sagen, die Steine würden im Himmel entstehen, wenn sich eine Ausdünstung der Blitze in den umgebenden Wolken verfestige.«
Natürlich wurde der Artikel im *Cornhill Magazine* nicht in der Absicht geschrieben, wirklich Licht in das Thema zu bringen. Vielmehr sollte die Idee, bearbeitete Steine könnten vom Himmel fallen, lächerlich gemacht werden. Ein Autor in *American Journal of Science*, 1-21-325, las diesen Beitrag und hielt es für »bemerkenswert, daß ein Mann von durchschnittlichen Verstandeskräften sich veranlaßt sehen könnte, einen Artikel zu schreiben, um zu beweisen, daß Donnerkeile nicht existieren«. Ich muß gestehen, daß wir uns davon ein wenig geschmeichelt fühlen.
Immer und immer wieder:
»Wir brauchen den intelligenten Leser wohl nicht eigens darauf hinzuweisen, daß die Donnerkeile eine Sage sind.«
Wir wenden ein, daß hier ein Wort mißbraucht wurde: Wir

geben zu, daß nur wir in diesem Fall intelligent sind, wenn Intelligenz bedeutet, ein Ungleichgewicht zu erforschen, und daß alles andere Denken ein bloßer mechanischer Reflex ist – daß natürlich auch die Intelligenz nur mechanisch ist, aber nicht ganz so ordentlich und eingeschränkt: nicht so offensichtlich mechanisch – daß wir, sobald sich etwas von uns Angenommenes etabliert hat und stabiler wird, vom Zustand der Intelligenz in ausgefahrene Gleise wechseln. Seltsam ist, daß Intelligenz als etwas Lobenswertes gilt. Vielleicht im Sinne einer geistigen Aktivität, die bedeutet, etwas herauszufinden; aber sie ist das Eingeständnis von Ignoranz. Die Bienen, die Theologen und die dogmatischen Wissenschaftler sind intellektuelle Aristokraten. Wir anderen sind der Plebs, noch nicht reif fürs Nirwana, nicht bereit für das Instinktive und Fließende, das in so krassem Gegensatz zum Intelligenten und Grobschlächtigen steht.

Blinkenberg nennt zahlreiche Beispiele für den Aberglauben an »Donnerkeile«. Dieser Aberglaube tauche nur dort auf, wo der Intellekt der Menschen in einem beklagenswerten Zustand sei – oder wo er, mit anderen Worten, universell ist. In Malakka, Sumatra und Java sagen die Einheimischen, Steinäxte würden oft unter Bäumen gefunden, die vom Blitz getroffen wurden. Blinkenberg stellt dies nicht in Frage, sagt aber, es sei bloßer Zufall. Die Äxte hätten natürlich von vornherein dort gelegen, und die Eingeborenen hätten den Schluß gezogen, die geschnitzten Steine seien mit dem Blitz heruntergekommen. In Zentralafrika wird erzählt, daß keilförmige, glänzend polierte Steine, die als »Äxte« beschrieben werden, oft in Bäumen stekkend gefunden werden, nachdem diese vom Blitz getroffen worden sind – oder von etwas, das als Blitz bezeichnet wird. Ähnlich wie die unwissenschaftlichen Leute in Memphis, Tennessee, die nach einem Sturm Schlangen sahen, zogen diese Menschen den Schluß, die Äxte hätten nicht von vornherein im Baum gesteckt. Livingstone (*Last Journal*, Seiten 83, 89, 442, 448) sagt, er habe noch nie von Eingeborenen in Afrika gehört, die derartige Steinwerkzeuge benutzten. Im *Report of the Smithsonian Institution*, 1877-308, schreibt ein Autor, doch, es gebe ein paar.

Daß die Steine, wie die Einheimischen sagen, im Verlauf von Gewittern auf die Erde fallen sollen.
Was die Leuchterscheinungen angeht, so lautet meine beklagenswerte Annahme, daß Körper, die durch die Atmosphäre der Erde stürzen, sich erhitzen und Leuchterscheinungen hervorrufen können, die an Blitze erinnern. Dieser Punkt scheint wichtig zu sein. Wir werden später noch einmal darauf zurückkommen und weitere Daten nennen.
In Preußen wurden in Baumstämmen unter der Borke zwei Steinäxte gefunden (Blinkenberg, *Thunder Weapons*, S. 100).
Die Finder zogen den voreiligen Schluß, die Äxte seien vom Himmel gefallen.
Eine andere Steinaxt - ein keilförmiger, bearbeiteter Stein - wurde angeblich in einem Baum gefunden, der von etwas getroffen wurde, das wie ein Blitz aussah (*Thunder Weapons*, S. 71).
Die Finder kamen zur gleichen voreiligen Schlußfolgerung.
Blinkenberg berichtet von einer Frau, die in der Nähe von Kulsbjaergene in Schweden lebte. Sie fand neben einer alten Weide, »ganz in der Nähe ihres Hauses«, einen Feuerstein. Ich betone »in der Nähe ihres Hauses«, weil das bedeutet, daß sie den Gegenstand auf vertrautem Grund fand. Die Weide war von irgend etwas gespalten worden.
Die Frau folgerte voreilig.
Eine Kuh wurde vom Blitz getötet oder von etwas, das aussah wie ein Blitz (Isle of Sark, in der Nähe von Guernsey). Der Bauer, dem die Kuh gehörte, grub an der betreffenden Stelle ein Loch und fand eine kleine »Axt« aus Grünstein. Blinkenberg meint, der Bauer habe voreilig den Schluß gezogen, das Objekt sei unter Leuchterscheinungen vom Himmel gefallen und habe die Kuh getötet.
Reliquary, 1867-207:
Ein Farmer fand nach einem schweren Unwetter eine Axt aus Feuerstein. Es war ein »schrecklicher Sturm« gewesen, und er machte den Fund an einem Signalmasten, der von irgend etwas gespalten worden war. Ich sollte noch sagen, daß die Umge-

bung eines Signalmasten ebenfalls als vertrauter Boden bezeichnet werden kann.
Ob er nun einen voreiligen Schluß zog oder eher gemächlich zu seiner Ansicht kam, in jedem Falle glaubte der Bauer, das Objekt sei während des Sturms herabgefallen.
In diesem Falle haben wir einen beklagenswerten Wissenschaftler auf unserer Seite. Es ist unmöglich, zwischen Orthodoxie und Ketzerei eindeutig zu unterscheiden. Irgendwo muß es zwischen beiden einen Verschmelzungs- oder Berührungspunkt geben. Dennoch wirkt das bei einem solchen Thema ein wenig schockierend. In den meisten wichtigen Werken über Meteoriten wird der eigenartige schweflige Geruch der vom Himmel gefallenen Dinge erwähnt. Sir John Evans sagt in *Stone Implements*, S. 57, mit außergewöhnlichem Scharfsinn – mit gewöhnlichem Scharfsinn wäre er nie darauf gekommen –, daß dieser Feuerstein »der Donnerkeil gewesen sein muß, wie sich am eigenartigen Geruch zeigte, als er zerbrochen wurde.«
Wenn dies wirklich zuträfe, dann wäre die ganze Angelegenheit erledigt. Wenn wir beweisen könnten, daß auch nur ein Objekt aus bearbeitetem Stein vom Himmel gefallen ist, dann brauchten wir keine weiteren Berichte mehr zu sammeln. Aber wir sind ja bereits zu der Ansicht gekommen, daß sich nichts erledigen läßt, und daß die Dispute der alten Griechen einer Lösung nicht näher kamen als die Auseinandersetzungen der Menschen ein paar tausend Jahre davor. Es gibt nichts zu beweisen, zu lösen oder zu erledigen. Uns kann es nur darum gehen, ein wenig realer zu werden als unsere Widersacher. Umfassendheit ist ein Aspekt des Universellen. Wir wollen weiterschreiten und umfassend sein. Unserer Meinung nach ist der Dicke der Göttlichkeit näher als der Dünne. Wir wollen essen und trinken und uns dem Positiven Absoluten nähern. Man hüte sich vor Negativität, soll heißen, vor Verstopfung.
Die große Mehrzahl der »Donnerkeile« wird als »Axt« beschrieben. Meunier erzählt uns in *La Nature*, 1892-2-381, jedoch von einem ganz anderen Stein, der sich in seinem Besitz

befinde. Er sei in Ghardia, Algerien vom Himmel gefallen, und stehe »in krassem Gegensatz« zum üblichen Aussehen von Meteoriten, weil er birnenförmig sei. Die konventionelle Erklärung, daß es sich um einen Tropfen geschmolzener Materie, um einen Teil eines größeren Objekts, handelt, scheint mir einleuchtend. Allerdings nehme ich auch zur Kenntnis, daß der Gegenstand während eines Gewitters herunterkam, und dies läßt den orthodoxen Meteorologen bleich vor Wut werden und ihn möglicherweise sogar indigniert die Brauen heben.

Meunier erzählt von einem weiteren »Donnerkeil«, der in Nordafrika vom Himmel gefallen sein soll. Auch Meunier ist hier ein wenig beklagenswert, denn er zitiert einen alten Soldaten, der ihm gesagt hatte, diese Objekte gingen in den afrikanischen Wüsten häufig nieder.

Einige weitere Daten:

Im April 1876 sollen in London »Donnerkeile« herabgefallen sein: Gewicht um die 8 Pfund: keine Angaben zur Form (*Timb's Year Book*, 1877-246).

Am 26. September 1916 soll in Cardiff ein »Donnerkeil« herabgefallen sein (*Times*, 28. September 1916). Laut *Nature*, 98-95, war dies ein Zufall. In Wirklichkeit habe man dort nur einen Blitz beobachtet.

In der Nähe von St. Albans, England, sei während eines Sturms ein Stein heruntergekommen: vom Museum von St. Albans akzeptiert; laut Britischem Museum »kein echtes Meteoritenmaterial« (*Nature*, 80-34).

Die Londoner *Times*, 26. April 1876:

Daß am 20. April 1876 in der Nähe von Wolverhampton während eines schweren Regenschauers ein Eisenmeteorit herunterkam. Ein Bericht über dieses Phänomen in *Nature*, 14-272, verfaßt von H. S. Maskelyne, bestätigt die Authentizität. Siehe auch *Nature*, 13-531.

Drei weitere Beispiele finden Sie in *Scientific American*, 47-194, 52-83 und 68-325.

Ein größerer keilförmiger Stein könnte durchaus als »Axt« angesehen werden:

Nature, 30-300:
Daß am 27. Mai 1884 in Tysnas, Norwegen, ein Meteorit niedergegangen war; daß die Grasnarbe an der mutmaßlichen Einschlagstelle aufgerissen war; daß zwei Tage später in der Nähe ein »sehr seltsamer Stein« gefunden wurde. Er wird beschrieben als »in Form und Größe dem Viertel eines großen Käselaibs sehr ähnlich.«
Wir sind der Ansicht, daß viele Objekte und verschiedene Substanzen durch atmosphärische Störungen aus dem Gebiet herunterkamen, das wir die Super-Sargassosee nennen – nur vorübergehend und der Bequemlichkeit halber, bis wir mehr Daten haben –; unser Hauptinteresse soll aber den Objekten gelten, die mit Methoden geformt wurden, die der menschlichen Kunstfertigkeit ähneln.
Lesen wir die Beschreibung eines Donnerkeils aus Burma (*Proceedings of the Asiatic Society of Bengal*, 1869-183). Dort ist die Rede von einem Stein, der ganz anders aussah als das Gestein, das man sonst in Burma kannte. Die Einheimischen hätten ihn »Donnerkeil« genannt. Ich glaube, aus Formulierungen wie »ganz anders als alles, was man sonst in Burma kannte« können wir einiges ersehen, aber wenn die Autoren deutlicher geworden wären, dann hätten sie damals, im neunzehnten Jahrhundert, mit recht unangenehmen Konsequenzen rechnen müssen. Weitere Informationen über die Donnersteine von Burma finden Sie in den *Proceedings of the Society of Antiquarians of London*, 2-3-97. Einer der Steine, der als »Axt« beschrieben wird, wurde von Captain Duff vorgestellt, der dazu schrieb, in jener Gegend gebe es keinen zweiten Stein wie diesen.
Natürlich ist es zunächst nicht sehr überzeugend zu behaupten, daß ein Stein, der anders ist als die anderen Steine in der Nähe, außerirdischen Ursprungs sein muß, und wir fürchten den Vorwurf des Plagiats; wir wissen ja, daß die Geologen ihre Zufallsfunde gern auf fremde Einflüsse zurückführen. Wir fürchten, manchmal allzu streng und wissenschaftlich zu sein.
Aber ich bin der Ansicht, daß ein großer Teil der wissenschaftlichen Literatur zwischen den Zeilen gelesen werden muß. Es

ist nicht jeder so beklagenswert wie Sir John Evans. Genau wie Voltaire einen großen Teil seiner Gedanken zwischen die Zeilen schrieb, beschränkte sich vermutlich auch Captain Duff lieber auf Andeutungen, statt zu riskieren, es mit einem Professor Lawrence Smith zu tun zu bekommen, der ihn einen »Halbverrückten« nennen könnte. Was Captain Duff auch meinte und ob er lächelte wie Voltaire, als er es niederschrieb, er erwähnte jedenfalls die »extrem weiche Konsistenz des Steins, die ihn als Angriffs- oder Verteidigungswaffe unbrauchbar macht«.

In *Nature*, 34-53, finden wir in einem Leserbrief die Geschichte über einen Malaien von »einigem gesellschaftlichem Ansehen« – ein Phänomen an unseren Daten ist, daß sie zwar verdammt sind, uns aber oft in verdammt gute Gesellschaft bringen –, der von einem einen Monat zuvor in einem Gewitter getroffenen Baum etwas gewußt habe. Zwischen den Wurzeln habe er einen »Donnerkeil« gefunden. Es wird nicht berichtet, ob auch dieser Mann voreilig den Schluß zog, daß der Stein herabgefallen sei, aber in tropischen Ländern bewegt man sich meist gemächlich. Ich fürchte auch, seine Überlegungen waren nicht sehr originell, denn auf die gleiche Weise wurden die von der Orthodoxie akzeptierten Fragmente des Bath-Meteors gefunden.

Wir werden nun eine ungewöhnliche Erfahrung machen. Wir werden Berichte über außergewöhnliche Ereignisse lesen, die von einem Mann der Wissenschaft untersucht wurden – was natürlich nicht heißt, daß er sie wirklich untersuchte, sondern daß das, was mit seinen Phänomenen geschah, näher an realer Nachforschung liegt als an völliger Vernachlässigung. Immer und immer wieder lesen wir von außergewöhnlichen Ereignissen – keine Diskussion; wir finden danach nicht einmal einen Kommentar; sie werden gelegentlich erwähnt – und dann beerdigt und verdammt.

Das Außergewöhnliche wird rasch unter den Teppich gekehrt. Beerdigung und Verdammung, oder ein schlechter Ruf, der vergessen macht.

Wir lasen von einem Mann, der im Falle der Schnecken eine

Reise unternahm, um etwas bestätigt zu finden, das er von vornherein wußte. Wir erinnern uns an Professor Hitchcock, der Amherst nur mit dem Stab seines botanischen Wissens zu drohen brauchte, und siehe, zwei Pilze sprangen, bevor es Abend ward, aus dem Boden. Wir lasen von Dr. Gray und seinen Tausenden von Fischen, die aus einem einzigen Eimer Wasser kamen. Diese Beispiele sind besonders auffällig, doch in den meisten Fällen gab es überhaupt keine »Untersuchung«. Im Laufe der Zeit kamen uns dann aber doch eine ganze Reihe von Ereignissen zu Ohren, die »untersucht« worden waren. Die Dinge, die vom Himmel gefallen sein sollen, teilen wir ganz wissenschaftlich in zwei Gruppen ein. Einmal haben wir verschiedenartige Objekte und Substanzen, und zum anderen symmetrische Objekte, die Wesen wie den Menschen zugeschrieben werden können. Die letzte Gruppe unterteilt sich noch einmal in Keile, Kugeln und Scheiben.

Journal of the Royal Meteorological Society, 14-207:

Daß am 2. Juli 1866 der Korrespondent einer Londoner Zeitung etwas über einen Gegenstand schrieb, der am 30. Juni 1866 während eines Gewitters in Notting Hill vom Himmel gefallen sei. Mr. G. T. Symons vom *Symons' Meteorological Magazine* ging der Sache nach und untersuchte die Angelegenheit so fair und vorurteilslos, wie nur je etwas untersucht worden ist.

Er sagt, das Objekt sei nichts weiter als ein Klumpen Kohle gewesen: daß im Haus nebenan am Vortag Kohle geliefert worden sei. Mit dem unheimlichen Wissen, das Ortsfremde so oft auf unvertrautem Boden haben – wir sahen es bereits – wußte Mr. Symons zu sagen, daß die Kohle, die vom Himmel gefallen sei, und die Kohle, die am Vortag abgeladen worden war, identisch waren. Leute aus der Umgebung, die diese einfache Identifizierung nicht nachvollziehen konnten, hatten dem Korrespondenten der Zeitung Stücke des Objektes, das vom Himmel gefallen sein sollte, abgekauft. Der Gutgläubigkeit selbst sind meines Wissens keine Grenzen gesetzt. Wenn es aber darum geht, aus Gutgläubigkeit Geld zu bezahlen – oh, danach kann man natürlich nicht gehen – es ist ganz das Gleiche –.

Das Problematische an der Effizienz ist, daß sie oft übertrieben wird. Mit einem, wie ich finde, Übermaß an Überzeugungskraft zerrt Mr. Symons nun eine weitere Figur auf die Bühne seiner kleinen Komödie:
Daß alles nur der Streich eines Chemiestudenten gewesen war. Er hatte eine Kapsel mit einem explosiven Stoff gefüllt und »als es heftig stürmte, die brennende Masse auf den Gehweg geworfen und so einen künstlichen Donnerschlag erzeugt«. Selbst Shakespeare in seiner unkünstlerischen Art kam nicht auf die Idee, König Lear ins Spiel zu bringen, um den *Hamlet* abzurunden.
Auch wenn man mir gleich vorwerfen wird, nun brächte ich selbst etwas ins Spiel, das nicht von Belang ist – ich finde, der Sturm vom 30. Juni 1866 war eigenartig. In der Londoner *Times* vom 2. Juli 1866 lesen wir, daß »der Himmel während des Sturms an vielen Stellen teilweise klar blieb, während Regen und Hagel fielen.« Dies könnte, besonders, wenn der Niederschlag aus einem wolkenlosen Himmel kam, von Interesse sein, sobald wir uns an den denkbaren außerirdischen Ursprung einiger Hagelkörner erinnern. Es ist eine reine Mutmaßung und will nicht viel heißen, aber immerhin könnten am 30. Juni 1866 in London außerirdische Substanzen vom Himmel gefallen sein.
Am 5. Juli 1877 soll während eines Unwetters in Kilburn Schlacke niedergegangen sein:
Nach Angaben der *Kilburn Times* vom 7. Juli 1877, die Mr. Symons zitiert, sei eine Straße während des Sturms mit etwa zwei Scheffeln Schlacke buchstäblich »übersät« worden. Die Größe der Brocken habe zwischen einer Walnuß und einer Männerfaust geschwankt. »Einige Stücke sind im Büro der *Kilburn Times* zu besichtigen.«
Wenn diese Asche oder Schlacke der Abfall von einem Superhandelsschiff war, von dem gelegentlich auch Koks und Kohle auf die Erde fallen, oder besser in die Super-Sargassosee, aus der sie später von Stürmen herausgefegt werden, dann können wir dank unserer Erfahrung als Intermediaristen sagen, daß

diese Niederschläge Phänomenen entsprechen müssen, die am Ort des Geschehens auf der Erde schon vorhanden sind. Wenn aus einer Wolke ein glühend heißer Ofen auf den Broadway fällt, dann wird mit Sicherheit jemand herausfinden, daß zur Zeit des Unfalls ein Umzugswagen vorbeigefahren ist, und daß die Packer keine Lust hatten, den Ofen zu schleppen – daß er außerdem nicht wirklich rotglühend gewesen, sondern nur von einer zerstreuten Haushälterin rot angestrichen worden sei, oder so. Verglichen mit einigen anderen wissenschaftlichen Erklärungen, die wir bereits sahen, wäre diese noch als ausgesprochen zurückhaltend zu bezeichnen.
Mr. Symons erfuhr, daß sich in der gleichen Straße – er betont, daß es sich um eine kurze Straße handelte – eine Feuerwache befand. Ich kann mir gut vorstellen, wie er in Notting Hill herumwanderte und Keller durchsuchte, bis er einen fand, der gerade mit Kohle aufgefüllt worden war. Er muß an viele Türen geklopft und die ganze Gegend auf den Kopf gestellt haben, er rief zu Fenstern im ersten Stock hinauf, hielt die Leute auf der Straße auf und war mit der Nase unbeirrt auf der Spur eines frechen Chemiestudenten. Nach seiner effizienten Arbeit in Notting Hill können wir uns ausmalen, wie er zur Feuerwache ging und fragte: »Es wird behauptet, daß in dieser Straße am 5. Juli um etwa 16.10 Uhr Schlacke vom Himmel fiel. Würden Sie bitte in Ihren Unterlagen nachsehen und mir sagen, wo Ihr Feuerwehrauto am 5. Juli um zehn nach vier war?«
Mr. Symons sagt: »Ich glaube, die Schlacke ist vom Dampfwagen der Feuerwehr gefallen.«
Am 20. Juni 1880 hat in das Haus Oakley Street 180 in Chelsea angeblich ein »Donnerkeil« eingeschlagen. Er sei durch den Schornstein herabgefallen und im Küchenherd gelandet.
Mr. Symons forschte nach.
Er beschreibt den »Donnerkeil« als »Klumpen aus Ziegel, Ruß, unverbrannter Kohle und Schlacke«.
Er sagt, seiner Meinung nach sei ein Blitz in den Schornstein geschlagen und habe die Ziegel teilweise schmelzen lassen.
Er hält es für bemerkenswert, daß der Blitz dem Küchenherd

nichts anhaben konnte. Dort unten war nur zu bemerken, daß anscheinend etwas Schweres heruntergefallen war. Wir müssen zugeben, daß es einem Mann, der möglicherweise groß und würdevoll ist und zur Umfänglichkeit neigt, nicht zuzumuten ist, in den Schornstein zu kriechen, und so ist das einzig Unvernünftige, das wir in seinen Worten finden können, unserer moderneren Ansicht nach die folgende Aussage:
»Ich würde meinen, daß niemand behaupten kann, Ziegel würden in der Atmosphäre hergestellt.«
Das kommt uns ein wenig unvernünftig vor, weil es so sehr an den positivistischen Geist früherer Zeiten erinnert, als noch nicht klar war, daß das Unglaubwürdige und Lächerliche stets in das »Angemessene«, wie das *Scientific American Supplement* es nennen würde, übergeht. Das Ungehörige kann immer in den Begriffen des »Angemessenen« interpretiert werden, mit dem es ein Kontinuum bilden muß – oder: Lehm fällt vom Himmel – erzeugt beim Sturz gewaltige Hitze – wird gebacken – Ziegelstein.
Wir beginnen zu ahnen, daß Mr. Symons sich in Notting Hill etwas übernommen hat. Das sollte allen Effizienzfanatikern eine Warnung sein.
Dann die drei Brocken, die aussahen wie Erdklumpen und am 3. Juli 1883 nach einem Gewitter auf einem belebten Weg in Reading gefunden wurden. Es gibt so viele Aufzeichnungen über den Niederschlag von Erdklumpen, daß es schon ungewöhnlich wäre, wenn wir hier auf Widerstand stießen, aber wir kennen ja mittlerweile die kompromißlose Haltung der Orthodoxie, die nach unserer Metaphysik das Gute will, aber dank ihrer Unzulänglichkeit das Böse schafft. Wenn ich es für nötig hielte, könnte ich hundertfünfzig Beispiele für Niederschläge aus Erdreich nennen. Es sind die Vorbehalte gegenüber atmosphärischen Störungen in Zusammenhang mit vom Himmel fallenden Dingen, die Mr. Symons hier blenden und hypnotisieren. Unser guter Mr. Symons lehnt vor allem die Substanz von Reading als »kein echtes Meteoritenmaterial« ab. Es ist schon unheimlich – oder überhaupt nicht unheimlich, sondern

einfach universell – wenn man überhaupt nichts zum Maßstab aller Meinungen macht, dann kann man keine Meinung haben: Wenn man aber einen Maßstab hernimmt, dann muß er in manchen Fällen lächerlich sein. Die kohlenstoffhaltigen Meteoriten, die nicht in Frage stehen – sie werden nur gemieden, wie wir sahen – sind nach orthodoxem Glauben noch eindeutiger nichtmeteoritischen Ursprungs als die Substanz in Reading. Jedenfalls erklärt Mr. Symons, die drei Bocken hätten »von vornherein« am Boden gelegen.

Ob diese Daten nun der Mühe wert sind oder nicht, ich glaube, die Ansichten, die unser Mr. Symons vertritt, verdienen einen Ehrenplatz in unserem Museum. Er wendet sich strikt gegen jeden außerirdischen Ursprung, weil »wir Engländer doch einen guten Ruf zu verlieren haben«. Er ist Patriot, und diese ausländischen Besucher dürfen »von vornherein« nicht auf seine Gastfreundschaft hoffen.

Dann kommt ein »kleiner Brocken Eisen (Durchmesser 2 Zoll)«, der am 17. August 1887 in Brixton während eines Gewitters heruntergefallen sein soll. Mr. Symons sagt: »Ich kann seine Herkunft derzeit nicht klären.«

In Notting Hill war er in Höchstform: Seine späteren Auftritte fallen vergleichsweise etwas ab:

In der Londoner *Times* heißt es am 1. Februar 1888, daß »nach einem heftigen Gewitter« am 17. August 1887 in einem Garten in Brixton ein rundliches Objekt aus Eisen gefunden wurde. Die Analyse eines Chemikers ergab, daß es sich nicht um typisches meteoritisches Material handelte. Ob es nun ein Produkt menschlicher Kunstfertigkeit war oder nicht, dieses Objekt wird als in der Mitte verdickte ovale Scheibe beschrieben, die an der breitesten Stelle etwa 2 Zoll groß ist. Wir erfahren sogar den Namen und die Adresse des Chemikers: Mr. J. James Morgan aus Ebbw Vale.

Der Garten – vertraute Umgebung – ich vermute, Mr. Symons Meinung nach hat sich das Objekt »von vornherein« auf dem Boden befunden, auch wenn er es nicht ausdrücklich sagt. Aber uns fällt auf, daß er das Objekt als »Brocken« bezeichnet und

die ovale oder runde Form unterschlägt. Wir sind der Ansicht, daß er das Wort »Brocken« nur wählte, um etwas Amorphes anzudeuten, damit diese Daten allein und für sich und ohne Gefährten dastehen. Wenn Mr. Symons gesagt hätte, dies sei abermals ein Bericht über ein rundes Objekt, das vom Himmel gefallen sei, dann hätte er mit dieser Andeutung das Interesse der Leser geweckt. Doch er lenkt sie ab, indem er Begriffe benutzt, die an einen einmaligen Vorfall denken lassen –
»Eine eiserne Kanonenkugel.«
Sie wurde in Sussex nach einem Gewitter in einem Misthaufen gefunden.
Aber Mr. Symons argumentiert einigermaßen vernünftig, wie mir scheint. Denkt man sich eine Kanonenkugel in einem Misthaufen, die von vornherein dort gelegen hat, dann kann sie einen Blitz anziehen, und der unbedarfte oder unterdurchschnittlich intelligente Mensch kommt voreilig oder weniger rasch oder eher gemächlich zu der Ansicht, daß das eiserne Objekt vom Himmel gefallen sei.
Allerdings muß man sich fragen, ob nicht ein Bauer auf seinem Misthaufen auf vertrautem Grund steht, und ob er sich dort nicht genauso gut auskennt wie Mr. Symons auf seinem Schreibtisch –
Dann die Geschichte eines Mannes und seiner drei Töchter, die in Casterton, Westmoreland, während eines Gewitters auf die Wiese hinausblickten. Sie »nahmen an«, wie Mr. Symons sich ausdrückt, sie sähen einen Stein vom Himmel fallen, der ein Schaf tötete und tief in den Boden eindrang.
Sie gruben ihn aus.
Sie fanden eine Steinkugel.
Symons:
Reiner Zufall. Die Kugel war von vornherein dort gewesen.
Das Objekt wurde bei einer Sitzung der Royal Meteorological Society von Mr. C. Carus-Wilson präsentiert. Es wird in der Ausstellungsliste des *Journal* als Kugel aus »Sandstein« geführt. Mr. Symons sprach ebenfalls von »Sandstein«.
Ein rundes Stück Sandstein kann natürlich »von vornherein«

überall im Boden liegen, aber wenn wir unserer schlechten Angewohnheit nachgehen und bohren und herumschnüffeln, stellen wir fest, daß das Objekt recht eigenartig geformt war und aus einem gar nicht so gewöhnlichen Material bestand. Wenn wir in *Knowledge*, 9. Oktober 1885, herumschnüffeln, dann lesen wir, daß dieser »Donnerstein« sich vorher im Besitz von Mr. C. Carus-Wilson befand, der die Geschichte des Zeugen und seiner Familie wiedergibt - ein Schaf getötet, etwas schlug in die Erde, es wurde ausgegraben, das Objekt war gefunden. Mr. C. Carus-Wilson beschreibt das Objekt als Kugel aus hartem, eisenhaltigem Quarz, etwa so groß wie eine Kokosnuß und etwa zwölf Pfund schwer. Ob wir nun gezielt nach bedeutsamen Angaben suchen oder nicht, mir scheint, man muß hier an ein nicht nur symmetrisches, sondern auch klar strukturiertes Objekt denken. Es hatte eine äußere Schale, die sich von einem locker darin sitzenden Kern lösen ließ. Mr. Carus-Wilson schreibt dieses Phänomen einem ungleichmäßigen Abkühlen der Masse zu.

Ich denke, daß Wissenschaftler nur selten bewußt die Unwahrheit schreiben. Sie sind in ihren Absichten so unschuldig wie alle anderen Hypnotisierten. Ein solches Opfer eines ihm nur eingeredeten Glaubens liest, eine Steinkugel sei vom Himmel gefallen. Mechanisch stellt er sich kugelförmige Klumpen oder Brocken aus Sandstein vor, wie sie überall vorkommen. Er bringt den Bericht über den Einschlag mit seinen Vorstellungen von einem Objekt in Einklang, das von vornherein im Erdreich gewesen sein müsse. Für den Intermediaristen sind die Phänomene des Denkens nur Phänomene eines universellen Prozesses, der sich im menschlichen Kopf konkretisiert. Der Prozeß, den wir »Erklären« nennen, ist nur ein lokaler Aspekt universeller Assimilation. Es sieht wie Materialismus aus, aber der Intermediarist besteht darauf, daß keine Interpretation des sogenannten Immateriellen in Begriffen des sogenannten Materiellen rationaler sein kann als eine Interpretation des »Materiellen« in Begriffen des »Immateriellen«. Weder das Materielle noch das Immaterielle können die Quasi-Existenz für sich allein

beanspruchen. Es gibt nur Annäherungen von der einen oder anderen Seite.
Gleiches gilt für hypnotische Quasi-Überlegungen: daß kugelförmige Klumpen aus Sandstein häufig vorkommen. Ob er nun zu voreiligen Schlußfolgerungen hüpft oder springt, oder ob vielleicht nur die dummen Bauern so athletisch sind, der Mensch assimiliert und stellt sich dieses Objekt als Kugel aus Sandstein vor. Was der menschliche Geist tut, das tut er oft aus Bequemlichkeit. Vielleicht hat Mr. Symons seinen Artikel schon geschrieben, bevor das Objekt den Mitgliedern der Society präsentiert wurde, und mit der Barmherzigkeit, die wir zur Abwechslung hie und da in unsere Bosheiten einstreuen, wollen wir erklären, daß er etwas »untersuchte«, das er nie gesehen hat. Wer das Objekt auch in die Liste aufnahm, er war nicht sorgfältig, denn er führte es als »Sandstein« auf.
Wir suchen schon nach Entschuldigungen für sie.
Wirklich – ich habe den Eindruck – ganz so verdammt wie einst sind wir gar nicht mehr.
Man sucht keine Entschuldigungen für die Götter, wenn man sich gleichzeitig noch voller Demut vor ihnen in den Staub wirft. Wenn dies die reale Existenz wäre und wenn wir alle reale Personen wären, die nach realen Kriterien gemessen werden können, dann müßten wir, fürchte ich, mit Vertretern wie diesem Mr. Symons ein wenig strenger umgehen. Aber so ist diese Strenge natürlich unangebracht.
Die Formulierung, »ein Mann« und seine namenlosen Angehörigen hätten »angenommen«, etwas zu sehen, ist auf amüsante Weise ungenau. Der »Mann« war Reverend W. Carus-Wilson, der zu seiner Zeit recht bekannt war.
Der nächste Fall wurde von W. B. Tripp, F.R.M.S. (Mitglied der Königlich-Meteorologischen Gesellschaft) berichtet. Während eines Gewitters habe ein Bauer im frisch gepflügten Boden etwas glänzen sehen.
Er grub.
Eine Bronzeaxt.
Ich denke, mindestens so dringend wie eine Expedition zum

Nordpol wäre gewesen, daß bedeutende Wissenschaftler sich die Zeit genommen hätten, einen Sommer bei diesem Bauern zu verbringen und das Ereignis zu untersuchen. Aber so – ein nicht genannter Bauer – irgendwo – kein Datum. Der Fall muß verdammt bleiben.

Ein weiterer Kandidat für unser Museum ist ein Kommentar in *Nature* über diese Gegenstände: daß sie »amüsante Dinge sind, denen deutlich anzusehen ist, daß sie irdischen und keineswegs himmlischen Ursprungs sind«. Warum das himmlische Reich oder jener Teil von ihm, der zum Intermediären Reich gehört, nicht ebenso amüsant sein sollte wie das irdische, übersteigt unsere Verstandeskräfte, die ja, wie wir bereits einräumten, nicht überragend sind. Keile und Kugeln sind überhaupt nicht amüsant – oder waren Archimedes und Euklid Komiker? Aber die Kugeln werden mit Verachtung gestraft. Ein kleines Beispiel für die Standardisierung orthodoxer Ansichten:

American Meteorological Journal, 4-589:

»Es sind amüsante Dinge, denen deutlich anzusehen ist, daß sie irdischen und keineswegs himmlischen Ursprungs sind.«

Ich kann behaupten – was aber natürlich nichts Endgültiges heißt –, daß wir versucht haben, mit Mr. Symons wissenschaftlichen Leistungen so nachsichtig und entgegenkommend umzugehen, wie es uns nur möglich war. Natürlich ist es denkbar, daß wir unbewußt Vorurteile gegen ihn hegten und ihn instinktiv mit dem heiligen Augustin, Darwin, dem heiligen Hieronymus und Lyell in einen Topf warfen. Was die »Donnerkeile« angeht, so glaube ich, daß er sie nur untersuchte, um den »guten Ruf« Englands zu wahren, im Geiste des Royal Krakatoa Committee und auf die gleiche Art und Weise, welche die Académie Française bei Meteoren an den Tag legte. In *Knowledge*, 5-418, schreibt ein Korrespondent, das Krakatoa Committee habe keinen Versuch unternommen zu beweisen, wie die atmosphärischen Effekte des Jahres 1883 entstanden sein könnten. Vielmehr habe es sich auf den Versuch beschränkt zu beweisen, daß der Ausbruch von Krakatau die Ursache gewesen sei.

Ich meine, das folgende Zitat dürfte jeden bekehren, der immer noch glaubt, die Ereignisse seien nicht auf der Grundlage einer vorgefaßten Meinung untersucht worden.

Im ersten Teil seines Berichts erklärt Mr. Symons, er habe seine Untersuchung über die Existenz der »Donnerkeile« oder »Donnersteine«, wie er sie nennt, durchgeführt »in dem sicheren Gefühl, daß es irgendwo einen schwachen Punkt gab, aus dem hervorgeht, daß es ›Donnerkeile‹ nicht gibt«.

Es gibt noch einen weiteren Bericht über den Einschlag einer »Kanonenkugel«. Er ereignete sich vor Mr. Symons Untersuchung, doch Symons erwähnt ihn nicht. Der Fall wurde jedoch von anderen untersucht. In den *Proceedings of the Royal Society of Edinburgh*, 3-147, ist die Rede von einem »Donnerstein«, der »im September 1852 in Hampshire heruntergekommen sein soll«. Es handelte sich um eine eiserne Kanonenkugel oder um »einen großen Klumpen Eisenpyrit oder Eisenbisulfid.« Niemand hatte den Absturz beobachtet. Nach einem Gewitter wurde die Kugel auf einem Gartenweg gefunden. Der Absturz war »reine Mutmaßung«, weil »das Mineral nicht die Eigenschaften bisher bekannter Meteoriten« hatte.

In der *Times*, 16. September 1852, ist ein Brief von Mr. George E. Bailey abgedruckt, einem Chemiker aus Andover, Hampshire. Er sagt, während eines schweren Unwetters in der ersten Septemberwoche 1852 sei dieses Objekt im Garten von Mr. Robert Dowling in Andover gelandet. Es sei »sechs Meter vom Haus entfernt« auf einen Weg gefallen. Mrs. Dowling habe es »unmittelbar« nach dem Sturm aufgehoben. Das Objekt sei so groß wie eine Kricketkugel gewesen und habe vier Pfund gewogen. Niemand hatte es fallen gesehen. In der *Times* vom 15. September 1852 finden wir einen Bericht über das Gewitter, das in der Tat ungewöhnlich heftig gewesen sein muß.

Es gibt einige andere Daten, die in Zusammenhang mit der Quarzkugel von Westmoreland von Bedeutung sind. Arme Dinger sind es, denn an ihnen ist so wenig dran, daß sie mir wie die Geister der Verdammten vorkommen. Aber wenn viele Geister zusammen auftauchen, nehmen sie konkrete Gestalten an, denn auch die solidesten Dinge der Quasi-Existenz sind nichts als konzentrierte Phantome. Nicht nur, daß es andere Berichte über Quarz gibt, der vom Himmel gefallen sei; es gibt noch eine weitere Übereinstimmung. Das runde Quarzstück von Westmoreland war, wenn die Schale vom locker in ihr sitzenden Kern gelöst wurde, ein runder, hohler Quarzbrocken. Meine Pseudo-Meinung lautet, daß zwei Berichte über ähnlich ungewöhnliche Ereignisse, einer aus England und einer aus Kanada – interessant sind.

Proceedings of the Canadian Institute, 3-7-8:

Daß bei der Versammlung des Instituts am 1. Dezember 1888 eines der Mitglieder, ein gewisser J. A. Livingstone, eine Quarzkugel vorlegte, die nach seinen Angaben vom Himmel herabgefallen war. Die Kugel war aufgeplatzt, und sie war hohl.

Doch die anderen Mitglieder des Instituts hielten das Objekt für irrelevant, weil es »nicht aus echtem meteoritischem Material« bestünde.

Kein Datum; kein Ort wird genannt; wir bemerken den Hinweis, daß es sich nur um einen Geoden handelte, der von vornherein auf dem Boden gelegen habe. Die Ausformung der Kristalle erinnerte in der Tat an einen Geoden.

Quarz steht auf der »Schwarzen Liste« der Wissenschaft. Ein Mönch, der Darwin liest, könnte keine größere Sünde begehen als ein Wissenschaftler, der zugibt, daß es, abgesehen vom »hoch und wieder herunter«, andere Möglichkeiten für Quarz gibt, auf die Erde zu gelangen – aber die Kontinuität: der Quarz wird nicht exkommuniziert, wenn er als Teil eines getauften Meteoriten oder von einem solchen umschlossen auftritt. Diese Unterscheidung ist so scheinheilig wie jede andere theologische Bewertung. Fassig erwähnt einen Quarzstein, der im Innern eines Hagelkorns gefunden wurde (*Bibliography*, 2-355). »Hoch und wieder herunter« natürlich auch hier. Ein weiteres Quarzobjekt kam im Herbst 1880 in Schroon Lake, New York, herunter. Wir erfahren in *Scientific American*, 43-272, daß es sich um einen Schwindel handelte – was nicht stimmt – das Übliche. Um den 1. Mai 1899 herum veröffentlichten mehrere Zeitungen einen Bericht über einen »schneeweißen« Meteoriten, der in Vincennes, Indiana, niedergegangen sei. Der Herausgeber der *Monthly Weather Review*, April 1899, bat einen örtlichen Korrespondenten, in Vincennes nachzuforschen. Der Herausgeber sagt, es habe sich nur um das Bruchstück eines Quarzbrockens gehandelt. Jeder auch nur halbwegs gebildete Mensch wisse doch, daß Quarz nicht vom Himmel fallen könne.

Notes and Queries, 2-8-92:

Daß im Leidener Museum für Völkerkunde eine Quarzscheibe ausgestellt ist: etwa 6 mal 5 Zentimeter mal 5 Millimeter dick; sie soll auf den Westindischen Inseln nach der Explosion eines Meteors auf eine Plantage gestürzt sein.

Ziegelsteine.

Ich glaube, jetzt werden wir richtig gemein. Ich empfehle das Folgende jedem, der sich nach einer neuen Sünde sehnt. Zunächst wirkten einige unserer Daten erschreckend und lächerlich, und sie schienen danach zu schreien, gehaßt oder mit hochgezogenen Brauen verachtet zu werden. Dann schlich sich etwas Mitleid ein, und jetzt, glaube ich, können wir auch Ziegelsteine aushalten.

Die Idee, Ton werde beim Fall erhitzt und gebacken, war nicht ganz falsch, aber sie ist nicht differenziert genug. Ich glaube, wenn wir an die Betonboote denken, die letzthin auf der Erde gebaut wurden, und wenn wir daran denken, daß einige von ihnen Schiffbruch erleiden könnten, so daß unsere Tiefseefische neuen Stoff zum Wegschauen bekommen –

In Richland, South Carolina, fiel ein gelbes bis graues Objekt vom Himmel, das aussah wie ein Stück von einem Ziegelstein (*American Journal of Science*, 2-34-298).

Stücke von »im Brennofen hergestelltem« Ziegel regneten angeblich während eines Hagelschauers am 26. August 1834 in Padua vom Himmel (*Edinburgh New Philosophical Journal*, 19-87) Der Autor bietet eine Erklärung an, die der konventionellen Denkweise entspricht: daß Stücke von Ziegelsteinen vom Hagel aus Gebäuden geschlagen wurden. Aber wir stoßen hier auf eine Zutat, die jeder unverdaulich finden wird, der die

Ziegelsteine geschluckt hat. In einigen der Hagelkörner – in zwei Prozent –, die man zusammen mit dem Ziegel fand, befand sich ein hellgraues Pulver.
Monthly Notices of the Royal Astronomical Society, 337-365:
Padre Sechi erklärt, daß der Stein, der am 4. September 1875 im italienischen Supino während eines Gewitters herunterkam, aus einem Dach herausgeschlagen worden sei.
Nature, 33-153:
Daß im November 1885 in Neapel ein recht großer Stein, offensichtlich bearbeitet und künstlichen Ursprungs, herabgefallen war. Der Stein wurde von zwei Professoren aus Neapel untersucht, die ihn als unerklärlich, aber authentisch akzeptierten.
Dr. H. Johnstone-Lavis, ein Korrespondent der *Nature*, suchte sie auf und überzeugte sich durch eigene Anschauung, daß es sich um den »Klopfstein eines Schuhmachers« handelte.
Wir Eingeweihten, die wir einen größeren Überblick haben, finden die Vorstellung, es gebe in anderen Welten Schuhmacher, nicht abwegig. Allerdings hege ich den Verdacht, daß diese Charakterisierung taktische Gründe hatte.
Das Objekt aus bearbeitetem Stein, dieser Klopfstein, wurde nach Ansicht von Dr. Johnstone-Lavis aus Vesuv-Lava hergestellt: höchstwahrscheinlich aus Lava vom Ausbruch von 1631, dessen Gestein in La Scala abgebaut wird. »Höchstwahrscheinlich« ist in unseren Ohren natürlich ein verdammenswerter Positivismus. Was die »angesehenen Menschen« angeht, die angenommen hatten, das Ding sei herabgefallen, so »legte ich ihnen nahe, ihren Irrtum einzugestehen«, sagt Dr. Johnstone-Lavis. Natürlich ist es immer der Fremde, der in Neapel die Lava aus La Scala besser kennt als die Ortsansässigen.
Erklärung:
Daß das Ding aus einem Dach herausgeschlagen oder von einem Dach heruntergeworfen worden war.
Leider unterließ es der Autor, das Objekt zu einem bestimmten Dach zurückzuverfolgen. Zu dieser Frage wird nichts gesagt. Dr. Johnstone-Lavis nennt einen bearbeiteten Stein mit dem

gleichen Recht einen »Klopfstein«, mit dem Mr. Symons eine Kugel als »Kanonenkugel« beschreibt, und in beiden Fällen war das Ziel, etwas Unpassendes zurechtzubiegen:

Schuhmacher im Himmel.

Es ist leicht zu sagen, Äxte oder keilförmige Steine, die auf dem Boden gefunden werden, hätten von vornherein dort gelegen, und es sei reiner Zufall, daß in der Nähe ein Blitz eingeschlagen habe. Aber die Glaubwürdigkeit dieser Zufälle nimmt mit dem Quadrat ihres Umfangs ab. Unsere zahlreichen Beispiele erfordern eine unglaubliche Menge an Zufällen. Die Äxte oder keilförmigen Gegenstände, die im Innern von Bäumen gefunden werden, machen der Orthodoxie noch mehr zu schaffen. Arago akzeptiert etwa, daß es solche Funde gab, doch er wendet ein, daß nicht nur keilförmige Steine, sondern auch Kröten in Baumstämmen gefunden worden seien, die dann ja wohl auch vom Himmel gefallen sein müßten?

Gar nicht so übel für einen Hypnotisierten.

Wir sind natürlich der Ansicht, daß die Iren das Erwählte Volk sind. Sie verstehen es besser als andere, sich auf das tiefere Wesen der Quasi-Existenz einzustimmen. M. Arago beantwortet eine Frage, indem er eine andere stellt. Nur auf diese Weise läßt sich in unserem Dämmerzustand eine Frage beantworten.

Dr. Bodding stritt sich mit den Eingeborenen von Santal Parganas in Indien herum, die ihm einreden wollten, behauene und geschärfte Steine seien vom Himmel gefallen, und einige seien in Baumstämmen stecken geblieben. Dr. Bodding, der die orthodoxen Ansichten über Fallgeschwindigkeit und fallende Körper kannte, wußte, vermute ich, nichts über meine Unterlagen über große Hagelkörner, die trotz ihrer Größe erstaunlich langsam herunterkamen, und für die ganz und gar nicht galt, daß in Stücke gehen muß, was vom Himmel fällt. Er akzeptiert, daß Objekte aus behauenem Stein in Baumstämmen gefunden wurden, aber er erklärt:

Daß die Einwohner dort oft Bäume stehlen, daß sie die Bäume aber nicht auf die übliche Weise schlagen, weil das zuviel Lärm machen würde: Sie treiben die Steinkeile mit Hämmern in die

Stämme: und wenn sie ertappt werden, sind die Keile ein weniger klarer Beweis als Äxte.
Beziehungsweise, daß ein Wissenschaftler nicht verzweifelt und gleichzeitig vernünftig sein kann.
Oder, daß ein Taschendieb, der mit der Hand in der Hosentasche eines anderen ertappt wird, nicht bestraft werden kann, wenn er einen Handschuh trägt, weil eine Hand im Handschuh ganz anders zu bewerten ist als eine bloße Hand.
Daß es für das Vernünftige und das Anstößige nur das Intermediäre Reich gibt, daß dieser Zustand auch bei unseren Schlußfolgerungen wahrnehmbar ist, wenn sie sich auf das Unvertraute beziehen.
Dr. Bodding sammelte im Laufe vieler Jahre 50 dieser bearbeiteten Steine, die vom Himmel gefallen sein sollten. Er sagt, die Einwohner von Santal seien ein hoch entwickelter Stamm, und man habe dort seit langer Zeit keine Steinwerkzeuge mehr benutzt – außer für die erwähnte und für Dr. Bodding sehr bequeme Gemeinheit.
Alle Erklärungen sind Konkretisierungen. Sie verblassen angesichts des Universellen. Es ist schwer, sich vorzustellen, daß schwarzer Regen in England nicht durch den Qualm von Fabriken verursacht worden sei – in Südafrika scheidet diese Erklärung schon eher aus. Dr. Boddings Äußerungen können uns nicht weiter erschüttern, weil sowieso alles absurd ist, und weil wir nichts kennen außer einem Zustand, der irgendwo zwischen absoluter Absurdität und absoluter Vernunft angesiedelt ist. Wir sind der Ansicht, daß Dr. Boddings mühsam erarbeitete Erklärung nicht für Objekte aus behauenem Stein gilt, die in anderen Ländern in Baumstümpfen gefunden werden: Wir nehmen an, daß eine konkrete Erklärung für das Allgemeine ungeeignet ist.
Von einigen gläubigen Hypnotisierten erfahren wir etwas über »Donnersteine«, die nicht unter Leuchterscheinungen gefallen sein können und die nicht in Bäumen steckend gefunden wurden. Wir hören etwas von erstaunten Bauern, die auf prähistorische Äxte stießen, die vom Regen freigewaschen wurden,

worauf die Bauern zum Schluß kamen, die Objekte seien vom Himmel gefallen. Einfache Bauern können jedoch auf viele prähistorische Dinge stoßen: Schaber, Töpferwaren, Messer, Hämmer. Wir haben keinen einzigen Bericht über Bauern, die nach einem Regenguß alte Töpferwaren fanden und erklärten, während des Regens sei eine Schale vom Himmel gefallen.
Ich gehe inzwischen davon aus, daß keilförmige Objekte aus Stein, auf eine der menschlichen Kunstfertigkeit recht ähnliche Weise geformt, schon oft vom Himmel gefallen sind. Vielleicht sind Botschaften auf ihnen zu finden. Ich bin der Ansicht, daß man sie nur »Äxte« nannte, um sie zu diskreditieren: Je vertrauter ein Begriff ist, desto schlechter paßt er zu unbestimmten Ideen vom Weiten, Entfernten, Gewaltigen und Unbekannten.
In *Notes and Queries*, 2-8-92, schreibt ein Autor, er besitze einen »Donnerkeil«, den er aus Jamaika mitgebracht habe. Er beschreibt ein keilförmiges Objekt, keine Axt:
»Es sind keine Anzeichen dafür zu entdecken, daß es einmal an einem Griff befestigt gewesen ist.«
Zehn »Donnerkeile« werden an verschiedenen Stellen in Blinkenbergs Buch erwähnt, und bei neun von ihnen sind keine Anzeichen zu entdecken, daß sie einmal an einem Griff befestigt waren: einer von ihnen hat ein Loch.
Aber in einem Bericht von Dr. C. Leemans, dem Direktor des Leidener Museums für Völkerkunde, werden Objekte, die nach Angaben von Zeugen aus Java vom Himmel gefallen sein sollen, durchgängig als »Keile« bezeichnet. Im *Archaeologic Journal*, 11-118, werden in einem Artikel über die »Donnersteine« von Java die Objekte als »Keile« und nicht als »Äxte« bezeichnet.
Wir sind der Ansicht, daß Bauern und Wilde keilförmige Objekte, die vom Himmel fallen, als »Äxte« bezeichnen: daß Wissenschaftler aber, wenn es ihren Zwecken dient, jeder Neigung zur Weitschweifigkeit und Pedanterie widerstehen und beim Einfachen bleiben können: daß sie beinahe vernünftig sein können, wenn sie verächtlich sein wollen.

Ich glaube, dies alles stürzt uns in eine Verwirrung, die möglicherweise noch schlimmer ist als alles, was wir erlebten, bevor wir uns von so beunruhigenden Dingen wie Butter und Blut und Tinte und Papier und Zunder und Seide erholt hatten. Jetzt sprechen wir über Kanonenkugeln, Äxte und Scheiben – soweit man einen Klopfstein als Scheibe bezeichnen kann. Auf jeden Fall handelt es sich um einen flachen Stein.
Viele Wissenschaftler geben gute Impressionisten ab: Mit allzu aufdringlichen Details machen sie kurzen Prozeß. Wäre er ein grober, einfältiger Mann gewesen, dann hätte Dr. Bodding sicherlich keine so einfache und wundervolle Erklärung für die Steinkeile in Baumstämmen gefunden. Aber ein Realist könnte die Geschichte in etwa folgendermaßen erzählen:
Ein Mann, der einen Baum braucht – in einem Land voller Urwälder, wo die Menschen aus unbekannten Gründen eifersüchtig über ihre Bäume wachen –, kommt auf die Idee, daß es weniger Lärm macht, zum Fällen des Baumes Steinkeile statt einer Axt zu verwenden. Viele Jahre lang fällen er und seine Nachkommen Bäume mit Keilen und entgehen der Strafe, weil niemand auf die Idee kommt, daß der Kopf einer Axt ein Keil ist.
Die Geschichte klingt wie jeder andere Versuch, eindeutig zu werden: wundervoll und vollständig, bis wir erkennen, was sie ausschließt und vernachlässigt. Dann wird sie häßlich und unvollständig – aber nicht ganz und gar, weil sie wahrscheinlich doch etwas hat, das wir als Grundlage bezeichnen. Vielleicht hat ein geistig nicht normaler Einwohner jener Gegend tatsächlich einmal etwas in dieser Art versucht. Dr. Bodding hörte von dieser Geschichte und erhob in der üblichen Art der Wissenschaftler die Abweichung zum Dogma.
An dieser Stelle können wir nun eine gewisse Erregung nicht mehr unterdrücken. Die Wissenschaftler des neunzehnten Jahrhunderts sind so stark behaart und anziehend, daß wir mit der Inbrunst eines Sitting Bull an ihre Skalps denken. Wir werden uns in dieser verwirrenden Angelegenheit eine eigene Meinung bilden müssen. Wir haben einige Ideen: Wir bezeichnen sie nicht als Erklärungen: Erklärungen haben wir zusammen

mit den Überzeugungen über Bord geworfen. Obwohl jeder, der anderen den Skalp abzieht, wahrscheinlich – da alles eins ist – auch selbst skalpiert wird, gibt es Unhöflichkeiten dem Feind gegenüber, wie das Tragen von Perücken.
Kanonenkugeln und Donnerkeile, was mögen sie bedeuten?
Bombardierungen der Erde –
Versuche, Kontakt aufzunehmen –
Oder Besucher der Erde, vor langer Zeit – Forscher vom Mond –, die vielleicht als Andenken Gegenstände der prähistorischen Erdbewohner mit nach Hause nahmen – sie erlitten Schiffbruch – die Fracht schwebte unendlich lange in der Super-Sargassosee – wird nun gelegentlich von Stürmen auf die Erde herabgeschüttelt.
Aber anhand des Großteils der Beschreibungen können wir nicht davon ausgehen, daß die »Donnerkeile« einmal an Griffen befestigt waren oder daß es sich bei ihnen um prähistorische Äxte handelt –
Was die Versuche angeht, mit der Erde zu kommunizieren, indem man uns keilförmige Objekte schickt, die besonders dazu geeignet sind, den riesigen Gelatine-Gürtel zu durchdringen, der unseren Planeten umgibt –
In den *Proceedings of the Royal Irish Academy*, 9-337, finden wir einen Bericht über ein keilförmiges Steinobjekt, das am 2. August 1865 in der Nähe von Cashel, Tipperary, vom Himmel fiel. Das Phänomen wird nicht in Frage gestellt, aber die orthodoxen Wissenschaftler ziehen es vor, nicht von Äxten oder Keilen zu sprechen, sondern von »pyramidalen« Formen. Daten über weitere pyramidale Steine, die vom Himmel herabgefallen sind, finden Sie im *Report of the British Association*, 1861-34. Einer kam am 6. März 1853 in Segowolee, Indien, herunter. Über das Objekt, das in Cashel vom Himmel fiel, sagt Dr. Haughton in den *Proceedings:* »Bei diesem Stein ist ein einzigartiges Detail zu beobachten, das ich bisher noch nie bei einem Stein bemerkte: Die abgerundeten Kanten der Pyramide sind von scharfen Linien überzogen, die so gerade sind, als wären sie mit dem Lineal gezeichnet.« Dr. Haughton meint,

diese Markierungen seien »durch eine eigenartige Spannung« beim Abkühlen entstanden. Es muß in der Tat eine sehr eigenartige Spannung gewesen sein, denn noch bei keinem nicht keilförmigen Aerolithen wurden jemals derartige Phänomene beobachtet. Mit Linien gezeichnete Meteoriten werden allerdings von den Gläubigen geleugnet.
Ich beginne etwas ganz anderes zu vermuten.
Uns steht ein Riesending ins Haus.
Später wird es uns, weil wir uns daran gewöhnt haben werden, so normal vorkommen wir alles andere.
Wenn jemand den Stein von Cashel untersucht, wie Champollion die Hieroglyphen untersuchte, dann könnte er – oder würde er unweigerlich – in den Linien eine Bedeutung finden und diese ins Englische übersetzen –
Dennoch beginne ich etwas anderes zu vermuten, etwas Subtileres und Esoterischeres als eingravierte Buchstaben auf Steinen, die vom Himmel herabgefallen sind und den Versuch darstellen, mit uns Kontakt aufzunehmen. Die Annahme, daß andere Welten versuchen, mit dieser unserer Welt in Verbindung zu treten, ist recht verbreitet: Meine eigene Ansicht ist, daß es sich nicht um einen Versuch handelt: daß der Kontakt schon seit Jahrhunderten besteht.
Ich würde zu gern einen Bericht abfassen, daß irgendwo in New Hampshire ein »Donnerkeil« niedergegangen sei –
Und den Namen jedes Menschen notieren, der kommt, um den Stein zu untersuchen – seinen Verbindungen nachspüren – ihn im Auge behalten –
Dann einen Bericht abfassen, daß ein »Donnerkeil« beispielsweise in Stockholm niedergegangen sei –
Würde ich einen der Menschen, die ich in New Hampshire traf, in Stockholm wiedersehen? Aber – was wäre, wenn er überhaupt keine anthropologischen, geologischen oder meteorologischen Verbindungen hätte – sondern zu einer Geheimgesellschaft gehören würde –
Es ist nur ein leichtgläubig aufkeimender Verdacht.
Von den drei Arten symmetrischer Objekte, die vom Himmel

gefallen sind – oder auch nicht –, scheinen mir die Scheiben die bedeutsamsten zu sein. Bisher haben wir nicht viel geleistet, und das ist möglicherweise schlimm. »Klopfsteine« kommen wahrscheinlich in recht unterschiedlichen Formen vor, und etwas, das irgendwann irgendwo in Niederländisch-Westindien herabgefallen sein soll, gehört eindeutig zu den Unerwählten. Wir werden uns deshalb einem Kandidaten zuwenden, der in der Kaste der Verfluchten einen hohen Rang bekleidet:
Comptes Rendus, 1887-182:
Daß am 20. Juni 1887 »während eines heftigen Gewitters« – zwei Monate vor dem Bericht über den Absturz des symmetrischen eisernen Objekts von Brixton – in Tarbes, Frankreich, ein kleiner Stein vom Himmel fiel: Durchmesser 13 Millimeter, 5 Millimeter dick, Gewicht 2 Gramm. Dies wurde der Académie Française von M. Sudre, Lehrer an der Grundschule von Tarbes, berichtet.
Dieses Mal bieten sich der bequemen alten Übereinkunft, der Stein sei »von vornherein dort« gewesen, zu viele Widerstände – der Stein war mit Eis bedeckt.
Das Objekt war auf eine Art und Weise geschnitten und geformt, die dem Wirken von menschlichen Händen und menschlichem Geist ähnelt. Es war eine Schreibe aus bearbeitetem Stein – »très régulier«. – »Il a été assurement travaillé.«
Keine Rede davon, daß irgendwo ein Wirbelsturm beobachtet worden wäre: nichts wird über andere Objekte oder über Trümmer gesagt, die zur gleichen Zeit irgendwo in Frankreich niedergingen. Das Ding war allein herabgefallen. Aber so mechanisch, wie eine Maschine auf Knopfdruck reagiert, bringt *Comptes Rendus* die Erklärung, der Stein sei von einem Wirbelsturm aufgehoben und woanders niedergeworfen worden.
Mir kommt es vor, als habe es im ganzen neunzehnten Jahrhundert kein wichtigeres Ereignis gegeben als dieses. In *La Nature*, 1887, und in *L'Année Scientifique* 1887 wird der Vorfall erwähnt, außerdem in einer Ausgabe von *Nature* im Sommer 1887. Fassig zitiert im gleichen Jahr einen Artikel über das Ereignis in *Annuaire de la Société Meteorologique*.

Kein Wort über eine Diskussion des Vorfalls.
Das Thema wurde nie wieder aufgegriffen.
Unsere eigene Ansicht:
Welche Rolle spielt es schon, wie wir, die Académie Française oder die Heilsarmee das erklären würden?
Am 20. Juni 1887 fiel in Tarbes, Frankreich, eine Scheibe aus bearbeitetem Stein vom Himmel.

KAPITEL 9

Meine eigene Pseudo-Schlußfolgerung:
Daß wir von tief schlafenden Giganten verdammt wurden, oder von übermächtigen wissenschaftlichen Prinzipien und Abstraktionen, die sich nicht verwirklichen können: daß kleine Kobolde uns ihre Streiche gespielt haben; daß Narren Eimer mit Wasser auskippten, in dem sich angeblich Tausende nicht eben winziger Fische befanden, so daß wir verbannt wurden, als wir respektlos lachten, weil die Komik eines Clowns in dem Wunsch liegt, ernst genommen zu werden; daß über Mikroskopen bleiche Ignoranten hockten, die Fleisch nicht von Nostoc und Fischlaich nicht von Froschlaich unterscheiden konnten und uns mit feierlichen Erklärungen abspeisen wollten. Wir wurden von Leichen, Skeletten und Mumien verdammt, die zuckend und zitternd von einem Pseudo-Leben zeugen, das sich aus Konventionen speist.

Oder, daß alles nur Hypnose ist. Die Verfluchten sind die, die zugeben, daß sie die Verfluchten sind.

Wenn wir ein bißchen mehr fast-real sind, dann stehen wir als Angeklagte vor einem Tribunal von Traumgespenstern.

Von all den Meteoriten in irgendwelchen Museen wurden nur sehr wenige während des Sturzes beobachtet. Als Kriterium für die Zulassung reicht es schon aus, wenn die Proben nur dadurch erklärt werden können, daß sie vom Himmel gefallen sind – als ob es im Dunst der Unsicherheit, der alle Dinge umgibt und der sogar das Wesen der Dinge ist, als ob es an einem Ort, wo ein Ding mit allen anderen verschmilzt, als ob es dort etwas gäbe, das sich allein auf eine einzige Art und Weise erklären ließe. Wissenschaftler und Theologen glauben, wenn man etwas nur auf eine einzige Art und Weise erklären könne,

dann müsse es auch auf diese Weise erklärt werden. Die Logik funktioniert, weil die Bedingungen, die sie formuliert – aber natürlich nicht zwingend vorschreibt – überall in der Quasi-Existenz Gültigkeit haben. Wir sind aber der Ansicht, daß Logik, Wissenschaft, Kunst und Religion auf unserer Ebene der »Existenz« nur die Vorboten eines kommenden Erwachens sind, vergleichbar einem erwachenden Menschen, der noch träumend allmählich seine Umgebung wahrzunehmen beginnt.
Die Museen akzeptieren jeden alten Metallklumpen, solange er nur den Maßstäben für »echtes Meteoritenmaterial« entspricht. Es mag unglaublich scheinen, daß auch moderne Kuratoren noch dieser Täuschung erliegen, aber wir sollten uns vor Augen halten, daß das Datum auf der Titelseite der Morgenzeitung keine Aussagen über die Aktualität des Inhalts zuläßt. Wenn wir beispielsweise Fletchers Katalog lesen, erfahren wir, daß einige der bekanntesten Meteoriten ans Licht kamen, weil »ein Feld entwässert«, »eine Straße gebaut« oder »ein Acker gepflügt« wurde. Dies lesen wir Dutzende Male. Jemand fischt im Okeechobee-See und holt etwas mit dem Netz herauf. Nie war in dieser Gegend ein herabstürzender Meteorit beobachtet worden, aber das Nationalmuseum der USA akzeptiert den Fund.
Wenn wir nur einige der Daten über »unechte meteoritische Materialien« akzeptiert haben – einen Fall von »kohlenstoffhaltiger Materie«, wenn uns das Wort »Kohle« partout nicht über die Lippen will –, dann erkennen wir, daß in dieser Inklusion-Exklusion, wie immer, wenn eine Meinung entsteht, die Museumskuratoren falsche Inklusionen und falsche Exklusionen vorgenommen haben.
In der universellen Suche nach einem Maßstab liegt etwas Tragisches, eine Art kosmische Traurigkeit, und auch in dem Glauben, aufgrund von Inspirationen oder Analysen etwas gefunden zu haben, dann das verbissene Klammern an die elenden Fassaden einer Sache, deren Unzulänglichkeit schon lange feststeht – oder neue Hoffnung und die Suche nach etwas Konkretem, das wahr und zugleich universell sein könnte. Es ist, als sei das »echte meteoritische Material« für manch einen Wissenschaft-

ler das »Urgestein der Welt«, so verzweifelt klammern sie sich daran. Aber ein Mensch, der sich an etwas klammert, kann nicht zur Begrüßung von Neuankömmlingen die Arme ausbreiten.
Das anscheinend einzig Schlüssige, das anscheinend einzig wirklich Greifbare, woran man sich halten kann, ist ein Produkt der Unaufrichtigkeit, der Ignoranz und der Bequemlichkeit. Die Wissenschaft greift immer wieder auf Bekanntes zurück, bis sie sich selbst erschöpft hat oder bis mechanische Reaktionen auftreten. Dann tut sie einen kleinen Schritt nach vorn. Aber dabei ist sie dogmatisch, und als Bezugspunkte nimmt sie die Stellen, an denen sie doch nur vor Erschöpfung innehielt. In der Chemie kam es zu einer immer feineren Unterteilung bis hin zu Atomen. Dann, angesichts der zwangsläufigen Unsicherheit aller Quasi-Konstruktionen, errichtete die Chemie ein System, das jedem, der von seiner eigenen Hypnose stark genug gebannt ist, um gegen die chemische Hypnose immun zu bleiben, ganz klar als intellektuelle Anämie erscheinen muß, die auf unendlicher Geistesschwäche beruht.
In *Science*, 31-298, erklärt oder gesteht E. D. Hovey vom American Museum of Natural History, daß oft Objekte aus Materialien wie fossilienhaltigem Kalkstein oder Schlacke an ihn gesandt würden. Er sagt, diese Dinge kämen gewöhnlich begleitet von Beteuerungen, man habe die Objekte auf Wiesen, Straßen oder vor Häusern niedergehen sehen.
Sie alle wurden ausgeschlossen. Sie bestehen nicht aus echtem Meteoritenmaterial. Sie haben von vornherein auf dem Boden gelegen. Sie sind rein zufällig vom Blitz getroffen worden, oder ein echter Meteorit, der aber leider unauffindbar blieb, hat beim Sturz nahegelegene Objekte aus Schlacke und Kalkstein getroffen.
Mr. Hovey erklärt, die Liste könne beliebig erweitert werden. Das ist eine überaus verlockende Aussage über äußerst interessante Dinge –
Er sagt:
»Aber es lohnt sich nicht.«
Ich würde gern wissen, was für seltsame, verdammte, exkom-

munizierte Dinge an Museen geschickt werden – von Menschen, die überzeugt waren, gesehen zu haben, was sie sahen, und die ihrer Sache so sicher waren, daß sie es riskierten, sich der Lächerlichkeit preiszugeben, indem sie ein Paket schnürten, einen Brief dazu schrieben und beides zur Post brachten.
Ich nehme an, daß über den Türen der Museen, in welche diese Dinge gelangen, geschrieben steht:
»Laßt jede Hoffnung fahren.«
Wenn ein Mr. Symons ein Beispiel für Kohle erwähnt – oder für Schlacke oder Asche –, die vom Himmel gefallen sei, dann wollen wir, auch wenn wir die kohlenstoffhaltigen Meteore nicht vergessen können, nicht unbedingt darauf bestehen, daß irgendwo dort droben kohlegetriebene Superfahrzeuge herumfahren, von denen manchmal Kohle herabfällt –
In *Comptes Rendus*, 91-197, erzählt Professor Daubrée die gleiche Geschichte. Wir sind nun der Meinung, daß die Geschichte noch von vielen anderen Kuratoren hätte erzählt werden können. Die Sache wird immer rätselhafter, je öfter wir davon hören. M. Daubrée berichtet, daß an die französischen Museen oft seltsame, verdammte Dinge geschickt werden, und daß die Absender oft erklären, diese Objekte seien vom Himmel gefallen. Besonders interessiert uns dabei, daß er auch Kohle und Schlacke erwähnt.
Ausgeschlossene sind es.
Ungetauft und undatiert liegen sie auf dem Blutacker der Geschichte begraben.
Ich sage nicht, daß die Daten der Verdammten die gleichen Rechte haben sollten wie die Daten der Erlösten. Das wäre die wahre Gerechtigkeit, und die wiederum wäre etwas Eindeutiges und Absolutes und als Idealzustand eine Verletzung der Daseinsprinzipien in unserer Quasi-Existenz. In unserem Reich ist ja schon der Anschein des Seins gleichbedeutend mit einer deutlichen Neigung der Waagschale in die eine oder andere Richtung, mit Ungleichgewicht, mit Unbeständigkeit oder eben mit Ungerechtigkeit.
Es ist unsere Ansicht, daß der Niedergang des Exklusionismus

ein Phänomen des zwanzigsten Jahrhunderts ist: daß die Götter dieses Jahrhunderts unseren Ausführungen sicher zustimmen würden, seien diese auch noch so ungewaschen und schlampig. Aber unserer Ansicht nach sind wir durch die Einheitlichkeit des Quasi-Daseins auf eben jene Methoden beschränkt, mit denen die orthodoxe Seite ihren glatten, eingängigen Unsinn errichtet und aufrechterhält. Wie auch immer, wir sind zwar von einer sehr subtilen – oder unwägbaren – Essenz inspiriert, die das zwanzigste Jahrhundert durchdringt, aber wir sind nicht so abergläubisch anzunehmen, wir könnten eindeutige Tatsachen vorweisen. Ziemlich oft leben wir ohne die Illusion, wir seien weniger abergläubisch und weniger gutgläubig als die Logiker, die Wilden, die Museumskuratoren oder die Bauern.

Eine orthodoxe Beweisführung, die wir für unsere Ketzerei nutzen wollen, ist: Wenn in Kohlebrocken gefundene Dinge nur an den betreffenden Ort gekommen sein können, indem sie vom Himmel fielen – dann sind sie vom Himmel gefallen.

In den *Manchester Literary and Philosophical Society Memoirs*, 2-9-306, wird behauptet, bei gewissen runden Steinen, die in Kohlebrocken gefunden wurden, handele es sich um »fossile Aerolithen«. Sie seien vor unendlich langer Zeit vom Himmel gefallen, als die Kohle noch weich war, denn die Kohle habe sich um sie geschlossen und zeige keine Spuren eines Eindringens.

Proceedings of the Society of Antiquarians of Scotland, 1-1-121: Daß in einem Kohlebrocken aus einem Bergwerk in Schottland ein eisernes Gerät gefunden worden war –

»Das Interesse, das dieses einzigartige Relikt weckte, rührt aus der Tatsache, daß es sieben Fuß unter der Erde im Innern eines Kohlebrockens gefunden wurde.«

Wenn wir annehmen, daß dieses eiserne Objekt mit einem handwerklichen Geschick hergestellt wurde, das über die Mittel und Möglichkeiten der Menschen hinausgeht, die in Schottland lebten, als die Kohle entstand –

»Der Gegenstand wurde als neuzeitlich eingestuft.«

Daß unsere Ansicht möglicherweise mehr Realheit besitzt oder eine bessere Annäherung an die Realheit darstellt als der Erklärungsversuch, den wir in den *Proceedings* nachlesen können:
Daß in modernen Zeiten jemand nach Kohle gebohrt hat, und daß ihm der Bohrer in der Kohle abgebrochen ist.
Ich verstehe nur nicht, warum er ein so leicht zugängliches Kohlelager einfach ließ, wo es war. Der wichtige Punkt ist hier, daß es keine Anzeichen einer Bohrung gab. Das Ding steckte in einem Kohlebrocken, der sich darum herum geschlossen hatte, so daß man vom bloßen Ansehen nicht vermuten konnte, was sich im Innern befand. Das Instrument kam erst zum Vorschein, als der Brocken zerbrochen wurde.
In keiner anderen Publikation finde ich Hinweise auf dieses verdammte Ding. Natürlich gibt es eine Alternative: Vielleicht ist das Objekt überhaupt nicht vom Himmel gefallen. Wenn es damals, als sich die Kohle bildete, in Schottland keine Menschen gab, die fähig waren, ein solches eisernes Objekt herzustellen, dann wurde es vielleicht von Besuchern aus anderen Welten zurückgelassen.
In einer außerordentlichen Annäherung an Fairneß und Gerechtigkeit, die uns nur möglich ist, weil wir so sehr entschlossen sind zu erklären, daß nichts beweisbar ist, einschließlich unserer eigenen Ansichten, nehmen wir folgendes zur Kenntnis:
Daß in *Notes and Queries*, 11-1-408, ein Bericht über ein antikes Kupfersiegel abgedruckt ist. Das etwa pennygroße Objekt wurde in der Nähe von Bredenstone, England, in einer Tiefe von fünf bis sechs Fuß in Kalkstein gefunden. Es zeigt angeblich einen Mönch, der vor einer Jungfrau und einem Kind kniet, und die Inschrift auf dem Rand soll lauten: »S. Jordanis Monachi Spaldingie.«
Weiter weiß ich nichts. Es sieht sehr begehrenswert aus und ist uninteressant für uns.
In *Scientific American*, 7-298, finden wir einen ausgesprochen zwielichtigen Kandidaten, den wir selbst verdammen wollen,

weil in der Einheit der Allheit die Verdammten auch die Verdammenden sein müssen. Die Geschichte stammt aus einer Zeitung: Am 5. Juni 1852 brach in Dorchester, Massachusetts, bei einer Sprengung ein glockenförmiges Gefäß aus unbekanntem Metall aus einer massiven Gesteinsschicht heraus. Es war mit Blumenmustern und Einlegearbeiten aus Silber geschmückt – »das Kunstwerk eines erfahrenen Handwerkers.« Der Herausgeber des *Scientific American* meint, das Objekt sei von Tubal Cain gefertigt worden, dem ersten Einwohner von Dorchester. Ich fürchte, das ist ein wenig willkürlich, aber ich neige nicht dazu, mich verbissen auf jede wissenschaftliche Meinung zu stürzen.

Nature, 35-36:

In Österreich wurde 1885 in Kohle ein Metallklotz gefunden. Er ist im Salzburger Museum ausgestellt.

Hierbei hegen wir einen anderen Gedanken. Normalerweise ist unser intermediaristischer Einwand gegen die provinzielle Eindeutigkeit der folgende: Die Wissenschaft will eindeutig sein und macht Dinge wie »echtes meteorisches Material« zur Grundlage ihrer Entscheidungen; aber kohlenstoffhaltige Dinge könnten, auch wenn sie nur selten auftauchen, eine ebenso gültige Grundlage sein; kohlenstoffhaltige Objekte nähern sich verschiedenen organischen Substanzen so sehr an, daß jeder Maßstab sich auflöst: und wenn dann kein Maßstab mehr gegen uns spricht, dann wird man auch gegen unsere Ansichten keinen Widerstand mehr leisten können. Unser Intermediarismus lautet nun: Die Wissenschaft nimmt das »echte meteorische Material« als Kriterium für die Zulassung; aber ein Ding, das sich selbst leugnet, kann unserer Ansicht keinen realen Widerstand entgegensetzen – es kommt nun darauf an, ob wir Daten über »echtes meteorisches Material« finden, das die Orthodoxie nicht als vom Himmel gefallen akzeptieren kann.

Wir sind hier ein wenig parteiisch. Wir sprechen von einem bearbeiteten, geometrisch geformten Etwas, das in sehr alter Kohle gefunden wurde. Es ist älter als das menschliche Leben, oder so alt wie das erste ganz primitive menschliche Leben, und soll dennoch ein einheimisches Produkt dieser Erde sein. Das Dilemma, in das es die Gläubigen brachte, interessiert uns sehr. Es besteht aus »echtem meteoritischem Material«. In *L'Astronomie*, 7-114, erfahren wir, daß es zwar geometrisch geformt sei, aber seine Eigenschaften seien so charakteristisch für Meteoriten, daß man die Idee, es sei durch Menschenhand entstanden, ausschließen könne.

Gefunden in Kohle aus dem Tertiär.

Das Ding besteht aus Eisen und Kohlenstoff und einem kleinen Anteil Nickel.

Es hat eine narbige Oberfläche, was nach Ansicht der Gläubigen ein typisches Kennzeichen von Meteoriten ist.

Einen ausführlichen Bericht über dieses Thema finden Sie in *Comptes Rendus*, 103-702. Die Wissenschaftler, die es untersuchten, konnten sich nicht einigen. Sie vertraten unterschiedliche Ansichten, dann wurde ein Kompromiß vorgeschlagen, aber dieser Kompromiß ist ein Produkt des Ausklammerns:

Daß das Objekt aus echtem Meteoritenmaterial bestehe und nicht von Menschen geformt worden sei;

Daß es nicht aus echtem Meteoritenmaterial bestehe, sondern aus irdischem Eisen, und von Menschenhand geformt worden sei;

Daß es echtes Meteoritenmaterial sei, das vom Himmel gefallen und danach von Menschenhand geformt worden sei.

Diese drei Erklärungen kehren in unterschiedlicher Weise folgende Daten unter den Teppich: »echtes Meteoritenmaterial« und Oberflächenbeschaffenheit wie ein Meteorit; geometrische Form; gefunden in alter Kohle; es war hart wie Stahl; im Tertiär gab es auf der Erde keine Menschen, die stahlhartes Material bearbeiten konnten. Es wird gesagt, es sei zwar »echtes meteorisches Material«, aber im Grunde ein Stahlobjekt.

Der heilige Augustin in all seiner Orthodoxie steckte nie in größeren – oder jedenfalls nie in viel größeren – Schwierigkeiten als unsere Gläubigen hier. Wenn wir nur genug Daten übersehen, zwingt sich natürlich nicht der Eindruck auf, im Tertiär sei ein stählernes Objekt vom Himmel auf die Erde gefallen.

Wir wollen unsere Ansicht als die einzig übergreifende neben die anderen stellen. In *Science Gossip*, 1887-58, heißt es beispielsweise, es habe sich um einen Meteoriten gehandelt. In diesem Bericht finden wir nichts, was den Frommen aufschrecken könnte, weil zwar alles mögliche erwähnt, die geometrische Form aber unterschlagen wird.
Es ist ein Würfel. Rundherum läuft eine tiefe Kerbe. Zwei einander gegenüberliegende Kanten sind abgerundet.
Ich will einräumen, daß auch unsere Ansicht nur eine Annäherung an die Wahrheit sein kann. Aber da wir so viele Dinge einschließen und unsere Ansicht unter den vier Erklärungen die einzige umfassende Synthese darstellt und durch Daten, die wir unsererseits irgendwo übersahen, zunichte gemacht oder stark verändert werden kann, ist für mich nur eine Möglichkeit der Widerlegung denkbar, und das wäre der Nachweis, bei dem Objekt handele es sich um Eisenpyrit, das manchmal geometrische Formen bildet. Aber die Analyse erwähnt keine Spur Schwefel. Unsere Schwäche, unser wunder Punkt, liegt natürlich in der Tatsache, daß jeder, der Schwefel in dem Ding zu finden gedenkt, ihn auch finden wird – wir Intermediaristen wissen ja, daß in jedem Ding Schwefel ist. Oder besser gesagt, Schwefel ist nur eine Konkretisierung oder Betonung von etwas, das unerkannt in allem und jedem steckt.
Also wurden auf dieser Erde Dinge gefunden, oder auch nicht, die vom Himmel gefallen sind oder von außerirdischen Besuchern zurückgelassen wurden –
Eine Geschichte aus der *Times*, 22. Juni 1844: Daß ein paar Arbeiter, die nahe am Tweed, eine Viertelmeile von Rutherford Mills entfernt, in einem Steinbruch beschäftigt waren, im Gestein in einer Tiefe von acht Fuß einen goldenen Faden entdeckten. Ein Stück des Fadens wurde ins Büro des *Kelso Chronicle* geschickt.
Ein hübsches kleines Ding; überhaupt nicht schlampig; ziemlich verdammenswert.
Die Londoner *Times*, 24. Dezember 1851:
Daß Hiram de Witt aus Springfield, Massachusetts, aus Kali-

fornien zurückgekehrt sei und ein Stück goldhaltigen Quarz in der Größe einer Männerfaust mitgebracht habe. Der Brocken wurde versehentlich fallen gelassen – sprang entzwei – ein Nagel darin. Es war ein gußeiserner Nagel, nicht allzu groß und leicht verrostet. »Er war völlig gerade und hatte einen makellosen Kopf.«

Oder – in Kalifornien – als sich vor langer Zeit goldhaltiger Quarz bildet – läßt ein Super-Tischler, eine Million Meilen hoch droben in der Luft oder so – einen Nagel fallen.

Wer kein Intermediarist ist, sich also nicht zum Intermediären Reich bekennt, findet es unglaublich, daß diese Daten, die zu den allererbärmlichsten der Verdammten zählen, zur journalistischen Kaste der Ausgestoßenen, mit etwas verschmelzen, das nur durch Mißachtung verdammt ist, und dem auch noch durch sogenannte »höchste wissenschaftliche Autorität« der Rücken gestärkt wird –

Mitteilung von Sir David Brewster (*Report of the British Association*, 1845-51):

Daß in einem Stein aus dem Steinbruch von Kingoodie in Nordengland ein Nagel gefunden worden war. Der Steinblock, in dem der Nagel gefunden wurde, war neun Zoll dick. Es gibt keine Angaben, aus welchem Teil des Steinbruchs der Brocken stammte, aber es ist klar, daß der Stein nicht von der Oberfläche kam. Der Steinbruch war seit etwa zwanzig Jahren in Betrieb. Es gab dort verschiedene Schichten harten Gesteins und eine Schicht, die als Tillit bezeichnet wird. Die Spitze des Nagels, die vom Rost fast zerfressen war, steckte im Tillit, der die Oberfläche des Steinblocks bedeckt hatte. Der Rest des Nagels lag flach auf der Oberfläche des Steins, und der letzte Zoll war in den Stein selbst eingebettet.

Dieses Ding gehört zwar zu einer hohen Kaste, aber eindeutig zu den Verdammten – eine Art Brahmane für einen Baptisten. Der Fund wurde getreulich aufgezeichnet, Brewster erwähnte alle ihm bekannten Begleitumstände, aber auf dem Treffen der British Association gab es keine Diskussion; niemand bot eine Erklärung an –

Dennoch kann man das Ding widerlegen –
Aber die Widerlegung, die wir finden, verstößt ebenso gegen die Orthodoxie wie gegen unsere eigene Überzeugung, daß der Einschluß in Quarz oder Sandstein ein Anzeichen für hohes Alter sei – oder die vorherrschenden Dogmen über Quarz und Sandstein und das an ihnen ablesbare Alter müßten revidiert werden, falls die dagegen sprechenden Daten akzeptiert werden. Natürlich könnten die Orthodoxen genau wie wir Ketzer einwenden, daß der Widerspruch nur eine Zeitungsente sei.
Durch ein merkwürdiges Zusammentreffen werden unsere beiden verlorenen Seelen, die auferstehen wollten, mit einem Schlag ins Fegefeuer zurückgestoßen:
Popular Science News, 1884-41:
Daß nach Angaben des *Appeal* aus Carson in einem Bergwerk Quarzkristalle gefunden worden waren, die nur fünfzehn Jahre Zeit gehabt hätten, um sich zu bilden: daß man an einer Stelle, wo eine Mühle gewesen war, Sandstein gefunden habe, und als die Mühle abgerissen wurde, habe man gesehen, daß der Stein binnen 12 Jahren entstanden sei. Im Sandstein habe sich ein Stück Holz »mit einem rostigen Nagel« gefunden.
Annals of Scientific Discovery, 1853-71:
Daß auf einem Treffen der British Association im Jahre 1853 Sir David Brewster verkündete, er müsse der Versammlung ein Objekt vorstellen, »von derart unglaublicher Natur, daß die allerstärksten Beweise nötig sind, um die Aussagen auch nur halbwegs wahrscheinlich klingen zu lassen«.
In der Schatzkammer von Ninive hatte man eine kristallene Linse gefunden.
In vielen Tempeln und Schatzkammern alter Zivilisationen dieser Erde werden Dinge aufbewahrt, die vom Himmel gefallen sind – oder Meteoriten.
Ein weiterer Brahmane. Das Ding ist bei lebendigem Leibe im Herzen der Rechtschaffenheit begraben: im Britischen Museum.
In *The Microscope and Its Revelations* veröffentlichte Carpenter zwei Zeichnungen. Seiner Ansicht nach kann unmöglich an-

genommen werden, daß optische Linsen bereits in der Antike hergestellt wurden. Dabei kommt er nicht auf die Idee – sitzt jemand eine Million Meilen hoch droben in der Luft – schaut durch sein Teleskop – fällt eine Linse raus.
Solche Ideen kommen Carpenter nicht in den Sinn: Er meint, das Objekt sei ein Schmuckstein.
Nach Angaben von Brewster war es jedoch kein Schmuck, sondern eine »echte optische Linse«.
In welchem Falle also in den Ruinen einer alten Zivilisation auf dieser Erde ein verfluchtes Ding gefunden wurde, das nach allgemeiner Ansicht nicht das Produkt irgendeiner alten Zivilisation sein kann, die jemals auf dieser Erde existiert hat.

KAPITEL 10

Frühe Forschungsreisende haben Florida mit Neufundland verwechselt. Die Verwirrung ist heute schlimmer denn je. Sie entsteht aus der Vereinfachung. Frühe Forscher hielten alles Land im Westen für ein einziges neues Land, Indien. Das Bewußtsein, daß es neben Indien noch weitere Landmassen gibt, wuchs nur langsam. Ich denke jetzt nicht an Dinge, die von einer bestimmten anderen Welt auf diese Welt herabfallen. Das waren meine Gedanken, als ich begann, diese Daten zu sammeln. Wie jeder weiß, beginnt jede Überlegung mit der Illusion der Homogenität. Dies stammt von Spencer: Wir sehen Homogenität in allen fernen Dingen, in jenen Dingen, die uns nicht sehr gut vertraut sind. Die Spencersche Philosophie sagt uns, daß wir vom relativ Homogenen zum relativ Heterogenen weiterschreiten. Doch stammt diese Entdeckung nicht von Spencer selbst, denn dieser übernahm sie von Karl Ernst von Baer, der sich seinerseits an älteren Spekulationen über die Evolution orientierte. Wir sind der Ansicht, daß alle Dinge zum Homogenen hinstreben oder versuchen, Homogenität zu konkretisieren. Die Homogenität ist ein Aspekt des Universellen, sie ist ein Zustand, der nicht in einen anderen übergeht. Wir betrachten Homogenität als Aspekt des Eindeutigen, aber wir sind der Meinung, daß unendliche Frustrationen aufgrund gescheiterter Versuche, eindeutig zu werden, sich in unendlicher Heterogenität niederschlagen. Die Dinge versuchen zwar, Homogenität zu konkretisieren, aber das Ergebnis ist immer eine so umfassende Heterogenität, daß wir auch von unendlicher Verzettelung oder Ununterscheidbarkeit sprechen können.

Jede Idee ist ein kleiner Versuch, eindeutig zu sein, aber bald schon wird sie kompromittiert, modifiziert oder aufgehoben, oder sie verschmilzt mit anderen, bis sie nicht mehr von ihnen zu unterscheiden ist – es sei denn, es gibt hin und wieder in der Geschichte der Welt einen überragenden Dogmatiker, der für eine unendlich kurze Zeit fähig ist, sich gegen Heterogenität, gegen Modifizierungen oder Zweifel, gegen die »Vernunft« und gegen den Verlust der Identität durchzusetzen – in welchem Falle die augenblickliche Versetzung in den Himmel oder zum Positiven Absoluten erfolgt.

Eigenartigerweise hat Spencer nie erkannt, daß »Homogenität«, »Integration« und »Entschiedenheit« verschiedene Worte für den gleichen Zustand sind, für jenen Zustand, den wir als »Eindeutigkeit« bezeichneten. Wir könnten es ihm als Fehler anrechnen, daß er »Homogenität« als negativen Begriff sah.

Eingangs erwähnte ich eine andere Welt, von der Objekte und Substanzen auf die Erde gefallen sind; diese Welt hatte oder – in geringerem Ausmaß – hat ein Interesse an dieser Welt, das dem eines Vormundes für ein Kind gleicht; sie versucht jetzt, mit dieser unserer Erde Kontakt aufzunehmen – aufgrund von Daten, die ich an späterer Stelle anführen werde, modifizierte ich diese Ansicht zu der Aussage, daß diese andere Welt nicht nur versucht, mit dieser Welt Verbindung aufzunehmen, sondern dies bereits seit Jahrhunderten tut, indem sie etwa mit einer Sekte, einer Geheimgesellschaft oder mit Esoterikern auf der Erde kommuniziert.

Ich verliere einen großen Teil meiner hypnotischen Kraft, wenn ich mich nicht mehr auf eine einzige andere Welt stützen kann. Wie ich bereits zugegeben habe, bin ich ein intelligenter Mensch, weil ich nicht orthodox bin. Die aristokratische Blindheit eines New Yorker Museumskurators oder eines Eskimomedizinmanns ist mir fremd.

Ich muß meine Gedanken auf eine ganze Reihe anderer Welten aufteilen: einige so groß wie der Mond: mindestens eine – ein riesiges Ding: Wir werden später darauf zurückkommen. Weite, amorphe Regionen im Himmel, auf die so begrenzende Worte wie »Welt« und »Planet« nicht passen wollen. Und künstliche Gebilde, die ich als »Superkonstruktionen« bezeichnet habe: Eine von ihnen ist, nebenbei bemerkt, etwa so groß wie Brooklyn. Und ein oder mehrere radförmige Dinge, die jeweils ein paar Quadratmeilen groß sind.

Ich glaube, früher in diesem Buch, bevor wir uns die Freiheit erlauben konnten, alles zu akzeptieren, was uns über den Weg läuft, hat sich Ihre Empörung oder Ihre Ablehnung möglicherweise im Gedanken geäußert, daß die Astronomen diese anderen Welten und Regionen und künstlichen Gebilde, wenn es sie gäbe, hätten sehen müssen. Das haben Sie gedacht und wollten es damit bewenden lassen.

Aber der Versuch, es bewenden zu lassen, bedeutet, dem Unersättlichen »genug« zu sagen. In der kosmischen Interpunktion gibt es keine Punkte: Die Illusion der Punkte entsteht durch einen unvollständigen Blick auf Kommata und Semikola.

Wir können nicht bei dem Gedanken stehenbleiben, daß die Astronomen diese Phänomene doch gesehen hätten, wenn es sie gäbe. Aufgrund unserer Erfahrungen mit Unterdrückung und Mißachtung dürfen wir annehmen, noch bevor wir tiefer in das Thema eindringen, daß Astronomen sie sehr wohl gesehen haben; daß Navigatoren und Meteorologen sie gesehen haben; daß einzelne Wissenschaftler und andere geübte Beobachter sie viele Male gesehen haben –

Daß das System ihre Daten ausgeschlossen hat.

Das Gesetz der Schwerkraft und die Formeln der Astronomie funktionierten zur Zeit von Laplace genauso gut wie heute. Doch heute kennen wir Hunderte planetarischer Körper, die damals noch nicht bekannt waren. Das bedeutet, daß ein paar hundert Welten mehr oder weniger keinen Unterschied machen. Laplace kannte nur etwa dreißig Körper im Sonnensystem: Heute sind etwa sechshundert bekannt –

Was bedeuten die Entdeckungen der Geologie und Biologie einem Theologen?

Seine Formeln funktionieren wie eh und je.

Wenn das Gesetz der Schwerkraft als Äußerung der Realität verstanden werden könnte, dann könnte es uns Widerstand leisten. Aber wir erfahren, daß Schwerkraft eben Schwerkraft sei, und natürlich kann in den Augen eines Intermediaristen nichts durch sich selbst definiert werden. Selbst die Orthodoxen stimmen in einer Art Vorahnung der Realheit, die nicht auf Erfahrung gründet, darin überein, daß es keine wirkliche Definition sei, wenn man ein Ding mit sich selbst erklärt. Es wird also gesagt, mit Schwerkraft sei eine allen Dingen innewohnende Anziehungskraft gemeint, die zur Masse proportional sei und die mit dem Quadrat der Entfernung abnehme. Die Masse heißt hier die gegenseitige Anziehung, die kleinste Partikel zusammenhält – wenn es endgültig kleinste Partikel gäbe. Bis also endgültig kleinste Partikel entdeckt werden, bleibt nur ein Teil dieser Definition bestehen, also: Masse ist Anziehung. Aber Entfernung ist nur ausgedehnte Masse, sofern man nicht ein absolutes Vakuum zwischen den Planeten unterstellt, und gegen diese Annahme könnten wir Heerscharen von Daten anführen. Es ist nicht möglich zu behaupten, Schwerkraft sei etwas anderes als Anziehungskraft. Also bleibt uns nichts als ein Phantom: Schwerkraft ist die Schwerkraft aller Schwerkräfte, die proportional zur Schwerkraft sind und umgekehrt proportional zum Quadrat der Schwerkraft. In der Quasi-Existenz können wir über ein beliebiges sogenanntes Thema kaum etwas Vernünftigeres sagen – aber vielleicht gibt es doch bessere Annäherungen an die letzte Vernunft.

Dennoch macht sich das Gefühl breit, daß wir das System gegen uns haben und auf Widerstand stoßen werden. Wir haben diesen Eindruck nicht zum ersten Mal. Ich glaube, die Dr. Grays und Professor Hitchcocks haben unser Vertrauen schwer, in Richtung auf Unkenntlichkeit, erschüttert. Was die Vollkommenheit dieses Systems angeht, das sich uns in den Quasi-Weg stellt, und was die Unfehlbarkeit seiner Mathematik angeht – als ob eine reale Mathematik existieren könnte in unserem Zustand des Anscheins, wo zwei und zwei nicht immer vier ergeben –, so hören wir oft, daß die Mathematik durch die Entdeckung des Neptun bestätigt worden sei.

Ich fürchte, der Kurs, den wir nun einschlagen, wird in die gleiche Richtung führen wie alles andere. Wir begannen demütig und gaben zu, daß wir zu den Verdammten gehören –
Aber unsere Augenbrauen –
Ein kurzes Zucken, vielleicht nur in einer Augenbraue, wenn wir von der »triumphalen Entdeckung Neptuns« hören, von dieser »monumentalen Leistung der theoretischen Astronomie«, wie es die Lehrbücher nennen.
Das Problem ist nur, daß wir nachgesehen haben.
Folgendes unterschlagen die Lehrbücher:
Daß Neptuns Umlaufbahn nicht mit den Berechnungen von Adams und Leverrier übereinstimmte, sondern so stark davon abwich – daß Leverrier sagte, Neptun sei nicht der Planet, nach dem er rechnerisch gesucht habe.
Später hielt man es für angebracht, nicht weiter über dieses Thema zu sprechen.
Folgendes unterschlagen die Lehrbücher:
Daß im Jahre 1846 jeder, der einen Sinus von einem Kosinus unterscheiden konnte, auf den Beinen war und nach einem Planeten jenseits von Uranus angelte.
Und zwei haben eben richtig geraten.
Manch einem mag das Wort »raten« selbst nach Leverriers eigener Ablehnung Neptuns als zu hart erscheinen, aber laut Professor Peirce aus Harvard bezogen sich die Berechnungen von Adams und Leverrier auf Positionen, die viele Grade von der Position Neptuns entfernt waren.
Professor Peirces Nachweis, daß die Entdeckung Neptuns nur ein »glücklicher Zufall« war, können Sie in den *Proceedings of the American Academy of Sciences*, 1-65, nachlesen.
Weitere Hinweise finden Sie in *Evolution of Worlds* von Lowell.
Oder Kometen: abermals nebulöser Widerstand gegen unsere Annahmen. Ich habe Notizen über mehrere Sonnenfinsternisse, die nicht zur berechneten Zeit eintraten, auch wenn die Abweichungen nur wenige Sekunden betrugen. Eine köstliche verlorene Seele, die tief begraben, aber doch begraben, in den äußerst respektablen Aufzeichnungen der Royal Astronomical

Society ruht, betrifft eine Sonnenfinsternis, die überhaupt nicht eintrat. Dieses köstliche verdammte Ding ist zu gut und zu boshaft, um es nur am Rande zu erwähnen. Wir werden später darauf zurückkommen.

In der ganzen Geschichte der Astronomie waren alle Kometen, die zur vorausgesagten Zeit wiederkehrten, Triumphe – auch wenn an diesen Aussagen nichts Ungewöhnlicheres ist als die Voraussage, daß der Postbote auch morgen zur gewohnten Zeit kommen wird. Auf diese Weise erwerben Wahrsager sich ihren guten Ruf bei den Gläubigen. Die Kometen, die nicht zurückkamen – unterschlagen oder wegerklärt. Oder Enckes Komet. Er war jedes Mal langsamer. Aber die Astronomen hatten Erklärungen. Dessen konnte man jedenfalls sicher sein: Sie hatten Erklärungen. Sie hatten sich alles ausgerechnet und formuliert und konnten »beweisen«, warum der Komet immer langsamer wurde. Aber dann wurde das verdammte Ding wieder schneller.

Der Halleysche Komet.

Die Astronomie ist »die vollkommene Wissenschaft, wie wir Astronomen gern sagen« (Jacoby).

Ich bin der Ansicht, wenn in der Realität ein Astronom einen Längengrad nicht vom anderen unterscheiden könnte, dann müßte er in unser Fegefeuer gesteckt werden, bis er diese einfachen Anforderungen erfüllt.

Halley wurde zum Kap der Guten Hoffnung geschickt, wo er den Längengrad berechnen sollte. Er verrechnete sich um mehrere Grade. Er verordnete dieser edlen römischen Nase Afrikas eine Stupsnasigkeit, die jeden Kaffern vor Scham im Boden hätte versinken lassen müssen.

Wir hören immer wieder etwas über Halleys Kometen. Er kam zurück – vielleicht. Aber erst wenn wir die Angelegenheit in zeitgenössischen Berichten nachschlagen, erfahren wir beispielsweise etwas über die Leoniden. Mit den gleichen Methoden, mit denen Halleys Komet vorausgesagt wurde, sagte man auch die Leoniden voraus. November 1898 – keine Leoniden. Man fand Erklärungen. Ihre Bahn war gestört worden. Sie

würden im November 1899 kommen. November 1899 – November 1900 – keine Leoniden.
Meine Ansicht über astronomische Exaktheit:
Wer könnte nicht ein preisgekrönter Schütze werden, wenn immer nur die Treffer notiert werden?
Was den Halleyschen Kometen im Jahre 1910 angeht – heute schwört jeder, er habe ihn gesehen. Diesen Meineid muß jeder leisten: Sonst könnte man ihm vorwerfen, er interessiere sich nicht für große, inspirierende Dinge.
Bedenken Sie folgendes:
Daß es keinen Augenblick gibt, in dem nicht irgendein Komet am Himmel wäre. In jedem Jahr werden mehrere neue Kometen entdeckt, so zahlreich sind sie. Leuchtende Flöhe auf einem riesigen schwarzen Hund – die meisten Menschen wissen überhaupt nicht, in welchem Maße das Sonnensystem von Flöhen geplagt wird.
Wenn ein Komet nicht der Bahn folgt, die von Astronomen vorausgesagt wurde – Bahnstörung. Wenn er – wie Halleys Komet – zu spät kommt – ein Jahr sogar – Bahnstörung. Wenn ein Zug eine Stunde zu spät kommt, sind die Fahrpläne für uns nicht mehr ernstzunehmen. Wenn ein Komet ein Jahr zu spät kommt, bitten wir bescheiden um eine Erklärung. Man spricht von der Aufgeblasenheit und Arroganz der Astronomen. Ich bin nicht der Meinung, daß sie uns zuviel zumuten. Sie geben uns nur, was wir verdient haben. Viele Menschen gewinnen den Zugang zur Vollkommenheit, Unfehlbarkeit, zum Positiven Absoluten nicht mehr über Priester. Die Astronomen sind vorgetreten und haben versucht, die Lücke mit Quasi-Phantomen zu schließen –, allerdings unserer Annahme nach in einer besseren Annäherung an die Realheit im Vergleich zu den Mutmaßungen ihrer Vorgänger. Ich sollte noch sagen, daß das, was wir »Fortschritt« nennen, nicht so sehr die Reaktion auf einen Drang, sondern die Reaktion auf eine Lücke ist – wenn Sie wollen, daß irgendwo etwas wächst, dann müssen Sie alles andere in der Umgebung roden. Ich muß also annehmen, daß die eindeutigen Äußerungen der Astronomen für uns wichtig sind,

denn sonst würden wir die Fehlschläge, die Ausflüchte und Spiegelfechtereien der Astronomen nicht tolerieren. Da man ihnen also so große Freiräume gab, konnten sie sich kaum irren. Angenommen, der Halleysche Komet tauchte überhaupt nicht auf –

Anfang 1910 erschien ein Komet, der viel wichtiger war als der kränklich bleiche Halleysche Komet. Er leuchtete so hell, daß man ihn selbst bei Tageslicht noch beobachten konnte. Den Astronomen konnte nichts passieren. Wenn dieser andere Komet nicht der vorausgesagten Bahn folgte – Bahnstörung. Wenn Sie nach Coney Island fahren und voraussagen, daß Sie am Strand einen ganz bestimmten Kieselstein finden werden, dann verlieren Sie nicht das Gesicht, wenn ein anderer Kieselstein genauso gut ist. Das Ding, das 1910 angeblich gesehen wurde, stimmte mit den sensationellen Beschreibungen, die von Astronomen im Vorfeld zu hören gewesen waren, ungefähr so genau überein wie ein heller Kieselstein mit einem roten Ziegel.

Ich sage voraus, daß am nächsten Mittwoch um 21.00 Uhr an der Ecke 42nd Street ein großer Chinese im Abendanzug den Broadway überqueren wird. Er kommt nicht, aber dafür kommt am Freitag gegen Mittag ein schwindsüchtiger Japaner im Matrosenanzug zur Ecke 35th Street. Nun, ein Japaner ist eben ein gestörter Chinese, und Kleider kann man wechseln.

Ich erinnere mich an die schrecklichen Voraussagen von aufrichtigen und glaubwürdigen Astronomen, die sich anscheinend selbst hypnotisiert hatten, denn sonst hätten sie uns im Jahre 1909 nicht so hypnotisieren können. Testamente wurden verfaßt. Das menschliche Leben auf diesem Planeten könnte ausgelöscht werden. In der Quasi-Existenz, die einem Winterschlaf gleicht, gibt es keinen Grund, sein Testament nicht zu machen. Die weniger Erregbaren unter uns rechneten wenigstens mit einem ordentlichen Feuerwerk.

Ich muß zugeben, daß man sagt, am fraglichen Tag sei über New York ein Licht am Himmel zu sehen gewesen.

Es war ungefähr so schrecklich wie wenn jemand in einer halben Meile Entfernung ein Streichholz anreißt.

Das Ding kam nicht zur richtigen Zeit.
Ich habe gehört, aber nicht gesehen, auch wenn ich brav die Augen hob und hinaufsah, als man es mir sagte, daß ein schwach leuchtender Fleck am Himmel zu sehen gewesen sei, aber mehrere Tage nach der vorausgesagten Zeit.
Wir sind ein hypnotisiertes Heer von Schwachsinnigen: Man sagte uns, wir sollten zum Himmel blicken, und wir taten es wie Jagdhunde, die hypnotisiert ein Rebhuhn anstarren.
Die Folge:
Heute schwört fast jeder, er habe Halleys Kometen gesehen, und es sei ein prächtiges Schauspiel gewesen.
Interessant ist in diesem Zusammenhang, daß wir scheinbar versuchen, Astronomen zu diskreditieren, weil diese sich uns entgegenstellen – aber das ist überhaupt nicht meine Absicht. Wir werden in der Hölle des Baptisten zur Kaste der Brahmanen gehören. Fast alle unsere Daten, die zu den Regimentern dieser Prozession zusammengefaßt sind, beruhen auf den Beobachtungen von Astronomen. Nur wenige Amateurastronomen befinden sich darunter. Es ist das System, das sich gegen uns stellt. Es ist das System, das auch die Astronomen unterdrückt. Ich glaube, wir sollten sie in ihrer Gefangenschaft bedauern. Wir sind nicht boshaft – eindeutig nicht. Wir sind ritterlich – irgendwie. Unglückliche Astronomen spähen von hohen Türmen, in denen sie gefangen sind – da erscheinen am Horizont wir.
Aber wie ich schon sagte, beziehen sich unsere Daten nicht auf eine bestimmte andere Welt. Ich meine in erster Linie das, was ein Wilder auf einer Insel im Meer sich ausdenken könnte, wenn er seinen Spekulationen freien Lauf ließe – nicht an ein bestimmtes anderes Land, sondern an weite Kontinente und ihre Phänomene: Städte, Fabriken, Kommunikationsmittel –
Die anderen Wilden sehen nichts als ein paar Schiffe, die regelmäßig in bestimmten Abständen an der Insel vorbeifahren. Die anderen würden gern dem universellen Zug zum Eindeutigen oder zur Vollständigkeit folgen und sich einreden, daß diese paar regelmäßig fahrenden Schiffe alles seien. Ich denke mir

nun einen bestimmten Wilden, der etwas anderes vermutet – vielleicht, weil er zurückgeblieben, phantasielos und unsensibel ist und mit den wundervollen Ideen der anderen nichts anfangen kann. Er ist nicht, wie die anderen, damit beschäftigt, andächtig den Kopf vor imposanten Holzfiguren zu neigen. Der Abtrünnige nimmt sich Zeit für seine Spekulationen, während die anderen patriotisch nach Hexen suchen. Die anderen, edleren Wilden wissen alles über die regelmäßig fahrenden Schiffe: Sie wissen, wann sie kommen werden, sie haben die Fahrpläne berechnet; wann die Schiffe vorbeifahren oder einander verdecken (Schiff-Finsternis) – alle Ungenauigkeiten gehen auf atmosphärische Bedingungen zurück.
Sie würden sich schlagkräftige Erklärungen ausdenken.
Man kann kein Buch über Wilde lesen, ohne zu bemerken, welch entschlossene Erklärer sie sind.
Sie würden sagen, der Mechanismus liege in der gegenseitigen Anziehungskraft der Schiffe begründet – geschlossen aus dem Sturz eines Affen von einer Palme – oder sonst, daß die Schiffe von Teufeln geschoben würden – etwas in dieser Art.
Stürme.
Trümmer, nicht von diesen Schiffen, werden von den Wellen angespült.
Und übersehen.
Wie kann man sich etwas denken und gleichzeitig etwas anderes denken?
Ich fühle mich wie ein Wilder, der an einem Strand nach einem Sturm Teile eines Klaviers und ein Paddel findet, das von ungeschickteren Händen als seinen angefertigt wurde. Dazu ein leichtes Sommerkleid aus Indien und einen dicken Pelzmantel aus Rußland. Die ganze Wissenschaft, auch wenn sie sich dem Ideal ein wenig nähert, ist der Versuch, Indien in Begriffen einer Insel im Meer zu erklären und Rußland anschließend auf der Grundlage des soeben erklärten Indien. Ich versuche zwar, mir Rußland und Indien in weltweit gültigen Begriffen zu denken, aber ich kann nicht glauben, daß dies oder das Verallgemeinern des Konkreten der kosmische Wille sei. Der höhere

Idealist ist der Positivist, der versucht, das Universelle zu konkretisieren. Er ist in Übereinstimmung mit der kosmischen Absicht. Der Super-Dogmatiker kann einem Wilden ohne Zögern erklären, daß an den Strand gespülte Klavier sei in Wirklichkeit der Stamm einer Palme, in den ein Hai gebissen habe. Wir fürchten um die Seele des Dr. Gray, weil er nicht sein ganzes Leben der einen Behauptung widmete, ob diese nun denkbar oder unvorstellbar ist, aus einem einzigen Eimer seien Tausende von Fischen verschüttet worden.

Auch blicke ich mich – zu meinem Unglück, falls die Erlösung wirklich begehrenswert ist –, in alle Richtungen um, ohne Form, ohne Begrenzungen und ganz heterogen. Wenn ich sage, ich stelle mir eine andere Welt vor, die mit gewissen esoterischen Bewohnern der Erde in Verbindung steht, dann denke ich mir dazu noch weitere Welten, die versuchen, den Kontakt zu allen Bewohnern der Erde aufzubauen. Ich passe meine Annahmen den Daten an, die ich finde. Das ist angeblich das richtige, logische und wissenschaftliche Vorgehen. Aber es ist keine Art, Formen, Systemen und Organisationen näherzukommen. Dann stelle ich mir andere Welten und riesige Gebilde vor, die ein paar Meilen über uns vorbeiziehen und überhaupt kein Interesse daran haben, mit uns zu kommunizieren, ähnlich den Schiffen, die an vielen Inseln vorbeifahren und die sich für die eine ebensowenig interessieren wie für die andere. Ich denke dann an die Daten über ein riesiges Gebilde, das schon oft auf die Erde gekommen ist, das in ein Meer tauchte, eine Weile untergetaucht blieb und dann wieder verschwand. Warum? Ich bin nicht sicher. Wie könnte ein Eskimo ein Schiff erklären, das landet, um nach Kohle zu suchen, die in der Arktis reichlich vorkommt, deren Gebrauch den Eingeborenen aber unbekannt ist, und das eine Weile später wieder fortsegelt, ohne irgendein Interesse für die Eingeborenen bekundet zu haben?

Eine gewaltige Schwierigkeit, wenn wir versuchen, die riesigen Gebilde zu verstehen, die kein Interesse an uns zeigen:

Die Annahme, daß wir doch interessant sein müssen.

Ich nehme an, daß die Erde, auch wenn man uns, vielleicht aus moralischen Gründen, weitgehend meidet, doch manchmal von Forschern aufgesucht worden ist. Ich glaube, wenn wir zu den entsprechenden Daten kommen, werden wir die Annahme, außerirdische Besucher seien in China gewesen, nur noch normal absurd finden.

Ich nehme an, daß auf einigen anderen Welten Bedingungen herrschen, die den unseren sehr ähnlich sind. Auf anderen Welten wieder herrschen ganz andere Bedingungen, so daß deren Bewohner ohne künstliche Hilfsmittel nicht bei uns leben könnten.

Wie einige von ihnen unsere dünne Luft atmen können, wenn sie aus einer geleeartigen Atmosphäre kommen –

Masken.

Die Masken, die an alten Fundstätten gefunden wurden.

Die meisten sind aus Stein und sollen zeremonielle Reliquien von Wilden gewesen sein –

Aber die Maske, die 1879 in Sullivan County, Missouri, gefunden wurde (*American Antiquarian*, 3-336).

Sie besteht aus Eisen und Silber.

KAPITEL 11

Einer der Verdammtesten in unserem ganzen wilden Reigen der Verdammten –

Weil es sinnlos ist, die Exkommunizierung dadurch aufheben zu wollen, daß wir sagen, wir seien von Dingen verdammt worden, die schwärzer sind als wir selbst; und daß die Verdammten diejenigen sind, die zugeben, daß sie verdammt sind. Trägheit und Hypnose sind zu stark für uns. Wir sagen, daß: Dann geben wir sogleich zu, daß wir zu den Verdammten gehören. Nur wenn wir der Fast-Realität näher kommen, können wir die Quasi-Dinge fortfegen, die sich uns entgegenstellen. Insgesamt sind wir natürlich weitgehend amorph, aber wir denken jetzt an einige »individuelle« Annahmen. Weite ist ein Aspekt der Universalität oder Realheit. Wenn unsere Synthesen weniger Daten mißachten als gegensätzliche Synthesen – die oft überhaupt keine Synthesen sind, sondern bloße Überlegungen in Zusammenhang mit gewissen Einzelumständen –, werden die weniger umfassenden Dinge neben uns verblassen. Harmonie ist ein Aspekt des Universellen, mit dem wir das Reale meinen. Wenn wir uns der Harmonie und den uns zugänglichen Umständen ihres Erscheinens mehr annähern können, dann wird alles verblassen, was sich selbst widerspricht. Solidität ist ein Aspekt des Realen. Wir türmen Daten auf Daten, und sie ziehen an uns vorbei, Dinge, die hoch aufragen, während sie marschieren und marschieren und marschieren, und die einander stärken und stützen –

Dennoch und noch für viele kommende Regimenter, herrschen weiter Hypnose und Trägheit über uns –

Eines der verdammtesten unter unseren Daten:

Am 10. September 1910 schreibt Charles F. Holder im *Scientific American:*
»Vor vielen Jahren stürzte ein seltsamer Stein, der einem Meteoriten ähnelte, ins Tal der Yaqui in Mexiko. Im ganzen Land erzählte man sich, ein Stein, auf dem sich menschliche Inschriften befänden, sei auf die Erde herabgekommen.«
Die verwirrende Beobachtung ist hier Mr. Holders Versicherung, daß der Stein herabgefallen sei. Es scheint mir, er muß doch meinen, der Stein sei ins Tal herabgefallen, nachdem er sich aus einer Bergflanke gelöst habe – aber wie wir sehen werden, war der Stein so ungewöhnlich gezeichnet, daß er den Bewohnern eines Tals, hätte er über ihnen auf einem Berg gelegen, mit ziemlicher Sicherheit bekannt gewesen wäre. Vielleicht müssen wir auch an mangelnde Sorgfalt denken. Vielleicht ging es nur um eine sensationelle Zeitungsgeschichte über einen Stein, der angeblich gefallen sei, oder ähnliches.
Major Frederick Burnham von der Britischen Armee besichtigte diesen Stein. Er kehrte später noch einmal zum Fundort zurück, und Mr. Holder begleitete ihn. Sie hatten die Absicht, wenn möglich, die Inschrift auf dem Stein zu entziffern.
»Es handelte sich um braunes Eruptivgestein. Der Brocken war an der Längsseite etwa acht Fuß lang. Auf der östlichen Seite, die im Winkel von etwa fünfundvierzig Grad geneigt war, befand sich die tief eingeritzte Inschrift.«
Mr. Holder erklärte, er habe in der Inschrift ihm bekannte Symbole der Maya entdeckt. Er ging nach der üblichen Methode vor, die es erlaubt, alles als etwas anderes zu »identifizieren«, indem man heraussucht, was paßt, und den Rest vernachlässigt. Er sagt, er habe nachweisen können, daß die meisten Symbole Zeichen der Maya seien. Eins unserer intermediaristischen Pseudo-Prinzipien besagt, daß eine beliebige Methode, etwas zu beweisen, sich genauso gut dafür eignet, etwas beliebiges anderes zu beweisen. Mit Mr. Holders Methode könnten wir zeigen, daß wir dem Stamm der Maya angehören, falls dies aus irgendeinem Grund für uns wichtig wäre. Eins der Zeichen auf dem Stein ist ein Kreis innerhalb eines größeren Kreises –

Mr. Holder hatte in Maya-Manuskripten ein ähnliches Zeichen gefunden. Die Ziffer 6 taucht zweimal auf. Die 6 taucht auch in Manuskripten der Maya auf. Eine doppelte Spirale, Punkte und Striche. Nun vernachlässigen wir umgekehrt einfach die Kreise und die Spirale und betonen, daß die Ziffer 6 in diesem Buch auftaucht, und daß es außerdem reichlich Punkte gibt, und daß es noch mehr Punkte gäbe, wenn wir den Buchstaben »i« öfter verwendet hätten – so daß, wenn wir auch noch die Gedankenstriche dazunehmen – eines sofort klar ist: wir sind Maya. Man könnte nun einwenden, daß wir wertvolle archäologische Arbeit verhöhnen und daß Mr. Holder etwas Wichtiges herausgefunden hat.

Er schreibt:

»Ich übergab die Fotos an das Field Museum und die Smithsonian Institution und zwei weitere Stellen, und zu meiner Überraschung erklärten alle, sie könnten damit nichts anfangen.«

Angesichts eines Übergewichts von drei oder vier Gruppen von Museumsexperten gegen eine Einzelperson lautet unsere unbestimmte Annahme, daß man sagt, ein Stein mit einer Inschrift, die keiner bekannten Sprache auf der Erde zugeordnet werden kann, sei vom Himmel gefallen. Ein weiterer armer und ausgestoßener Teufel wird in *Scientific American*, 48-261, erwähnt: daß über ein Objekt oder einen Meteoriten, der am 16. Februar 1883 in der Nähe von Brescia in Italien niedergegangen sei, der unzutreffende Bericht kursiere, eines der Bruchstücke habe einen Handabdruck aufgewiesen. Das ist alles, was ich über derart erstaunliche Dinge finden konnte. Von meinem intermediaristischen Standpunkt aus nehme ich an, daß es im Laufe der menschlichen Geschichte zwar einige bemerkenswerte Annäherungen daran, aber noch nie einen wirklichen Lügner gab: daß ein solcher im Intermediären Reich nicht überleben könnte, wo alles mit allem anderen verschmilzt oder in etwas anderem seine Pseudo-Grundlage findet – sondern augenblicklich ins Negative Absolute befördert würde. Ich nehme also an, daß dieser Bericht, auch wenn er barsch für falsch erklärt wurde, eine Grundlage hatte; daß es wirklich ungewöhnliche

Spuren auf dem Objekt gab. Natürlich kann man nun nicht den vorschnellen Schluß ziehen, es habe sich um Keilschrift gehandelt, die zufällig einem Handabdruck ähnelte.

Insgesamt meine ich, daß einige unserer früheren Formulierungen sehr wirkungsvoll waren, wenn die Erfahrungen mit Mr. Symons typisch sind, so vage werden wir hier. Wir interessieren uns für die vielen Dinge, die vor allem in den Vereinigten Staaten gefunden wurden und die von einer Zivilisation oder von vielen Zivilisationen zeugen, die nicht auf dieser Erde heimisch sind. Ein Problem ist die Frage, ob sie vom Himmel herunterfielen, oder ob sie von den Besuchern von anderen Welten zurückgelassen wurden. Wir sind der Ansicht, daß es droben Katastrophen gab und daß Münzen zu uns herabfielen: daß die Bewohner der Erde sie fallen sahen und Münzen herstellten, die ihnen ähnlich waren: kann sein, daß die Münzen von einem wohlwollenden Geschöpf heruntergeworfen wurden, das es sich zur Aufgabe machte, uns vom Stadium des Tauschhandels zu befreien und uns ein Zahlungsmittel zu schenken. Wenn die Münzen als römische Münzen identifiziert werden, dann könnten wir auf unsere Erfahrung mit »Identifizierungen« zurückgreifen. Wir erkennen ein Phantom, wenn wir eins sehen. Trotzdem – wie sollten römische Münzen nach Nordamerika gekommen sein – weit ins Landesinnere –, und warum sollten sie jahrhundertelang unberührt in der Erde begraben liegen – wenn sie nicht herabfielen von – woher kamen die Römer noch gleich? Ignatius Donnelly veröffentlichte in »Atlantis« eine Liste von Objekten, die man in – angeblich aus der Zeit vor dem europäischen Einfluß in Amerika stammenden – Hügeln gefunden hatte. Er nennt auf Drehbänken hergestellte Artikel, wie sie Händler – von irgendwoher – an Eingeborene hätten verkauft haben können. Die Spuren der Drehbank sind angeblich unverkennbar. Angeblich: Natürlich können wir nicht annehmen, daß irgend etwas unverkennbar sein soll. Im *Report of the Smithsonian Institution*, 1881-619, finden wir einen Bericht von Charles C. Jones über zwei silberne Kreuze, die in Georgia gefunden wurden. Es handele sich um geschickt gefertigte, reich verzierte Kreuze, aber nicht um konventionelle Kruzifixe, denn alle Arme seien gleich lang. Mr. Jones ist ein braver Positivist: De Sota habe »exakt« an der Stelle, wo die Kreuze gefunden wurden, Halt gemacht. Aber der Geist der Negativität, der in allen Dingen lauert, die angeblich »exakt« sind, zeigt sich in der Inschrift auf einem der Kreuze, die weder im Spanischen noch in irgendeiner anderen bekannten irdischen Sprache eine Bedeutung hat:

»IYNKICIDU«, heißt es da nach Mr. Jones. Er hält dies für einen Namen, und in der Tat klingt das Wort ein wenig indianisch, aber ich würde meinen, daß er hier an die weit entfernten Inka dachte: daß der Spanier den Namen eines Indianers einritzte, dem er anschließend das Kreuz schenkte. Doch wenn wir die Inschrift ansehen, erkennen wir, daß die Buchstaben »C« und »D« seitenverkehrt stehen, und der Buchstabe, der als »K« bezeichnet wird, ist nicht nur seitenverkehrt, sondern steht auch noch auf dem Kopf.

Es ist schwer zu akzeptieren, daß die bemerkenswerten, riesigen Kupferminen in der Gegend des Lake Superior von den Ureinwohnern angelegt worden sein sollen. Trotz der Größe dieser Minen wurde nie ein Hinweis darauf gefunden, daß in dieser Gegend ständig Menschen gelebt hätten – »weder Spuren von Gebäuden noch Skelette oder Knochen wurden gefunden«. In den Überlieferungen der Indianer werden die Minen nicht erwähnt (*American Antiquarian*, 23-258). Ich glaube, daß Besucher hier waren: daß sie kamen, um beispielsweise Kupfer zu holen. Was andere Relikte von ihnen angeht – aber wir stoßen nun auf einen Verschmelzungspunkt, der bisher noch nicht sehr oft auftauchte:

Betrug.

Haare, die als echte Haare bezeichnet werden – und sich als Perücken erweisen. Zähne, die als echte Zähne bezeichnet werden – und sich als falsche Zähne erweisen. Echtes Geld – Falschgeld. Es ist der Fluch der paranormalen Forschung: Wenn es mediale Phänomene gibt, dann muß es auch gefälschte mediale Phänomene geben. Die Situation ist in dieser

Hinsicht so verzweifelt, daß Carrington vorbringt, selbst wenn Palladino beim Schwindeln erwischt worden sei, müsse das nicht darauf hinweisen, daß alle ihre Phänomene Schwindel sind. Meine eigene Version lautet: daß nichts ein Hinweis auf irgend etwas anderes ist, jedenfalls nicht in eindeutigem Sinne, weil es nichts Eindeutiges gibt, worauf man hinweisen könnte. Alles, was als wahr gilt, muß bis zur Unkenntlichkeit mit etwas anderem vermischt sein, das falsch genannt wird. Beide Seiten sind Ausdrucksformen eines tieferen Quasi-Seins, und sie gehen ineinander über. Gefälschte Altertümer gibt es viele, wenn sie auch nicht ganz so häufig vorkommen wie gefälschte Gemälde.

W. S. Forest in »Historical Sketches of Norfolk, Virginia«:

Daß im September 1833 ein paar Arbeiter in der Nähe von Norfolk nach Wasser bohrten und dabei aus einer Tiefe von etwa 30 Fuß eine Münze zutage förderten. Sie war etwa so groß wie ein englischer Schilling, aber oval, eine ovale Scheibe, wenn es keine Münze war. Die Figuren auf ihr waren deutlich zu erkennen. Es handelte sich um »einen Krieger oder Jäger und andere Gestalten, die römisch wirkten«.

Das Mittel des Ausschlusses wäre vermutlich – Männer graben ein Loch – sieht gerade keiner hin: läßt einer eine Münze ins Loch fallen – woher er die eigenartige und seltsam geformte Münze bekommen hat – das wird außer acht gelassen. Herauf kommt die Münze – erstaunt tut der Schelm, der sie hinunterwarf.

Aber die Altertumsforscher haben die Münze übersehen. Ich kann keinen weiteren Hinweis finden.

Eine andere Münze. Und eine kleine Studie über die Entstehung eines Propheten.

Im *American Antiquarian*, 16-313, finden wir den Nachdruck einer Geschichte, die ein Korrespondent der *Detroit News* geschrieben hatte. Es ging um eine Kupfermünze in der Größe eines Zweicentstücks, die angeblich in einem Hügel in Michigan gefunden worden sei. Der Redakteur merkt dazu lediglich an, daß er den Fund nicht bestätigen könne. Auf dieser un-

sicheren Grundlage zieht er in der nächsten Ausgabe des *American Antiquarian* den Schluß:
»Wie von uns vorausgesagt, erwies sich die Münze als Fälschung.«
Man kann sich den Spott des Elias oder der anderen alten, mehr fast-realen Propheten vorstellen.
Oder alle Dinge werden vor der einzigen Art von Rechtsprechung verhandelt, die wir in der Quasi-Existenz kennen:
Sie gelten als unschuldig, bis sie überführt sind – aber sie sind schuldig.
Die Überlegung des Redakteurs ist so phantomhaft wie meine oder die des heiligen Paulus oder die Darwins. Die Münze wird verdammt, weil sie aus der gleichen Region kam, aus der einige Jahre zuvor Töpferwaren kamen, die als Fälschungen bezeichnet wurden. Die Töpferwaren waren verdammt worden, weil sie verdammenswert waren.
Scientific American, 17. Juni 1882:
Daß ein Farmer im Cass County, Illinois, auf seinen Feldern eine bronzene Münze fand und sie an Professor F. F. Hilder in St. Louis schickte. Der Professor identifizierte sie als Münze aus der Zeit von Antiochus IV. Die Inschrift in alten griechischen Buchstaben lautet: »König Antiochus, Epiphanes (der Berühmte) und Siegreiche«. Das klingt sehr eindeutig und überzeugend, aber wir werden noch weitere Übersetzungen betrachten.
Im *American Pioneer*, 2-169, sind die beiden Seiten einer Kupfermünze abgebildet, deren Inschrift stark an die Buchstaben auf dem Stein von Grave Creek erinnert. Auch diesen werden wir uns noch näher ansehen. Die Münze soll im Jahre 1843 in Connecticut gefunden worden sein.
»*Records of the Past*«, 12-182:
Daß bereits Anfang 1913 in einem Hügel in Illinois eine Münze, dem Vernehmen nach eine römische Münze, entdeckt worden war. Sie wurde an Dr. Emerson vom Art Institute in Chicago geschickt. Seiner Ansicht nach stammte die Münze aus einer »seltenen Prägung von Domitius Domitianus, Kaiser von Ägypten«.

Was die Entdeckung in einem Hügel in Illinois angeht, so lehnt Dr. Emerson jede Verantwortung ab. Mir fällt hier auf, daß sich ein Spaßvogel wahrscheinlich nicht mit einer gewöhnlichen römischen Münze zufrieden gegeben hätte. Woher bekam er diese seltene Münze überhaupt, und warum wurde sie nicht in einer Sammlung vermißt? Ich habe genug numismatische Zeitschriften durchgesehen, um zu wissen, daß die Existenz jeder seltenen Münze im Besitz des einen oder anderen Sammlers den anderen Sammlern bekannt ist. Mir scheint, ich kann dies nur als einen weiteren Fall von sogenannter »Identifizierung« betrachten.

Proceedings of the American Philosophical Society, 12-223:

Daß im Juli 1871 ein Brief von Mr. Jacob W. Moffot aus Chillicothe, Illinois einging, dem ein Foto einer Münze beigelegt war. Er habe, schreibt Mr. Moffit, die Münze bei einer Bohrung in einer Tiefe von 120 Fuß gefunden.

Natürlich hat diese Tiefe nach den üblichen wissenschaftlichen Kriterien eine besondere Bedeutung. Paläontologen, Geologen und Archäologen halten sich für befähigt, die antike Herkunft vergrabener Dinge zu diskutieren. Wir können nur dies annehmen: Die Fundtiefe ist ein Pseudo-Standard, denn jedes Erdbeben kann eine frisch geprägte Münze 120 Fuß unter die Erde bringen.

Der Autor verrät uns in den *Proceedings*, daß die Münze gleichmäßig dick und keinesfalls von Hand hergestellt sei, denn es fänden sich »Abdrücke eines Prägestempels«.

Professor Leslie hält die Münze jedoch für ein astrologisches Amulett. »Darauf sind die Zeichen der Fische und des Löwen.« Wenn man nur die richtigen Dinge übersieht, kann man Zeichen der eigenen Großmutter, der Kreuzzüge oder der Maya auf allem finden, was je aus Chillicothe oder aus einem Kramladen gekommen ist. Was wie eine Katze und ein Goldfisch aussieht, wirkt mit Hilfe entsprechender Unterdrückungen und Verzerrungen wie Löwe und Fische. Ich fürchte, wir reagieren an dieser Stelle etwas gereizt. Von schlafenden Riesen und interessanten Possenreißern und Clowns verdammt zu werden,

die in ihren Berufen als Kapazitäten gelten, schmeichelt wenigstens unserer Eitelkeit. Doch wir finden, daß die Anthropologen aus den Elendsvierteln des Göttlichen stammen, aus einem archaischen Kindergarten der Intellektualität, und es ist nicht besonders schmeichelhaft zu sehen, daß ein Haufen verwahrloster Kinder über uns zu Gericht sitzt.
Professor Leslie meint – so willkürlich, wie jemand meinen könnte, ein Scherzbold habe die Brooklyn Bridge dorthin gesetzt, wo sie heute ist –, daß »die Münze aufgrund eines Scherzes dorthin gelegt wurde, und zwar nicht vom jetzigen Besitzer. Sie ist noch nicht sehr alt, sie stammt vielleicht aus dem sechzehnten Jahrhundert, und sie ist möglicherweise hispano-amerikanischer oder franko-amerikanischer Herkunft«.
Es ist der unverblümte, brutale Versuch, etwas zu assimilieren, das vom Himmel gefallen ist, oder vielleicht auch nicht, und es mit den vom anthropologischen System akzeptierten Phänomenen in Übereinstimmung zu bringen. Oder mit den frühen französischen oder spanischen Erforschern des heutigen Illinois. Es ist mit Sicherheit lächerlich, Gründe zu nennen, aber ich habe Verständnis dafür, wenn man Gründe finden will, die der Realität näher kommen als die entgegengesetzten Gründe. Wir stellen natürlich zu seinen Gunsten fest, daß Professor Leslie seine Ansichten begründet. Aber er vernachlässigt, daß an dieser Münze nichts Französisches oder Spanisches ist. Die Inschrift auf ihr ist »irgendwo zwischen dem Arabischen und Phönizischen angesiedelt, ohne aber eins von beiden zu sein«. Professor Winchell (*Sparks from a Geologist's Hammer*, S. 170) spricht über die wenig kunstvollen Abbildungen auf der Münze, die sich in seinem Besitz befand – Kritzeleien von einem Tier und einem Krieger oder einer Katze und einem Goldfisch, wie man es am liebsten haben will – und erklärt, daß sie weder geprägt noch eingeritzt seien, sondern »aussehen, als wären sie mit Säure geätzt«. Das ist eine Methode, die der Numismatik dieser Erde unbekannt ist. Was die Einfachheit der Zeichnung auf dieser Münze angeht und auch im Hinblick auf etwas anderes – daß der »Krieger«, wenn man die richtigen Dinge

unterschlägt, zwar auch eine Katze oder ein Goldfisch sein könnte, wir jedoch anerkennen müssen, daß sein Kopfputz typisch für amerikanische Indianer ist – so könnte all dies natürlich eine Erklärung finden, aber aus Furcht, wir könnten augenblicklich ins Positive Absolute versetzt werden, was wir nicht unbedingt für wünschenswert halten, ziehen wir es vor, einige Makel oder Unzulänglichkeiten in unseren Ausführungen zu belassen.

Daten der mehr als dreimal Verfluchten:

In einem Hügel in den Vereinigten Staaten sollen Steintafeln mit zehn in hebräischer Sprache eingeritzten Geboten gefunden worden sein;

In US-amerikanischen Erdhügeln sind Freimaurer-Abzeichen gefunden worden.

Wir gelangen an die Grenze unserer Annahmen, und wir finden uns angesichts der Unsicherheiten und Verschmelzungen kaum noch zurecht. Aus Bequemlichkeit und ohne besonderen Grund schließen wir diese Dinge aus. Und dann gehen wir so radikal, willkürlich und irrational vor – auch wenn wir immer versuchen, uns tendenziell von diesen negativen Zuständen zu entfernen – wie nur jemals ein Kepler, Newton oder Darwin, als sie ihre Auswahl trafen, ohne die sie anscheinend nicht sein konnten, denn sie alle gelten heute als Illusion; und wir nehmen an, daß man in Hügeln in den Vereinigten Staaten uralte Gegenstände mit Inschriften gefunden hat. Natürlich versuchen wir nach Kräften, unsere Auswahl nicht radikal, willkürlich und irrational wirken zu lassen. Wenn wir annehmen, daß man in den USA uralte Gegenstände mit Inschriften gefunden hat; die keinem bekannten Volk zugeschrieben werden können; die in keiner in der westlichen Hemisphäre bekannten Sprache beschriftet sind – dann bleibt uns nichts übrig, als Euklid zu vergessen und uns eine dritte »Hemisphäre« vorzustellen oder anzunehmen, daß es zwischen der westlichen Hemisphäre und einer anderen Welt einen Austausch gab.

Aber an diesen beschrifteten Objekten ist etwas Eigenartiges. Sie erinnern mich an die von Sir John Franklin in der Arktis hinterlassenen Aufzeichnungen und an die Versuche der Rettungsexpeditionen, mit Franklin Kontakt aufzunehmen. Die verlorenen Forscher steckten ihre Aufzeichnungen in Höhlen oder verwahrten sie in auffälligen Hügeln. Die Rettungsexpeditionen ließen Ballone steigen, von denen Botschaften abgeworfen wurden. Unsere Daten drehen sich um Dinge, die versteckt waren und um Dinge, die anscheinend von oben abgeworfen wurden –

Oder eine verlorene Expedition von – irgendwo.

Forscher von irgendwo, die nicht zurückkehren können. Unfähig, zurückzukehren – dann ein endloser, sentimentaler, beharrlicher Versuch, ähnlich unseren Rettungsexpeditionen in die Arktis – wenigstens die Verbindung herzustellen –

Was, wenn dieser Versuch erfolgreich war?

Wir denken an Indien – Millionen Menschen werden von einer kleinen Gruppe von Esoterikern regiert – nur weil diese Unterstützung und Anweisungen bekommen von – woanders – oder von England.

1838 ließ Mr. A. B. Tomlinson, der Besitzer des großen Hügels bei Grave Creek, Virginia, seinen Hügel abtragen. Er erklärte, in der Gegenwart von Zeugen habe er dort einen kleinen, flachen und ovalen Stein – oder eine Scheibe – gefunden, auf dem buchstabenähnliche Zeichen eingeritzt waren.

Colonel Whittelsey, ein Experte in derlei Dingen, meint, der Stein werde heute »von Archäologen einmütig als Fälschung« betrachtet, die man Mr. Tomlinson untergeschoben habe.

Avebury in *Prehistoric Times*, S. 271:

»Ich erwähne dies, weil es um dieses Thema viele Diskussionen gab. Heute wird allgemein eingeräumt, daß es eine Fälschung war. Der Stein ist mit hebräischen Zeichen beschriftet, aber der Fälscher hat die modernen und nicht die antiken Formen der Zeichen kopiert.«

Wie ich schon sagte, reagieren wir angesichts der Unterdrückung durch die Anthropologen so wütend wie die Sklaven im Süden auf die Überheblichkeit von »weißem Pack«. Wenn wir eines Tages unsere relativen Positionen umkehren, werden

wir den Anthropologen den niedrigsten Rang zuweisen. Ein Dr. Gray sieht sich einen Fisch wenigstens an, bevor er sich eine wundersame Herkunft für ihn ausdenkt. Wir werden Lord Avebury weit unter ihm ansiedeln müssen, wenn wir annehmen, daß der Stein von Grave Creek von wichtigen Autoritäten, die ihn nicht einmal von einem anderen Objekt unterscheiden konnten, als Schwindel angesehen wird – oder daß ganz allgemein eine so entschieden vorgetragene Meinung das Produkt von bewußter Unterschlagung, Ignoranz oder Müdigkeit sein muß. Der Stein gehört zu einer Klasse von Phänomenen, die dem System zuwider sind. Er läßt sich nicht vom System assimilieren. Wenn ein Systematiker wie Avebury von einem solchen Objekt hört, dann reicht fast sicher die bloße Erwähnung des Objekts schon aus, um eine automatische Reaktion auszulösen, so wie ein geladener Körper auf ein Elektroskop oder ein Glas Bier auf einen Abstinenzler wirkt. Es entspricht den Idealen der Wissenschaft, ein Objekt von einem anderen unterscheiden zu können, bevor man eine Meinung über ein Ding äußert, aber das ist nicht der Geist der universellen Mechanik: Ein Ding. Es zieht an oder stößt ab. Darauf folgen die konventionellen Reaktionen.
Denn nicht der Stein von Grave Creek ist – mit alten oder neuen – hebräischen Buchstaben beschriftet: das ist ein Stein aus Newark, Ohio, von dem es heißt, ein Fälscher habe den Fehler begangen, neue statt der alten hebräischen Zeichen zu benutzen. Wir werden sehen, daß die Inschrift auf dem Stein von Grave Creek nicht hebräisch war.
Alle Dinge gelten angeblich als unschuldig, werden aber für schuldig gehalten – wenn sie sich nicht assimilieren lassen.
Col. Whittelsey sagt in *Western Reserve Historical Tracts*, Nr. 33, der Stein von Grave Creek werde von Wilson, Squires und Davis als Fälschung betrachtet. Dann spricht er über den Archäologenkongreß, der 1875 in Nancy in Frankreich stattfand. Es fällt Col. Whittelsey schwer, einzuräumen, daß der Stein auf diesem Treffen, das sehr bedeutend klingt, anerkannt wurde. Er erinnert uns an Mr. Symons und »den Mann«, der »dachte«, er

habe etwas gesehen. Col. Whittelsey verkündet etwas gequält, daß der Finder des Steins den Kongreß mit »seinen Vorstellungen derart beeindruckte«, daß der Stein für echt erklärt wurde. Außerdem wurde der Stein von Schoolcraft untersucht. Auch er erklärte den Stein für echt.

Vielleicht gibt es nur einen einzigen Prozeß, und das Hin und Her wie beim Tauziehen ist einer seiner Aspekte. Drei oder vier gewichtige Experten stehen uns gegenüber. Wir finden vier oder fünf weniger gewichtige, die sich zu uns gesellen. Was wir als Logik und Vernunft bezeichnen, erweist sich letzten Endes als das Übergewicht der Fettleibigkeit.

Dann sprachen sich mehrere Philologen für die Echtheit des Steins aus. Einige übersetzten die Inschrift. Wie wir schon sagten, entspricht es unserer Methode – oder der Methode der Orthodoxie –, wann immer Schlußfolgerungen zu ziehen sind, einige ungeheuer wichtige oder noch besser schwergewichtige Autoritäten auf unserer Seite zu wissen. In diesem Fall aber zögern wir doch ein wenig, wenn wir sehen, in welch vorzüglich beleibter, aber dennoch etwas anrüchiger Gesellschaft wir uns befinden.

M. Jombard übersetzt: »Deine Befehle sind Gesetz, und du strahlst in heftigem Eifer und schnellem Chamois.«

M. Maurice Schwab: »Der Anführer der Ausziehenden, der diese Orte (oder diese Insel) erreichte, hat diese Buchstaben für immer festgeschrieben.«

M. Oppert: »Das Grab dessen, der hier ermordet wurde. Möge Gott, um ihn zu rächen, seinen Mörder erschlagen und sein Lebenslicht löschen.«

Das erste gefällt mir am besten. Ich bekomme dabei einen lebhaften Eindruck von jemand, der Messing oder etwas anderes in schrecklicher Eile poliert. Natürlich ist die dritte Version am dramatischsten. Trotzdem, alle sind sehr gut. Ich vermute, daß sie Störungen voneinander darstellen.

In Tract 44 kommt Whittelsey zum Thema zurück. Er zitiert die Schlußfolgerung von Major De Helward beim Kongreß von Luxemburg im Jahre 1877:

»Wenn Professor Read und ich mit der Schlußfolgerung recht haben, daß die Zeichen keine Runen sind, daß sie weder aus dem Phönizischen, dem Kanaanitischen, dem Hebräischen, dem Libyschen, dem Keltischen oder einer anderen alphabetischen Sprache stammen, dann wurde die Bedeutung des Objektes gewaltig überschätzt.«

Offensichtlich für jedes Kind; offensichtlich für jeden Geist, der sich nicht hilflos dem System unterworfen hat:

Daß genau darin die Bedeutung des Objekts liegt.

Es wird gesagt, ein Ideal der Wissenschaft sei es, das Neue herauszufinden. Aber wenn es dem Alten nicht entspricht, dann ist es »unwichtig«.

»Aber es lohnt sich nicht« (Hovey).

Dann kam beim Pflügen in der Nähe von Pemberton, New Jersey, im Jahre 1859 eine beschriftete Axt oder ein Keil ans Licht, wie Dr. John C. Evans der American Ethnological Society mitteilte. Die Schriftzeichen auf dieser Axt oder diesem Keil waren denen auf dem Stein von Grave Creek verblüffend ähnlich. Mit ein wenig Nachlässigkeit hier und etwas mehr dort wirken sie wie Spuren im Schnee, die ein Mensch nach einer Feier hinterläßt, oder wie Ihre Handschrift, oder wie meine, falls wir glauben, daß sich etwas Unleserliches noch unterscheiden läßt. So funktioniert die Vernachlässigung: Alles kann alles sein.

Dr. Abbot beschreibt sein Objekt im *Report of the Smithsonian Institution*, 1875-260.

Er sagt, er glaube nicht an die Echtheit.

Jeder Fortschritt verläuft vom Unerhörten zum Gewöhnlichen. Die Quasi-Existenz schreitet voran von der Vergewaltigung zum Singen zärtlicher Wiegenlieder. Es war für mich interessant, verschiedene etablierte Zeitschriften durchzusehen und die Kontroversen zwischen angehenden Positivisten bei Themen des Intermediären Reiches zu beobachten. Dreiste, lasterhafte Einführer neuer Theorien, Rohlinge mit unehrenhaften Absichten – das Erschrecken der Wissenschaft; ihre Versuche, zu bewahren, was ihr teurer ist als das Leben selbst: dann die

Ergebung und eine geradezu groteske Treue. Viele dieser Grobiane, dieser Schmierenkomödianten, die einst gehaßt, verachtet oder bemitleidet wurden, paßten sich und ihre Ansichten an. Als dieser inzwischen geachtete Grobian oder Clown zum ersten Mal auf die Bühne trat, konnte kaum ein Gedanke in diesem Buch mehr zum Schrecken oder zum Lachen anregen als die Behauptung, in einem Felsen seien menschliche Fußabdrücke gefunden worden. Für einen Menschen, der sein Leben nicht der Wissenschaft geweiht hat, scheint es befremdlich, daß es über solche Trivialitäten einen großen Streit geben soll, aber die Gefühle, die ein Systematiker einem Eindringling gegenüber entwickelt, entsprechen in etwa unseren Gefühlen, wenn ein Landstreicher von der Straße hereinkommt, sich an den Mittagstisch setzt und behauptet, das sei sein Platz. Wir wissen, wozu Hypnose imstande ist. Wenn der Eindringling mit allem Nachdruck behauptet, er gehöre hierher, dann beginnen wir uns zu fragen, ob er nicht vielleicht doch recht hat, und daß er möglicherweise überlegene Auffassungen von Recht hat. Die Prohibitionisten waren in dieser Hinsicht sehr geschickt.

Soweit der Streit, der sich um den Stein vom Grave Creek erhob – aber Zeit und just der Faktor, der uns so wichtig ist – die Übermacht der vielen vorliegenden Daten. Es gab weitere Berichte über andere Steine mit Inschriften, und schließlich, ein halbes Jahrhundert später, wurden von Rev. Mr. Gass in der Nähe von Davenport ein paar Hügel – oder nennen wir sie lieber Verstecke – ausgehoben (*American Antiquarian*, 15-73). Mehrere Steintafeln wurden gefunden. Auf einer von ihnen sind unschwer die Buchstaben »TFTOWNS« zu erkennen. In diesem Fall hörten wir nichts von Fälschungen – Zeit, Summierung, die Übermacht der Daten. Der Versuch, diesen Fund zu assimilieren, lautet:

Daß die Tafel möglicherweise von Mormonen stamme.

Warum?

Weil in Mendon, Illinois, eine Kupfertafel gefunden wurde, auf der ähnliche Schriftzeichen zu sehen waren.

Ja und?
Weil diese Tafel »in der Nähe eines Hauses gefunden wurde, in dem früher ein Mormone gelebt hatte«.
In der wirklichen Existenz hätte ein wirklicher Meteorologe, der vermutet, daß Schlacke von einem Feuerwehrwagen gefallen ist – einen Feuerwehrmann gefragt.
Die Tafeln von Davenport – es gibt keinerlei Hinweis darauf, daß je ein Altertumsforscher darauf gekommen wäre – einen Mormonen fragen.
Man fand weitere Tafeln. Auf einer von ihnen waren zwei »F« und zweimal eine »8« abgebildet. Dann eine große Platte, zwölf mal acht mal zehn Zoll groß mit »römischen und arabischen Ziffern«. Angeblich sei die »8« dreimal zu erkennen gewesen, und die Ziffer oder der Buchstabe »0« siebenmal. »Neben diesen bekannten Zeichen befinden sich andere, die an alte Alphabete, etwa das phönizische oder das hebräische, erinnern.«
Mag sein, daß beispielsweise die Entdeckung Australiens sich als weniger wichtig erweisen wird als die Entdeckung und die Aussage dieser Tafeln –
Aber in welchen späteren Veröffentlichungen können wir von ihnen lesen, welcher Altertumsforscher versuchte sie zu deuten, wo sind sie jetzt, und welche Hinweise fanden die Forscher noch in einem Land, das unseres Wissens doch nur von schriftlosen Wilden bewohnt war?
Solche Dinge werden nur exhumiert, um sofort wieder auf andere Weise beerdigt zu werden.
Mr. Charles Harrison, der Präsident der American Antiquarian Society, fand in Davenport eine weitere Tafel. »... Auf dieser Tafel finden sich die 8 und andere Hieroglyphen.« Auch dieses Mal ist von Fälschung nicht die Rede. Ich denke, daß es sehr unfair ist, das Wort Fälschung überhaupt in den Mund zu nehmen. Wir sollten alles akzeptieren und dann auf unsere Art und Weise erklären. Alles, was mit unserer Erklärung erklärbar ist, muß in gewissem Maße erklärbare Beziehungen zu allen anderen Erklärungen haben, weil alle Erklärungen in gewisser

Weise ineinander übergehen. Wieder wurden Mormonen herangezogen, aber dieser Versuch war schwach und zeugte von Hilflosigkeit, »weil die allgemeinen Umstände es schwer machen, die Herkunft der Tafeln zu erklären«.

Quasi-schwierig finden wir nur, daß die Tafel den Mormonen zugeordnet wird, ohne daß der geringste Versuch unternommen worden wäre, eine Grundlage für diese Zuschreibung zu finden. Wir stellen uns Botschaften vor, die auf die Erde herabfielen, und Botschaften, die in Hügeln auf der Erde verborgen wurden. Die Parallele zu der Situation, in der Franklin sich befand, ist verblüffend. Sicherlich kann man in einigen Jahrhunderten Objekte finden, die von den Ballons der Rettungsexpeditionen in der Arktis abgeworfen wurden, und sicherlich hinterließ Franklin einige bisher unentdeckte Verstecke in der Hoffnung, Rettungsexpeditionen würden sie finden. Wollte man diese Dinge den Eskimo zuschreiben, dann wäre das ebenso unpassend wie der Versuch, Tafeln und beschriftete Steine den amerikanischen Ureinwohnern zuzuschreiben. Irgendwann werde ich die Vermutung formulieren, daß die eigenartig geformten Hügel auf dieser Erde von Forschern aus Irgendwo aufgeworfen wurden, die nicht mehr zurückkehren konnten und die Hügel anlegten, um die Aufmerksamkeit der Bewohner einer anderen Welt zu erregen, und daß auf dem Mond ein riesiger schwertförmiger Hügel entdeckt worden ist. Im Moment geht es um Gegenstände mit Inschriften und ihre zwei möglichen Bedeutungen.

Eine bizarre verlorene kleine Seele, aus einer Leichenhalle des *American Journal of Science* gerettet:

Ein Korrespondent reichte bei Professor Silliman einen Bericht über ein Objekt ein, das in einem Marmorblock gefunden worden war. Der Stein war im November 1829 in der Nähe von Philadelphia in einem Steinbruch geschlagen worden (*American Journal of Science*, 1-19-361). Der Block wurde in Platten geschnitten, und während dieser Arbeit fand man, wie es hieß, eine etwa 4 Zentimeter mal 1,5 Zentimeter große Vertiefung im Stein. Die Delle war geometrisch exakt, und in ihr befanden sich zwei erhabene Buchstaben, die aussahen wie »I U«. Der einzige Unterschied war, daß die Ecken des »U« nicht abgerundet waren, sondern aus rechten Winkeln bestanden. Wir erfahren, daß dieser Steinblock aus einer Tiefe von siebzig bis achtzig Fuß stammte – oder, daß die Beschriftung vor sehr, sehr langer Zeit vorgenommen worden sein muß. Manchen Menschen, die nicht zufrieden sind mit der Allgegenwart des Unglaublichen, das wir nur akzeptieren können, mag die Vorstellung grotesk erscheinen, daß eine solche Vertiefung von vielen Tonnen Sand verschüttet werden und zu Stein verhärten kann, ohne flachgedrückt zu werden. Aber die berühmten Fußabdrücke aus Nicaragua wurden unter elf Schichten massiven Gesteins in einem Steinbruch gefunden. Über die Daten gab es keine Diskussion. Wir holen sie nur hervor, um sie ein wenig auszulüften.

Sprechen wir über die beschrifteten Steine, die vor längerer Zeit möglicherweise auf Europa herabregneten, falls wir nicht annehmen können, daß die Steine von den Ureinwohnern Europas beschriftet wurden. Viele von ihnen wurden in Höhlen gefunden, in die prähistorische Menschen sie vielleicht aus Neugierde oder als Schmuck geschleppt haben. Sie haben die Größe und die Form des Steins oder der Scheibe von Grave Creek: »flach und oval, etwa zwei Zoll groß« (Sollas). Die aufgemalten Buchstaben wurden erstmals von M. Piette in der Höhle von Mas d'Azil, Ariége, entdeckt. Sollas meint, die Steine seien mit roten und schwarzen Linien in verschiedenen Winkeln markiert. »Aber auf nicht wenigen von ihnen tauchen komplexere Zeichen auf, die in einigen Fällen Großbuchstaben des lateinischen Alphabets zu ähneln scheinen.« In einem Fall waren es die Buchstaben »F E I« ohne irgendwelche weiteren Zeichen und sehr deutlich. Sollas erklärt in »Ancient Hunters«, S. 95, daß M. Cartailhac die Beobachtungen von Piette bestätigt habe. M. Boule habe weitere Beispiele gefunden. »Sie sind eins der größten Probleme, vor das uns ein Fund aus prähistorischen Zeiten je gestellt hat« (Sollas).

Was Verstecke allgemein angeht, so möchte ich sagen, daß sie aus zwei Gründen angelegt werden: um zu überliefern oder um zu verbergen; oder, daß manche Verstecke wie die Hügel in der Arktis sogar absichtlich auffällig konstruiert wurden, damit die in ihnen verborgenen Dokumente später gefunden werden konnten.

Transactions of the New York Academy of Sciences, 11-27:

Daß Mr. J. H. Hooper, Bradley County, Tennessee, in einem zu seiner Farm gehörenden Wald auf einen eigenartigen Stein stieß. Er wollte der Sache auf den Grund gehen und begann zu graben. Er legte eine lange Mauer frei. Auf der Mauer befanden sich zahlreiche Buchstaben. »872 Buchstaben wurden untersucht. Viele von ihnen tauchten mehrmals auf. Es gab außerdem Zeichnungen von Tieren, des Mondes und anderer Objekte. Zufällige Ähnlichkeiten mit Zeichen orientalischer Alphabete sind ebenfalls zahlreich vorhanden.«

Das Wichtige daran scheint mir dieses:

Daß die Buchstaben unter einer Schicht Zement verborgen waren.

Und immer noch werden wir – oder auch nicht – in unserer Heterogenität, Widerspenstigkeit oder Unfähigkeit, uns auf Einzelkonzepte zu konzentrieren, annehmen: daß es auf dieser Erde vielleicht nicht nur eine untergegangene Kolonie oder eine gescheiterte Expedition von Irgendwo gab, eine Gruppe von außerirdischen Besuchern, die den Rückweg nicht fanden, sondern auch andere außerirdische Gäste, die die Erde wieder verließen, ganz entsprechend Franklins Expedition und Pearys Streifzügen in der Arktis –

Und eine Gruppe erlitt Schiffbruch –

Die Ladung ging über Bord –

Die chinesischen Stempel in Irland.

Nicht die zarten, klebrigen Befruchtungsorgane in Blüten, sondern beschriftete Stempel oder Siegel, wie man sie benutzt, um einen Abdruck zu erzeugen.

Proceedings of the Royal Irish Academy, 1-381:

Mr. J. Huband Smith verlas ein Papier. Er beschrieb ein halbes Dutzend chinesischer Stempel, die in Irland gefunden wurden.

Sie waren identisch, es handelte sich um Würfel, auf denen jeweils ein Tier hockte. »Es wird behauptet, die Inschriften auf den Siegeln seien sehr alte chinesische Schriftzeichen.«

Die drei Punkte, die aus diesem Datum einen Paria und Ausgestoßenen machten – aber nur durch Unterschlagung, weil ich nirgends eine Widerlegung entdeckte:

Die Archäologen stimmen darin überein, daß es in der fernen Vergangenheit zwischen China und Irland keine Verbindungen gab;

Daß in Irland nie irgendwelche anderen Objekte aus dem antiken China gefunden wurden;

Daß die Stempel in großer Entfernung voneinander gefunden wurden.

Nach Mr. Smiths Untersuchungen – soweit er überhaupt eine Untersuchung durchführte und über das reine Aufzeichnen hinausging – wurden in Irland noch viele weitere chinesische Siegel oder Stempel gefunden, und mit einer Ausnahme beschränkten sich die Funde auf Irland. 1852 fand man etwa 60. Kein archäologischer Fund in Irland ist »von einem größeren Geheimnis umgeben« (*Chambers' Journal*, 16-364). Der Autor in *Chambers' Journal* schreibt, eins der Siegel sei in einem Andenkenladen in London aufgetaucht. Auf Nachfrage erklärte der Inhaber, das Siegel stamme aus Irland.

Wenn Sie sich nicht instinktiv unserer Meinung anschließen wollen, dann können Sie in diesem Fall nicht auf eine bequeme orthodoxe Erklärung zurückgreifen. Die erstaunliche Verbreitung der Siegel in Feld und Wald ließ die Erklärer verstummen. In den *Proceedings of the Royal Irish Academy*, 10-171, sagt Dr. Frazer, sie »wurden anscheinend auf eine eigenartige Weise, die ich mir nicht erklären kann, im Land verteilt«.

Dr. Frazers Kampf darum, eine Ansicht zum Ausdruck zu bringen, die für ihn Neuland ist:

»Die Geschichte der Funde läßt beinahe vermuten, daß sie versehentlich fallengelassen wurden ...«

Drei wurden in Tipperary gefunden; sechs in Cork; drei in

Down; vier in Waterford; die anderen – ein oder zwei pro Landkreis.

Aber eins der chinesischen Siegel wurde im Bett des River Boyne in der Nähe von Clonard, Meath, gefunden, als Arbeiter Kies aushoben.

Mindestens dieses Siegel war dort fallengelassen worden.

KAPITEL 12

Die Astronomie.
Ein Wachmann betrachtet ein halbes Dutzend Laternen an einer Straßenbaustelle.
In der Umgebung brennen Gaslampen, Petroleumlampen und elektrische Lampen: Streichhölzer werden angerissen, in Herdstellen brennen Feuer, draußen brennen Feuer, irgendwo brennen Häuser; Automobile fahren mit Licht, Schilder sind beleuchtet –
Der Wächter und sein kleines System.
Ethik.
Und ein paar sehr junge Damen und ein lieber alter Professor in einem sehr »erlesenen« Seminar.
Drogen und Scheidung und Vergewaltigung, Geschlechtskrankheiten, Trunksucht und Mord –
Ausgeschlossen.
Das Ordentliche und das Präzise, das Exakte, das Homogene, das Einzelne, das Puritanische, das Mathematische, das Reine, das Vollkommene. Wir können uns Illusionen über diesen Zustand machen – aber nur, wenn wir vergessen, wie unendlich viel er verleugnet. Er ist ein Tropfen Milch in einer Säure, die ihn zerfrißt. Das Positive überflutet vom Negativen. So ist es im Intermediären Reich, wo positiv »sein« bedeutet, ein entsprechendes und gleich großes Negatives zu schaffen. Unserer Ansicht nach ist dies in der Quasi-Existenz der Vorläufer, das Vorspiel, das zögernde Erwachen einer realen Existenz.
Aber dieses Bewußtsein des Realen leistet jedem anderen Versuch, sich zu realisieren oder real zu werden, den größten Widerstand, weil es glaubt, das Reale schon erreicht zu haben. Unser Feind ist nicht die Wissenschaft, sondern der Glaube der

Wissenschaft, real zu sein. Wir wenden uns gegen den Glauben, der Annahmen weichen muß, gegen die Unzulänglichkeit wissenschaftlicher Dogmen und Maßstäbe, die, wie wir immer wieder gesehen haben, mit Belanglosigkeit und Einfalt gleichzusetzen ist. Wenn mehrere Menschen nach Chicago aufbrechen, aber in Buffalo landen, und einer von ihnen redet sich ein, Buffalo sei Chicago, dann hemmt dieser eine den Fortschritt aller anderen.

Und nun die Astronomie und ihr vermeintlich exaktes kleines System –

Aber wir werden Daten sehen über runde Welten und spindelförmige Welten, und über Welten, die wie ein Rad geformt sind; über Welten wie gewaltige Fleischerhaken; und über Welten, die durch strahlende Bänder miteinander verflochten sind; über einsame Welten und Horden von Welten: über gewaltige Welten und winzige Welten: einige aus dem gleichen Material gemacht wie die Erde; einige Welten, die geometrische Super-Konstruktionen aus Eisen und Stahl sind –

Oder, daß nicht nur Asche, Schlacke, Koks und Holzkohle und ölige Substanzen, die an Brennstoff erinnern, vom Himmel fielen –, sondern daß auch schon Unmengen von Eisen auf die Erde heruntergeregnet sind.

Wracks und Treibgut und Bruchstücke riesiger Eisenkonstruktionen –

Oder Stahl. Früher oder später werden wir uns mit dem Gedanken anfreunden müssen, daß Stahlteile vom Himmel gefallen sind. Wenn Objekte nicht aus Eisen, sondern aus Stahl auf die Erde fielen –

Aber was würde ein Tiefseefisch lernen, selbst wenn sich von einem Schiffswrack über ihm eine Stahlplatte löste und ihm auf die Nase fiele?

Wir sind eingetaucht in ein Meer der Konventionen, das nahezu undurchdringlich dicht ist.

Manchmal bin ich der Wilde, der etwas am Strand seiner Insel findet. Manchmal bin ich ein Tiefseefisch, dem die Nase wehtut.

Das größte Geheimnis für mich:
Warum kommen sie nicht offen oder schicken uns offiziell etwas?
Natürlich bleibt von diesem Geheimnis nicht viel übrig, wenn wir die Annahme, wir müßten interessant sein, nicht mehr ernst nehmen. Wahrscheinlich halten sie sich aus moralischen Gründen fern. Aber selbst wenn dem so ist, es muß doch einige Perverse unter ihnen geben.
Oder physikalische Gründe:
Wenn wir uns diesem Thema nähern, dann wird eine unserer wichtigsten Ideen oder leichtgläubigen Annahmen die sein, daß eine zu große Annäherung einer anderen Welt an unsere eine Katastrophe wäre: daß lenkbare Welten solche Annäherungen meiden; daß andere, die überlebten, lernten, sich in sichere Entfernung zurückzuziehen und Umlaufbahnen einzuschlagen, die einigermaßen regelmäßig sind, wenn auch keineswegs so regelmäßig, wie es die Öffentlichkeit unterstellt.
Aber der beharrliche Glaube, wir müßten doch interessant sein.
Käfer und Bazillen und so weiter: sie sind für uns interessant: manche sogar zu interessant.
Die Gefahren zu großer Annäherung – aber unsere Schiffe, die sich an Felsküsten nicht zu nahe heranwagen dürfen, können Ruderboote aussetzen –
Warum sollten zwischen den Vereinigten Staaten und Cyclorea – in unserer fortgeschrittenen Astronomie der Name einer bemerkenswerten ringförmigen Welt oder einer Super-Konstruktion – nicht diplomatische Beziehungen bestehen? Warum werden nicht offen Missionare zu uns geschickt, die uns von unseren barbarischen Behinderungen und Tabus erlösen und uns auf den Konsum von Ultra-Bibeln und Super-Whisky vorbereiten? Ein Vermögen ließe sich machen, wenn man uns feine Dinge verkaufte, die wir lieben würden wie ein afrikanischer Häuptling den alten Seidenhut eines Mannes aus New York oder London.
Die Antwort, die mir an erster Stelle einfällt, ist so einfach, daß sie mir augenblicklich einleuchtend erscheint, wenn wir

annehmen wollen, daß das Offensichtliche die Lösung aller Probleme ist, oder wenn der größte Teil unserer Verwirrung daraus entsteht, daß wir uns mühsam und unter Qualen unbeantwortbare Fragen ausdenken und dann nach Antworten suchen – wobei wir traditionellerweise Worte wie »offensichtlich« und »Lösung« benutzen –

Oder:

Würden wir, wenn wir könnten, Schweine, Gänse und Vieh ausbilden und erziehen?

Wäre es klug, diplomatische Beziehungen zu einer Henne aufzunehmen, die in unserem Sinne gut funktioniert und leistet, was wir von ihr verlangen?

Ich glaube, wir sind Besitz.

Wir gehören etwas anderem:

Daß die Erde früher einmal Niemandsland war, daß andere Welten sie erforschten und kolonisierten und um die Vorherrschaft kämpften, daß wir aber jetzt jemandem gehören:

Daß Etwas Eigentümer der Erde ist – alle anderen haben keinen Zutritt.

In unserer Zeit ist – vielleicht – ich denke an bestimmte Aufzeichnungen, die sich in meinem Besitz befinden – auf dieser Erde nichts von irgendeinem anderen Ort so offen aufgetaucht, wie Kolumbus in San Salvador oder Hudson auf dem nach ihm benannten Fluß auftauchte. Aber es gab auch in letzter Zeit heimliche Besuche auf der Erde – vielleicht waren es Gesandte anderer Welten oder Reisende, die uns aus dem Weg gingen und uns mieden –, wie die Daten zeigen werden, die so überzeugend sind wie die Daten über Öl oder Kohle verbrennende Superkonstruktionen.

Auf diesem weiten Feld muß ich jedoch auch selbst etliches vernachlässigen oder unterschlagen. Ich habe in diesem Buch einfach nicht die Möglichkeit, die Nutzung der Menschheit durch andere Ebenen der Existenz oder die schmeichelhafte Überlegung, wir seien möglicherweise etwas wert, näher zu untersuchen.

Schweine, Gänse, Vieh.

Zuerst findet man heraus, daß sie jemand gehören.
Dann findet man die Gründe heraus.
Ich vermute, daß wir alles in allem doch nützlich sind - daß es unter den wetteifernden Forschern eine Abstimmung gab, oder daß irgend jemand jetzt die Rechte an uns hat, mit Gewalt genommen, oder indem er das Äquivalent von Glasperlen an unsere früheren, primitiveren Besitzer zahlte - alle anderen haben keinen Zutritt - daß all dies vielleicht schon seit Jahrhunderten gewissen Einzelpersonen auf der Erde bekannt ist, vielleicht einem Kult oder einem Orden, dessen Angehörige für uns die Leithammel oder Obersklaven oder Aufseher sind, die uns entsprechend der Anweisungen führen, die sie - von irgendwo her - bekommen, damit wir uns auf eine uns unbekannte Weise nützlich machen.
Aber ich nehme an, daß früher, bevor die Besitzverhältnisse geklärt wurden, die Bewohner einer Vielzahl anderer Welten herkamen und herumsprangen, herumwehten, segelten, flogen oder fuhren - hier herumliefen, nach allem, was ich weiß - daß sie hergezogen und hergestoßen wurden, daß sie einzeln und in riesigen Zahlen kamen, daß sie gelegentlich und regelmäßig kamen, um zu jagen, zu handeln, ihre Harems aufzufüllen und Bergbau zu treiben, daß sie nicht bleiben konnten, daß sie Kolonien gründeten, daß sie sich verirrten. Es waren weit fortgeschrittene Leute oder Dinge und primitive Leute oder Dinge oder was sie auch waren: Weiße, Schwarze, Gelbe -
Ich habe sehr überzeugende Belege dafür, daß die alten Bretonen blau waren.
Natürlich erfahren wir von den konventionellen Anthropologen, daß sie sich nur blau angemalt hätten, aber in unserer fortgeschrittenen Anthropologie waren sie tatsächlich blau -
Annals of Philosophy, 14-51:
Ein Bericht über ein blaues Kind, das in England geboren worden sei.
Ein Atavismus.
Riesen und Elfen. Natürlich akzeptieren wir sie. Wenn wir uns damit brüsten, so schrecklich weit fortgeschritten zu sein, dann

können wir unseren Dünkel nur aufrecht erhalten, indem wir sehr weit zurückgehen. Die Wissenschaft von heute – der Aberglaube von morgen. Die Wissenschaft von morgen – der Aberglaube von heute.
Hinweis auf eine Steinaxt, 17 Zoll lang; an breiteren Ende 9 Zoll breit (*Proceedings of the Society of Antiquarians of Scotland*, 1-9-184).
American Antiquarian, 18-60:
Eine kupferne Axt, die in einem Hügel in Ohio gefunden wurde: 22 Zoll lang, 38 Pfund schwer.
American Anthropologist, 8-229:
Eine Steinaxt, die in Birchwood, Wisconsin, gefunden wurde. Sie ist in der Sammlung der Missouri Historical Society ausgestellt. Als sie gefunden wurde, habe »das spitze Ende«, in der Erde gesteckt. Vielleicht ist das Ding heruntergefallen. Es war 28 Zoll lang, 14 Zoll breit und 11 Zoll dick und wog über 300 Pfund.
Oder die Fußabdrücke in Sandstein in der Nähe von Carson, Nevada – jeweils 18 bis 20 Zoll lang (*American Journal of Science*, 3-26-139).
Die Fußabdrücke waren deutlich zu erkennen und hatten scharfe Umrisse. Sie wurden im *Journal* abgebildet – aber sie ließen sich vom System assimilieren, wie saure Äpfel in anderen Systemen assimiliert werden: Professor Marsh, ein loyaler und skrupelloser Systematiker, erklärt:
»Die Größe dieser Fußabdrücke und besonders der Zwischenraum zwischen den rechten und linken Abdrücken sind deutliche Hinweise darauf, daß sie nicht von Menschen stammen, wie allgemein angenommen wird.«
So sprechen die Exklusionisten, die Schänder Minervas, die Desperados der Verdrängung. Vor allen oder unter allen die Anthropologen. Ich weiß eine neue Beleidigung – jemand greift mich an: Ich will ihm meine tiefe Verachtung entgegenschleudern – er ist ein systematischer Anthropologe. Etwas zu lesen ist lange nicht so beeindruckend wie der Anblick mit eigenen Augen. Wenn jemand sich die Mühe macht, sich die im *Journal*

abgebildeten Abdrücke anzusehen, dann wird er entweder mit Professor Marsh übereinstimmen oder erkennen, daß sie zu leugnen auf einen Geist hinweist, den das System so versklavt hat wie einen demütigen mittelalterlichen Mönch. Die Überlegungen dieses für die Erwählten typischen Phantoms, oder der Gespenster, die über uns zu Gericht sitzen und uns verurteilen wollen, obwohl wir mehr fast-real sind als sie:

Daß es niemals Riesen auf der Erde gab, weil die Fußabdrücke von Riesen riesiger wären als die Fußabdrücke von Menschen, die keine Riesen sind.

Wir stellen uns vor, daß unter den Besuchern der Erde gelegentlich auch Riesen waren – Stonehenge, beispielsweise. Wenn die Zeit weiterschreitet, müssen wir vielleicht einräumen, daß es auf der Erde die Überreste zahlreicher gewaltiger Wohnsitze von Riesen gibt, und daß sie nicht nur zufällig hier auftauchten – aber ihre Knochen – oder die Abwesenheit ihrer Knochen –

Aber so fröhlich und unschuldig ich auch bin, wenn ich das American Museum of Natural History aufsuche, regt sich düsterer Zynismus, sobald ich die Fossilien betrachte – die alten Knochen, die auf der Erde gefunden wurden – riesige Dinger – und alle zu schrecklichen, aber »richtigen« Dinosauriern rekonstruiert – aber es hat mir den Spaß verdorben –

Vor allem die Dronten.

Ein Stockwerk unter der Etage mit den Versteinerungen haben sie eine Dronte rekonstruiert. Eingestandenermaßen eine Erfindung: es steht auch drunter – aber das Tier wurde so geschickt und überzeugend rekonstruiert –

Feen.

»Feenkreuze«.

Harper's Weekly, 50-715:

Daß nördlich des Patrick County, Virginia, wo die Blue Ridge und die Allegheny Mountains zusammenlaufen, viele kleine Steinkreuze gefunden wurden.

Eine Rasse winziger Geschöpfe.

Sie haben Kakerlaken gekreuzigt.

Feinsinnige kleine Wesen – aber die Grausamkeit der Feinsinnigen. So klein sie auch waren, sie haben sich verhalten wie Menschen und gekreuzigt.
Das Gewicht der »Feenkreuze«, erfahren wir in *Harper's Weekly*, schwankt zwischen einer Viertelunze und einer Unze. Aber in *Scientific American*, 79-395, heißt es, einige von ihnen seien kaum größer als ein Stecknadelkopf.
Sie wurden auch in zwei anderen Staaten gefunden, aber die in Virginia fanden sich ausschließlich am Bull Mountain.
Wir erinnern uns an die chinesischen Siegel in Irland.
Ich nehme an, sie fielen dort herunter.
Manche sind römische Kreuze, manche Andreaskreuze, manche Malteserkreuze. Dieses Mal bleibt uns die Begegnung mit den Anthropologen erspart. Wir bekommen es mit Geologen zu tun, aber ich fürchte, für unsere feine, dem Realen schon recht nahe Empfindsamkeit wird kaum eine Erleichterung spürbar sein. Die Geologen wurden gebeten, die »Feenkreuze« zu erklären. Ihre Antwort war der übliche wissenschaftliche Tropismus: »Die Geologen erklärten, es handele sich um Kristalle.« Der Autor von *Harper's Weekly* weist darauf hin, daß dieser »Einwand«, dieses Betäubungsmittel – als sei die theoretische Wissenschaft jemals mehr gewesen als der Versuch, die schmerzlichen Stiche des Unerklärlichen zu lindern – das lokal gehäufte Vorkommen der Objekte nicht erkläre. Ich denke dabei an die Ansammlungen und Absonderungen am Meeresgrund, wenn aus einem Schiffswrack zu verschiedenen Zeiten ähnliche Objekte in großer Zahl herabregnen.
Aber es sind römische Kreuze, Andreaskreuze und Malteserkreuze dabei.
Denkbar, daß es ein Mineral gibt, das die Fähigkeit hat, in verschiedenen geometrischen Formen zu kristallisieren, dabei aber immer Kreuze bildet, denn Schneeflocken sind vielfältig, aber immer auf das Sechseck beschränkt. Aber die schuldbeladenen Geologen, kaltblütig wie Astronomen und Chemiker und die anderen Tiefseefische –, wenn auch weniger eindeutig auf Seiten der Pseudo-Geretteten als die elenden Anthropologen –

vernachlässigten die Angabe – die zu vernachlässigen in diesem Fall auch klug war:
Daß die »Feenkreuze« aus unterschiedlichen Materialien bestanden.
Es ist die übliche Vernachlässigung, es ist der alte Psychotropismus, der alte Prozeß der Assimilation. Kristalle bilden geometrische Formen. Kristalle sind vom System zugelassen. Also sind »Feenkreuze« Kristalle. Aber daß verschiedene Minerale an verschiedenen Orten angeregt werden, zu verschiedenen Kreuzformen zu kristallisieren – das ist eine Art von Widerstand, den wir als weniger fast-real ansehen als unsere eigenen Annahmen.
Wir wollen auf einige »verfluchte« kleine Dinge zu sprechen kommen, die zu den »Verlorenen« zählen, für deren »Erlösung« aber einige wissenschaftliche Missionare ihr verdammt Bestes gegeben haben.
»Zwergfeuersteine.«
Man kann sie nicht gut verleugnen.
Sie sind verloren und dennoch gut bekannt.
»Zwergfeuersteine« sind winzige, prähistorische Geräte. Einige sind nur einen Viertelzoll groß. Sie wurden in England, in Indien, in Frankreich, in Südafrika und vielen anderen Teilen der Welt gefunden, ob sie nun vom Himmel herabregneten oder nicht. Sie bekleiden unter den Verfluchten einen hohen Rang. Sie werden nicht verleugnet, und sie wurden nicht verdrängt. Es gibt eine Menge Literatur über dieses Thema. Ein Versuch, sie zu rationalisieren oder zu assimilieren oder sie in die Wissenschaft aufzunehmen, war die Idee, sie seien Spielzeug prähistorischer Kinder gewesen. Das klingt vernünftig. Aber natürlich meinen wir mit vernünftig etwas, für das etwas genauso Vernünftiges, aber Gegensätzliches, noch nicht gefunden wurde. Wir könnten die Aussage modifizieren, indem wir sagen, daß es nichts endgültig Vernünftiges gibt, daß aber einige Phänomene weiter an das Vernünftige angenähert sind als andere. Der Annahme, es handele sich um Spielzeug, steht die höhere Annäherung der Tatsache gegenüber, daß dort, wo die

»Zwergfeuersteine« gefunden werden, alle Feuersteine Zwerge sind – das gilt zumindest für Indien, wo die größeren Werkzeuge, die am gleichen Ort gefunden wurden, durch geologische Schichten von den anderen getrennt waren (Wilson).
Das Datum, das mich im Augenblick annehmen läßt, daß diese Feuersteine von Wesen hergestellt wurden, die etwa so groß waren wie saure Gurken, ist ein Hinweis von Professor Wilson (*Report of the National Museum*, 1892-455):
Daß die Feuersteine nicht nur klein, sondern daß sie auch »mit winzigen Schlägen« behauen sind.
Das Bewußtsein des neunzehnten Jahrhunderts rang mit einer Idee, die nicht in diese Zeit gehörte:
In *Science Gossip*, 1896-36, sagt R. A. Galty:
»Der Zuschlag ist so fein, daß man ein Vergrößerungsglas braucht, um die Handwerkskunst zu erkennen.«
Ich glaube, es gibt keine überzeugenderen Ideen als die, daß winzige Wesen in der Größe von Gurken diese Gegenstände herstellten, oder daß die gewöhnlichen Wilden sie mit Hilfe von Vergrößerungsgläsern anfertigten.
Die Vorstellung, die wir nun entwickeln und vortragen wollen, gehört eindeutig zu den Verdammten oder den Fortschrittlichen. Es ist eine verlorene Seele, wie ich zugebe – oder prahle –, die sich an dieser Stelle aber gut einfügt. Konventionell wie immer, will ich die wissenschaftliche Methode der Assimilation anwenden. Wir assimilieren und denken an die Bewohner von Elvera –
Übrigens, ich vergaß den Namen der Welt der Riesen zu erwähnen:
Monstrator.
Eine spindelförmige Welt – an der Hauptachse etwa 100000 Meilen lang – die Einzelheiten sollen an späterer Stelle veröffentlicht werden.
Aber unsere heraufdämmernde Inspiration paßt ins Bild, wenn wir uns vorstellen, daß die Bewohner von Elvera uns nur besucht haben: daß sie in Horden so zahlreich wie Wolken von Fledermäusen zu Jagdausflügen herkamen – um Mäuse, oder

besser: um Bienen zu jagen – oder, am wahrscheinlichsten überhaupt, oder gar unvermeidlich, um die Heiden zu bekehren – sie entsetzten sich über jeden, der sich mit mehr als einer Bohne auf einmal zu überfressen drohte; sie fürchteten um die Seelen der Geschöpfe, die mehr als einen Tropfen Tau auf einmal schluckten – Horden winziger Missionare, entschlossen, dem Guten Geltung zu verschaffen, die anhand ihrer eigenen Winzigkeit entschieden, was Recht und was Unrecht war.

Sie müssen Missionare gewesen sein.

Zu sein bedeutet, den Impuls zu haben, etwas anderes zu konvertieren oder zu assimilieren.

Wir beschäftigen uns also mit der Idee, daß winzige Wesen von ihrer kleinen Welt zu uns kamen. Sie mag Eros geheißen haben, aber ich nenne sie Elvera. Sie kommen zur Erde und lernen das Enorme kennen. Ein mittelgroßes irdisches Tier schnappt einmal – ein halbes Dutzend von ihnen ist verschlungen und bald darauf verdaut. Einer fällt in einen Bach – wird von mächtigen Strömungen fortgerissen –

Wir können auch, ganz konventionell, bei Darwin nachschlagen:

»Die geologischen Aufzeichnungen sind unvollständig.«

Ihre Feuersteine blieben erhalten, aber was ihre zierlichen Körper angeht – mit dem gleichen Erfolg würde man nach prähistorischen Schneeflocken suchen. Ein kleiner Wirbelwind – ein Elveraner wird ein paar hundert Meter fortgetragen – seine Gefährten finden ihn nie wieder. Sie trauern um den Verschwundenen. Wenn sie empfinden wie wir: sie würden trauern. Sie müßten eine Begräbnisfeier abhalten. Um Begräbnisfeiern führt kein Weg herum. Ich übernehme hier eine Erklärung von den Anthropologen: Beerdigung in Abwesenheit. Vielleicht kamen die Elveraner dann erst viele Jahre später auf die Erde zurück, ein weiteres schmerzliches Ereignis – und errichteten ein kleines Mausoleum für alle in Abwesenheit Beerdigten.

Die Londoner *Times* vom 20. Juli 1836:

Daß Anfang Juli 1836 in der Nähe von Edinburgh ein paar

Kinder in den Hügeln, die als Arthur's Seat bezeichnet werden, nach Kaninchen suchten. An einem Hang stießen sie auf einige dünne Schiefertafeln, die sie herauszogen.
Eine kleine Höhle.
Siebzehn winzige Särge.
Jeweils drei oder vier Zoll lang.
In den Särgen befanden sich kleine Holzfiguren. Sie waren in unterschiedlichen Stilrichtungen und mit unterschiedlichen Materialien bekleidet. Es waren zwei Reihen mit jeweils acht Särgen, und eine dritte Reihe war mit einem Sarg begonnen worden.
Was besonders geheimnisvoll erscheint:
Daß die Särge einzeln und im Abstand von vielen Jahren in die kleine Höhle gestellt worden waren. Die Särge in der ersten Reihe waren ziemlich verfallen, und die Stoffe waren verfault. In der zweiten Reihe waren die Auswirkungen des Alters noch nicht so stark zu sehen. Der letzte Sarg sah noch recht neu aus.
In den *Proceedings of the Society of Antiquarians of Scotland*, 3-12-460, ist ein ausführlicher Bericht über den Fund abgedruckt. Drei der Särge und drei der Figuren sind abgebildet.
Also Elvera mit seinen flaumigen Wäldern und den mikroskopisch kleinen Austern – und wenn die Elveraner nicht sehr weit fortgeschritten sind, dann baden sie und benutzen dabei Schwämme in der Größe von Stecknadelköpfen –
Oder, daß es Katastrophen gab: daß Bruchstücke von Elvera auf die Erde gefallen sind.
In *Popular Science*, 20-83, schreibt Francis Bingham über die Korallen und Schwämme und Muscheln und Haarsterne, die Dr. Hahn in Meteoriten gefunden haben wollte und erklärt, indem er die Fotos von ihnen beurteilt, das »besonders Eigenartige« an ihnen sei »ihre äußerst geringe Größe«. Die Korallen beispielsweise sind nur ein Zwanzigstel so groß wie irdische Korallen. »Sie sind Vertreter eines Zwergenreichs der Tiere«, sagt Bingham.
Ich glaube, die Bewohner von Monstrator und Elvera waren Primitive, als sie begannen, gelegentlich die Erde zu besuchen.

Aber in der Quasi-Existenz ist natürlich alles, was wir Halb-Phantome als Beweis für etwas betrachten, ein genauso guter Beweis für etwas anderes. Logiker und Detektive und Geschworene und mißtrauische Ehefrauen und Angehörige der Royal Astronomical Society erkennen diese Unbestimmtheit, aber sie bilden sich ein, wenn sie zu einer Übereinstimmung kämen, könnten sie endgültige, reale Beweise finden. Die Methode ist gut genug für eine »Existenz«, die selbst nur halb real ist, aber dies ist auch die Art von Vernunft, aufgrund welcher Hexen verbrannt wurden und sich die Angst vor Gespenstern hält. Ich bin nicht so rückständig, Hexen und Gespenster einfach zu leugnen, aber ich glaube, es gab nie die Hexen und Gespenster, wie die Öffentlichkeit sie sah. Doch die Geschichten über sie wurden mit Hilfe erstaunlich vieler erfundener Details und durch zahlreiche übereinstimmende Berichte gestützt.

Wenn ein Riese Abdrücke seiner nackten Füße hinterläßt, dann muß das nicht heißen, daß er ein Primitiver war – ein Ausbund an Kultur bei einer Kneippkur. Wenn Stonehenge eine große, aber nur ungefähr geometrische Anlage ist, dann kann die Unaufmerksamkeit der Erbauer für die Details – bedeuten, was immer Sie wollen – ehrgeizige Zwerge oder Riesen – und wenn Riesen, dann, daß sie kaum mehr als Höhlenmenschen waren, oder postimpressionistische Architekten aus einer sehr weit fortgeschrittenen Zivilisation.

Wenn es andere Welten gibt, dann sind es bevormundende – oder, daß zum Beispiel Kepler sich nicht völlig geirrt hat: daß seine Idee, jeder Planet werde von einem Engel geschoben und gelenkt, nicht sehr einleuchtend klingen mag, daß wir aber auf einer abstrakten Ebene eine vormundschaftliche Beziehung akzeptieren könnten.

Zu sein bedeutet, Vormund zu sein.

Unsere allgemeine Annahme:

Daß »alles« im Intermediären Reich keine Dinge bezeichnet, sondern den Versuch, etwas zu werden, indem man aus der Kontinuität ausbricht, indem man nicht mehr mit allen anderen

Phänomenen verschmilzt. Es ist der Versuch, dem Geflecht einer relativen Existenz zu entfliehen und absolut zu werden, beziehungsweise sich einem höheren Versuch dieser Art zu unterwerfen oder ein Teil von ihm zu werden:
Daß dieser Prozeß zwei Aspekte hat:
Anziehung oder das Bestreben aller Dinge, alle anderen Dinge zu assimilieren, solange sie sich nicht selbst einem höheren System, einer höheren Einheit, Organisation, Wesenheit, Harmonie oder einem höheren Gleichgewicht ausgeliefert oder unterworfen haben –
Und Abstoßung oder der Versuch aller Dinge, das nicht Assimilierbare auszuschließen oder zu übersehen.
Der Prozeß ist universell:
Alles ist vorstellbar:
Ein Baum. Er tut was er kann, um Substanzen aus dem Erdreich und aus der Luft und auch das Sonnenlicht in seine Baum-Substanz zu assimilieren. Umgekehrt verwirft er alles und stößt alles ab, was er nicht assimilieren kann.
Eine Kuh grast, ein Schwein wühlt, ein Tiger schleicht: Planeten versuchen, Kometen einzufangen; Obdachlose und die christliche Religion, eine Katze mit dem Kopf voran in einer Mülltonne; Nationen kämpfen um mehr Land, Wissenschaftler korrelieren ihre Daten, Konzernchefs koordinieren, eine Sängerin geht spät abends aus – und alle werden irgendwo vom nicht Assimilierbaren aufgehalten. Die Sängerin und der gekochte Hummer. Wenn sie ihn nicht mit Schale und allem drum und dran verspeist, verkörpert sie das universelle Scheitern und wird nicht allumfassend. Wenn sie ihn ißt, verpaßt sie ebenfalls die Chance: ihre nachfolgenden Verdauungsbeschwerden befördern sie ins Negative Absolute.
Oder die Wissenschaft und einige unserer verfluchten, schwerverdaulichen Daten.
Wir sprechen über die Vormundschaft, als sei sie etwas Eindeutiges, das für sich betrachtet werden kann, als sprächen wir über einen Baum, einen Heiligen, ein Faß Schweinefleisch und die Rocky Mountains. Wir sprechen über Missionare, als seien

sie etwas Eindeutiges, als hätten sie eine eigene Identität oder als seien sie eine eigene Spezies. Der Intermediarist weiß, daß alles, was Identität zu besitzen scheint, nur der Versuch ist, Identität zu erlangen. Jede Spezies geht in jede andere Spezies über, und was als spezifisch gesehen wird, ist nur die Betonung eines Aspekts vom Allgemeinen. Wenn es Katzen gibt, dann sind sie nur eine Betonung der universellen Katzenhaftigkeit. Es gibt nichts, das nicht an dem Anteil hätte, wovon der Missionar oder der Vormund nur ein Sonderfall ist. Jede Unterhaltung ist ein Konflikt von Missionaren, die versuchen, sich gegenseitig zu bekehren oder zu assimilieren oder den anderen dem eigenen Bild ähnlich zu machen. Wenn kein Fortschritt möglich scheint, folgt gegenseitige Abstoßung.

Wenn in der Vergangenheit jemals andere Welten Beziehungen zur Erde hatten, dann waren dies Versuche, eindeutig zu werden. Sie wollten expandieren und Kolonien auf der Erde aufbauen. Sie wollten die Eingeborenen der Erde bekehren oder assimilieren.

Unsere Vormund-Welten und ihre Kolonien hier –

Super-Romanimus –

Oder der Ort, von dem die ersten Römer kamen.

Mindestens so gut wie die Geschichte von Romulus und Remus.

Super-Israelimus –

Oder, daß es trotz der modernen Ansichten zu diesem Thema einmal etwas gegeben hat, das für die frühen Orientalen eine Art Super-Elternteil oder Vormund war.

Azuria, der Vormund der frühen Bretonen:

Azuria, von wo die blauen Bretonen kamen, deren Nachfahren nach und nach verblaßten, wie blaue Farbe in einem Waschbecken verläuft, wenn der Wasserhahn geöffnet ist.

Welten, die einst Vormundwelten waren, bevor diese Erde das alleinige Eigentum einer von ihnen wurde, versuchten zu bekehren oder zu assimilieren – aber dann geschah ihnen, was jedem Missionar geschieht – nicht jeder Magen konnte alles verdauen; manche Gesellschaften lehnten gewisse Einzelheiten ab; Gletscher räumen auf ihrem Weg Geröll zur Seite –

Ablehnung. Der Zorn des abgewiesenen Missionars. Es gibt keinen anderen Zorn. Jede Zurückweisung ist eine Reaktion auf das nicht Assimilierbare.
Also der Zorn Azurias –
Weil die anderen Völker in dem Teil der Erde, den wir heute England nennen, Azurias Kolonisten nicht assimilieren wollten. Ich weiß nicht, ob es in der Geschichte dieser Erde je einen mehr berechtigten, besser begründeten oder logischeren Zorn gab als diesen – neben dem es keinen anderen Zorn geben kann.
Der Zorn Azurias, weil sich die anderen Völker dieser Erde nicht ihr zu Gefallen blau färben wollten.
Die Geschichte ist ein Teil der menschlichen Verblendung, der uns besonders interessiert. Wir können der Geschichte ein wenig weiterhelfen. In den geschmolzenen Festungen in einigen Teilen Europas finden wir Daten, die von den Humes und Gibbons unterschlagen wurden.
Die geschmolzenen Festungen rings um England, aber nicht in England selbst.
Die geschmolzenen Festungen in Schottland, Irland, in der Bretagne und in Böhmen.
Oder daß Azuria einst versuchte, mit elektrischen Stürmen alle Völker von dieser Erde zu fegen, die sich ihr widersetzten.
Die riesige blaue Kugel Azurias erschien am Himmel. Wolken färbten sich grün. Die Sonne wirkte formlos und purpurn in dem Zorn, der von Azuria ausstrahlte. Die weißen oder gelben oder braunen Völker in Schottland, Irland, der Bretagne und Böhmen flohen auf die Hügel und bauten Festungen. In einer realen Existenz wären Hügel, die für einen fliegenden Feind am leichtesten zugänglich sind, der letzte Ort, an den man fliehen würde. Aber hier, in der Quasi-Existenz, wo wir daran gewöhnt sind, in gefährlichen Augenblicken auf einen Hügel zu laufen, tun wir es, auch wenn wir uns dadurch der Gefahr nähern. Das kommt in der Quasi-Existenz häufig vor: Man versucht zu fliehen, indem man sich dem Verfolger nähert.
Auf Hügeln bauten sie, oder besaßen dort bereits, Festungen.

Etwas schüttete Elektrizität über sie aus.
Die Steine der Festungen existieren heute noch. Sie sind verglast oder geschmolzen.
Die Archäologen sind von einer Schlußfolgerung zur nächsten gesprungen wie das »schnelle Chamois«, von dem wir vor einer Weile lasen, um die geschmolzenen Festungen zu erklären, immer durch die Bedingung eingeengt, daß ihre Schlußfolgerungen den Vorgaben des Exklusionismus und des Systems entsprechen mußten, weil sie sonst selbst exkommuniziert worden wären. In ihrer mittelalterlichen Furcht vor Exkommunizierung versuchten also die Archäologen, geschmolzene Festungen in Begriffen irdischer Erfahrung zu erklären. Ihre Unzulänglichkeiten zeigen uns wie immer, daß assimiliert wird, was assimiliert werden kann, und daß vernachlässigt wird, was nicht zu assimilieren ist. Sie einigten sich auf die Erklärung, daß geschmolzene Festungen auf prähistorische Menschen zurückgehen, die – oft weit von jedem Wald entfernt – riesige Feuer anlegten, um von außen her die Steine und ihr Baumaterial zu schmelzen und miteinander zu verbinden. Aber immer drohen Einwände. Nicht einmal in sich selbst kann die Wissenschaft homogen oder harmonisch sein. Miss Russel wies im *Journal of the British Astronomical Association* darauf hin, wie selten es vorkomme, daß einzelne Steine, von langen Mauern ganz zu schweigen, schmelzen, wenn große Häuser niederbrennen.
Wenn wir dem Thema noch ein wenig Aufmerksamkeit schenken, bevor wir darüber zu schreiben beginnen – was für uns ein Weg ist, dem Realen etwas näher zu kommen als die Einwände, auf die wir bisher trafen –, dann stellen wir fest:
Daß die Steine dieser Festungen geschmolzen sind, was aber nichts mit der Zementierung zu tun hat: daß sie hier und dort streifenweise zementiert sind, als seien gezielte Blitze eingeschlagen oder hätten auf ihnen gespielt.
Also waren es Blitze?
Vor langer Zeit ließ etwas die Steine von Festungen auf Hügeln in Schottland, Irland, in der Bretagne und in Böhmen schmelzen.

Blitze bevorzugen isolierte und hoch gelegene Punkte.
Aber einige dieser geschmolzenen Festungen befinden sich nicht an den höchsten Punkten der Hügel: einige liegen an geschützten Stellen: auch ihre Mauern sind stellenweise geschmolzen.
Etwas wirkte ähnlich wie Blitze auf Festungen, die überwiegend in Schottland, Irland, in der Bretagne und in Böhmen auf Hügeln liegen.
Aber auf der ganzen Welt finden wir auf Hügeln die Ruinen von Festungen, die nicht geschmolzen sind.
Es gibt im Konkreten nur ein Verbrechen, und das besteht darin, nicht blau zu werden, wenn die Götter blau sind: aber universell gesehen, besteht das einzige Verbrechen darin, die Götter nicht grün zu färben, wenn man selbst grün ist.

KAPITEL 13

Eines der herausragendsten Phänomene oder angeblichen Phänomene der medialen Forschung oder der angeblichen Forschung – wenn es denn in der Quasi-Existenz nie eine reale Forschung gab, sondern nur Annäherungen an die Forschung, die mit Vorurteilen und Bequemlichkeit verschmolzen oder in sie übergingen –
»Steinwürfe«.
Sie werden Poltergeistern zugeschrieben. Das sind boshafte Geister.
Poltergeister lassen sich nicht assimilieren von unserem bisher errichteten Quasi-System, in dem wir versucht haben, verleugnete oder vernachlässigte Daten als Phänomene außerirdischer Kräfte miteinander zu korrelieren, physikalisch ausgedrückt. Deshalb betrachte ich Poltergeister als böse oder falsch oder unstimmig oder absurd – Begriffe, die verschiedenen Abstufungen oder Aspekten des nicht Assimilierbaren vorbehalten sind, den Dingen also, die sich nicht ohne weiteres organisieren, harmonisieren, systematisieren oder kurz gesagt eindeutig zuordnen lassen. Es sind Begriffe, die wir dem negativen Zustand, wie wir ihn kennen, zurechnen. Ich mache mir nicht erst die Mühe, Poltergeister zu verleugnen, weil ich vermute, daß sie später, wenn wir erleuchteter sind, oder wenn wir unseren Glauben erweitert haben, oder wenn wir uns besser gegen jene Ignoranz wehren können, die Wissen heißt, durchaus als assimilierbar gelten könnten. Dann werden sie so vernünftig sein wie Bäume. Mit vernünftig meine ich alles, was sich von der dominierenden Kraft oder vom System oder einem vorherrschenden Gedankengebäude assimilieren läßt – wobei letztere natürlich auch wieder nur auf Hypnose und Täuschung

beruhen. Wir hoffen jedenfalls, daß wir uns damit zu einer immer größeren Annäherung an das Reale hin entwickeln werden. Im Augenblick finde ich die Poltergeister in dem Maße böse und absurd, wie sie sich der Assimilierung widersetzen, wobei ich natürlich nicht vergesse, daß sie in Zukunft assimilierbar werden könnten.

Wir ziehen die Poltergeister hinzu, weil einige unserer Daten oder angeblichen Daten sich bis zur Unkenntlichkeit mit Daten oder angeblichen Daten von Poltergeistern vermischen:

Beispiele für Steine, die aus einer unsichtbaren und nicht erkennbaren Quelle auf ein kleines Gebiet fielen oder geworfen wurden.

Die Londoner *Times* vom 27. April 1872:

»Am Donnerstag wurden die Häuser Reverdy Road 56 und 58 in Bermondsey zwischen 16.00 Uhr und 22.30 Uhr pausenlos mit Steinen und anderen Wurfgeschossen bombardiert, die von einer unsichtbaren Quelle kamen. Zwei Kinder wurden verletzt, alle Fenster zerbrachen, und mehrere Möbelstücke wurden zerstört. In der Umgebung war ein starkes Polizeiaufgebot unterwegs, aber man konnte die Richtung, aus der die Steine geworfen wurden, nicht ermitteln.«

Die »anderen Wurfgeschosse« machen die Sache komplizierter. Aber wenn der Ausdruck nur Blechdosen und alte Schuhe meint, und wenn wir annehmen, daß die Richtung nicht festzustellen war, weil niemand auf die Idee kam, nach oben zu sehen, dann sind wir möglicherweise schon einen guten Schritt weiter.

Die Londoner *Times* am 16. September 1841:

Daß im Haus einer Mrs. Charton, im Sutton Courthouse in der Sutton Lane, Chiswick, von »unsichtbarer Hand« Fenster zerschmettert worden waren. Alle Versuche, den Übeltäter zu finden, schlugen fehl. Das Haus stand einzeln und war von hohen Mauern umgeben. Es gab kein anderes Gebäude in der Nähe. Man rief die Polizei. Zwei Wachtmeister bewachten, unterstützt von zwei Bewohnern, das Haus, aber nach wie vor gingen »vorne und hinten« Fenster zu Bruch.

Oder die treibenden Inseln, die oft in der Super-Sargassosee verharren; und die atmosphärischen Störungen, die sie manchmal treffen, so daß in eng umgrenzten Bereichen aus vorübergehend stationären Quellen Dinge auf diese Erde herabfallen.

Aus der Super-Sargassosee und von ihren Stränden und von den treibenden Inseln, von wo, wie ich denke oder zumindest annehme, Kieselsteine heruntergefallen sind:

Wolverhampton, England, im Juni 1860 – ein heftiger Sturm – so viele kleine schwarze Kiesel fielen herab, daß sie weggeschaufelt werden mußten. (*La Science Pour Tous*, 5-264); in Birmingham, England, fiel im August 1848 eine große Zahl kleiner schwarzer Steine herab – ein heftiger Sturm – sie sollen dem Basalt geähnelt haben, der in der Nähe von Birmingham zu finden ist (*Report of the British Association*, 1864-37). Kiesel, die als »normale, vom Wasser abgeschliffene Kiesel« beschrieben werden, gingen am 6. Juli 1888 in Palestine, Texas, nieder. Sie stammten aus »einer Formation, die es im Umkreis von Palestine nicht gibt« (W. H. Perry, Sergeant, Signal Corps, in der *Monthly Weather Review*, Juli 1888). Runde, glatte Kiesel fielen im Jahre 1834 in Kandahor herab (*American Journal of Science*, 1-26-161). »Eine große Zahl von Steinen von eigenartiger Bildung und in eigenartigen Formen, die nicht aus dieser Gegend stammten, fielen am 18. Mai 1883« während eines Tornados in Hillsboro, Illinois, vom Himmel (*Monthly Weather Review*, Mai 1883).

Kiesel von himmlischen Stränden und irdische Kiesel, die durch Wirbelstürme bewegt werden, gehen in diesem Beispiel nahtlos ineinander über. Aber es ist interessant zu hören, daß Dinge von eigenartiger Gestalt vom Himmel gefallen seien. Vielleicht sollten wir auf dieses Detail unsere Aufmerksamkeit richten und versuchen, Phänomene der Super-Sargassosee zu finden, die vom Verschmelzungspunkt weit entfernt sind:

Dazu suchen wir nach drei Merkmalen:

Kiesel, die herabfielen, wo von einem Wirbelsturm, der sie bewegt hätte, nichts zu erfahren war;

Kiesel, die zusammen mit Hagel fielen, wobei die Hagelkörner so groß waren, daß sie unmöglich in der Atmosphäre dieser Erde entstanden sein können;

Kiesel, die herabfielen, und auf die nach langer Zeit weitere Kiesel folgten, als kämen sie alle aus einer stationären Quelle in der Luft, die ihre Fracht am gleichen Ort entlud.

Im September 1898 veröffentlichte eine New Yorker Zeitung einen Bericht über einen Blitz oder eine Leuchterscheinung in Jamaika. Etwas war in einen Baum geschlagen, und in der Nähe des Baumes fand man einige kleine Kiesel. Es hieß, die Kiesel seien zusammen mit dem Blitz vom Himmel gefallen. Aber die Ohrfeige für die Orthodoxie lag in der Tatsache, daß es sich nicht um scharfkantige Bruchstücke handelte, die aus einem Meteor hätten herausgebrochen sein können, sondern um »vom Wasser rundgeschliffene Kiesel.«

In der geographischen Weite eines Kontinents ist die Erklärung »irgendwo hoch und woanders wieder herab« immer gut. Überstrapaziert wirkt sie erst, wenn die Beispiele so massiert auftreten wie in diesem Buch. Doch bei dieser Gelegenheit, im Falle jenes relativ kleinen Gebiets auf Jamaika, wo sich kein Wirbelsturm auftreiben ließ, waren die Steine natürlich schon »von vornherein« dort gewesen.

Monthly Weather Review, 1898-363:

Daß ein Meteorologe der Regierung Nachforschungen angestellt hatte: er berichtete, daß ein Baum vom Blitz getroffen worden sei und daß man in der Nähe des Baumes kleine, von Wasser rundgeschliffene Kiesel gefunden habe: daß jedoch ähnliche Kiesel überall auf Jamaika zu finden seien.

Monthly Weather Review, September 1915-446:

Professor Fassig schildert einen Hagelschauer in Maryland am 22. Juni 1915: Hagelkörner in der Größe von Baseballkugeln waren »keineswegs selten«.

»Aus einem interessanten, aber unbestätigten Bericht geht hervor, daß man im Kern einiger großer Hagelkörner, die in Annapolis gesammelt wurden, kleine Kieselsteine fand. Der junge Mann, der die Geschichte erzählte, bot an, uns die Kiesel vorzulegen, hat es bisher aber nicht getan.«

Eine Fußnote:
»Inzwischen hat der Autor nach eigenen Angaben einige Kiesel erhalten.«
Wenn ein junger Mann Kieselsteine vorlegt, dann ist das so überzeugend wie nur irgendein Beweis, aber sicherlich nicht beweiskräftiger als das Versprechen, Schinkenbrote vorlegen zu können, nachdem man angeblich Schinkenbrote hat vom Himmel fallen gesehen. Nachdem wir zugegeben haben, daß uns dieser Umstand ein wenig stört, wollen wir einen Zusammenhang zu Daten herstellen, die ein Angestellter des Weather Bureau übermittelte. Er erklärte, ob die Kiesel nun lange in der Luft gewesen seien oder nicht, bei einigen der Hagelkörner, die mit ihnen zusammen herunterkamen, sei es gewiß so gewesen. Einige dieser Hagelkörner hätten aus zwanzig bis fünfundzwanzig Schichten Eis beziehungsweise vereistem Schnee bestanden. Wenn ich orthodoxen Gedankengängen folge, müßte ich sagen, daß ein einigermaßen großes Hagelkorn mit einer solchen Geschwindigkeit durch die Wolken stürzt, daß es sich aufwärmt und überhaupt keine Zeit hat, auch nur eine Schicht Eis zuzulegen. Um aber zwanzig Schichten zuzulegen, muß ich mir vorstellen, daß es überhaupt nicht fiel, sondern irgendwo längere Zeit gemächlich umherrollte.
Kommen wir zu einem Datum, das uns in zweierlei Hinsicht vertraut ist:
Im September 1824 regnete es in Sterlitamak, Orenburg, Rußland kleine, symmetrische Objekte aus Metall (*Philosophical Magazine*, 4-8-463).
Am 25. Januar 1825 fielen sie in Orenburg, Rußland, nochmals (*Quarterly Journal of the Royal Institute*, 1828-1-447).
Ich denke jetzt auch an die Scheibe von Tarbes, aber als ich zum erstenmal auf diese Daten stieß, fiel mir zuerst nur die Wiederholung auf, weil die Objekte von Orenburg beide Male als Pyritkristalle oder Eisensulfat beschrieben wurden. Ich wußte nichts über metallische Objekte, die anders als durch Kristallisation geformt werden könnten, bis ich Aragos Bericht über diese Vorfälle fand (*Œuvres*, 11-644). Laut seiner Analyse be-

standen die Objekte zu 70 Prozent aus rotem Eisenoxid und zu maximal 5 Prozent aus Schwefel. Mir scheint aber, Eisen mit weniger als 5 Prozent Schwefel kann nicht mehr als Eisenpyrit bezeichnet werden. Also fielen kleine, rostige eiserne Objekte, die irgendwie geformt worden waren, im Abstand von vier Monaten am gleichen Ort auf die Erde. M. Arago äußert sich verwundert über dieses Phänomen der Wiederholung, das uns so vertraut ist.

Insgesamt sehe ich im offenen Land vor mir die Spiegelungen von Ketzereien, vor denen ich die Augen schließen muß. Ich habe immer schon Sympathie für die Dogmatiker und Exklusionisten gehegt, und ich habe von vornherein klargestellt: Schon der Anschein des Seins bedeutet, anderes willkürlich und dogmatisch auszuschließen. Es ist nur so, daß Exklusionisten, die im neunzehnten Jahrhundert etwas galten, im zwanzigsten Jahrhundert die Bösen sind. Wir drohen immer wieder mit dem Unendlichen zu verschmelzen, und wenn dieses Buch sich einer Form annähern soll, wenn unsere Daten sich einer Ordnung annähern sollen, wenn wir uns der Verständlichkeit annähern wollen, dann müssen wir uns immer wieder dazu ermahnen, uns nicht in der Unendlichkeit zu verlieren. Wir achten allerdings darauf, unsere Grenzlinie, unsere Trennlinie zwischen dem, was wir einschließen und dem, was wir ausschließen, vage zu halten.

Die Crux dabei und die Grenze, über die wir nicht – oder nicht allzuweit – hinausgehen sollten, ist:

Wir nehmen an, daß es eine Region gibt, die wir die Super-Sargassosee nennen – wir akzeptieren es nicht völlig, aber es ist eine vorläufige Position, die starke Unterstützung erfuhr –

Aber ist sie nun ein Teil der Erde, dreht sie sich mit ihr und über ihr –

Oder liegt sie einfach platt über der Erde, ohne sich mit ihr zu drehen –

Dreht sich diese Erde vielleicht überhaupt nicht, ist sie überhaupt nicht rund, sondern geht nahtlos in den Rest des Systems über, so daß wir, wenn wir uns von den Traditionen der Geo-

graphen lösen, laufen und laufen könnten, bis wir den Mars erreichen, nur um festzustellen, daß der Mars in den Jupiter übergeht?
Ich glaube, eines Tages werden solche Fragen absurd erscheinen – weil es so offensichtlich sein wird –
Es fällt mir schwer, mir kleine metallene Objekte vorzustellen, die vier Monate lang exakt über einer kleinen Stadt in Rußland hängen, und die ohne feste Verbindung dem Rhythmus der sich drehenden Erde gefolgt sein sollen –
Vielleicht hat auch etwas auf die Stadt gezielt und später einen zweiten Schuß losgelassen.
Das sind Spekulationen, die mir für diese frühen Jahre des zwanzigsten Jahrhunderts auf der Erde ziemlich ruchlos vorkommen –
Im Augenblick nehme ich an, daß diese Erde – natürlich nicht rund – das ist sehr altmodisch –, sondern rundlich ist oder jedenfalls ihre eigene Form hat, sich um ihre eigene Achse dreht und um die Sonne kreist. Ich akzeptiere nur diese alten, überlieferten Gedanken –
Und, daß es über der Erde schwerkraftlose Regionen gibt, die sich mit der Erde drehen. Von diesen Regionen fallen aufgrund unterschiedlichster Störungen Objekte herunter, und später fallen noch einmal Objekte auf den gleichen Fleck:
Monthly Weather Review, Mai, 1884-134:
Der Bericht eines Beobachters vom Signal Service aus Bismarck, Dakota:
Daß am 22. Mai 1884 um 21.00 Uhr in der ganzen Stadt laute Geräusche zu hören waren, die durch herunterfallende und gegen Fensterscheiben schlagende Feuersteine verursacht wurden.
Fünfzehn Stunden später fielen in Bismarck abermals Feuersteine herab.
Es gibt keine Berichte darüber, daß auch an anderen Orten Steine vom Himmel gefallen wären.
Dies ist nun ein ultra-verdammtes Ding. Alle Herausgeber wissenschaftlicher Blätter lesen die *Monthly Weather Review* und

drucken gelegentlich sogar Artikel nach. Der Krach, den die Steine in Bismarck machten, als sie gegen die Fenster schlugen, war vielleicht der Klang einer Sprache, die Piloten eines Tages werden verstehen können. Aber abgesehen von diesem Lärm herrschte Totenstille. Zu diesem ultra-verdammten Ding kann ich in keiner anderen Publikation einen Hinweis finden.

Manchmal zeigten sich Meteorologen aufgrund der Größe von Hagelkörnern beunruhigt – nicht so die Lehrbuchmeteorologen. Ich kenne keine erbaulichere Betätigung als das Schreiben von Lehrbüchern – höchstens die Beschäftigung in der Redaktion des *»Wachturm«* könnte ähnlich beschaulich sein. In der gemächlichen Trägheit eines Lehrbuchs lesen wir einleuchtende und einfältige Worte über Staubteilchen, um die sich eisige Regentropfen legen, bis sie fallen und Hagelkörner wachsen lassen – aber in meteorologischen Zeitschriften lesen wir oft von Hohlräumen aus Luft, um die sich Hagelkörner bilden –

Bloß, die Größe dieser Dinger. Tauchen Sie eine Murmel in Eiswasser. Tauchen Sie sie immer wieder hinein. Wenn Sie ein entschlossener Taucher sind, haben Sie vielleicht nach einer Weile einen Gegenstand in der Hand, der so groß ist wie ein Baseball. Aber ich glaube, es würde so lange dauern, daß in der Zwischenzeit ein Gegenstand vom Mond herunterfallen könnte. Und vergessen wir nicht die Schichten. Die Hagelkörner von Maryland sind ungewöhnlich, denn man zählte häufig bis zu einem Dutzend Schichten. Ferrel erwähnt ein Beispiel mit dreizehn Schichten. Diese Fakten führten Professor Schwedoff zu der Überlegung, daß manche Hagelkörner nicht in der Atmosphäre dieser Erde entstanden sein können. Sie müssen von einem anderen Ort kommen. In der relativen Existenz kann nun nichts von sich aus anziehend oder abstoßend sein: Diese Effekte sind Funktionen der Assoziationen oder Implikationen eines Dings. Viele unserer Daten stammen aus sehr konservativen wissenschaftlichen Quellen. Erst als man ihre sperrigen Implikationen und ihre Unversöhnlichkeit mit dem System entdeckte, wurde die Exkommunizierung über sie verhängt.

Professor Schwedoffs Papier wurde vor der British Association (*Report of the British Association*, 1882, Seite 453) verlesen. Schrecklich waren die Implikationen und die Widerwärtigkeit der Implikationen für die gemächlichen, beschränkten Exklusionisten von 1882 – auch wenn wir einräumen müssen, daß sie im Rahmen dieses Jahres gut und fähig funktionierten –

Daß es Wasser gibt – Ozeane, Seen und Teiche oder Flüsse – daß es deutlich entfernt und doch nicht in weiter Ferne von der Atmosphäre und der Schwerkraft dieser Erde Wasser gibt –

Das Schmerzliche dabei:

Daß das gemütliche kleine System von 1882 aus seiner Gemütsruhe gerissen werden sollte –

Eine ganz neue Wissenschaft:

Die Wissenschaft der Super-Geographie –

Und Wissenschaft ist eine Schildkröte, die behauptet, mit ihrer Schale alle Dinge zu umschließen.

Die Mitglieder der British Association. Für einige von ihnen waren Professor Schwedoffs Ideen wie Schläge auf den Rücken einer selbstvergessenen Schildkröte: für einige waren seine Ketzereien das gleiche wie dampfendes, vor Blut triefendes rotes Fleisch für ein Lamm. Einige blökten wie Lämmer, einige verkrochen sich wie Schildkröten. Früher schlugen wir Leute ans Kreuz, aber heute machen wir sie lächerlich: oder, da unter jedem Fortschritt die Tatkraft leidet, die Dornen haben sich zu Gelächter vergeistigt.

Sir William Thomson machte die Ketzerei lächerlich, indem er ihr die Phantome seiner Zeit entgegenhielt:

Daß sich alle Körper, auch Hagelkörner, sobald sie die Atmosphäre der Erde verlassen hätten, mit der Geschwindigkeit von Planeten bewegen müßten – was eindeutig vernünftig wäre, wenn die Verkündungen des St. Isaac etwas anderes wären als Glaubensartikel – daß ein Hagelkorn, das mit der Geschwindigkeit eines Planeten durch die Erdatmosphäre fällt, das 13000fache der Energie aufwenden müßte, die nötig wäre, um sein Eigengewicht in Wasser um ein Grad zu erwärmen,

weshalb es überhaupt nicht als Hagelkorn fallen würde; es würde mehr als nur schmelzen – schlagartig verdampfen –
Dieses pedantische Geblöke – allerdings müssen wir zugeben, daß es im Jahre 1882 eine ebenso wichtige Funktion hatte wie eine alte Puppe, mit der wir Kinder beschäftigen und zum Schweigen bringen; die Probleme fangen dort an, wo die Puppen ins Erwachsenenalter mitgenommen werden. Diese Frommen und Naiven glaubten tatsächlich, irgend etwas mal 13000 könnte – selbst in der Quasi-Existenz – ein exakt berechenbares Resultat haben, wo doch in der Quasi-Existenz, es sei denn durch Täuschung und Übereinkunft, nichts als Einheit gesehen werden kann. Hingegeben glaubten sie an St. Isaac und seine Formeln von fallenden Körpern –
Obwohl sich auch zu ihrer Zeit Daten von langsam fallenden Meteoriten auftürmten; »lauwarme« wurden selbst von Farrington und Merrill zugelassen; mindestens ein Eismeteor wird von der gegenwärtigen Orthodoxie nicht verleugnet. Diese Information war schon Thomson im Jahre 1882 zugänglich, weil sich das Ereignis bereits 1860 zugetragen hatte.
Bohnen und Nadeln und Heftzwecken und ein Magnet. Nadeln und Heftzwecken bleiben am Magneten kleben und lassen sich mit ihm ordnen, aber wenn auch ein paar Bohnen mit dabei sind, dann sind sie mit diesem System nicht vereinbar und fallen sofort heraus. Ein Angehöriger der Heilsarmee kann immer und immer wieder mit den Daten konfrontiert werden, die einem Evolutionsforscher so einleuchtend scheinen, ohne sich besonders beeindruckt zu zeigen. Er wird sie einfach vergessen.
Es ist unglaublich, daß Sir William Thomson noch nie etwas von langsam fallenden, kalten Meteoren gehört hatte. Der Grund ist einfach, daß er nicht die Kraft hatte, sich an solche Unvereinbarkeiten zu erinnern.
Dann taucht wieder Mr. Symons auf. Mr. Symons war ein Mann, der für die Wissenschaft der Meteorologie wahrscheinlich mehr getan hat als jeder andere seiner Zeit. Deshalb tat er wahrscheinlich auch mehr als jeder andere, um die Wissenschaft der Meteorologie in ihrem Fortschritt zu hemmen. In

Nature, 41-135, erklärt Mr. Symons, Professor Schwedoffs Ideen seien »abstrus«.

Ich glaube, noch amüsanter ist unsere Ansicht, daß es nicht weit von der Oberfläche dieser Erde entfernt eine Region gibt, die zum Thema einer ganz neuen Wissenschaft werden wird – der Super-Geographie –, mit welcher wir im Groll zukünftiger Schulkinder Unsterblichkeit erlangen –

Kiesel und Bruchstücke von Meteoren und Dinge vom Mars, von Jupiter und Azuria: Keile, verspätete Botschaften, Kanonenkugeln, Ziegelsteine, Nägel, Kohle und Koks und Holzkohle und anstößige alte Frachten – Dinge, die in manchen Regionen mit Eis überzogen und in anderen so stark erwärmt werden, daß sie verwesen. In der Super-Geographie werden wir alle Klimabedingungen wiederfinden, die wir aus der Geographie kennen. Ich werde annehmen müssen, daß im Himmel über dieser Erde häufig Eisfelder treiben, die so ausgedehnt sind wie auf dem Nordmeer – Wassermassen, in denen es viele Fische und Frösche gibt – Landstriche, die mit Raupen übersät sind –

Die Aeronauten der Zukunft. Sie fliegen hinauf und immer weiter hinauf. Dann steigen sie aus und wandern umher. Beim Angeln machen sie reiche Beute: Die Köder sind griffbereit. Sie finden Botschaften von anderen Welten, und binnen drei Wochen entwickelt sich ein schwunghafter Handel mit gefälschten Botschaften. Eines Tages werde ich für Piloten einen Reiseführer über die Super-Sargassosee schreiben, aber im Augenblick scheint die Nachfrage noch nicht sehr groß zu sein.

Wir sollten uns jetzt wieder den Daten über Hagel und seine Zutaten zuwenden, den Daten von Dingen, die zusammen mit Hagelkörnern vom Himmel gefallen sind.

Allgemein können wir sagen:

Diese Dinge können von Wirbelstürmen an einem anderen Ort auf der Erde hochgesogen worden sein, oder sie sind überhaupt nicht gefallen und befanden sich von vornherein am Boden. Aber wurden die Hagelkörner, die zusammen mit ihnen gefunden wurden, an einem anderen Ort auf der Erdoberfläche emporgesogen, oder befanden auch sie sich von vornherein am Boden?

Wie ich schon sagte, ist diese Sichtweise, von wenigen Ausnahmen abgesehen, sinnlos. Es ist vernünftig, zwischen dem Fall von Hagel und dem Herabfallen anderer Dinge einen Zusammenhang zu unterstellen, aber da es so zahlreiche Beispiele gibt, beginnen wir zu vermuten, daß wir nicht so sehr ein Buch schreiben, sondern eher ein Sanatorium für überstrapazierte Zufälle einrichten. Wenn man sich nicht vorstellen kann, wie sich sehr große Hagelkörner und Eisklumpen in der Atmosphäre dieser Erde bilden können und darauf kommt, daß sie von äußeren Regionen stammen müssen, dann müssen auch andere Dinge innerhalb oder in Begleitung der sehr großen Hagelkörner und Eisklumpen von äußeren Regionen gekommen sein – was uns ein wenig beunruhigt: Wir könnten augenblicklich in den Zustand des Positiven Absoluten versetzt werden.

Cosmos, 13-120, zitiert eine Zeitung aus Virginia: In Norfolk, Virginia, seien 1853 zusammen mit Hagelkörnern Fische niedergegangen, angeblich Welse, die teilweise bis zu einen Fuß lang waren.

In Toulouse, Frankreich, fielen am 28. Juli 1874 Gemüseabfälle vom Himmel, nicht im Innern großer Hagelkörner, sondern gefroren auf ihrer Oberfläche klebend (*La Science Pour Tous*, 1874-270).

In der Schilderung eines Sturms, der am 11. Juli 1864 in Pontiac, Kanada, tobte, wird behauptet, es seien keine Hagelkörner gefallen, sondern »Eisbrocken von einem halben bis zwei Zoll Durchmesser« (*Canadian Naturalist*, 2-1-308):

»Aber das Außergewöhnlichste daran war, daß ein angesehener Farmer, dessen Wahrhaftigkeit außer Zweifel steht, erklärte, er habe ein Stück Hagel oder Eis in die Hand genommen, und im Innern habe sich ein kleiner grüner Frosch befunden.«

In Dubuque, Iowa, gingen am 16. Juni 1882 während eines Sturms Hagelkörner und Eisbrocken nieder (*Monthly Weather Review*, Juni 1882):

»Der Vorarbeiter der Novelty Iron Works erklärt, in zwei großen

Hagelkörnern, die er zum Schmelzen brachte, hätten sich lebendige kleine Frösche befunden.« Eisstücke, die an diesem Tag herunterregneten, wiesen eine Eigentümlichkeit auf, die – auch wenn die Hinweise darauf ausgesprochen bizarr zu nennen sind – vermuten läßt, daß sie lange Zeit bewegungslos irgendwo geschwebt hatten. Wir werden bald darauf zurückkommen.
Living Age, 52-186:
Daß am 30. Juni 1841 in Boston Fische, von denen einer zehn Zoll lang war, vom Himmel regneten; daß acht Tage später in Derby Fische und Eis herunterkamen.
In *Timb's Year Book*, 1842-275, lesen wir, daß in Derby die Fische in großer Zahl vom Himmel gefallen seien; ihre Größe habe zwischen einem halben Zoll und zwei Zoll geschwankt, einige seien erheblich größer gewesen. Aus dem *Athenäum*, 1841-542, nachgedruckt im *Sheffield Patriot*, erfahren wir, daß einer der Fische drei Unzen gewogen habe. In mehreren Berichten heißt es, zusammen mit den Fischen seien zahlreiche kleine Frösche und Stücke von »halb geschmolzenem Eis« heruntergekommen. Wir erfahren, daß die Frösche und Fische von einem Wirbelsturm an einem anderen Ort der Erde hochgesogen worden seien. Es wird allerdings nicht gesagt, welcher Wirbelsturm dies war und von welchem Ort der Erde im Juli Eis herbeigeweht werden kann. Wir finden es interessant, daß das Eis als »halb geschmolzen« beschrieben wird. In der Londoner *Times* vom 15. Juli 1841 lesen wir, bei den Fischen habe es sich um Stichlinge gehandelt. Sie seien zusammen mit Eis und kleinen Fröschen vom Himmel herabgeregnet, und viele von ihnen hätten den Sturz überlebt. Wir stellen fest, daß drei Monate später (7. Oktober 1841) in Dunfermline während eines Gewitters zahlreiche Fische von mehreren Zoll Länge niedergingen (*Times*, 12. Oktober 1841).
Wegen der Hagelkörner machen wir uns keine großen Sorgen. Die Schichten scheinen interessant zu sein, aber wir wollen uns in Hinblick auf mögliche Daten über die Super-Sargassosee eher den Eisklumpen zuwenden, die vom Himmel gefallen sind:

Eisklumpen von einem Fuß Umfang kamen am 12. Mai 1811 in Derbyshire, England, herunter (*Annual Register*, 1811-54). Ein würfelförmiger Brocken von sechs Zoll Durchmesser fiel 26 Tage später, am 8. Juni 1811, in der Nähe von Birmingham (Thomson, »Introduction to Meteorology«, S. 129). In Bangalore, Indien gingen am 22. Mai 1851 kürbisgroße Klumpen nieder (*Report of the British Association*, 1855-35). Eisbrocken mit einem Gewicht von jeweils anderthalb Pfund regnete es am 13. August 1851 in New Hampshire (Lummis, »Meteorology«, S. 129). Eisbrocken in der Größe von Männerköpfen kamen bei einem Sturm in Delphos herunter (Ferrel, »Popular Treatise«, S. 428). Brocken so groß wie eine Männerfaust fielen in Mason, Texas, am 3. Mai 1877 (*Monthly Weather Review*, Mai 1877) herab und töteten Tausende von Schafen. »Eisbrocken so groß, daß man sie nicht mit einer Hand halten kann«, fielen am 24. Juni 1877 während eines Tornados in Colorado (*Monthly Weather Review*, Juni 1877). Ein viereinhalb Zoll großer Eisbrocken kam am 2. August 1879 in Richmond, England, herunter (*Symons' Meteorological Magazine*, 14-100). Eisstücke mit einem Umfang von 21 Zoll gingen im Juni 1881 zusammen mit Hagelkörnern in Iowa nieder (*Monthly Weather Review*, Juni 1881). »Eisstücke« von acht Zoll Länge, anderthalb Zoll dick, fielen am 30. August 1882 in Davenport, Iowa (*Monthly Weather Review*, August 1882). Ein Eisbrocken in der Größe eines Ziegelsteins mit einem Gewicht von zwei Pfund fiel am 12. Juni 1883 in Chicago vom Himmel (*Monthly Weather Review*, Juli 1883). Eisbrocken, die jeweils zweieinhalb Pfund wogen, fielen im Mai (?) 1888 in Indien herab (*Nature*, 37-42). Ein Eisklumpen mit einem Gewicht von einem Pfund kam am 14. November 1901 in Victoria während eines Tornados herunter (*Meteorology of Australia*, S. 34).
Natürlich vertreten wir die Ansicht, daß diese Massen nicht einfach nur die Tornados begleiteten, sondern vielmehr von ihnen auf die Erde heruntergebracht wurden.
Flammarion, »The Atmosphere«, Seite 34:
Ein Eisbrocken mit einem Gewicht von viereinhalb Pfund, der

am 15. Juni 1829 in Cazorta in Spanien niedergegangen sei. Ein weiterer mit einem Gewicht von elf Pfund, niedergegangen im Oktober 1844 in Cette, Frankreich. Ein Eisbrocken von drei Fuß Länge, drei Fuß Breite und mehr als zwei Fuß Höhe, am 8. Mai 1802 während eines Sturms in Ungarn vom Himmel gefallen.
Scientific American, 47-119:
Daß nach Angaben des *Salina Journal* in der Nähe von Salina, Kansas, im August 1882 ein Eisbrocken mit einem Gewicht von mehr als 80 Pfund niedergegangen war. Wir erfahren, daß Mr. W. J. Hagler, ein Händler aus North Santa Fé, in den Besitz dieses Stücks kam und es in Sägemehl verpackt in seinem Laden einlagerte.
Die Londoner *Times* vom 7. April 1860:
Daß am 16. März 1860 in Upper Wasdale während eines Schneesturms Eisblöcke niedergingen, die so groß waren, daß sie aus der Ferne wie eine Schafherde wirkten.
Report of the British Association, 1851-32:
Daß 1828 in Candeish, Indien, ein großer Eisbrocken von etwa einem Kubikmeter vom Himmel gefallen sei.
Gegenüber diesen Daten, die, soweit ich weiß, bisher noch nicht in dieser Konzentration und Menge veröffentlicht wurden, herrscht auf Seiten der Wissenschaftler ein ungewöhnliches Schweigen. Unsere Super-Sargassosee mag keine zwangsläufige Schlußfolgerung sein, aber wir können der Tatsache nicht ausweichen, daß von äußeren Regionen Eis auf diese Erde gefallen ist – aber es muß, wenn auch noch so unklar, einen Berührungspunkt geben. Er liegt in dem Gedanken, daß es sich bei diesen Eismassen um zusammengefrorene Hagelkörner handelt. Wir haben Daten, die gegen diese Annahme sprechen, wenn wir sie auf alle Beispiele anwenden, aber immerhin wurde diese Erklärung angeboten, und sie scheint mir in einigen Fällen auch zuzutreffen. Im *Bulletin de la Société Astronomique de France*, 20-245, ist von Eisblöcken in der Größe von Karaffen die Rede, die in Tunis niedergegangen seien. Bei ihnen habe es sich um Klumpen zusammenklebender Hagelkörner gehandelt.

Die Londoner *Times* vom 4. August 1857:
Daß auf der Wiese eines Mr. Warner in Cricklewood ein Eisblock gefunden worden war, der als 25 Pfund »reines« Eis beschrieben wird. Am Vortag habe es dort gestürmt. Wie in einigen anderen Beispielen hat auch in diesem Fall niemand das Objekt vom Himmel fallen sehen. Es wurde erst nach dem Unwetter entdeckt, und mehr läßt sich darüber nicht sagen.
Ein Brief von Capt. Blakiston, der von Gen. Sabine an die Royal Society weitergereicht wurde (*Proceedings of the London Royal Society*, 10-468):
Daß am 14. Januar 1860 während eines Gewitters Eisbrocken auf Capt. Blakistons Schiff gefallen waren – es war aber kein Hagel. »Es war kein Hagel, sondern es handelte sich um unregelmäßig geformte Stücke aus massivem Eis, unterschiedlich groß bis hin zur Größe eines halben Ziegelsteins.«
Nach Angaben des *Advertiser-Scotsman*, zitiert vom *Edinburgh New Philosophical Journal*, 47-371, fiel in Ord, Schottland, im August 1849 nach »einem außergewöhnlich heftigen Donnerschlag« ein unregelmäßig geformtes Stück Eis vom Himmel.
Es wird berichtet, daß es sich weitgehend um reines Eis gehandelt habe, nur an einer kleinen Stelle habe der Brocken an zusammenklebende Hagelkörner erinnert.
Der Brocken hatte einen Durchmesser von etwa 20 Fuß.
Die Geschichte, die in der Londoner *Times*, 14. August 1849, wiedergegeben wird, besagt, am Abend des 13. August 1849 sei nach einem lauten Donnerschlag auf dem Anwesen eines Mr. Moffat aus Balvullich, Ross-shire, ein Eisbrocken von etwa 20 Fuß Umfang gelandet. Es wird weiter ausgeführt, dieses Objekt sei allein, oder vielmehr ohne Hagelkörner, herabgefallen. Auch wenn es kein sehr klarer Hinweis auf die Super-Sargassosee ist, können wir, denke ich, dieses Beispiel als einen der besten Hinweise auf außerirdische Ursprünge auffassen. Daß sich in der Atmosphäre der Erde große Eisblöcke bilden, ist in etwa so wahrscheinlich wie die Bildung großer Steinblöcke in einem Staubsturm. Wenn Eis oder Wasser von äußeren Quellen auf die Erde gelangen, dann können wir uns vorstellen, daß

winzige Organismen in ihnen gefangen werden, und wir denken an unsere Daten über Frösche und Fische. Wir können an alles mögliche denken, das von äußeren Quellen zu uns kommt. Es ist sehr wichtig, zu akzeptieren, daß große Eisbrocken vom Himmel gefallen sind, aber was wir am dringendsten brauchen – vielleicht wegen unseres Interesses an archäologischen und paläontologischen Schätzen –, ist eine Möglichkeit, dem Zögern und der Unsicherheit in Ende zu setzen und die Super-Sargassosee ohne Wenn und Aber in die Reihen der Erwählten des zwanzigsten Jahrhunderts aufzunehmen.

Im *Report of the British Association*, 1855-37, wird berichtet, daß am 11. Dezember 1854 in Poorhundur, Indien, flache Eisstücke, viele von ihnen mehrere Pfund schwer – pro Stück, vermute ich – vom Himmel gefallen seien. Sie werden als »große Eisflocken« beschrieben.

Es gibt in den super-arktischen Regionen oder in der Super-Sargassosee weite Eisfelder. Wenn das Eis bricht, erinnern die Fragmente an Flocken. Unserer Annahme nach gibt es Eisfelder in der Luft, die weit von der Erde entfernt liegen; die zerbrechen, sich aneinander reiben, durch Dampf und Wasser rollen, in verschiedenen Regionen von unterschiedlicher Konsistenz, und dabei allmählich Schichten entwickeln wie manche Hagelkörner. Daß es aber auch Eisfelder in der Nähe dieser Erde gibt, die einfach in flache Stücke zerbrechen, wie sie auf jedem Teich oder Fluß zu sehen sind, wenn das Eis bricht. Manchmal fallen sie so, wie sie zerbrochen sind, in der vertrauten flachen Form, auf die Erde.

Symons' Meteorological Magazine, 43-154:

Ein Korrespondent schreibt, daß am 2. Juli 1908 in Braemar bei klarem Himmel und Sonnenschein von irgendwo Eisstücke herabfielen. Die Sonne schien zwar, aber irgendwo war etwas im Gange, denn man hörte es donnern.

Bis ich den Abdruck eines Fotos in *Scientific American*, 21. Februar 1914, sah, nahm ich an, diese Eisfelder müßten mindestens zehn bis zwanzig Meilen von der Erde entfernt und für irdische Beobachter unsichtbar sein, abgesehen höchstens von den verschwommenen Flecken, die so oft von Astronomen und Meteorologen erwähnt werden. Aber das in *Scientific American* veröffentlichte Foto zeigt einen Klumpen, bei dem es sich um Wolken handeln soll, die nicht sehr hoch fliegen, weil die Details gut zu erkennen sind. Der Autor meint, sie kämen ihm vor wie ein »Feld von geborstenem Eis.« Darunter ist ein normales Eisfeld abgebildet, das in gewöhnlichem Wasser treibt. Die Ähnlichkeit zwischen den Bildern ist verblüffend – dennoch scheint es mir unglaublich, daß das erste Foto ein Eisfeld in der Luft zeigen, oder daß die Gravitation höchstens eine Meile über der Erde nicht mehr wirken soll –

Es sei denn:

Das Außergewöhnliche: die fließenden Übergänge zwischen allen Dingen und ihre Unbestimmtheit.

Vielleicht erstreckt sich das Schwerkraftfeld der Erde normalerweise zehn oder zwanzig Meilen in den Raum hinaus, ist aber rhythmischen Schwankungen unterworfen.

Die Pseudo-Formeln der Astronomen beschreiben die Gravitation natürlich als unveränderliche Größe. Sobald wir annehmen, daß die Gravitation eine veränderliche Kraft ist, verlieren die Astronomen ihre Aufgeblasenheit und fallen mit vernehmlichem Zischen in sich zusammen wie die Ökonomen, die Biologen, die Meteorologen und alle anderen niederen Gottheiten, die zugegebenermaßen nur mit ungesicherten Näherungswerten aufwarten können.

Wer das Zischen der entweichenden Arroganz nicht gern hört, sollte Herbert Spencers Äußerungen über den Rhythmus aller Phänomene nachlesen.

Wenn alles – das Licht von den Sternen, die Wärme der Sonne, die Winde und die Gezeiten, die Formen, die Farben und die Größe der Tiere, die Nachfrage und das Angebot, politische Meinungen und chemische Reaktionen, religiöse Doktrinen und magnetische Feldstärken und das Ticken der Uhren, das Kommen und Gehen der Jahreszeiten – wenn all dies variabel ist, dann ist die Annahme, ausgerechnet die Schwerkraft sei eine unveränderliche Größe, nur ein zum Scheitern verurteilter Versuch, Eindeutigkeit zu erlangen – vergleichbar mit allen anderen Illusionen des Realen in der Quasi-Existenz. Wir Intermediaristen nehmen also an, daß die Schwerkraft zwar der Unveränderlichkeit besser angenähert ist als etwa der Wind, aber dennoch irgendwo zwischen den absoluten Werten der Stabilität und Instabilität angesiedelt ist. Der Widerstand der Physiker und Astronomen kann uns hier nicht sehr beeindrucken, wir fürchten nur, ein wenig traurig, daß ihre Sprache ein einziges lautes Zischen ist.

Also die Eisfelder am Himmel und daß sie normalerweise so weit entfernt sind, daß sie nur als verschwommener Fleck auszumachen sind, aber manchmal der Erde so nahekommen, daß man Einzelheiten erkennen kann. Eine Beschreibung der erwähnten »verschwommenen Flecken« finden Sie in *Popular Science News*, Februar 1884. An einem ungewöhnlich klaren Himmel fand man in der Nähe der Sonne »einen weißen, wie geronnen wirkenden Dunst, der blendend hell war.«

Wir nehmen an, daß manchmal Eisfelder zwischen der Erde und der Sonne vorbeiziehen: daß zahlreiche Eisschichten übereinander oder ein sehr dickes Feld oder übereinander gelagerte Felder die Sonne verdunkeln können – daß es tatsächlich vorkam, daß die Sonne von Eisfeldern verdunkelt wurde:

Flammarion, »The Atmosphere«, Seite 394:

Daß sich am 18. Juni 1839 eine tiefe Dunkelheit über Brüssel legte:

Dann kamen flache Eisstücke von jeweils einem Zoll Länge herunter.

Am 2. April 1889 wurde es in Aitkin, Minnesota, dunkel. Dann sah man, wie »dicke Eisbrocken« vom Himmel fielen (*Science*, 19. April 1889).

In *Symons' Meteorological Magazine*, 32-172, werden unregelmäßige Eisstücke mit glatter Oberfläche beschrieben, die am 10. August 1897 in Manassas, Virginia, niedergingen. Sie sahen aus wie die Bruchstücke einer geborstenen glatten Eisfläche und waren etwa zwei Zoll groß und einen Zoll dick. In *Cosmos*,

3-116, werden unregelmäßige Eisbrocken in der Größe einer Hand erwähnt, die am 5. Juli 1853 in Rouen herunterkamen und aussahen, als seien sie von einem riesigen Eisklotz abgespalten worden. Ich glaube, dieser Brocken war ein Eisberg der Lüfte. Aufgrund der im 19. Jahrhundert vorherrschenden Beschränktheit oder fast absoluten Dummheit kam niemand auf die Idee, die Fragmente auf Spuren von Eisbären oder Robben zu untersuchen.

Natürlich sehen wir nur, was wir sehen wollen, und wir konnten diese Daten nur sammeln, weil sie zu bereits formulierten Annahmen paßten, aber wir sind unseren eigenen Annahmen gegenüber nicht so respektvoll wie gegenüber dem gleichen Eindruck eines unbefangenen Beobachters, der von keiner Theorie und keiner Annahme bestärkt wird. Im allgemeinen sehen und forschen wir durch die Brille unserer Vorurteile hindurch, aber auch dies sollte nicht absolut genommen werden.

Monthly Weather Review, Juli 1894:

Daß vom Wetteramt in Portland, Oregon, am 3. Juni 1894 ein Tornado gemeldet wurde.

Eisbrocken fielen vom Himmel.

Sie waren durchschnittlich drei bis vier Zoll groß, wie ein Autor schreibt, und »sie erweckten den Eindruck, als stammten sie von einem riesigen Eisfeld, das in der Atmosphäre geschwebt hatte und das plötzlich in Stücke von der Größe einer Handfläche zerbrach.«

Diese Daten, die eindeutig zu denen gehören, die wir die »Verdammten« nannten, bis wir uns gegen die Urteile zur Wehr setzten – gegen die pauschale Verdammung durch Kinder, Schildkröten und Lämmer –, wurden, wenn auch kommentarlos, in *Scientific American*, 71-371, wiedergegeben.

Unsere Theologie lautet etwa so:

Natürlich müssen wir verdammt sein – aber wir wehren uns gegen die Verdammung durch Kinder, Schildkröten und Lämmer.

Wir kommen nun zu einigen bemerkenswerten Daten, die einen recht schwierigen Teil der Super-Geographie betreffen.

Es gibt ausgedehnte Eisfelder in der Luft. Sehr lehrreich für mich ist, wie trügerisch das Vorstellbare ist. Das größte Problem ist die Selbstverständlichkeit, mit welcher das Konventionelle, aber Unmögliche zum Vorstellbaren wird, um sich anschließend gegen jede Modifizierung zu sträuben. Als es für mich zum Konventionellen geworden war, konnte ich vor meinem inneren Auge ein paar Meilen über dieser Erde riesige Eisfelder schweben sehen. Dann sah ich die Sonne scheinen, und das Eis schmolz teilweise – denken wir an das Eis, das in Derby fiel –, Wasser tröpfelte herab und bildete Eiszapfen an der Unterkante der Eisfläche. Ich hatte den Eindruck, ich brauchte nur aufzuschauen und könnte diese Eiszapfen herabhängen sehen wie die Stalaktiten in einer niedrigen Höhle. Oder ich würde die Unterseite eines Eisklumpens in der Luft betrachten und wie ein Kalb eine Zitze über mir erblicken. Aber andererseits, aber andererseits – wenn sich unter den Eisflächen in der Luft Eiszapfen bilden, dann würde das ja bedeuten, daß das Wasser in Richtung Erde fällt, denn ein Eiszapfen ist natürlich immer eine Folge der Schwerkraft. Wenn das schmelzende Wasser der Erde entgegenläuft, warum fällt dann nicht das Eis selbst herunter, bevor sich überhaupt ein Eiszapfen bilden kann? In der Quasi-Existenz, wo alles paradox ist, können wir natürlich einwenden, daß das Wasser fällt, das Eis aber nicht, weil Wasser schwerer ist – ich meine, weil es eine größere Masse hat. Diese Annahme gehört aber, denke ich, zu einem weiter fortgeschrittenen Gedankengang, für den wir im Augenblick noch nicht bereit sind.
Unsere Ansicht über Eiszapfen:
Ein riesiges Feld aus Eis in der Luft – für die Schwerkraft der Erde unempfänglich – aber dem universellen Fluß und den universellen Veränderungen unterworfen. Ein Teil von ihm sackt durch, nähert sich der Erde und gerät in den Einfluß der Schwerkraft. Da dieser Teil aber mit der gesamten Masse in Verbindung steht, wird er gehalten und fällt nicht herunter. Nur das auf ihm schmelzende Wasser fällt und bildet Eiszapfen – und dann, aufgrund verschiedener Störungen, kommt dieser Teil in Fragmenten herunter, auf denen Eiszapfen sitzen.

Von dem Eis, das am 16. Juni 1882 in Dubuque, Iowa, herunterkam und in das teilweise lebendige Frösche eingeschlossen waren, heißt es in *Monthly Weather Review*, Juni 1882, es habe sich um Stücke mit einem Umfang von siebzehn Zoll gehandelt. Das größte habe eindreiviertel Pfund gewogen, und auf einigen Stücken habe man einen halben Zoll lange Eiszapfen gefunden. Wir betonen, daß es sich bei diesen Objekten nicht um Hagelkörner handelte.
Der einzige Berührungspunkt sind hier knollige Hagelkörner, große Hagelkörner mit Vorsprüngen, die durch die Kristallisation entstanden sind. Aber hier besteht keine Verbindung zu irdischen Phänomenen, und diese Objekte sind mit orthodoxen Methoden nicht zu erklären. Es ist undenkbar, daß Hagelkörner, die sich nur wenige Sekunden im freien Fall befinden, auf diese Weise kristallisieren und wachsen könnten. Einen Bericht über derartige Hagelkörner finden Sie in *Nature*, 61-594. Bemerkenswert ist die Größe: »Einige von ihnen waren so groß wie Puteneier.«
Wir sind der Ansicht, daß die Eiszapfen manchmal auch selbst herabfallen, beispielsweise aufgrund von Erschütterungen, oder wenn etwas an der Unterkante der Eisfläche entlangstreift und die Vorsprünge abreißt.
Monthly Weather Review, Juni 1889:
Daß nach einem Bericht des *Leader* aus Turin, New York, in Oswego, New York, am 9. Juni 1889 während eines Gewitters Eisbrocken niedergingen, die »Bruchstücken von Eiszapfen« ähnelten.
Die *Monthly Weather Review*, 29-506:
Daß am 8. August 1901 auf Florence Island im St. Lorenzstrom zusammen mit gewöhnlichem Hagel Eisstücke fielen, die »geformt waren wie Eiszapfen. Sie hatten die Größe und die Form von Bleistiften, die in etwa zentimetergroße Stücke geschnitten worden waren«.
Betrachten wir unsere Daten über die Super-Sargassosee und ihre arktische Region. Wochenlang kann ein Eisfeld bewegungslos über einem Teil der Erdoberfläche schweben, die

Sonne entfaltet ihre Wirkung, aber wie ich meine, erst spät am Nachmittag. Ein Teil des Feldes sackt durch, wird aber noch von der Hauptmasse gehalten. Drunten bemerken wir so unheimliche Dinge wie Regengüsse bei wolkenlosem Himmel, die sich in einem kleinen Gebiet auf der Erde Tag für Tag am Spätnachmittag wiederholen, wenn die Sonnenstrahlen eine Zeitlang ihre Wirkung entfalten konnten:
Monthly Weather Review, Oktober 1886:
Daß nach Angaben des *Charlotte Chronicle* vom 21. Oktober 1886 in Charlotte, North Carolina, drei Wochen lang Wasser vom Himmel auf eine ganz bestimmte Stelle gefallen war. Dies trug sich jeweils nachmittags um fünfzehn Uhr zu, ob der Himmel wolkenlos war oder nicht. Das Wasser oder der Regen fiel auf ein kleines Landstück zwischen zwei Bäumen und nirgends sonst.
Dieser Bericht beruht auf den Angaben einer Zeitung und scheint zweifelsfrei in die Reihen der Unerwählten zu gehören, die weder von mir noch von einer anderen Abteilung der Heilsarmee zu retten sind. Anschließend folgt in der *Review* der Bericht eines Beobachters vom Signal Service aus Charlotte:
»Am 21. wurde ein ungewöhnliches Phänomen beobachtet. Wir waren darüber informiert worden, daß seit einigen Wochen vor diesem Datum täglich um 15.00 Uhr in der Nähe von zwei Bäumen Regen auf einem ganz bestimmten Fleck an der Ecke der 9th und D-Street niedergehe. Ich suchte den Ort auf und beobachtete um 16.47 Uhr und um 16.55 Uhr bei strahlendem Sonnenschein Niederschlag in Form von Regentropfen. Am 22. suchte ich den Ort abermals auf, und von 16.05 Uhr bis 16.25 Uhr ging aus wolkenlosem Himmel ein leichter Regenschauer nieder ... manchmal fällt der Niederschlag in einem Gebiet von einem halben Acre Größe, aber immer scheint das Zentrum zwischen diesen beiden Bäumen zu liegen, und wenn der Niederschlag nur leicht ist, fällt er ausschließlich dort.«

KAPITEL 14

Wir sehen mit den Augen der Konvention. Wir denken und handeln und sprechen und kleiden uns gleich, weil wir uns der sozialen Einheit, der wir als Super-Zelle angehören, unterwerfen. Wir sehen, was wir »schicklicherweise« sehen sollen. Es ist orthodox genug, einem Kind zu sagen, ein Pferd sei kein Pferd, und dem Ungebildeten, eine Orange sei keine Orange. Es wäre interessant, eine Straße entlangzugehen, verschiedene Dinge zu betrachten und zu überlegen, wie sie aussehen würden, wenn man uns nicht gelehrt hatte, Pferde und Bäume und Häuser als Pferde und Bäume und Häuser zu sehen. Ich glaube, aus dem Super-Blickwinkel betrachtet sind sie nichts als begrenzte Phänomene, die in einem alles umfassenden Geflecht bis zur Unkenntlichkeit miteinander verschmelzen.

Ich denke, wir können nun ohne weiteres sagen, daß Monstrator, Elvera und Azuria viele Male in Reichweite unserer Teleskope waren und dennoch unbemerkt blieben, weil es nicht richtig gewesen wäre, sie zu bemerken. Es wäre nicht respektabel, und es wäre nicht respektvoll – es wäre eine Beleidigung für die Altvorderen, sie zu sehen. Es würde uns den Fluch der Gebeine von St. Isaac eintragen.

Aber unsere Daten:

Von riesigen Welten, die keine Umlaufbahn einhalten, die sogar lenkbar sind oder in interplanetarischen Gezeiten und Strömungen schwimmen: Daten, auch aus modernen Zeiten, nach denen sich solche Welten bis auf fünf oder sechs Meilen der Erde genähert haben –

Aber dann ihre Besuche, Annäherungen an andere Planeten oder an die anderen wenigen sich regelmäßig bewegenden

Körper, die sich dem angestrebten Dasein des Sonnensystems als Gesamtheit unterworfen haben –

Die Frage, der wir nicht mehr ausweichen können:

Haben Astronomen diese anderen Welten oder die Super-Konstruktionen je bemerkt?

Ich glaube, wir könnten uns dem Realen nicht sehr weit annähern, wenn wir Zuflucht zu dem Gedanken nähmen, Astronomen starrten und schielten in den Himmel und sähen nur das, was sie respektvollerweise sehen dürfen. Es ist natürlich in Ordnung zu sagen, daß Astronomen hypnotisiert sind, und daß ein Astronom, der den Mond betrachtet, vom Mond hypnotisiert wird, aber unserer Ansicht nach besuchen die Körper, um die es uns hier geht, oft den Mond oder kreuzen seine Bahn oder schweben eine Weile neben ihm. Deshalb muß der eine oder andere Astronom ihn trotz Hypnose bemerkt haben.

Allgemein lautet unsere Ansicht:

Daß es auf den Ozeanen der Erde Linienschiffe, aber neben ihnen auch unregelmäßig verkehrende Schiffe gibt:

Daß es auf dem Super-Ozean planmäßig ziehende Planeten, aber auch unregelmäßig verkehrende Welten gibt:

Daß die Astronomen pedantische Geschäftsleute sind, die jede außerplanmäßige Lieferung ablehnen.

Wir sind der Ansicht, daß riesige himmlische Vagabunden von den Astronomen vornehmlich deshalb ausgeschlossen wurden, weil ihre Unzuverlässigkeit ein Affront gegen das Reine und Präzise ist, gegen den Versuch, eindeutig zu sein. Zweitens werden sie ausgeschlossen, weil sie nicht sehr oft zu beobachten sind. Die Planeten reflektieren gleichmäßig das Licht der Sonne. Auf diese Gleichförmigkeit gründet sich ein System, das wir als Primärastronomie bezeichnen wollen. Die Höhere Astronomie beschäftigt sich nun mit Daten von himmlischen Phänomenen, die manchmal hell sind und manchmal dunkel, die in ihrem Aussehen schwanken wie die Satelliten Jupiters, aber mit einer größeren Bandbreite. Doch ob Licht oder Dunkelheit, sie wurden so oft gesehen und erwähnt, daß es nur noch einen wirklich wesentlichen Grund für ihren Ausschluß gibt: Sie passen nicht ins System.

Um die dunklen Körper, die wahrscheinlich nicht unserem Sonnensystem angehören, mache ich mir dank des Provinzialismus, dem niemand entgehen kann, keine großen Sorgen. Dunkle Körper, die im Weltraum treiben, wären noch vor ein paar Jahren verdammt worden, aber mittlerweile wurden sie von Professor Barnard zugelassen, und wenn er sagt, daß sie in Ordnung sind, dann kann man sie sich vorstellen, ohne Angst haben zu müssen, etwas Falsches oder Lächerliches zu tun.

Man beachte an dieser Stelle die nahe Verwandtschaft zwischen dem Bösen und dem Absurden; ich vermute, mit dem Lächerlichen meine ich den Schaum des Bösen.

Nehmen wir etwa den dunklen Gefährten Algols. Zwar ist dies ein klarer Fall von himmlischer Rassenmischung, aber die Puristen oder Positivisten gestehen ihn wenigstens ein. In den *Proceedings of the National Academy of Sciences*, 1915-394, schreibt Dr. Barnard über ein Objekt – er nennt es ein »Objekt« – im Kepheus. Er meint, es gebe außerhalb des Sonnensystems dunkle, undurchsichtige Körper. Aber im *Astrophysical Journal*, 1916-1, modifiziert er seine Aussage und nennt sie »dunkle Nebel«. Die sind lange nicht mehr so interessant.

Wir nehmen an, daß beispielsweise die Venus häufig von anderen Welten oder Super-Konstruktionen besucht worden ist, von denen es Schlacke und Koks und Kohle herunterregnete; daß diese Objekte manchmal das Licht reflektierten und von professionellen Astronomen auf der Erde beobachtet werden konnten. Man wird bemerken, daß alle unsere in diesem Kapitel vorgestellten Daten verfluchte Brahmanen sind – aufgrund von Hypnose und Massenträgheit sagen wir es immer und immer wieder, genau wie zahlreiche Wissenschaftler des neunzehnten Jahrhunderts sich immer wieder der Macht des vor ihnen existierenden Systems unterwarfen – denn sonst würde die Kontinuität zerstört. Wir hätten hier zwar die große Chance, augenblicklich ins Positive Absolute versetzt zu werden, – na ja –

Ich will damit sagen, daß unsere verdammten Daten die Beobachtungen von äußerst angesehenen Astronomen sind, die von Astronomen gleichen Ranges exkommuniziert wurden, natürlich unterstützt vom dominierenden Geist ihrer Ära, dem sich alle Menschen anpassen und unterwerfen mußten, bis die Daten ungehört in der Versenkung verschwanden. Manchmal mag es in diesem Buch den Anschein haben, als richtete sich unsere Revolte gegen die Dogmen und die Lieblingstheorien einzelner bedeutender Wissenschaftler. Doch dient dies ausschließlich unserer Bequemlichkeit, weil es manchmal notwendig scheint, die Dinge zu personifizieren. Wenn wir etwa die *Philosophical Transactions* oder die Publikationen der Royal Astronomical Society durchsehen, wird uns klar, daß ein Mann wie Herschel ebensowenig die Macht besaß, einer Beobachtung Geltung zu verschaffen, die nicht in ein unabhängig von ihm und allen anderen einzelnen Astronomen gewachsenes System paßte, wie ein beliebiger jugendlicher Sternengucker. Etwa so, wie jede Zelle eines Embryos gemäß dem vorbestimmten Bauplan des Ganzen gezwungen wird, in einer bestimmten Phase eine bestimmte Entwicklung durchzumachen und eine bestimmte Gestalt anzunehmen, die zum Plan und zur vorherbestimmten Entwicklung des Ganzen paßt.

Besucher der Venus:

Evans, »Ways of the Planets«, S. 140:

Daß im Jahre 1645 ein Körper, der groß genug war, um wie ein Satellit der Venus zu wirken, in deren Nähe gesichtet wurde. In der ersten Hälfte des 18. Jahrhunderts wird noch vier weitere Male von ähnlichen Beobachtungen berichtet. Der letzte Bericht datiert von 1767.

In der Nähe der Venus wurde – laut *Science Gossip*, 1886-178, siebenmal ein großer Körper beobachtet. Mindestens ein Astronom – Houzeau mit Namen – akzeptierte diese Beobachtungen und gab – der Welt, dem Planeten, der Super-Konstruktion – den Namen »Neith«. Seine Ansichten werden in den *Transactions of the New York Academy of Sciences*, 5-249, »erwähnt, aber nicht weiter verfolgt«.

Houzeau oder jemand, der für die Wissenschaftsbeilage einer

Sonntagszeitung schreibt – beide von äußerer Dunkelheit umfangen. Ein neuer Satellit in unserem Sonnensystem mag etwas Beunruhigendes sein – aber die Gleichungen von Laplace, die zu seiner Zeit als das letzte Wort galten, überlebten die Zulassung von fünfhundert oder sechshundert Körpern, die in den Gleichungen nicht vorgesehen waren – ein Satellit der Venus mag etwas Beunruhigendes sein, aber er ließe sich erklären – doch ein großer Körper, der sich einem Planeten nähert – eine Weile bleibt – sich entfernt – noch einmal vorbeischaut – gewissermaßen Anker wirft –

Azuria ist eine üble Sache, aber Azúria ist nicht schlimmer als Neith.

Astrophysical Journal, 1-127:

Ein das Licht reflektierenden Körper oder ein heller Fleck in der Nähe des Mars: am 25. November 1894 von Professor Pickering und anderen im Lowell-Observatorium über einem unbeleuchteten Teil des Mars beobachtet – anscheinend selbstleuchtend – man hielt es für eine Wolke – aber schätzungsweise zwanzig Meilen vom Planeten entfernt.

Harding und Schroeter beobachteten 1799 einen leuchtenden Fleck, der über den Merkur zog (*Monthly Notices of the Royal Astronomical Society*, 38-338).

Im ersten *Bulletin* des Lowell-Observatoriums beschrieb Professor Lowell im Jahre 1903 einen Körper, der am 20. Mai 1903 am Terminator des Mars entdeckt wurde. Am 27. Mai »vermutete« man den Körper immer noch an dieser Stelle. Wenn er noch dort war, dann hatte er sich, erfahren wir, um etwa 300 Meilen bewegt und war »wahrscheinlich eine Staubwolke«.

Im Oktober und November 1911 wurden auf dem Mars auffällige und leuchtende Flecken entdeckt (*Popular Astronomy*, Bd. 9, Nr. 10).

Einer von ihnen akzeptierte sechs oder sieben Beobachtungen, die untereinander übereinstimmten, sich aber nicht einordnen ließen, und gab der Welt, dem Planeten oder dem Satelliten einen Namen. Er nannte ihn »Neith«.

Monstrator und Elvera und Azuria und Super-Romanimus –

Oder Ketzerei und Orthodoxie und die Einheit des Quasi-Zustandes und unsere Wege und Mittel und Methoden sind die gleichen. Wenn wir Dinge, die nicht sein dürfen, beim Namen nennen, dann stehen wir mit unserer Schuld, Abwesendes benannt zu haben, nicht allein –

Leverrier und »Vulkan«.

Leverrier schon wieder.

Um zu demonstrieren, wie zerbrechlich Seifenblasen sind, braucht man nur eine Nadel in die größte zu stechen. Astronomie und Seifenblasen – und mit Seifenblasen meinen wir das Aufblasen von etwas Schwachem. Oder, daß die Wissenschaft der Astronomie ein hauchdünner Film ist, auf dem die Mythen schillern. Aber wir sind nach wie vor der Meinung, daß sie dem Wesentlichen näherkommt als das System, das ihr vorausging.

Also Leverrier und der Planet »Vulkan«.

Wir wollen es wiederholen, und man wird uns ankreiden, daß wir es wiederholen. Wenn Sie zu den Massen gehören, die von den Astronomen hypnotisiert wurden – die ja selbst ebenfalls hypnotisiert sein müssen, weil sie sonst die anderen nicht hypnotisieren könnten – aber vielleicht ist die Kontrolle des Hypnotiseurs doch nicht so meisterhaft, wie man gemeinhin vermutet, vielleicht ist es nur die Übertragung des entsprechenden Zustandes von einem Hypnotisierten auf einen anderen –

Wenn Sie also zu den Massen gehören, die von den Astronomen hypnotisiert wurden, dann werden Sie sich nicht erinnern können. Zehn Seiten weiter, und Sie werden Leverrier und den Planeten »Vulkan« vergessen haben. Es wird von Ihnen abfallen wie Bohnen von einem Magneten oder wie die Daten kalter Meteoriten vom Bewußtsein eines Thomson.

Leverrier und der Planet »Vulkan«.

Doch, es ist gut, daß wir es wiederholen.

Aber zumindest vorübergehend werden wir ein historisches Fiasko erleben, wie es unserer Annahme nach nur in der Quasi-Existenz vorkommen kann.

1859 verkündete Dr. Lescarbault, ein Amateurastronom aus Orgères, Frankreich, er habe am 26. März des gleichen Jahres einen Körper von der Größe eines Planeten vor der Sonne vorbeiziehen sehen. Wir betreten hier ein Gebiet, das dem gegenwärtigen System so unheimlich ist, wie seine größten Schätze oder das Abstreiten von Wundern dem vorhergehenden System unheimlich waren. Dennoch gehen nur wenige Lehrbücher so weit, die Tragödie ganz zu unterschlagen. Die Methode der Systematiker beruht darauf, ein paar Beispiele des Unheiligen zu nennen und bloßzustellen. Wenn es wünschenswert wäre, die Existenz von Bergen auf der Erde zu leugnen, dann würde man einige Beobachtungen über die kleinen Erhebungen in der Nähe von Orange, New Jersey, erwähnen und hinzufügen, daß die Reisenden, obzwar höchst achtenswerte Menschen, vermutlich ihre Beobachtungen durcheinandergebracht hätten. Die Lehrbücher erwähnen beiläufig einige der »angeblichen« Beobachtungen des Planeten »Vulkan« und schreiten weiter zum nächsten Thema.

Dr. Lescarbault schrieb an Leverrier, der nach Orgères eilte –

Weil dieser Bericht zu seinen eigenen Berechnungen in Zusammenhang mit einem Planeten zwischen Merkur und Sonne paßte –

Weil das Sonnensystem nie eindeutig im Sinne der Regelmäßigkeit war: Bei Merkur wie bei Neptun sind Phänomene zu beobachten, die mit den Formeln unvereinbar sind. Es gibt Bewegungen, die auf den Einfluß von etwas anderem hinweisen. Wir erfahren, daß Leverrier »sich von der grundsätzlichen Exaktheit der berichteten Beobachtung überzeugte.« Die Geschichte dieser Nachforschung wurde in *Monthly Notices*, 20-98, veröffentlicht. Es scheint boshaft, dieses arme kleine Ding mit unseren brutalen Überlegungen heimzusuchen, aber es ist doch amüsant, den Erfindungsreichtum einer Zeit zu beobachten, deren Dogmen sich in unsere Zeit gerettet haben. Lescarbault schrieb an Leverrier. Leverrier eilte nach Orgères. Doch Leverrier verriet Lescarbault nicht, wer er war. Er ging hin und »unterzog Dr. Lescarbault einem sehr strengen Kreuzverhör«, genau wie Sie und ich es auch tun würden, wenn es uns gelüstet, das Heim anderer Menschen aufzusuchen und streng mit ihnen umzuspringen. Er »ließ ihn sich Schritt für Schritt rechtfertigen«, wie wir die Leute zwingen würden, sich zu rechtfertigen, denen wir natürlich nicht verraten haben, wer wir sind. Erst als er zufrieden war, gab Leverrier seine Identität preis. Ich vermute, Dr. Lescarbault äußerte Erstaunen. Ich finde, die Geschichte wirkt irgendwie utopisch: Sie paßt so gar nicht zur sonstigen New Yorker Steifheit.

Leverrier nannte das Objekt, das Dr. Lescarbault beschrieben hatte, »Vulkan«.

Mit den gleichen Mitteln, mit denen er – in den Augen der Gläubigen – angeblich Neptun entdeckte, war er zu dem Schluß gekommen, daß es innerhalb der Umlaufbahn Neptuns einen Planeten oder eine Gruppe von Himmelskörpern geben müsse. Abgesehen von Lescarbaults Schilderung waren ihm fünf Beobachtungen von Objekten bekannt, die die Sonne gekreuzt hatten. In Übereinstimmung mit der mathematischen Hypnose seiner Zeit studierte er diese sechs Transite. Er berechnete aus ihnen für »Vulkan« eine Umlaufzeit von 20 Tagen und eine Formel, mit deren Hilfe sich die heliozentrische Länge des Planeten jederzeit feststellen ließ.

Die besten Beobachtungen, erklärte er, könnten aber erst im Jahre 1877 gemacht werden.

Angesichts der Tatsache, daß er noch einige Lebensjahre vor sich hatte, fällt auf, daß er ein wenig voreilig war. Es fällt jedenfalls dann auf, wenn man das Studium der Hypnose noch nicht sehr weit getrieben hat. Nachdem er Neptun mit Hilfe einer Methode »entdeckt« hatte, für die unserem Verständnis nach ebenso viel spricht wie für die einstmals anerkannten Methoden der Hexen, hätte er ein solches Risiko nicht eingehen dürfen. Wenn er mit Neptun recht und mit »Vulkan« unrecht gehabt hätte, dann wäre sein Schnitt noch unter den der meisten Wahrsager gefallen, die doch gerade eben hoffen können, in fünfzig Prozent der Fälle richtig zu liegen – all dies sind die Argumente eines Anfängers auf dem Gebiet der Hypnose.

Das Datum:

Der 22. März 1877.

Die wissenschaftliche Welt stellte sich auf die Hinterbeine und steckte die Nase in den Himmel. Das Ding war ihnen immerhin von einer Autorität versprochen worden. Kein Papst hätte mit größerer Endgültigkeit sprechen können. Wenn sechs Beobachtungen korreliert worden waren, was wollte man noch? Der Herausgeber von *Nature* erklärte eine Woche vor dem vorausgesagten Ereignis vorsichtig, wenn sechs Beobachter unabhängig voneinander auf Daten kämen, die sich zu einer Formel fügen ließen, dann müsse es sich wohl um ein und dasselbe Phänomen handeln.

In gewisser Weise wird hier die Problematik unseres gesamten Buches deutlich.

Formeln sind gegen uns.

Können astronomische Formeln, die im Laufe langer Jahre durch Beobachtungen gestützt und die von einem Leverrier berechnet wurden, auf der Ebene der Eindeutigkeit genauso bedeutungslos werden wie alle anderen Quasi-Dinge, denen wir bisher begegneten?

Man traf lange vor dem 22. März 1877 gewisse Vorbereitungen. In England sah sich der königliche Astronom vor dem Ereignis seines Lebens. Er unterrichtete Beobachter in Madras, Melbourne, Sydney und Neuseeland und sprach sich mit Beobachtern in Chile und in den Vereinigten Staaten ab. M. Struve bereitete Beobachtungen in Sibirien und in Japan vor –

Der 22. März 1877 –

Relativ gesehen und etwas heuchlerisch finde ich es selbst tragisch. Wenn irgend jemand an der Aufrichtigkeit Leverriers zweifelt, dann sollten wir anmerken – ob dies nun etwas zu bedeuten hat oder nicht –, daß er wenige Monate später starb. Ich glaube, wir sollten einen Moment an Monstrator denken. Dieses Thema gibt soviel her, daß wir noch einmal darauf zurückkommen müssen.

Am 9. August 1762 vermaß M. de Rostan aus Basel, wie das *Annual Register*, 9-120, schreibt, in Lausanne die Höhe der Sonne. Er sah einen großen, spindelförmigen Körper, etwa drei astronomische Zoll breit und neun astronomische Zoll lang, der

langsam über die Scheibe der Sonne zog, »höchstens mit der Hälfte der Geschwindigkeit, mit der sich gewöhnliche Sonnenflecken bewegen.« Das Objekt verschwand erst am 7. September, als es den Rand der Sonne erreichte. Aufgrund der spindelförmigen Gestalt neige ich zur Vorstellung, es sei ein Super-Zeppelin gewesen, aber eine andere Beobachtung scheint eher zu belegen, daß es sich um eine Welt handelte, denn das Objekt war undurchsichtig und »verdunkelte die Sonne«, und es hatte eine Art Dunst um sich – oder eine Atmosphäre? Eine Penumbra wäre an sich ein Hinweis auf Sonnenflecken, aber andere Beobachtungen lassen vermuten, daß das Objekt ein gutes Stück von der Sonne entfernt war:
Es wird berichtet, daß ein weiterer Beobachter in Paris, der zur gleichen Zeit die Sonne beobachtete, das Objekt nicht ausmachen konnte;
Daß aber M. Croste in Sole, etwa fünfundvierzig Wegstunden nördlich von Lausanne, es beobachten konnte. Er beschrieb die gleiche Spindelform, machte über die Breite aber abweichende Angaben. Und nun kommt der wichtige Punkt: daß er und M. de Rostan das Objekt nicht in der gleichen Region der Sonne sahen. Dies ist die Parallaxe, und da das Objekt von Paris aus nicht zu beobachten gewesen war, muß die parallaktische Verschiebung groß gewesen sein – oder, daß im Sommer 1762 im Laufe eines Monats ein großes, undurchsichtiges, spindelförmiges Objekt vor der Sonnenscheibe, aber sehr weit von ihr entfernt, vorbeizog. Der Autor im *Register* meint: »Kurz gesagt, wir kennen am Himmel nichts, wonach wir greifen könnten, um das Phänomen zu erklären.« Ich vermute, er war nicht hoffnungslos süchtig nach Erklärungen. Er war außergewöhnlich, und wir fürchten, er war auch in anderer Hinsicht ein Mann mit lockeren Sitten.
Was uns angeht –
Monstrator.
In den *Monthly Notices of the Royal Astronomical Society*, Februar 1877, nennt Leverrier, der bis zum letzten Tag seinen Glauben nicht verlor, die sechs Beobachtungen eines unbekann-

ten, planetengroßen Körpers, die er in eine Formel gebracht hatte:
Fritsche, 10. Oktober 1802; Stark, 9. Oktober 1819; De Cuppis, 30. Oktober 1839; Sidebotham, 12. November 1849; Lescarbault, 26. März 1859; Lummis, 20. März 1862.
Wenn wir nicht so daran gewöhnt wären, daß die Vernachlässigung untrennbar zur Wissenschaft gehört, dann würden wir uns angesichts dieser Daten wundern und wären beeindruckt, wie der Herausgeber von *Nature*. Eine Übereinstimmung in so vielen Fällen könnte unmöglich als Zufall abgetan werden. Aber wir sind der Meinung, daß – ein ausreichendes Maß an Unterschlagung vorausgesetzt – die Astronomen und Wahrsager formulieren können, was immer sie wollen. Wir könnten uns selbst hervortun und Regelmäßigkeiten in den Menschenmengen auf dem Broadway formulieren und etwa behaupten, daß jeden Mittwochmorgen um Viertel nach zehn ein großer Mann mit nur einem Bein und einem schwarzen Auge einen Gummibaum tragend am Singer Building vorbeikommt. Natürlich ist so etwas nur möglich, wenn es wirklich einen Mann gibt, der eine derartige Angewohnheit hat, aber wenn eines Mittwochmorgens dann ein kleines Kind, das ein Faß schleppt, oder eine dicke Schwarze mit einem Berg Wäsche vorbeikommt, dann wäre unsere Voraussage nach den geltenden Gesetzen der Vernachlässigung gut genug für die Art der Quasi-Existenz, in der wir uns befinden.
Ob wir nun anklagen oder ob wir glauben, das Wort »anklagen« sei für unsere Einstellung gegenüber einem Quasi-Astronomen eine Übertreibung oder das bloße Bruchstück eines Super-Traums, wir sind jedenfalls der Meinung, daß Leverrier niemals Beobachtungen in Formeln gefaßt hat –
Daß er Beobachtungen auswählte, die er für seine Formeln benutzen konnte –
Daß alle Formeln so entstehen –
Daß, wenn Leverrier nicht auch selbst hoffnungslos hypnotisiert gewesen wäre, und wenn er mehr als nur einen blassen Schimmer von Realheit in sich gehabt hätte, er sich nie von

einem solchen Quasi-Prozeß hätte täuschen lassen: daß er jedoch hypnotisiert war und deshalb seinen Zustand auf andere erweiterte oder übertrug. Dank seiner Voraussage strotzte die Erde am 22. März 1877 von Teleskopen, hinter denen reglos und fast leblos die Gestalten von Astronomen hockten –

An diesem und an den folgenden Tagen war nicht die geringste Spur von etwas erfreulich Ungewöhnlichem zu entdecken.

Aber hat das Ansehen der Astronomie deshalb in irgendeiner Weise Schaden genommen?

Keineswegs. Der Geist von 1877 stand hinter ihr. Wenn in einem Embryo einige Zellen nicht dem gerecht werden, was von ihnen erwartet wird, dann springen andere ein und zeigen, was zu gegebener Zeit notwendig ist. Erst wenn ein Embryo das Stadium eines Säugers erreicht, sind die Zellen des reptilischen Zustandes die falschen Zellen.

Wir nehmen an, daß es viele ähnlich authentische Berichte über große planetarische Körper gab, die in der Nähe der Sonne beobachtet wurden; daß Leverrier aus den vielen Beobachtungen sechs auswählte; daß er nicht einmal entschied, daß all die anderen Beobachtungen mit anderen großen Planeten in Verbindung standen, sondern daß er sie willkürlich oder hypnotisch – oder heroisch – vernachlässigte; daß er, um überhaupt eine Formel zu finden, unzulässige Ausschlüsse vornehmen mußte. Der Gesichtsverlust brachte ihn um, glaube ich. Ich will ihn keineswegs in eine Reihe mit den Grays und Hitchcocks und Symons stellen. Ich will es nicht, weil er – auch wenn es recht unsportlich war, das Datum so weit in die Zukunft zu verlegen – immerhin ein Datum nannte, an das er sich klammerte –

Ich glaube, Leverrier wurde ins Positive Absolute versetzt.

Was er vernachlässigte:

Am 26. Juni 1819 eine Beobachtung von Gruthinson – aber das waren zwei Körper, die gleichzeitig über die Sonne zogen –

Nature, 14-469:

Daß nach Angaben des Astronomen J. R. Hind der Londoner Stadtkämmerer Benjamin Scott sowie Mr. Wray im Jahre 1847 einen Körper, der »Vulkan« ähnelte, über die Sonne hatten ziehen sehen.

Eine ähnliche Beobachtung meldeten Hind und Lowe am 12. März 1849 (*L'Année Scientifique*, 1876-9).

In *Nature*, 14-505, erfahren wir, daß ein Körper, anscheinend von der Größe Merkurs, am 29. Januar 1860 von F. A. R. Russel und vier anderen Beobachtern beim Überqueren der Sonnenscheibe beobachtet wurde.

Es gibt eine weitere Beobachtung von de Vico am 12. Juli 1837 (»Observatory«, 2-424).

L'Année Scientifique, 1865-16:

Daß ein weiterer Amateurastronom, M. Coumbray aus Konstantinopel, an Leverrier schrieb, er habe am 8. März 1865 einen schwarzen, scharf umrissenen Punkt die Sonnenscheibe kreuzen gesehen. Er löste sich von einer Gruppe von Sonnenflecken in der Nähe des Randes der Sonnenscheibe und brauchte 48 Minuten, um den anderen Rand zu erreichen. Aus dem Diagramm von Mr. Coumbray geht hervor, daß ein Durchgang durch das Zentrum der Sonne etwas mehr als eine Stunde gedauert hätte. Diese Beobachtung wurde von Leverrier unterschlagen, weil seine Formel ungefähr von der vierfachen Geschwindigkeit ausging. Der springende Punkt ist hier, daß die anderen Beobachtungen so authentisch sind wie jene, die Leverrier einschloß; daß es aufgrund von Daten, die so gut sind wie die Daten über »Vulkan«, weitere »Vulkane« geben muß – eine heroische und trotzige Vernachlässigung also, wenn man versucht, für einen von ihnen eine Formel zu finden, während man die anderen vernachlässigt, die doch nach orthodoxer Ansicht einen großen Einfluß auf diesen ersten Körper ausüben müssen, wenn sich alle im relativ engen Raum zwischen Merkur und Sonne befinden.

Am 4. April 1876 konnte M. Weber in Berlin einen weiteren Körper beobachten. Leverrier wurde im August 1876 von Wolf über diese Beobachtung informiert (*L'Année Scientifique*, 1876-7). Soweit wir wissen, sah sich der bemerkenswerte Positivist aber nicht veranlaßt, sich darum zu kümmern.

Zwei weitere Beobachtungen von Hind und Denning – am 3. November 1871 und am 26. März 1873 in der Londoner *Times*.
Monthly Notices of the Royal Astronomical Society, 20-100: Standacher im Februar 1762; Lichtenberg am 19. November 1762; Hoffman im Mai 1764; Dangos am 18. Januar 1798; Stark am 12. Februar 1820. Eine Beobachtung von Schmidt am 11. Oktober 1847 wird als zweifelhaft bezeichnet. Auf Seite 192 heißt es, diese Zweifel seien aufgrund einer fehlerhaften Übersetzung entstanden. Zwei weitere Beobachtungen von Schmidt werden dennoch erwähnt: 14. Oktober 1849 und 18. Februar 1850. Außerdem finden wir dort eine Beobachtung von Lofft vom 6. Januar 1818, und eine Beobachtung von Steinheibel am 27. April 1820 in Wien (*Monthly Notices of the Royal Astronomical Society*, 1862).
Haase hatte Berichte über zwanzig Beobachtungen gesammelt, die der von Lescarbault ähnelten. Die Liste wurde 1872 von Wolf veröffentlicht. Außerdem gibt es weitere Beispiele wie das von Gruthinson:
American Journal of Science, 2-28-446:
Ein Bericht von Pastorff, der im Jahre 1836 zweimal und im Jahre 1837 einmal zwei runde Flecken von unterschiedlicher Größe sah, die sich über die Sonne bewegten, ihre relativen Positionen zueinander veränderten und jedesmal einen neuen Kurs oder einen neuen Orbit einschlugen. Bereits im Jahre 1834 hatte er sechsmal ähnliche Körper über die Sonnenscheibe gleiten sehen, was ganz ähnlich ausgesehen hatte wie Merkurtransite.
Der 22. März 1876 –
Aber auf Leverriers armseligen Durchschnitt hinweisen – auf die fünfzigprozentige Erfolgsquote beim Entdecken von Planeten – bedeutet, zugleich auf den niedrigen Anteil des Realen an dem quasi-mythischen Gemenge hinzuweisen, aus dem das ganze System besteht. Wir werfen den Lehrbüchern nicht vor, dieses Fiasko zu verschweigen, aber wir müssen anmerken, daß ihr eigenes Fiasko die übliche Maßnahme ist, zu der alle Schwindler greifen, wenn sie in Schwierigkeiten geraten –

Das Ablenken der Aufmerksamkeit.
In einer realen Existenz wäre es nicht möglich, ein reales Bewußtsein zu täuschen, aber bei einem Quasi-Intellekt, der sich von Lehrbüchern blenden läßt, mag es funktionieren. Der Trick besteht darin, über Leverriers Fehler hinwegzugehen und Lescarbault die Schuld zu geben – der war nur Amateur – hat sich getäuscht. Der Leser wird gegen Lescarbault eingenommen, wenn er einen Bericht von M. Lias liest, dem Direktor der brasilianischen Küstenwache, der zur Zeit von Lescarbaults »vermeintlicher« Beobachtung in Brasilien ebenfalls die Sonne beobachtete und der nicht einmal gewöhnliche Sonnenflecken bemerkte, sondern in der Region des »angeblichen Transits« nichts als »gleichmäßige Helligkeit«.
Aber die Bedeutungslosigkeit aller Aussagen in der Quasi-Existenz –
»Gleichförmige Helligkeit« spricht ebenso für wie gegen unsere Ansichten. Eines Tages wird dem menschlichen Gehirn ein Weg einfallen, um Newtons drittes Gesetz außer Kraft zu setzen. Wenn jede Reaktion oder jeder Widerstand als Reiz und nicht als Widerstand interpretiert werden kann – wenn dies in der Mechanik möglich ist, dann wird bald jemand einen Weg finden, die Welt in Besitz zu nehmen. »Gleichförmige Helligkeit« bedeutet, daß Lescarbault keinen gewöhnlichen Sonnenfleck sah, aber es kann auch bedeuten, daß auf der Sonne überhaupt nichts zu entdecken war. Wir nehmen auch diesen Widerstand als Unterstützung – wie es bei geistigen Kräften immer möglich ist –, und fragen uns, welche Maschinen sich aufgrund dieser Erkenntnis mit Hilfe von Dampf und elektrischen Kräften bauen ließen –, und wir weisen darauf hin, daß Unsichtbarkeit in Brasilien einerseits Abwesenheit und andererseits parallaktische Verschiebung bedeuten kann. »Vulkan« soll weit von der Sonne entfernt gewesen sein, und hier nehmen wir den Widerspruch als Bestätigung. Das ist die Methode jedes Wissenschaftlers, Politikers und Theologen.
Nicht besonders geschickt, weil besonderes Geschick auch nicht nötig ist, bringen uns die Lehrbücher also dazu, Verachtung

für den Amateur aus Orgères zu empfinden und Leverrier zu vergessen, und sie lenken unsere Aufmerksamkeit auf ein neues Thema.

Aber wir nehmen an:

Daß die verdrängten Daten so gut sind wie alle anderen;

Daß, wenn ein bedeutender Mensch ein Erdbeben voraussagte und das Erdbeben zur angegebenen Zeit ausbliebe, der Prophet diskreditiert wäre, daß aber die Daten über frühere Erdbeben so gültig bleiben würden wie eh und je. Es ist so leicht, über einen einsamen Amateur zu lächeln, der sich geirrt haben soll –

Die Häufung:

Fritsche, Stark, De Cuppis, Sidebotham, Lescarbault, Lummis, Gruthinson, De Vico, Scott, Wray, Russell, Hind, Lowe, Coumbray, Weber, Standacher, Lichtenberg, Dangos, Hoffman, Schmidt, Lofft, Steinheibel, Pastorff –

Dies sind nur die Beobachtungen, die normalerweise in Zusammenhang mit einem intra-merkurischen Planeten genannt werden. Sie sind so beeindruckend, daß wir uns nicht einfach von ihnen abwenden können, als wäre alles nur der Traum eines einsamen Amateurs – aber sie sind nur eine Avant-Garde. Von jetzt an werden Daten über große Himmelskörper, manche dunkel und manche das Licht reflektierend, unablässig vor unserem Auge vorbeiziehen –

So daß der eine oder andere von uns sich nach der Prozession noch an ein oder zwei Dinge erinnern kann – vielleicht.

Betrachten wir nur eine der aufgeführten Beobachtungen –

Oder unseren Eindruck, daß die Diskreditierung Leverrieres nichts mit der Gültigkeit dieser Daten zu tun hat:

Die Londoner *Times* vom 10. Januar 1860 veröffentlichte einen Bericht von Benjamin Scott über dessen Beobachtungen:

Daß er im Sommer 1847 einen Körper von der scheinbaren Größe der Venus gesehen hatte, der die Sonne kreuzte. Er sagt, er habe seinen Augen nicht getraut und nach jemandem gesucht, dem nicht Hoffnungen und Wünsche den Blick trübten. Er habe seinen kleinen, fünfjährigen Sohn aufgefordert, einen

Blick durchs Teleskop zu werfen. Das Kind habe gerufen, es sehe einen »kleinen Ballon« vor der Sonne. Scott erklärt, er sei sich an diesem Punkt immer noch nicht sicher genug gewesen, um seine bemerkenswerte Beobachtung öffentlich auszusprechen. Am Abend des gleichen Tages habe er Dr. Dick, einem Mitglied der Königlich-Astronomischen Gesellschaft, von seinem Erlebnis erzählt, der seinerseits von weiteren ähnlichen Beispielen wußte. In der *Times* vom 12. Januar 1860 ist ein Brief von Richard Abbott, ebenfalls Mitglied der Königlich-Astronomischen Gesellschaft, abgedruckt. Abbott kann sich erinnern, damals einen Brief von Mr. Scott mit einer Mitteilung über die Beobachtung erhalten zu haben.

Ich vermute, am Anfang dieses Kapitels konnte man den Eindruck gewinnen, wir würden in staubigen alten Aufzeichnungen herumwühlen, unklare, mehr als zweifelhafte Daten ausgraben und sie zu vermeintlichen Beweisen für unerkannte Welten oder planetengroßen Konstruktionen entstellen –

Aber die Authentizität, die Menge und die Aktualität der verfluchten Daten, über die wir jetzt sprechen –

Und wir nehmen an, daß wir uns in einer Quasi-Existenz befinden, in der vor allem anderen, vor Hoffnungen, Ehrgeiz, Gefühlen, Motivationen, der Versuch steht, eindeutig zu werden: daß wir über einen Versuch der Systematisierung sprechen, der in seiner Vernachlässigung des nicht zu Systematisierenden an Fanatismus grenzt – daß er ein Ausdruck des höchsten Gutes im neunzehnten Jahrhundert war – daß er eine Monomanie ist, aber eine heroische Monomanie, die damals quasi-göttliche Qualitäten besaß –

Aber wir leben nicht mehr im neunzehnten Jahrhundert –

Als zweifach gekürte Brahmanen – in den Augen der Baptisten – treten die Objekte des 29. Juli 1878 vor und sprechen für sich, so daß sie nur dank einer Unterschlagung, wie sie allein mit Hilfe der Monomanie möglich ist, im System unberücksichtigt bleiben können:

Die Sonnenfinsternis vom 29. Juli 1878 und die Berichte von Professor Watson aus Rawlins, Wyoming, und von Professor

Swift aus Denver, Colorado: daß sie in beträchtlicher Entfernung von der Sonne zwei leuchtende Objekte bemerkt hätten.
Dies paßt recht gut zu unserer Ansicht: nicht, daß es einen intramerkuriellen Planeten gäbe, sondern daß es verschiedene Körper, viele riesige Dinge gibt; manchmal in der Nähe der Erde, manchmal in der Nähe der Sonne; es sind Welten, die keiner Umlaufbahn folgen und die wir uns, weil es so gut wie keine Berichte über Zusammenstöße gibt, als lenkbar vorstellen müssen – oder lenkbare Super-Konstruktionen.
Professor Watson und Professor Swift veröffentlichten ihre Beobachtungen.
Dann die Nichtbeachtung, die man sich auf der Grundlage eines gewöhnlichen, gesunden Ausschlußprozesses nicht erklären kann.
Die Systematiker in den Lehrbüchern beginnen damit, das Problem bei diesen Beobachtungen sei die Tatsache, daß sie stark voneinander abwichen: vor allem für Professor Swift wird großer Respekt geäußert, aber wir erfahren, daß die beiden Astronomen, Hunderte Meilen voneinander entfernt, wohl aufgrund eines Zufalls gleichzeitig einer Täuschung erlegen seien: Ihre Beobachtungen würden sich so stark voneinander unterscheiden –
Professor Swift, *Nature*, 19. September 1878:
Daß seine eigene Beobachtung »jener von Professor Watson sehr ähnlich« sei.
In *Observatory*, 2-193, erklärt Swift, seine und die Beobachtungen Watsons »bestätigten einander gegenseitig.«
Die Gläubigen versuchen es noch einmal:
Daß Watson und Swift Sterne mit anderen Körpern verwechselt hätten.
In *Observatory*, 2-193, erklärt Professor Watson, er habe alle Sterne in der Nähe bis hinunter zur siebten Größenordnung berücksichtigt –
Dennoch wird er verdammt.
Lockyer zeigt in *Nature*, 20. August 1878, wie solche Ausschlüsse funktionieren. Er schreibt: »Es besteht praktisch kein

Zweifel, daß Professor Watson einen intramerkuriellen Planeten entdeckt hat.«
Das war, bevor die Exkommunizierung ausgesprochen wurde.
Er sagt:
»Wenn er zu einer von Leverriers Umlaufbahnen paßt –«
Er paßte nicht.
In *Nature*, 21-301, schreibt Professor Swift:
»Ich habe nie eine besser gesicherte und weniger anfechtbare Beobachtung gemacht.«
Dennoch wird er verdammt.
Wir werden auch Daten betrachten, die den allerstrengsten Kriterien nicht standhalten, aber man sollte nachlesen, wie sorgfältig und peinlich genau diese beiden Wissenschaftler ihre Beobachtungen festhielten, man sollte Professor Swifts detaillierte Beschreibung im *American Journal of Science*, 116-313, nachschlagen, und man sollte sehen, welche technischen Details Professor Watson in den *Monthly Notices of the Royal Astronomical Society*, 38-525, anführt.
Unsere eigene Ansicht über lenkbare Welten – die natürlich mehr fast-real ist als die Vorstellung, relativ nahe an der Erde bewegten sich große Planeten, die aber nur gelegentlich sichtbar seien, auf Umlaufbahnen –, unsere eigene Ansicht also, die dem Vernünftigen mehr fast-nahe kommt als die pauschale astronomische Hinrichtung von Swift und Watson und Fritsch und Stark und De Cuppis, unsere Ansicht ist für viele Geister so schmerzlich, daß wir in einem jener barmherzigen Momente, die wir hin und wieder um der Gerechtigkeit willen haben, Linderung anbieten:
Die Dinge, die Swift und Watson droben am Himmel sahen –
Nun, nur zwei Monate zuvor – das Pferd und die Scheune –
Wir wollen weitere Beobachtungen von Astronomen anführen, bis wir erkennen, daß genau das Ding, das ihnen das Leben schenkte, das sie erhielt und zusammenhielt, letzten Endes den Quasi-Funken eines unabhängigen Lebens in ihnen auslöschte. Wären sie nicht systematisiert, dann könnten sie überhaupt nicht existieren, es sei denn sporadisch und vorübergehend. Sie

sind systematisiert, sie dürfen nicht von den Bedingungen des Systems abweichen, sie dürfen sich nicht selbständig machen.
Die beiden großen Gebote:
Du sollst die Kontinuität nicht zerstören;
Du sollst es versuchen.
Wir fahren mit vernachlässigten Daten fort, von denen einige oder gar viele höchst respektabel sind. Das System aber hält seine Abweichungen zurück, wie die Erde das Matterhorn zurückhält. Das System nährt und belohnt, und es läßt mit kalter Verachtung Dinge sterben. Bevor eine Exkommunizierung ausgesprochen wird, berichten orthodoxe Zeitschriften freizügig über nicht assimilierbare Beobachtungen.
Alles verschmilzt mit allem.
Das ist die Kontinuität.
Das System übt sich im Verschmelzen und weicht uns aus, sobald wir versuchen, uns gegen es zu sammeln.
Wir haben uns lautstark beschwert. Wenigstens sind wir nicht so dumm, der Täuschung zu erliegen, wir wüßten genau, worüber wir uns eigentlich beschweren. Wir sprechen in scheinbar klaren Worten vom »System«, aber wir bauen dabei auf Beobachtungen von Angehörigen eben dieses Systems. Wir sammeln die Ketzereien, die von Orthodoxen abgelehnt wurden. Natürlich zerbröckelt »das System«, denn es hat keine realen Grenzen. Ein Swift stellt sich »dem System« entgegen, und ein Lockyer ruft ihn zur Ordnung. Aber dann wird Lockyer mit seiner »meteorischen Hypothese« zum Abweichler, und nun ist es an Swift, den Standpunkt des »Systems« zu vertreten. Diese Abläufe sind unserer Ansicht nach typisch für alle intermediaristischen Phänomene. Es ist nichts denkbar, das wirklich etwas wäre, wenn alle Bestandteile jederzeit auch ihr Gegenteil sein können. Wir sprechen von Astronomen – als gäbe es wirkliche Astronomen –, die ihre Identität in einem System verloren haben – als ob es ein wirkliches System gäbe – aber hinter dem System steckt offensichtlich eine Beziehung, ein Identitätsverlust im Zeitgeist einer Ära.
Körper, die wie dunkle Körper ausgesehen haben und Lichter,

die vielleicht das von interplanetarischen Objekten, von riesigen Körpern, Konstruktionen reflektierte Sonnenlicht waren – Lichter, die auf dem Mond – oder in seiner Nähe? – gesehen wurden:

In *Philosophical Transactions*, 82-27, findet sich Herschels Bericht über zahlreiche leuchtende Punkte, die er während einer Finsternis auf dem Mond oder in der Nähe des Mondes sah. Die Frage, warum diese Punkte leuchteten, während der Mond selbst verdunkelt war, stellt uns vor große Probleme – außer, daß wir später annehmen – oder nicht annehmen – werden, daß schon oft leuchtende Objekte in Erdnähe gesichtet worden sind – nachts.

Aber daß sie so zahlreich waren, ist ein neuer Faktor oder ein neuer Störfaktor bei unseren Forschungen –

Ein neuer Aspekt, der auf Bewohner oder Benutzer des interplanetarischen Raumes hinweist –

Welten in Gruppen – oder Wesen – vielleicht geflügelte Wesen – ich würde mich nicht wundern, wenn wir am Ende Engel entdecken – oder Wesen in Maschinen – himmlische Reisende in ihren Fahrzeugen –

1783 und 1787 beobachtete Herschel weitere Lichter auf dem Mond oder in der Nähe des Mondes. Er vermutete einen vulkanischen Ursprung.

Das Wort eines Herschel hat, sowie er vom Orthodoxen abweicht, nicht mehr Gewicht als das Wort eines Lescarbault. Diese Beobachtungen gehören zu den Nichtbeachteten.

Im November 1821 wurden helle Flecken auf dem Mond beobachtet (*Proceedings of the London Royal Society*, 2-167).

Vier weitere Fälle erwähnt Loomis in »Treatise on Astronomy«, S. 174.

Ein wanderndes Licht wird in *Philosophical Transactions*, 84-429, erwähnt. Der Autor hatte den Eindruck, ein Stern ziehe vor dem Mond vorbei, »was, bedenkt man es recht, natürlich unmöglich ist. Es war ein stehendes, ruhiges Licht in einem dunklen Bereich des Mondes.« Ich vermute, »stehendes Licht« paßt auf einen Leuchter.

Im *Report of the British Association*, 1847-18, ist eine Beobachtung von Rankin wiedergegeben, der während einer Finsternis im verdunkelten Teil des Mondes leuchtende Punkte bemerkte. Sie wirkten auf den Beobachter wie Reflexionen der Sterne. Das klingt nicht sehr vernünftig, doch im *Annual Register*, 1821-687, wird ein Licht erwähnt, das nicht auf einen Stern zurückgeführt werden konnte. Es bewegte sich zusammen mit dem Mond und wurde von Capt. Kater in drei aufeinanderfolgenden Nächten beobachtet. Siehe *Quarterly Journal of the Royal Institute*, 12-133.
Philosophical Transactions, 112-237:
Ein Bericht des Observatoriums von Kapstadt: Am Rand der Mondsichel sei im dunklen Bereich ein weißlicher Punkt beobachtet worden. Man habe drei kleinere Lichter ausmachen können.
Immer existiert der Wunsch nach Eindeutigkeit, nach Einzigartigkeit, nach Homogenität oder Ganzheit oder Vollkommenheit. Angesichts der Daten, die wir gleich sehen werden, spüre ich ihn auch selbst. Leverrier untersucht mehr als zwanzig Beobachtungen. Der Drang, sie alle ein und demselben Phänomen zuzuschreiben, ist unwiderstehlich, ein Ausdruck kosmischer Geneigtheit. Die meisten Beobachtungen sind aber einzig und allein mit an keine Umlaufbahn gebundenen lenkbaren Welten vereinbar, und so verschließt Leverrier die Augen vor zwei Dritteln der Fälle. Er pickt sechs heraus, die ihm eine Illusion von Vollkommenheit vermitteln können, und bringt sie mit einem einzigen Planeten in Verbindung.
Wir haben Daten über viele dunkle Körper – aber wir denken unweigerlich, einer von ihnen müsse der dunkle Hauptkörper sein. Dunkle Körper treiben oder navigieren im Raum zwischen den Planeten – und ich stelle mir einen vor, den Fürsten der dunklen Körper:
Melanicus.
Ein riesiges dunkles Ding mit riesigen Fledermausflügeln, oder eine pechschwarze Super-Konstruktion; sehr wahrscheinlich eine Keimzelle des Bösen.

Das außergewöhnliche Jahr 1883:
Die Londoner *Times* vom 17. Dezember 1883:
Ein Auszug aus einem Brief von Hicks Pashaw: Daß er am 24. September 1883 in Ägypten durch Gläser »im unteren Teil der Sonne einen riesigen schwarzen Fleck gesehen« hatte.
Vielleicht ein Sonnenfleck.
Ein Astronom blickte eines Nachts zum Himmel hinauf. Irgend etwas verdunkelte dreieinhalb Sekunden lang einen Stern. In der Nähe war ein Meteor beobachtet worden, aber sein Schweif war nur einen kurzen Moment sichtbar. Bei dem Astronomen handelte es sich um Dr. Wolf (*Nature*, 86-528).
Die nächsten Daten gehören zu den sensationellsten, die uns überhaupt vorliegen, abgesehen davon, daß eigentlich nicht viel daran ist. Professor Heis konnte über eine Spanne von elf Bogengrad ein dunkles Objekt beobachten, das langsam über die Milchstraße zog (Gregs Catalogues, *Report of the British Association*, 1867-426).
Einer unserer Quasi-Gründe für die Vorstellung, daß die Welten außerhalb von Umlaufbahnen lenkbar sind, ist das fast völlige Fehlen von Daten über Zusammenstöße: Natürlich könnten sie sich, der Schwerkraft trotzend, ohne Lenkung, wie wir Menschen sie kennen, auf ähnliche Weise einander anpassen wie Rauchkringel – eine sehr menschliche Art. In *Knowledge*, Februar 1894, sind zwei Fotos von Brooks Kometen abgedruckt. Sie sollen als Beweise für den vermeintlichen Zusammenstoß dieses Kometen mit einem dunklen Objekt im Oktober 1893 dienen. Wir würden sagen, er »prallte auf etwas«: Professor Barnard drückt es so aus, daß der Komet »in ein dichtes Medium eingedrungen« sei, das »ihn zerstörte«. Soweit ich es sagen kann, war er einfach mit einem Eisfeld zusammengestoßen.
Melanicus.
Daß er auf den Schwingen einer Super-Fledermaus über der Erde und über anderen Welten brütet und sich vielleicht etwas von ihnen nimmt: Er schwebt auf Schwingen oder auf flügelähnlichen Anhängseln, oder auf Tragflächen mit einer Spann-

weite von Hunderten von Meilen – ein super-böses Ding, das uns ausbeutet. Mit dem Bösen meine ich etwas, das macht, daß wir nützlich sind.
Er verdunkelt einen Stern. Er schubst einen Kometen herum. Ich glaube, er ist ein riesiger, schwarzer, dräuender Vampir.
Science, 31. Juli 1896:
Daß Mr. W. R. Brooks, der Direktor des Smith Observatoriums, einem Zeitungsbericht zufolge ein dunkles rundes Objekt gesehen hatte, das in horizontaler Richtung langsam vor dem Mond vorbeiglitt. Nach Brooks' Ansicht handelte es sich um einen dunklen Meteor. In *Science* erklärt am 14. September 1896 ein Korrespondent, seiner Ansicht nach könne es auch ein Vogel gewesen sein. Wir werden wenig Ärger mit Leuten haben, die Kometen und Vögel in einen Topf werfen, wenn uns ausführliche Beobachtungen von Objekten vorliegen, deren Größe auf Hunderte von Meilen geschätzt wird. Zu dem Körper, den Brooks sah, gibt es eine Anmerkung von dem holländischen Astronomen Muller im *Scientific American*, 75-251, daß er am 4. April 1892 ein ähnliches Phänomen beobachtet habe. In *Science Gossip*, 3-135, werden Einzelheiten zu dem von Brooks beobachteten Objekt wiedergegeben. Der scheinbare Durchmesser betrug ein Dreißigstel der Mondscheibe, und die Mondscheibe wurde in drei bis vier Sekunden überquert. Der Autor schreibt in *Science Gossip*, er habe am 27. Juni 1896 um 1.00 Uhr den Mond mit einem starken Fernglas (2 inch-Achromatic Stärke 44) beobachtet. Ein schwarzes Objekt sei von West nach Ost vorbeigeflogen, und der Transit habe 3 bis 4 Sekunden gedauert. Er glaubt, bei dem Objekt habe es sich um einen Vogel gehandelt; allerdings sei kein Flügelschlag zu bemerken gewesen.
In der Zeitschrift *Astronomische Nachrichten*, Nr. 3477, erklärt Dr. Martin Brendel aus Greifswald, ein Postmeister namens Ziegler und andere Beobachter hätten einen Körper von etwa 6 Fuß Durchmesser über die Sonnenscheibe ziehen sehen. Die Dauer des Transits läßt in diesem Fall ein Objekt vermuten, das weit von der Erde, aber auch weit von der Sonne entfernt war.

Das Objekt wurde bereits eine Viertelstunde, bevor es die Sonne erreichte, gesehen. Es brauchte etwa eine Stunde, um die Sonne zu überqueren, und danach blieb es noch eine weitere Stunde sichtbar.

Ich glaube, er ist ein riesiger schwarzer Vampir, der manchmal über der Erde und anderen Körpern brütet.

Eine Mitteilung von Dr. F. B. Harris (*Popular Astronomy*, 20-398):

Daß er am Abend des 27. Januar 1912 auf dem Mond »ein tiefschwarzes Objekt« sah. Er schätzte die Länge auf 250 Meilen und die Breite auf 50 Meilen. »Das Objekt ähnelte verblüffend einer schwebenden Krähe.« Dann sei die Beobachtung durch Wolken gestört worden.

Dr. Harris schreibt:

»Ich kann nicht umhin zu glauben, daß ich Zeuge eines sehr interessanten und eigenartigen Phänomens wurde.«

KAPITEL 15

Dieses Kapitel ist kurz, aber es ist das schlimmste von allen. Es ist spekulativ. Es stellt eine Abirrung von unseren gewohnten Pseudo-Standards dar. Ich denke, das muß wohl bedeuten: Das letzte Kapitel war sehr schlüssig, und nun folgen wir dem Rhythmus aller Quasi-Dinge – die keine realen Dinge sein können, wenn sie einem Rhythmus unterworfen sind, weil ein Rhythmus bedeutet, daß etwas sich in sein Gegenteil verwandelt und dann wieder zurück – und holen nach, was wir versäumt haben. Es wird ein kurzes Kapitel, in dem wir einige Facetten des Intermediären Reiches beleuchten wollen.

Ein Rätsel:

Wenn wir annehmen, daß sich das Positive Absolute aus dem Negativen Absoluten heraus selbst erschafft, daß es sich rekrutiert oder sich erhält mit Hilfe eines dritten Zustandes, nämlich unseres Quasi-Zustandes, dann scheint es, als versuchten wir, uns etwas Universelles vorzustellen, das aus der Nichtvorhandenheit noch mehr Universalität zu erschaffen trachtet. Denken Sie darüber nur nach, wenn Sie auf das Risiko gefaßt sind, mit so hohem Tempo zu verschwinden, daß Sie einen Feuerschweif hinter sich herziehen. Versuchen Sie es, wenn Sie riskieren wollen, für ewig glücklich zu sein, obwohl Sie das vielleicht gar nicht wollen. Ich selbst werde diesem Schicksal ausweichen und mich bemühen, verständlich zu sein und das Positive Absolute vom Aspekt des Realen und nicht des Universellen aus zu betrachten, denn ich erinnere daran, daß wir mit dem Realen und dem Universellen Aspekte des gleichen Zustands meinen, eines Zustandes, der nicht mehr in etwas anderes übergeht, weil es neben ihm nichts anderes gibt. Wir sagen

also, daß, aus dem Nichtrealen, nicht aus der Nichtvorhandenheit, das Reale, nicht das Universelle, mittels unseres Quasi-Zustandes mehr Reales entstehen läßt.
Relativ gesprochen sind auf die gleiche Weise alle Vorstellungen, die sich zu Statuen, Gebäuden, Banknoten, Gemälden oder Büchern in Papier und Tinte materialisieren, Abstufungen zwischen dem Realen und dem Nichtrealen. Es scheint, als sei das Intermediäre Reich eine Beziehung zwischen dem Positiven Absoluten und dem Negativen Absoluten. Aber das Absolute kann nicht in Beziehung gesetzt werden – und weil wir hier unter anderem an eine Begrenzung des Unbegrenzten denken, müssen wir natürlich gestehen, daß wir es uns eigentlich überhaupt nicht vorstellen können. Uns nach Kräften bemühend, beflügelt von dem Gedanken, daß wir es nicht schlimmer treiben können als die Metaphysiker der Vergangenheit, nehmen wir an, daß das Absolute nicht in Beziehung gesetzt werden kann, so daß unser Quasi-Zustand auch keine reale Beziehung ist, da an ihm ohnehin nichts real ist. Andererseits ist er auch keine irreale Beziehung, da nichts an ihm irreal ist. Es scheint, als könne das Positive Absolute mit Hilfe des Intermediären Reiches Quasi-Beziehungen eingehen oder quasi-bezogen sein, obwohl es im Grunde unbezogen bleibt und nicht in Bezug gesetzt werden kann.
Auf die Frage nach der Rolle des freien Willens im Intermediarismus können wir die gleiche Antwort geben. Mit dem freien Willen meinen wir Unabhängigkeit – etwas, das nicht in etwas anderes übergeht – deshalb gibt es im Intermediären Reich weder den freien noch den versklavten Willen – sondern für jede sogenannte Persönlichkeit nur unterschiedliche Annäherungen an eines der beiden Extreme. Es wurde schon oft gesagt, und es scheint mir im Intermediären Reich die akzeptable Weise, es zu sagen, auch wenn es paradox klingt: Wir haben die Freiheit zu tun, was wir tun müssen.
Ich bin nicht der Ansicht, daß wir das Ungehörige zum Fetisch machen. Ich glaube, wir können überhaupt nicht ermessen, was später akzeptabel sein wird. Ich glaube, wenn ein früher

Biologe erstmals von Vögeln hört, die auf Bäumen wachsen, dann sollte er notieren, daß er von Vögeln gehört hat, die auf Bäumen wachsen. Das Einordnen der Daten muß später erfolgen. Wir bemühen uns vor allem, das Unvermeidliche zu vermeiden und die Daten nicht miteinander zu vermischen, wie Long Island und Florida sich in den Köpfen der frühen Erforscher Amerikas vermischten. Ich bin der Ansicht, daß dieses ganze Buch mit einer Karte Nordamerikas vergleichbar ist, auf welcher der Hudson River als Durchfahrt nach Sibirien eingezeichnet ist. Wir denken an Monstrator und Melanicus und an eine Welt, welche die Verbindung zur Erde aufgenommen hat, oder wenigstens mit einigen Esoterikern auf dieser Erde. Ob diese Welt aber Monstrator heißt und ob Monstrator Melanicus ist, das muß späteren Untersuchungen vorbehalten bleiben. Es wäre auch äußerst unfein: alles sofort klären und unseren Schülern nichts übriglassen.

Mich hat besonders das Phänomen der »Tassenabdrücke« beeindruckt.

Sie kommen wir vor wie Zeichen, die uns etwas sagen sollten. Aber sie kommen mir nicht vor wie ein Mittel der Kommunikation zwischen Bewohnern dieser Erde und anderen Bewohnern dieser Erde.

Mein Eindruck ist, daß eine äußere Kraft aus großer Entfernung Felsen auf der Erde mit Symbolen gekennzeichnet hat.

Ich glaube nicht, daß die Tassenabdrücke der Kommunikation zwischen Bewohnern dieser Erde dienten, weil es mir zu unwahrscheinlich vorkommt, daß die Bewohner von China, Schottland und Amerika sich das gleiche System ausgedacht haben sollen.

Bei diesen Zeichen handelt es sich um Reihen von tassenähnlichen Abdrücken im Felsen. Manchmal liegen Ringe um sie herum, manchmal nur Halbkreise. Großbritannien, Amerika, Frankreich, Algerien, Tscherkessien und Palästina: es gibt sie fast überall – außer, soweit ich weiß, im hohen Norden. In China sind ganze Klippen mit ihnen übersät. Auf einer Klippe in der Nähe des Comer Sees wurde ein ganzes Labyrinth von

ihnen gefunden. In Italien und Spanien und Indien kommen sie ebenfalls in großer Zahl vor.
Stellen wir uns eine Kraft vor, ähnlich der Elektrizität, die aus großer Entfernung Abdrücke in Felsen erzeugen kann, wie ein Telephotograph aus Hunderten Meilen Entfernung Selen markieren kann – aber ich bin unschlüssig –
Die vermißten Forscher aus Irgendwo und der Versuch, von Irgendwo aus mit ihnen Kontakt aufzunehmen: also werden unablässig Botschaften auf die Erde geschleudert, weil man hofft, Felsen in der Nähe der vermißten Forscher zu treffen –
Oder, daß es irgendwo auf der Erde eine besondere Felsformation gibt, eine Art Empfänger oder eine Antenne oder einen steilen, kegelförmigen Hügel, auf dem seit Urzeiten Botschaften von einer anderen Welt eingehen; daß aber bisweilen Nachrichten abirren und Stellen treffen, die Tausende Meilen vom Empfänger entfernt sind;
Daß vielleicht die Kräfte, die hinter der Geschichte der Erde stehen, auf den Felsen in Palästina und England und Indien und China Aufzeichnungen hinterlassen haben, die eines Tages entziffert werden können: Zeugnisse ihrer fehlgeleiteten Anweisungen an bestimmte Esoteriker – den Orden der Freimaurer – die Jesuiten –
Ich betone, daß die Tassenabdrücke in Reihen auftreten:
Professor Douglas in der *Saturday Review* vom 24. November 1883:
»Was auch immer ihre Motive waren, die Erzeuger der Tassenabdrücke besaßen eine entschiedene Neigung, ihre Werke in regelmäßigen Reihen anzuordnen.«
Schon vor vielen Jahren deutete Canon Greenwell die Möglichkeit an, daß die Tassenabdrücke eine archaische Form von Inschriften sein könnten. Passender für unsere eigenen Ansichten sind die Beobachtungen von Rivett-Carnac (*Journal of the Royal Asiatic Society*, 1903-515):
Daß die Blindenschrift, die mit erhabenen Punkten arbeitet, eine Umkehrung der Tassenabdrücke ist: und daß es auch starke Ähnlichkeiten mit dem Morsealphabet gibt. Doch ein

gezähmter, systematisierter Archäologe kann nicht mehr tun, als im Vorübergehen auf Ähnlichkeiten hinzuweisen und anzudeuten, daß die Reihen der Tassenabdrücke Botschaften sein könnten, weil – China, die Schweiz, Algerien, Amerika – wenn es wirklich Botschaften sind, man kann nicht umhin, an einen ganz bestimmten Ursprung zu denken – wenn es sich wirklich um Botschaften handelt, dann nehme ich einen außerirdischen Ursprung an, dem die gesamte Erdoberfläche zugänglich war.

Noch etwas möchten wir betonen:

Daß die Reihen der Tassenabdrücke oft mit Fußabdrücken verglichen wurden.

Aber wenn man diesen Vergleich zieht, unterschlägt man, daß es oft nur eine einzige Reihe von Abdrücken war. Sie kommen natürlich in verschiedensten Arrangements vor, aber das Auftreten in nur einer einzigen Reihe ist sehr häufig. Es ist seltsam, daß sie so oft mit Fußabdrücken verglichen wurden. Vielleicht gibt es außergewöhnliche Umstände, aber wenn es nicht etwas war, das auf einem Fuß hüpfte oder wie eine Katze auf einem Zaun balancierte, kann ich mir kaum etwas vorstellen, das Fußabdrücke exakt in einer Reihe hinterläßt – höchstens ein Betrunkener, der auf der Polizeiwache einen Kreidestrich entlanggehen muß.

Auf dem Witch's Stone (Hexenstein) in der Nähe von Ratho in Schottland befinden sich vierundzwanzig Abdrücke, deren Durchmesser zwischen anderthalb und drei Zoll schwankt. Sie sind in ziemlich geraden Linien hintereinander angeordnet. Die Leute aus der Gegend sagen, die Spuren stammten von einem Hund (*Proceedings of the Society of Antiquarians of Scotland, 2-4-79*). Ähnlich verwirrende Abdrücke befinden sich überall in der Nähe des Hexensteins – wie hektische Telegramme oder eine mit leichten Abweichungen mehrmals gesendete Botschaft.

In der Gegend von Inverness werden die Tassenabdrücke als Fußabdrücke von Elfen aufgefaßt. An der Kirche von Valna in Norwegen und bei St. Peter's in Ambleteuse befinden sich ähnliche Spuren, die als Hufabdrücke von Pferden gedeutet wurden.

Die Felsen von Clare, Irland, sind mit Abdrücken überzogen, die von einer sagenhaften Kuh stammen sollen (»Folklore«, 21-184).
Wir treffen nun auf ein Gespenst, dessen Erwähnung ich nicht dahingehend gedeutet wissen möchte, als wolle ich es im Sinne von Daten anbieten. Es zeigt einfach, was ich mit der Erwähnung von Symbolen im Sinn habe, die Tassen oder Fußabdrücken ähneln und die, wenn sie wie Abdrücke von Pferden oder Kühen scheinen, Umkehrungen oder Negative von Tassen sind - mit der Erwähnung von Symbolen, die regelmäßig irgendwo auf der Erde empfangen werden - ich denke, irgendwo auf einem steilen, kegelförmigen Hügel -, die aber oft an der falschen Stelle gelandet sind - zur großen Verwunderung der Menschen, die eines Morgens erwachten und Abdrücke fanden, wo vorher keine waren.
Ein alter Bericht - noch schlimmer, ein alter chinesischer Bericht - beschreibt die Erlebnisse von Bewohnern eines Palastes. Eines Morgens erwachten sie und sahen, daß der Palasthof mit Spuren überzogen war, die aussahen wie die Hufabdrücke eines Ochsen. Sie hielten die Abdrücke für ein Werk des Teufels (*Notes and Queries*, 9-6-225).

KAPITEL 16

Engel.
Scharen und Scharen von Engeln.
Wesen wie die Seelenwolken, die Brisen der Spiritualität, oder das von Seelen Ausgeströmte, das Doré so oft gemalt hat.
Vielleicht ist die Milchstraße eine Ballung von steifen, erstarrten, endgültig fixierten, absoluten Engeln. Wir werden Daten über kleine Milchstraßen sehen, die sich schnell bewegen; oder Daten über Heerscharen von Engeln, die nicht absolut, sondern noch dynamisch sind. Ich vermute, daß die Fixsterne wirklich fixiert sind, und daß ihre winzigen Bewegungen, die man schließlich entdeckte, Illusion sind. Ich glaube, die Fixsterne sind absolute Werte. Ihr Blinken ist nur die Interpretation eines intermediären Zustandes von ihnen. Ich glaube, daß kurz nach dem Tode Leverriers ein neuer Fixstern entdeckt wurde – daß, wenn Dr. Gray bei seiner Geschichte von Tausenden Fischen, die aus einem einzigen Eimer Wasser kamen, geblieben wäre, wenn er geschrieben, Vorträge gehalten und an Straßenkreuzungen darüber geredet hätte, um die Welt davon zu überzeugen, daß seine Erklärung, ob plausibel oder nicht, die einzig richtige sei: wenn er Tag und Nacht an nichts anderes gedacht hätte – sein Nachruf – ein Bericht über eine neue »Nova« in den *Monthly Notices*.
Ich glaube, daß Milchstraßen einer niederen oder dynamischen Sorte schon oft von Astronomen beobachtet worden sind. Natürlich ist es möglich, daß es sich bei den Phänomenen, die wir nun betrachten wollen, nicht im geringsten um Engel handelt. Wir tasten uns nur vor und versuchen herauszufinden, was wir annehmen können. Einige unserer Daten sprechen für Trupps von rundlichen, gemütlichen Touristen, die gemächlich

durch den interplanetarischen Raum reisen – aber es gibt auch Daten über lange, schlanke und hungrige. Ich glaube, draußen im Raum zwischen den Planeten gibt es Heerscharen himmlischer Wüteriche, angeführt von Super-Tamerlanen – die einst über die alten Zivilisationen herfielen, unter ihnen aufräumten und nur Knochen, Tempel und Monumente übrig ließen – für welche die späteren Historiker dann exklusionistische Geschichten erfanden. Aber wenn irgend etwas jetzt die Rechte an uns besitzt und sich damit behaupten kann, dann wurden die anderen verscheucht. So funktioniert Ausbeutung immer. Ich sollte vielleicht ergänzen, daß wir jetzt gewissermaßen kultiviert werden: Wir sind uns dessen bewußt, aber wir besitzen die Unverschämtheit, alles unseren edleren und höheren Instinkten zuzuschreiben.

Gegen diese Gedanken wendet sich der gleiche Sinn für Endgültigkeit, der sich jedem Fortschritt entgegenstemmt. Deshalb sind für uns Annahmen eine bessere Anpassung als der Glaube. Gegen uns steht der feste Glaube, über interplanetarische Phänomene gebe es nichts Neues herauszufinden. So spricht vermeintliche Endgültigkeit, die sich der Illusion der Einheitlichkeit hingibt. Aber was als Fortschritt im Wissen bezeichnet wird, ist eine Entweihung des Gefühls von Unwissenheit.

Ein Tropfen Wasser. Früher hielt man Wasser für so homogen, daß es als Element galt. Unter dem Mikroskop entdeckte man dann, daß das vermeintliche Element unendlich differenziert war und daß es in seinem protoplasmischen Leben ganz neue Klassen von Lebewesen gab.

Oder das Jahr 1491 – ein Europäer blickt nach Westen über das Meer – er hat das Gefühl, daß diese gerade, glatte Linie im Westen unzerstörbar sei; daß die Götter der Regelmäßigkeit nicht zulassen würden, daß der glatte Horizont von Küsten zerstört oder mit Inseln besprenkelt würde. Wie unangenehm, an so etwas auch nur zu denken – dieser weite, glatte Horizont im Westen, so gleichmäßig vor dem Himmel – mit Inseln besprenkelt – geographische Lepra.

Aber es gab Küsten, Inseln, Indianer und Büffel im vermeintlich leeren Westen: Seen, Gebirge und Flüsse –
Oder wir blicken zum Himmel hinauf: die relative Homogenität des relativ Unerforschten: nur wenige Arten von Phänomenen wollen uns einfallen. Aber uns drängt sich der Eindruck auf, daß es unzählige verschiedene Arten interplanetarischer Existenz gibt – Dinge, die sich von Planeten und Kometen und Meteoren so stark unterscheiden wie Indianer von Büffeln und Präriehunden. Wir denken an eine Super-Geographie – oder Celestiographie – von weitläufigen, leeren Regionen, aber auch von Super-Niagarafällen und Ultra-Mississippis: eine Super-Soziologie – Reisende und Touristen und Räuber: Jäger und Gejagte: Super-Handelsschiffe, Super-Piratenschiffe, Super-Missionarsschiffe.
Ein Gefühl der Homogenität, eine positivistische Illusion über das Unbekannte – und das Schicksal jedes Positivismus.
Astronomie und das Akademische.
Ethik und das Abstrakte.
Universell ist der Versuch, Formeln und Regeln zu finden – doch ist dieser Versuch nur möglich, wenn man Dinge vernachlässigt oder leugnet.
Alle Dinge vernachlässigen und leugnen das, was schließlich eindringen und sie vernichten wird –
Der Tag wird kommen, an dem irgend etwas der Unendlichkeit Vorschriften macht:
»Bis hierher sollst du reichen, denn hier ist eine absolute Grenze.«
Die allerletzte Aussage:
»Es gibt nichts neben mir.«
In den *Monthly Notices of the Royal Astronomical Society*, 11-48, ist ein Brief von Rev. W. Read abgedruckt:
Daß er am 4. September 1851 um 9.30 Uhr eine Reihe selbstleuchtender Körper gesehen hatte, die vor dem Sichtfeld seines Teleskops vorbeiglitten, manche langsam, andere schnell. Sie schienen eine mehrere Grad breite Zone einzunehmen. Die meisten flogen von Ost nach West, einige aber auch von Norden

nach Süden. Es waren gewaltig viele, und man konnte sie sechs Stunden lang beobachten.
Anmerkung des Herausgebers:
»Könnte man diese Erscheinungen nicht einem abnormalen Zustand der Sehnerven des Beobachters zuschreiben?«
In *Monthly Notices of the Royal Astronomical Society*, 12-38, antwortet Mr. Read, er sei seit 28 Jahren ein gewissenhafter Beobachter und besitze ausgezeichnete Instrumente, »aber so eine Erscheinung habe ich noch nie gesehen«. Es könne keine Einbildung gewesen sein, denn zwei Familienangehörige hätten die Objekte ebenfalls beobachtet.
Der Herausgeber nahm seine Unterstellung zurück.
Wir wissen, was kommen mußte. In einem Zustand, der im Grunde ein Winterschlaf ist, können wir die Geschehnisse der Vergangenheit mit fast absoluter Sicherheit voraussagen. Wir können einen Bericht wie diesen, der 1851 veröffentlicht wurde, ansehen, und wissen im voraus, was danach von den Exklusionisten zu erwarten war. Wenn Mr. Read einen Zug unzufriedener Engel gesehen hat, Millionen von ihnen, dann müssen sie sich zumindest subjektiv mit normalen irdischen Phänomenen verschmelzen lassen, wobei natürlich Mr. Reads Vertrautheit mit normalen irdischen Phänomenen, erworben im Laufe von 28 Jahren, unberücksichtigt bleibt.
Monthly Notices of the Royal Astronomical Society, 12-183:
Ein Brief von Rev. W. R. Dawes:
Daß er im September ähnliche Objekte gesehen hatte – daß es sich lediglich um in der Luft schwebende Samen handelte.
Im *Report of the British Association*, 1852-235, ist eine Mitteilung von Mr. Read an Professor Baden-Powell wiedergegeben: Daß er und Mr. Dawes nicht die gleichen Objekte gesehen hätten. Er bestreitet, in der Luft schwebende Samen gesehen zu haben. Der Wind sei nur schwach gewesen und sei vom Meer gekommen, von wo kaum Samen heranwehen könnten. Die Objekte, die er gesehen habe, seien rund und scharf umrissen gewesen und hätten keineswegs die fedrigen Umrisse von Distelsamen gehabt. Dann zitiert er aus einem Brief von

C. B. Chalmers, Mitglied der Königlich-Astronomischen Gesellschaft, der einen ähnlichen Strom, eine ähnliche Prozession oder Wanderung gesehen habe, nur mit dem Unterschied, daß einige der Körper länglich – oder schlank und hungrig – und nicht kugelförmig gewesen seien.

Er hätte sein Leben lang darum kämpfen können. Es wäre ihm nicht gelungen, einen einflußreichen Zeitgenossen zu beeindrucken. Der Exklusionismus war der Zug der Zeit, er war die Denkdominante seiner Ära, und die Idee, Samen hätten in der Luft geschwebt, paßte – die richtigen Auslassungen vorausgesetzt – wunderbar dazu.

Wir veranstalten drunten auf der Erde unsere Umzüge, und von droben sehen Dinge auf uns herab – und die Kreuzzüge waren nur Staubwolken, und das Funkeln der Sonne auf den Rüstungen waren Glimmerpartikel in Staubwolken. Ich glaube, Read sah einen Kreuzzug – aber im Jahre 1851 war es nur recht und billig zu sagen, er habe bloß Samen im Wind gesehen, ob der Wind nun vom Meer kam oder nicht. Ich stelle mir Dinge vor, die vor religiösem Eifer leuchteten, in deren Reihen sich schwarze Marodeure und graue bis braune Wesen mit nur geringem persönlichem Ehrgeiz gemischt hatten. Vielleicht war ein Richard Löwenherz unterwegs, um auf Jupiter gewisse Mißstände in Ordnung zu bringen. Im Jahre 1851 war es aber richtig zu sagen, er sei nur Kohlsamen gewesen.

Professor Coffin, United States Navy, *Journal of the Franklin Institute*, 88-151:

Daß er während einer Sonnenfinsternis im August 1869 durch sein Teleskop beobachten konnte, wie mehrere im Sonnenlicht strahlende helle Flocken vorbeitrieben, die ihn an Distelsamen erinnerten. Aber das Teleskop war so eingestellt, daß diese Dinge, da sie scharf zu sehen waren, weit von der Erde entfernt gewesen sein müssen. So weit, daß die Schwierigkeiten der Orthodoxie so groß bleiben wie zuvor, ganz egal, womit wir die Erscheinungen erklären –

Professor Coffin sagt, die Objekte seien »gut zu erkennen« gewesen.

Henry Waldner in *Nature*, 5-304:
Daß er am 27. April 1863 eine große Zahl kleiner, glänzender Körper von Westen nach Osten habe ziehen sehen. Er habe Dr. Wolf beim Observatorium in Zürich verständigt, der »sich mit eigenen Augen von diesem eigenartigen Phänomen überzeugte«. Dr. Wolf hatte ihm erzählt, Sig. Capocci vom Capodimonte-Observatorium in Neapel habe am 11. Mai 1845 ähnliche Körper beobachtet.
Die Umrisse waren sehr unterschiedlich – oder nur verschiedene Aspekte ähnlicher Umrisse?
Bei einigen konnte man Anhängsel erkennen.
Wir erfahren, daß einige sternförmig waren und durchscheinende Anhängsel hatten.
Ich glaube, es war ein Mohammed auf einer Hedschra. Vielleicht war es auch nur sein Harem. Es muß ein einzigartiges Gefühl sein, mit zehn Millionen Frauen durch den Raum zu schweben. Wie auch immer, wir haben hier den großen Vorteil, daß Samen im April praktisch nicht vorkommen. Immer wieder stoßen wir auf die natürlich notwendige Dummheit: Dinge die so selten waren, daß ein Astronom zwischen 1845 und 1863 nur ein einziges Beispiel erwähnt, werden alltäglichen Phänomenen zugeschrieben –
Oder Mr. Waldners assimilierende Meinung, es habe sich nur um Eiskristalle gehandelt.
Ob es nun die Schleier eines Super-Harems oder Schichten eines sehr hellen Materials waren, wir wissen, daß sternförmige Dinge mit transparenten Anhängseln am Himmel beobachtet wurden.
Die Astronomen Herrick, Buys-Ballot und De Cuppis beobachteten Unmengen kleiner Körper – diesmal schwarz (*L'Année Scientifique*, 1860-25). M. Lamey beobachtete eine große Zahl von Objekten, die den Mond kreuzten (*L'Année Scientifique*, 1874-62); er nennt außerdem ein weiteres Beispiel für dunkle Körper. Zahlreiche dunkle, kugelförmige Körper sah Messier am 17. Juni 1777 (Arago, *Oeuvres*, 9-38). Eine große Zahl leuchtender Körper, die von der Sonne in verschiedene Richtungen

zu strömen schienen, wurde (laut Poey) während einer Sonnenfinsternis am 15. Mai 1836 von Professor Auber in Havanna beobachtet; M. Poey zitiert eine weitere Beobachtung am 3. August 1886. M. Lotard erklärt, es habe sich um Vögel gehandelt *L'Astronomie*, 1886-391. Eine große Zahl kleiner Körper habe die Sonnenscheibe überquert, manche schnell und manche langsam. Die meisten seien kugelförmig gewesen, einige anscheinend auch dreieckig, und manche hatten komplexere Gestalten. Sie wurden von M. Trouvelet beobachtet, der – ob es sich nun um Samen, Insekten, Vögel oder andere alltägliche Dinge handelte – noch nie etwas Derartiges gesehen hatte (*L'Année Scientifique*, 1885-8). In einem Bericht des Observatoriums von Rio de Janeiro ist von einer großen Zahl von Körpern die Rede, welche die Bahn der Sonne kreuzten. Einige hätten geleuchtet, andere seien dunkel gewesen. Dies sei vom Dezember 1875 bis zum 22. Januar 1876 zu beobachten gewesen (*La Nature*, 1876-384).

Aus großer Entfernung kann natürlich jede Form rund oder rundlich erscheinen, aber wir wollen darauf hinweisen, daß wir auch Hinweise auf komplexere Formen haben. In *L'Astronomie*, 1886-70, wird M. Briguieres Beobachtung wiedergegeben: Am 15. und 25. April 1883 habe er in Marseilles beobachtet, wie die Sonne von unregelmäßig geformten Objekten überquert wurde. Manche von ihnen bewegten sich, als folgten sie einer festen Ordnung.

Ein Brief von Sir Robert Inglis an Col. Sabine (*Report of the British Association*, 1849-17):

Daß Inglis am 8. August 1849 im 15.00 Uhr in Gais, Schweiz, an einem wolkenlosen Himmel Tausende und Abertausende leuchtend weißer Objekte sah, die an Schneeflocken erinnerten. Das Schauspiel dauerte etwa fünfundzwanzig Minuten, aber keine einzige der vermeintlichen Schneeflocken fiel herunter. Inglis meint, sein Diener habe »sich eingebildet«, er könne etwas wie Flügel erkennen an diesen – was immer sie waren. Auf Seite 18 des *Report* erklärt Sir John Herschel, er sei 1845 oder 1846 auf Objekte von beachtlicher Größe aufmerksam geworden, die in

scheinbar nicht sehr großer Entfernung in der Luft schwebten. Er habe sie durch ein Teleskop betrachtet. Es habe sich um Klumpen von Heu mit einem Durchmesser von mindestens einem oder zwei Metern gehandelt. Hier stoßen wir nun auf Umstände, die mein Interesse wecken. Er erklärt weiter, es hätte schon einen Wirbelsturm gebraucht, um diese Ballen hochzuschleudern, aber die Luft sei ruhig gewesen. »Natürlich herrschte an dieser Stelle etwas Wind, aber es war kein Wehen zu hören.« Soweit er es habe sehen können, sei keiner dieser Klumpen auf die Erde gefallen. Von einem Mann der Wissenschaft wäre es eigentlich nicht zuviel erwartet, daß er hinausgeht und sich auf den Feldern umsieht. Aber es gehört zu unseren abergläubischen Überzeugungen, daß ein so scheinbar triviales Vorgehen, wenn man dem Zeitgeist gerecht werden will, genau das ist, was man nicht tun darf. Wenn es sich bei diesen Klumpen nicht um Heu gehandelt hätte, und wenn Herschel hinausgegangen wäre, um eine Untersuchung vorzunehmen, und wenn er anschließend verkündet hätte, daß er eigenartige Dinge in der Luft gesehen habe, dann wäre dieser Bericht im Jahre 1846 ebenso fehl am Platze gewesen wie ein Schwanz bei einem Embryo im Vierzellenstadium. Ich selbst habe diese eigenartige Hemmung auch oft gespürt. Im Rückblick frage ich mich, warum ich nicht dies oder jenes getan habe, das so leicht zu tun gewesen wäre und so viel geklärt hätte. Es war in jener Phase meiner Entwicklung nicht vorgesehen.
Nature, 22-64:
Daß am 22. März 1880 eine halbe Stunde vor Sonnenaufgang in Kattenau, Deutschland, »eine gewaltige Zahl von leuchtenden Körpern am Horizont aufstieg und horizontal von Osten nach Westen flog«. Der Beschreibung nach blieben die Objekte in einer bestimmten Zone, in einem Gürtel, zusammen. »Sie leuchteten mit einem bemerkenswert strahlenden Licht.«
Man versucht, unsere Daten mit Lassos einzufangen und auf die Erde zurückzuholen. Aber diese Lassos lassen sich nicht spannen. Wir brauchen sie nicht zu weiten. Wir können aus der Schlaufe heraustreten oder sie abstreifen. Manch einer hatte

den Eindruck, die Wissenschaft urteile gelassen und gerecht. Manch einer hat inzwischen den Eindruck, daß unsere Daten gelyncht wurden. Wenn im Herbst ein Kreuzzug stattfindet, sagen wir vom Mars zum Jupiter – »Samen«. Wenn im Frühling ein Kreuzzug oder ein Trupp himmlischer Wandalen von der Erde aus beobachtet wird – »Eiskristalle«. Wenn wir aus Indien Aufzeichnungen über eine Rasse himmlischer Wesen bekommen, die vielleicht keinen physisch erkennbaren Wohnsitz haben – »Heuschrecken«.
Vernachlässigt wird dabei:
Wenn Heuschrecken zu hoch fliegen, erfrieren sie und fallen zu Tausenden herab.
Nature, 47-581:
In den Bergen Indiens wurden in einer Höhe von 3800 Metern Heuschrecken beobachtet – »in Schwärmen, und sie starben zu Tausenden«.
Aber ganz egal, ob sie hoch oder niedrig flogen, wenn Heuschrecken fliegen, fragt sich niemand, was in der Luft los ist, weil immer einzelne Exemplare herunterfallen. Ich habe es eigens nachgeschlagen – es bleibt kein Geheimnis, wenn Heuschrecken durch die Luft fliegen – ständig fallen Versprengte zu Boden.
Monthly Notices of the Royal Astronomical Society, 30-135:
»Lieut. Herschel bemerkte am 17. und 18. Oktober 1870, als er in Bangalore in Indien die Sonne beobachtete, ein ungewöhnliches Phänomen.«
Lieutenant Herschel sah dunkle Schatten über die Sonne gleiten, aber ein Stück von der Sonne entfernt sah er leuchtende, sich bewegende Bilder. Zwei Tage lang war ein gleichmäßiger Strom von Körpern zu sehen, deren Größe und Geschwindigkeit unterschiedlich war.
Wie wir noch sehen werden, versuchte sich der Lieutenant an einer Erklärung, aber er sagt:
»Der beständige Flug von Tieren in so großer Zahl über volle zwei Tage, ohne daß Versprengte zurückblieben, ist ein Wunder der Naturgeschichte, wenn nicht der Astronomie.«

Er stellte sein Fernrohr anders ein – er sah Flügel – vielleicht sah er Tragflächen. Er sagt, er habe an den Objekten Flügel oder Flughäute bemerkt.

Dann sah er etwas so Bizarres, daß er im vollen Bann des neunzehnten Jahrhunderts nicht mehr anders konnte, als zu schreiben:

»Es bestand kein Zweifel mehr. Es waren Heuschrecken oder eine Art von Fliegen.«

Eines der Objekte hatte innegehalten.

Es hatte geschwebt.

Dann war es davongeschossen.

Der Herausgeber schreibt, zu jener Zeit seien »in gewissen Teilen Indiens unzählige Heuschrecken niedergegangen.«

Dieses Beispiel ist in mehrfacher Hinsicht außergewöhnlich – Super-Reisende oder Super-Plünderer; Engeln, Tagediebe, Kreuzfahrer, Emigranten, Aeronauten oder Flugelefanten oder Büffel oder Dinosaurier – allerdings glaube ich, daß das Ding Tragflächen oder Flügel hatte –, und einer von ihnen wurde fotografiert. Vielleicht gibt es in der ganzen Geschichte der Fotografie kein außergewöhnlicheres Foto als dieses.

In *L'Astronomie*, 1885-347, lesen wir, das Observatorium von Zacatecas in Mexiko, das etwa 2500 Meter über dem Meeresspiegel liegt, habe am 12. August 1883 eine große Zahl leuchtender Körper beobachtet, die in die Sonnenscheibe eindrangen. M. Bonilla telegrafierte den Observatorien von Mexiko Stadt und Puebla. Die Antworten lauteten, daß die Objekte dort nicht zu sehen seien. Aufgrund dieser Parallaxe waren die Körper nach Ansicht von M. Bonilla »relativ nahe an der Erde« gewesen. Aber wenn wir herausfinden, was für ihn »relativ nahe an der Erde« bedeutete – ob da nun Vögel flogen oder Insekten oder Super-Tamerlane oder die Armee eines himmlischen Richard Löwenherz –, dann bekommen unsere Ketzereien neuen Auftrieb. Er schätzt, die Entfernung sei »geringer als die des Mondes« gewesen.

Eins der Objekte wurde fotografiert. Siehe dazu *L'Astronomie*, 1885-349. Das Foto zeigt einen langgestreckten Körper, der von schlecht erkennbaren Gebilden umgeben ist; möglicherweise handelt es sich dabei auch um unscharf abgebildete Flügel in schneller Bewegung.

L'Astronomie, 1887-66:

Signor Ricco vom Observatorium von Palermo schreibt, er habe am 30. November 1880 um 8.30 Uhr morgens die Sonne beobachtet und dabei gesehen, wie mehrere Körper in langen, parallelen Linien die Sonne kreuzten. Er hatte den Eindruck, daß die Objekte Flügel gehabt hätten. Sie waren so groß, daß er an große Vögel denken mußte. Er dachte an Kraniche.

Er konsultierte Ornithologen und erfuhr, daß die Bildung paralleler Reihen der Flugformation von Kranichen entspricht. Dies geschah im Jahre 1880. Wer heute in New York lebt, könnte ihm sagen, daß diese Formation auch bei Flugzeugen zu beobachten ist. Aber aufgrund der Daten über Brennweite und Winkel müssen die Objekte sehr hoch gewesen sein.

Sig. Ricco meint, man wisse von Kondoren, daß sie in drei bis vier Meilen Höhe flögen, und auch andere Vögel seien in Höhen von zwei oder drei Meilen anzutreffen. Er sagt, auch Kraniche flögen mitunter so hoch, daß sie für das Auge unsichtbar würden.

Unserer ganz konventionellen Meinung nach gibt es keinen Vogel auf dieser Erde, der in einer Höhe von mehr als vier Meilen nicht erfrieren würde. Wenn Kondore drei bis vier Meilen hoch fliegen, dann können sie dies nur, weil sie an diese Höhen besonders angepaßt sind.

Sig. Ricco schätzt nun, daß die Objekte oder Wesen oder Kraniche in mindestens fünfeinhalb Meilen Höhe geflogen sein müssen.

KAPITEL 17

Das riesige dunkle Ding, das wie eine schwebende Krähe von unirdischen Ausmaßen aussah. Wenn ich annehme, daß ich je einen Leser finde, dann will ich ihm oder gar allen beiden – falls ich je so populär werden sollte – in Erinnerung rufen, wie verschwommen diese einst tiefschwarzen Daten aus der Distanz von nur zwei Kapiteln aussehen.

Die Frage:

War es ein Ding oder der Schatten eines Dings?

So oder so, das anzunehmen erfordert nicht nur eine Revision, sondern eine komplette Revolution der Wissenschaft der Astronomie. Aber die nur zwei Kapitel entfernten Daten sind verblaßt. Denken wir an die Gravuren im Stein von Tarbes, an den Regen, der zwanzig – oder waren es dreiundzwanzig oder fünfundzwanzig? – Tage lang jeden Nachmittag auf einen kleinen Flecken fiel. Wir sind alle Thomsons, und unsere Gehirne sind glatt, schlüpfrig, wenn auch schon etwas angerostet – oder, daß der Verstand immer assoziativ arbeitet – oder, daß wir uns nur an das erinnern, was zu einer Denkdominante paßt – ein paar Kapitel ziehen an uns vorbei, und unsere wendigen, schlüpfrigen Gehirne haben fast alles über Leverrier und den Planeten »Vulkan« vergessen. Es gibt zwei Möglichkeiten, miteinander unvereinbare Dinge nicht zu vergessen. Man kann sie mit einem System in Verbindung bringen, das mehr fast-real ist als das System, das sie verwirft, oder man kann sie unablässig wiederholen.

Ein großes schwarzes Ding, das aussah wie eine Krähe, schwebte über dem Mond.

Diese Daten sind für uns so wichtig, weil sie unsere Ansicht

bestärken, daß dunkle Körper in der Größe von Planeten dieses Sonnensystem durchqueren.
Unsere Annahme:
Daß Dinge gesehen wurden.
Daß auch ihre Schatten gesehen wurden.
Ein großes schwarzes Ding schwebt wie eine Krähe über dem Mond. Bisher wissen wir nur von einem einzigen Fall. Ein einziger Fall, das kann bedeuten, daß er vernachlässigt werden darf.
In *Popular Science*, 34-158, berichtet Serviss von einem Schatten, den Schroeter im Jahre 1788 in den Mondalpen beobachtete. Zuerst sah er ein Licht, aber dann, als die Region erleuchtet war, erkannte er einen runden Schatten, wo vorher das Licht gewesen war.
Unsere Ansicht:
Daß er ein leuchtendes Objekt in der Nähe des Mondes sah: daß der fragliche Teil des Mondes erleuchtet wurde und das Objekt verschwand; daß dann jedoch der Schatten des Objekts beobachtet werden konnte.
Serviss hat natürlich eine Erklärung, sonst wäre er nicht Professor Serviss. Es ist ein kleiner Wettkampf in relativer Annäherung an das Reale. Professor Serviss glaubt, Schroeter habe in dem erleuchteten Bereich den »runden« Schatten eines Berges gesehen. Er nimmt an, Schroeter habe nicht überprüft, ob der Schatten zu einem Berg gehören könnte. Das ist ein Problem: Wir sollen uns vorstellen, daß im erleuchteten Teil des Mondes ein Berg einen runden – das heißt vom Berg gelösten – Schatten wirft. Professor Serviss kann uns bestimmt erklären, warum er nicht weiter über das Licht spricht. Es war sicher schon »von vornherein« an dieser Stelle. Wenn er keine Erklärungen liefern könnte, wäre er ein Amateur.
Wir haben noch ein Datum. Ich glaube, es ist noch außergewöhnlicher als –
Als ein großes, schwarzes Ding, das wie eine Krähe über dem Mond schwebt.
Mr. H. C. Russell, normalerweise sicherlich ein Musterbeispiel

an Orthodoxie – immerhin steht »Mitglied der Königlich-Astronomischen Gesellschaft« hinter seinem Namen –, erzählt in *Observatory*, 2-374, eine der boshaftesten, gemeinsten Geschichten, die wir bisher exhumiert haben:

Daß er und ein weiterer Astronom, G.D. Hirst, sich in der Nähe von Sydney in Australien in den Blue Mountains aufhielten. Mr. Hirst betrachtete den Mond –

Und machte auf dem Mond, wie Russell berichtet, »eine jener bemerkenswerten Beobachtungen, die aufgezeichnet werden sollten, obwohl man im Augenblick nicht mit einer Erklärung dienen kann«.

Das mag so sein. Es geschieht sehr selten. Was wir über die Evolution von aufeinander folgenden Denkdominanten und ihre Zusammenhänge wissen, spricht dagegen. Andererseits sind wir der Ansicht, daß jede Ära einige Beobachtungen festhält, die mit ihr nicht übereinstimmen, die aber als Ahnungen oder Vorboten des Geistes kommender Zeiten dienen können. Nur geschieht es sehr selten. Gegeißelt von den Phantomen eines scheidenden Zeitalters, sehen sich die Astronomen terrorisiert, auch wenn der Terror scheinbar geschwächt, modern und harmlos daherkommt.

Lassen Sie einen Astronomen etwas am Himmel sehen, das nicht den konventionellen himmlischen Vorgängen entspricht, etwas, das zu sehen »sich nicht gehört«, und schon ist sein Ansehen in großer Gefahr. Einige besser dressierte Kollegen könnten ihm ein Lächeln in den Rücken rammen. Man wird ihn für rücksichtslos halten.

Mit einer Standhaftigkeit, die in dieser wankelmütigen Akademikerwelt nur selten anzutreffen ist, sagt Russell zu Hirsts Beobachtung:

»Er stellte fest, daß ein großer Teil des Objekts in tiefem Schatten lag, so dunkel wie der Schatten der Erde während einer Mondfinsternis.«

Aber der Höhepunkt an Starrköpfigkeit, Unschicklichkeit und Bosheit sollte noch kommen:

»Man konnte sich kaum des Eindrucks erwehren, daß es ein

Schatten war, und doch konnte es nicht der Schatten irgendeines bekannten Körpers sein.«
Richard Proctor war ein Mann von einer gewissen Freizügigkeit. Nach einer Weile ging ein Brief ein, den wir vor einiger Zeit noch als Produkt eines Fieberwahns bezeichnet hätten - wir sind nicht einmal jetzt sicher, ob wir ihn ohne ungläubiges Gelächter lesen können - und den Mr. Proctor in *Knowledge* abdrucken ließ. Aber eine dunkle, unbekannte Welt, die einen Schatten über einen großen Teil des Mondes werfen kann, und die vielleicht viel größer ist als der Mond; eine Welt, die einen so tiefen Schatten wirft wie die Erde -
Das war zuviel für Mr. Proctors Höflichkeit.
Ich habe nicht gelesen, was er schrieb, aber es scheint ein wenig grob gewesen zu sein. Russell sagt, Proctor habe im *Echo* vom 14. März 1879 über ihn gesprochen und seine und Hirsts Beobachtung lächerlich gemacht. Wenn nicht Proctor, dann hätte es jemand anders getan - auffällig ist, daß der Angriff in einer Tageszeitung veröffentlicht wurde. Das bemerkenswerte Thema wurde nicht weiter diskutiert, es wurde in keiner anderen astronomischen Zeitschrift erwähnt. Es wurde fast völlig totgeschwiegen - aber immerhin stellte das *Observatory* Russell Platz zur Verfügung, damit er Proctor antworten konnte.
In dieser Antwort erkenne ich die Weisheit des intermediären Reiches. Im Jahre 1879 wäre es ein wundervoller Positivismus gewesen, wenn Russell geschrieben hätte:
»Auf dem Mond lag ein Schatten. Er wurde ohne Zweifel von einem unbekannten Körper geworfen.«
Wenn er seine ganze Zeit diesem einen Standpunkt gewidmet hätte - wobei er natürlich alle Freundschaften und alle Verbindungen zu seinen astronomischen Gefährten gebrochen hätte -, dann wäre, dies sagt uns unsere Religion, seine Verklärung erfolgt, auf großartige Weise von Ereignissen unterstützt, die in der Quasi-Existenz wohlbekannt sind, wenn Kompromisse und Ausflüchte und Phänomene, die teils dies und teils jenes sind, vom Definitiven und Eindeutigen hinweggeschwemmt werden. In einer realen Existenz wäre dies unmöglich, aber

Mr. Russel in der Quasi-Existenz sagt, er habe gegen die von ihm geäußerte Überzeugung Widerstand geleistet, er habe ihr aber »schwer widerstehen« können. Seine Empörung richtet sich größtenteils gegen Mr. Proctors Annahme, er habe keinen Widerstand geleistet. Zu schade – vorausgesetzt, man findet Verklärung erstrebenswert.

Der für den Intermediaristen entscheidende Punkt ist der folgende:

Nicht, daß die Anpassung an die Bedingungen der Quasi-Existenz zwar bedeutet, daß man das hat, was in der Quasi-Existenz als Erfolg bezeichnet wird, jedoch gleichzeitig seine Seele verliert.

Sondern, daß man »seine« Chance verliert, Seele, Selbst und Wesenhaftigkeit zu erlangen.

Ein Zitat von Proctor interessiert uns besonders:

»Was auf dem Mond geschieht, kann jederzeit auch auf der Erde geschehen.«

Oder:

Eine Lehre der Fortgeschrittenen Astronomie:

Daß Russel und Hirst eine Verfinsterung der Sonne relativ zum Mond sahen, die durch einen großen dunklen Körper verursacht wurde;

Daß es relativ zur Erde viele Finsternisse gab, die durch riesige, dunkle Körper ausgelöst wurden;

Daß es viele Finsternisse gab, die vom wissenschaftlichen Kindergarten nicht als Finsternisse erkannt wurden.

Natürlich geraten wir hier wieder an einen Verschmelzungspunkt. Wir werden zuerst diesen Punkt betrachten – daß Hirst und Russell vielleicht wirklich einen Schatten sahen, daß aber das einzig Bedeutsame ist, daß die Sonne relativ zum Mond von einer Art kosmischem Dunst verdunkelt wurde, vielleicht auch von einem dichten Meteoritenschwarm oder einer Gaswolke, die ein Komet hinterließ. Ich nehme an, daß die Dichte eines Schattens mit dem Medium zusammenhängt, das ihn wirft; daß ein Schatten, der so tief ist wie der Schatten dieser Erde, von einem Körper stammen muß, der dichter ist als Dunst oder ein

Meteoritenschwarm. Die Informationen scheinen in dieser Hinsicht klar genug zu sein: »So dunkel wie der Schatten der Erde während einer Mondfinsternis.«

Vielleicht sind wir mit ihnen nicht immer so geduldig, wie wir es sein sollten, aber wir nehmen an, daß die astronomischen Primitiven eine Menge gute Arbeit geleistet haben: Beispielsweise konnten sie viele Ängste auf dieser Erde lindern. Manchmal mag es scheinen, als wäre die ganze Wissenschaft für uns das, was eine rote Fahne für einen Bullen oder einen Antikommunisten ist. Aber das trifft nicht zu. Wir fühlen uns eher wie Bullen und Antikommunisten vor einer unpassenden Mahlzeit. Es geht nicht um Wissenschaft, sondern um Unzulänglichkeit. Wir sind der Ansicht, daß das Böse der negative Zustand ist, womit wir einen Zustand der Fehlanpassung, der Zwietracht, der Häßlichkeit, der Desorganisation, der Unstimmigkeit, der Ungerechtigkeit und so weiter meinen. Diese Zustände sind im intermediären Reich nicht aufgrund realer Maßstäbe definiert, sondern nur anhand höherer Annäherungen an Anpassung, Harmonie, Schönheit, Organisation, Beständigkeit, Gerechtigkeit und so weiter. Das Böse ist die überholte Tugend oder die kommende Tugend, die sich noch nicht etablieren konnte, oder jedes andere Phänomen, das nicht an eine Denkdominante angepaßt ist, sich nicht mit einem solchen Wert in Harmonie oder Übereinstimmung befindet. Die Astronomen haben in der Vergangenheit gut funktioniert. Sie waren gut für das Geschäft, und die Mächtigen denken freundlich – wenn überhaupt – an sie. Es ist nicht gut fürs Geschäft, wenn eine tiefe Dunkelheit über eine ahnungslose Stadt fällt, die Kunden verängstigt und ihnen jede Kaufkraft austreibt. Aber wenn man eine Dunkelheit voraussagen kann, und wenn sie dann auch wirklich eintritt, dann wird, auch wenn es etwas unheimlich wirkt, niemand, der gerade ein Paar Schuhe kaufen wollte, panisch nach Hause rennen und sein Geld behalten.

Allgemein können wir einräumen, daß die Astronomen für Finsternisse ein Quasi-System gefunden haben. Sie schlossen einige ein und schlossen andere aus.

Sie haben ihre Sache gut gemacht.
Sie haben funktioniert.
Aber jetzt sind sie die Negativen, sie sind aus der Harmonie herausgefallen –
Wenn wir uns in Harmonie mit einer neuen Denkdominante oder mit dem Geist einer neuen Ära befinden, in welcher der Exklusionismus überwunden werden muß; wenn wir Daten über viele Dunkelheiten haben, die sich nicht nur auf dem Mond, sondern auch auf der Erde ereigneten – überzeugende Hinweise auf riesige Körper, die normalerweise unsichtbar bleiben – so überzeugend wie die Daten der regelmäßigen, vorausgesagten Eklipsen –
Wir blicken zum Himmel empor.
Es scheint unglaublich, daß es, sagen wir in der gleichen Entfernung wie der Mond, einen unsichtbaren, massiven Körper etwa von der Größe des Mondes geben soll.
Wir blicken zum Mond hinauf, wenn er nur als Sichel sichtbar ist. Im Geiste ergänzen wir ihn zum vollen Kreis. Aber der nicht beleuchtete Teil wirkt so leer wie der Rest des Himmels, er scheint genauso blau wie alles andere, was wir droben sehen. Direkt vor unseren Augen haben wir also einen großen, massiven Bereich, den wir nicht vom Himmel unterscheiden können. Lernen wir die kleinen Lektionen über die Bedeutung von Bescheidenheit und Demut, betrachten wir die Symbole der Überheblichkeit – das Rad eines Pfaus, das Geweih eines Hirsches, das Geld eines Kapitalisten und die Eklipsen der Astronomen. Ich reiße mich nicht um die Arbeit, aber ich bin bereit, Hunderte von Beispielen aufzuführen, bei denen ein Bericht über eine unerwartete Eklipse mit »bedecktem Himmel« oder »ungünstigen Witterungsbedingungen« erklärt wurde. In unserem Super-Winterschlaf wird das Unpassende zum Passenden modelliert. Vor einiger Zeit, als wir verloren waren, weil wir unsere eigenen Denkdominanten noch nicht erkannt hatten, als wir noch zu den Unerwählten gehörten und boshafter waren als heute – denn wir haben festgestellt, daß sich immer mehr Toleranz in unsere Haltung eingeschlichen hat – falls Astrono-

men nicht wirklich schuldig sind, sondern nur Entsprechungen einer Denkdominante – vor einiger Zeit also sprachen wir von einer vorhergesagten Eklipse, die überhaupt nicht erfolgte. Ohne heftige Gefühlsregung, abgesehen von der Erkenntnis, welches Schicksal jedem Versuch der Absolutheit droht, wollen wir nun über ein Ereignis sprechen, das ein böser Schlag für die Orthodoxie war, wobei wir festhalten, daß die Orthodoxie es war, die dieses Nicht-Ereignis aufzeichnete.

Monthly Notices of the Royal Astronomical Society, 8-132:

»Bemerkenswerte Erscheinungen während der totalen Mondfinsternis am 19. März 1848«:

Im Auszug aus einem Brief von Mr. Forster aus Brügge heißt es, zu der Zeit der vorausgesagten Finsternis habe der Mond mit der etwa dreifachen Helligkeit geleuchtet, die man bei einer Mondfinsternis ansonsten hätte erwarten können. Der britische Konsul in Gent, der nichts von der vorausgesagten Eklipse wußte, habe sich nach dem Grund für die »blutrote« Färbung des Mondes erkundigt.

Das gibt für unsere kleinen Bosheiten noch nicht viel her. Aber es folgt ein Brief von Walkey, einem anderen Astronomen, der in Clyst St. Lawrence Beobachtungen vornahm. Er sah keine Finsternis, sondern der Mond strahlte – dies wurde mit Kursivdruck hervorgehoben – »in wundervollem Licht ... tiefrot verfärbt ... strahlte der Mond so vollkommen hell, als habe es keine Eklipse gegeben«.

Ich stelle fest, daß Chambers in einem Werk über Finsternisse Forsters Brief in voller Länge abdruckt und Walkeys Brief nicht einmal erwähnt.

In den *Monthly Notices of the Royal Astronomical Society* wird nicht der Versuch unternommen, das Phänomen beispielsweise dadurch zu erklären, daß der Mond sich in größerer Entfernung zur Erde befand, so daß ihn deren Schatten nicht ganz erfassen konnte – das wäre für Astronomen, die es nicht vorausgesehen hatten, genauso problematisch gewesen wie das völlige Ausbleiben der Eklipse. Es nützt auch nichts, zu der Behauptung Zuflucht zu nehmen, daß der Mond niemals, nicht einmal bei einer völligen Finsternis, vollständig abgedunkelt wird, denn er »strahlte so vollkommen hell, als habe es keine Eklipse gegeben«. Wir erfahren, daß es zur gleichen Zeit Nordlichter gab, welche das Leuchten verursacht haben können, aber wir erfahren nicht, ob derartige Auswirkungen von Nordlichtern schon jemals beobachtet worden waren.

Aber dies sind Einzelbeispiele – genau wie eine Beobachtung von Scott in der Antarktis. Die Kraft dieser Daten liegt – ich habe mich in dieser Hinsicht vergewissert – in der Tatsache, daß selbst eine nur zu neun Zehnteln vollständige Eklipse auch bei bewölktem Himmel nicht zu übersehen ist.

In *Voyage of the Discovery*, Bd. II, S. 215, schreibt Scott:

»Es mag am 21. September 1903 eine Sonnenfinsternis gegeben haben, wie der Almanach behauptet, aber keiner von uns hätte darauf schwören können.«

Die Eklipse war als neunzigprozentige Finsternis angekündigt worden. Der Himmel war zum fraglichen Zeitpunkt bedeckt. Es ist also nicht nur so, daß viele Eklipsen von Astronomen überhaupt nicht als Eklipsen bewertet werden, sondern der Intermediarismus oder die fehlende Eindeutigkeit bricht auch in die vermeintlich planmäßigen Eklipsen ein.

Betrachten wir einige Daten über außerplanmäßige Finsternisse, die auf der Erde beobachtet werden konnten, und die so intensiv waren wie die konventionell – oder offiziell? – anerkannten.

In *Notes and Queries* finden wir mehrere Anspielungen auf starke Dunkelheiten, die ähnlich wie Finsternisse über die Erde gekommen sein sollen, sich aber nicht mit bekannten verdunkelnden Körpern in Verbindung bringen ließen. Natürlich wird mit keinem Wort angedeutet, es könne sich um Eklipsen gehandelt haben. Wenn jemand im neunzehnten Jahrhundert einen derartigen Gedanken geäußert hätte, dann hätte er den ganzen Zorn der alten Denkdominante zu spüren bekommen; die materialistische Wissenschaft war ein eifersüchtiger Gott, der alles, was dem vermeintlich Einheitlichen, Regelmäßigen und Periodischen widersprach, als Teufelswerk abtat; daß diesem

Gott zu trotzen bedeutet hätte - lächerlich gemacht zu werden - von Verlagen abgelehnt zu werden - Verachtung von Freunden und Familie - ein gültiger Scheidungsgrund - daß einer, der so trotzen würde, zu spüren bekommen hätte, was in früheren Zeiten die zu spüren bekamen, die nicht an die Reliquien von Heiligen glauben wollten; oder was Jungfrauen zu spüren bekamen, die das Feuer ausgehen ließen - wenn er aber fast-absolut ausgeharrt hätte - in den *Monthly Notices* wäre die Entdeckung eines neuen Fixsterns gemeldet worden. Das Problem des Positivismus ist, daß bei Denkdominanten und ihren Verwandten die Quasi-Existenz versucht, einen eindeutigen Zustand zu erreichen. Um einen Kern oder eine Denkdominante ballen sich die systematisch erfaßten Angehörigen einer Religion, einer Wissenschaft und einer Gesellschaft. Aber die »Individuen«, die sich nicht unterwerfen und sich nicht verschmelzen wollen, können sich ebenfalls sehr stark dem Eindeutigen annähern, dem Fixierten, dem Realen, dem Absoluten.
In *Notes and Queries*, 2-4-139, lesen wir einen Bericht über eine Finsternis in Holland, die sich am hellen Tag ereignete. Die Dunkelheit war so tief und so erschreckend, daß viele Menschen in Panik gerieten, in die Kanäle stürzten und ertranken.
Gentleman's Magazine, 33-414:
Eine Dunkelheit, die am 19. August 1763 über London kam, war »tiefer als die Finsternis von 1748«.
Wir gehen jedoch nur ungern so weit in die Vergangenheit zurück. Eine Liste »dunkler Tage« in der Geschichte veröffentlichte Humboldt in *Cosmos*, 1-120.
Monthly Weather Review, März, 1886-79:
Daß nach Angaben des *Daily Republican* aus La Crosse vom 20. März 1886 am 19. März um 15.00 Uhr plötzlich tiefe Dunkelheit über die Stadt Oshkosh, Wisconsin, fiel. Binnen fünf Minuten wurde es so dunkel wie sonst um Mitternacht.
Bestürzung.
Ich glaube, manchmal ist unser Überlegenheitsgefühl gegenüber den absurden Ängsten des Mittelalters übertrieben.

Oshkosh.
Die Leute in den Straßen laufen in alle Richtungen davon – Pferde gehen durch – Frauen und Kinder bringen sich in Kellern in Sicherheit – endlich doch noch Spuren der modernen Zeit: Gasometer anstelle von Heiligenbildern und Reliquien.
Die Dunkelheit, die acht bis zehn Minuten dauerte, ereignete sich an einem Tag, der »hell aber bewölkt« war. Die dunkle Zone bewegte sich von Westen nach Osten, und danach wurde es wieder hell. Aus den Städten westlich von Oshkosh kamen Berichte, daß dort das gleiche Phänomen zu beobachten gewesen sei. Eine »Welle von totaler Dunkelheit« war von Westen nach Osten geglitten.
In der *Monthly Weather Review* werden weitere Beispiele genannt, und wir denken in allen Fällen an Verdunkelungsgefahr, wenn wir die konventionelle Erklärung hören, daß der Körper, der für die Dunkelheit verantwortlich war, nur eine sehr dichte Masse von Wolken gewesen sei. Aber einige der Fälle sind interessant. Am 2. Dezember 1904 um 10.00 Uhr lag Memphis, Tennessee, für etwa fünfzehn Minuten in tiefer Dunkelheit. »Wie wir erfuhren, brachen die Menschen in einigen Stadtvierteln in Panik aus, und einige schrieen und beteten und glaubten, das Ende der Welt sei gekommen.« (*Monthly Weather Review*, 32-522) In Louisville, Kentucky, gab es am 7. März 1911 um etwa 8.00 Uhr eine Dunkelheit, die ungefähr eine halbe Stunde dauerte. Es hatte leicht geregnet, dann war Hagel gefallen. »Die tiefe Dunkelheit und der anscheinend aus dem Nichts kommende Sturm verbreiteten Angst und Schrecken in der Stadt.« (*Monthly Weather Review*, 39-345)
Dieser Verschmelzungspunkt zwischen möglichen Finsternissen, die von unbekannten dunklen Körpern ausgelöst werden, und gewöhnlichen irdischen Phänomenen ist bemerkenswert.
Wenn ein größeres Gebiet verdunkelt wird, dann spricht die konventionelle Erklärung vom Qualm eines Waldbrandes. Im *U.S. Forest Service Bulletin*, Nr. 117, nennt F. G. Plummer achtzehn Dunkelheiten, die sich in den Vereinigten Staaten und Kanada zutrugen. Er gehört zu den Primitiven, aber ich muß

sagen, daß seine Dogmatik von den Schwingungen der neuen Denkdominante erschüttert wird. Er bringt sich selbst in Schwierigkeiten, wenn er zugibt, was er vor etwa einem Jahrzehnt noch verschwiegen hätte: die Tatsache, daß die Dunkelheit manchmal sehr tief war. Er sagt, der Rauch allein könne diese »beängstigend dunklen Tage« nicht erklären. Er stellt sich deshalb Wirbel in der Luft vor, die den Qualm der Waldbrände konzentriert hätten. Und dann, mit der typischen Inkonsequenz oder Widersprüchlichkeit des Quasi-Intellekts, der nach Beständigkeit oder Harmonie strebt, erzählt er uns, wie ausgedehnt manche dieser Dunkelheiten waren. Natürlich hat Mr. Plummer nicht gründlich über dieses Thema nachgedacht, aber wir gewinnen doch den Eindruck, daß er sich stärker an reales Denken angenähert hätte, wenn er nicht einerseits von Konzentration gesprochen hätte und andererseits von großer Ausbreitung, also dem Gegenteil einer Konzentration. Neun von seinen achtzehn Beispielfällen sollen ganz Neuengland betroffen haben. In der Quasi-Existenz bringt jedes Ding sein Gegenteil hervor oder ist ein Teil von ihm. Jeder Versuch, Frieden zu stiften, bereitet den Weg für einen neuen Krieg. Jeder Versuch, Gerechtigkeit zu üben, wird in anderer Hinsicht als Ungerechtigkeit empfunden. So versucht Mr. Plummer, Ordnung in seine Daten zu bringen, indem er die Dunkelheiten mit Hilfe des Qualms von Waldbränden erklärt, erzeugt dabei aber eine solche Verwirrung, daß er schließlich selbst sagen muß, daß die Dunkelheiten am hellichten Tag »oft auch eintraten, als es wenig oder keine Luftströmungen dicht über der Erdoberfläche gab« – oder nicht den mindesten Hinweis auf Qualm – abgesehen natürlich von der Tatsache, daß es praktisch immer irgendwo gerade einen Waldbrand gibt.

Der einzige dieser achtzehn Fälle, den ich einer näheren Untersuchung für würdig befinden würde, betrifft das Auftreten tiefer Dunkelheit in Kanada und den nördlichen USA am 19. November 1819. Über diesen Fall sprachen wir bereits.

Die Begleiterscheinungen:

Lichter am Himmel;

Eine schwarze Substanz fiel herab;
Erschütterungen wie bei einem Erdbeben.
In diesem Fall tobte der einzig verfügbare Waldbrand südlich des Ohio River. Soweit ich weiß, kann der Ruß eines sehr großen Brandes südlich des Ohio durchaus in Montreal, Kanada, niedergehen, und man kann sich auch vorstellen, daß aufgrund einer verrückten Reflexion das Licht des Brandes in Montreal zu beobachten ist. Aber ein Erdbeben können wir beim besten Willen nicht mit einem Waldbrand in Verbindung bringen. Andererseits werden wir bald zu der Ansicht kommen, daß tiefe Dunkelheit, der Niederschlag von Materie, Lichter am Himmel und Erdstöße Phänomene sind, die beobachtet werden können, wann immer andere Welten sich der Erde nähern. Einen umfassenden Blick im Gegensatz zu einer Sichtweise, die einige Faktoren einschließt und andere vernachlässigt, können wir als bessere Annäherung an das Reale oder an das Universelle auffassen.
Eine Dunkelheit am 15. April 1904 in Wimbledon, England *(Symons' Meteorological Magazine*, 39-69). Nirgends gab es Qualm: kein Regen, kein Donner; die Dunkelheit dauerte 10 Minuten; es war zu dunkel, um »ins Freie hinauszugehen.«
Bei Dunkelheiten in England denken wir an Nebel, aber in *Nature*, 25-289, sind einige Beobachtungen von Major J. Herschel zu einer Dunkelheit abgedruckt, die sich am 22. Januar 1882 um 10.30 Uhr in London ereignete. Die Dunkelheit war so tief, daß er Menschen auf der anderen Straßenseite hören aber nicht sehen konnte, und »es war offensichtlich, daß von Nebel nicht die Rede sein konnte.«
Annual Register, 1857-132:
Ein Bericht von Charles A. Murray, dem britischen Gesandten in Persien. Er erwähnt eine Dunkelheit, die sich am 20. Mai 1857 in Bagdad ereignet habe. »Die Dunkelheit war tiefer als die Dunkelheit um Mitternacht, denn es waren weder Sterne noch der Mond zu sehen ... Nach kurzer Zeit folgte auf die Dunkelheit ein rotes, gespenstisches Glühen, wie ich es noch nirgendwo auf der Erde gesehen habe.«

»Die ganze Stadt geriet in Panik.«
»Dichte Wolken von rotem Sand gingen nieder.«
Der Sand scheint eine hinreichende konventionelle Erklärung zu sein. Möglicherweise hatte ein Samum irdischen Sand hochgewirbelt und die Sonne verdunkelt, aber Mr. Murray, der erklärt, er habe Erfahrungen mit Wüstenstürmen, vertritt die Ansicht, daß »es kein Samum gewesen sein kann.«
Wir wollen nun aus unserem umfassenden Blick auf die Begleiterscheinungen von Dunkelheiten etwas Kapital schlagen. Es scheint alles sehr kompliziert und beeindruckend, und wir können nur auf impressionistische Weise vorgehen, aber wir wollen doch einige Fragmente einer Höheren Seismologie präsentieren: die vier wichtigsten Phänomene, die zu beobachten sind, wenn sich eine andere Welt der Erde nähert.
Wenn eine große Masse oder eine Super-Konstruktion in die Atmosphäre der Erde eindringt, dann muß sie, so glauben wir, je nach Geschwindigkeit entweder zu leuchten beginnen oder wie eine Wolke erscheinen, beziehungsweise wie eine Wolke mit einem leuchtenden Kern. Wir werden uns später eine Meinung über dieses Leuchten bilden, das sich vom Leuchten eines Brandes unterscheidet und das typisch ist für Objekte, die vom Himmel fallen oder in die Erdatmosphäre eindringen. Im Augenblick wollen wir nur die Ansicht zum Ausdruck bringen, daß andere Welten der Erde oft nahe kommen, und daß schon sehr oft kleinere Objekte – in der Größe eines Heuhaufens oder einiger zusammengenommener Wolkenkratzer – durch die Atmosphäre unserer Erde gerast sind, wo sie irrtümlicherweise für Wolken gehalten wurden, weil sie von Wolken eingehüllt waren –
Oder, daß um ein Objekt, das aus der Kälte des Raumes zwischen den Planeten kommt – das heißt, aus bestimmten Regionen, denn wir vermuten, daß andere Regionen tropisch sind –, die Feuchtigkeit der Erdatmosphäre kondensiert, so daß der Eindruck entsteht, es sei in eine Wolke gehüllt. In *Nature*, 20-121, ist ein Bericht von Mr. S. W. Clifton abgedruckt, der in Freemantle, Westaustralien, als Zollbeamter arbeitet. Er reichte

seinen Bericht beim Observatorium von Melbourne ein. Ein klarer Tag – eine kleine schwarze Wolke taucht auf, die sich nicht sehr schnell bewegt – sie zerplatzt plötzlich zu einer Feuerkugel von der scheinbaren Größe des Mondes –
Oder, daß ein Objekt, das sich mit der für Meteoriten typischen Geschwindigkeit bewegt, keinen Dampf um sich sammeln kann, während langsamere Objekte – die, sagen wir, so schnell sind wie ein Zug – dies durchaus können.
Tornadowolken sind schon so oft als feste Objekte beschrieben worden, daß ich inzwischen zu der Ansicht neige, daß sie manchmal tatsächlich genau dies sind: Einige der sogenannten Tornados sind in Wirklichkeit Objekte, die durch die Erdatmosphäre rasen und durch den Sog nicht nur Turbulenzen erzeugen, sondern auch mit ihrer Masse alles zerquetschen, was ihnen in die Quere kommt, und währenddessen aufsteigen und wieder sinken, bis sie schließlich verschwinden. Sie machen uns deutlich, daß die Gravitation nicht die Kraft ist, die die Primitiven in ihr sehen, denn diese Objekte werden nicht zur Erde gezogen, obwohl sie sich relativ langsam bewegen, und wenn sie doch einmal heruntergezogen werden, dann prallen sie sofort wieder ab.
In Finleys *Report on the Character of 600 Tornadoes* finden wir einige eindrucksvolle Schilderungen.
»Eine Wolke sprang über die Erde wie ein Ball.«
Oder, daß es überhaupt kein meteorologisches Phänomen war, sondern etwas Massives wie ein großer Ball, der über die Erde sprang und alles zerquetschte und mitzog, was er traf –
»Die Wolke sprang über die Erde und berührte etwa alle achthundert bis tausend Meter den Boden.«
Hier ist eine interessante Information, die ich aus einer anderen Quelle bekam. Für mich sind dies die Daten einer Super-Biologie, die ein Zweig einer fortgeschrittenen Wissenschaft ist, mit der ich mich im Augenblick nicht befassen will. Ich will mich auf Dinge beschränken, die wir vage als »Objekte« bezeichnen.
»Der Tornado wand sich und sprang und wirbelte wie eine

riesige grüne Schlange und schien mit einem Dutzend funkelnder Fänge zu schnappen.«
Das ist interessant, ich glaube sogar sensationell. Vielleicht stürmen hin und wieder wirklich riesige grüne Schlangen über die Erde und beißen hier und dort etwas ab, aber wie ich schon sagte, ist dies ein Phänomen, das der Super-Biologie zuzurechnen ist. Finley nennt Dutzende von Beispielen für Tornado-Wolken, die sich eher wie in Wolken gehüllte feste Objekte verhielten denn wie Wolken. Er merkt an, daß beim Tornado von Americus, Georgia, am 18. Juli 1881 »ein eigenartiger schwefliger Dunst von der Wolke ausging«. In vielen Fällen rochen die Objekte oder die Meteoritensteine, die von außerhalb zur Erde kamen, nach Schwefel. Es ist nicht klar, warum irdischer Wind nach Schwefel riechen sollte, aber daß ein großes Objekt, das von außerhalb der Erde stammt, diesen Geruch hat, paßt zu vielen anderen Daten. Das Phänomen wird in der *Monthly Weather Review*, Juli 1881, beschrieben als »eigenartiger Schwefeldunst ... der in der Nase brannte, so daß allen übel wurde, die nahe herankamen und ihn einatmeten.«
Die konventionelle Erklärung, die Tornados als Wind sieht – und die wir nicht in allen Fällen bestreiten –, ist in den Vereinigten Staaten derart verbreitet, daß wir lieber an anderen Orten nach Berichten über Objekte suchen, die durch die Erdatmosphäre schossen, stiegen und sanken und der irdischen Gravitation trotzten.
Nature, 7-112:
Daß nach den Angaben in einem Leserbrief an die *Morning News* in Birmingham die Menschen in der Nähe von King's Sutton, Banbury, am 7. Dezember 1872 um etwa 13.00 Uhr etwas wie einen Heuhaufen durch die Luft fliegen sahen. Die Erscheinung war von Feuer und dichtem Qualm begleitet wie ein Meteor und machte Lärm wie eine Lokomotive. »Manchmal war sie hoch in der Luft, manchmal dicht über dem Boden.« Sie wirkte sich auf die Umgebung aus wie ein Tornado: Bäume und Mauern wurden umgerissen. Es ist zu spät, um diese Geschichte zu verifizieren, aber immerhin wurde eine

Liste der Menschen mit abgedruckt, deren Besitz beschädigt worden war. Wir erfahren, daß die Erscheinung »ganz plötzlich« verschwand.
Das sind die kleineren Objekte, vielleicht etwas wie entgleiste Züge oder große grüne Schlangen – aber unsere Ansicht über riesige dunkle Körper, die sich der Erde nähern –
Daß sie höchstwahrscheinlich beleuchtet sind: Sie würden sich in Wolken hüllen oder eigene Wolken mitbringen –
Aber daß sie beben und auf dieser Erde Erdbeben auslösen würden –
Und daß dann Dinge von einer solchen Welt herabfallen würden, oder daß Dinge von der Erde zu einer nahen Welt aufsteigen würden, oder daß Dinge gleichzeitig fallen und steigen würden, oder daß Materie ausgetauscht würde – ein Prozeß, der in der Höheren Seismologie als Celestio-Metathesis bezeichnet wird –
Nur, daß – wenn schon Materie von einer anderen Welt – es soll ja niemand glauben, wir lehnten die Schwerkraft völlig ab, nur weil wir die orthodoxen Dogmen nicht akzeptieren können –, wenn also schon Materie von einer anderen Welt herüberkommt, durch den Himmel dieser Erde fliegt und auf einer Hemisphäre oder an einem Ort niedergeht, wo sie angezogen wird, daß man dann doch meinen sollte, daß das ganze Objekt herabfallen müßte, und nicht nur das, was sich an seiner Oberfläche befindet.
Objekte, die an einem Schiffsrumpf kleben. Von Zeit zu Zeit fallen sie auf den Meeresgrund hinab. Das Schiff selbst fällt nicht herunter.
Oder, ähnlich unseren Vorstellungen von Eisfeldern in der Luft, stellen wir uns vor, daß nur ein Teil der nahen Welt von der Schwerkraft der Erde erfaßt wird – und daß von diesem Teil Dinge herabfallen –
Ob wir erklären, formulieren oder annehmen, welche Rolle spielt es? Unsere Haltung ist:
Hier sind die Daten.
Sehen Sie selbst.

Welche Rolle spielt es, was ich dazu meine?
Hier sind die Daten.
Aber denken Sie selbst oder denken Sie für mich, weil wir ja ineinander übergehen. Es muß eine lange Zeit verstreichen, ehe wir Florida von Long Island unterscheiden können. Wir haben Daten über Fische, die aus unserer inzwischen etablierten und anerkannten Super-Sargassosee – sie ist so angesehen, daß wir sie inzwischen fast wieder vergessen haben – herunterfielen, und wir werden Daten über Fische sehen, die im Verlauf von Erdbeben herunterfielen. Wir stellen uns vor, daß diese Fische aus Teichen oder anderen Welten herausgeschüttelt wurden, als diese Welten von einem Erdbeben erschüttert wurden, während eine noch andere Welt, nur wenige Meilen von der Erde entfernt, die Erde erbeben ließ.
In gewisser Weise oder sogar im Prinzip ist unser Thema völlig orthodox. Man muß nur die Nähe anderer Welten voraussetzen – was natürlich keine Frage des Voraussetzens, sondern eine Frage der Daten ist –, und sich ganz konventionell vorstellen, daß die Oberfläche dieser Welten bebt. So könnte ein ganzer See voller Fische erschüttert und herabgezogen werden. Der See voller Fische mag manchem Leser gewisse Schwierigkeiten bereiten, aber der Niederschlag von Sand und Steinen stößt möglicherweise eher auf Gegenliebe. Menschen, die sich in der Wissenschaft besser auskennen als wir, beschäftigten sich ganz problemlos mit diesem Thema, hatten dabei aber den Mond im Sinn. Perrey sah beispielsweise mehr als 15000 Berichte über Erdbeben durch und brachte viele von ihnen mit einer Annäherung des Mondes in Zusammenhang, indem er sie der verstärkten Anziehungskraft des Mondes zuschrieb, wenn dieser der Erde am nächsten ist. In den *Proceedings of the Royal Society of Cornwall*, 1845, findet sich eine Abhandlung über dieses Thema. Wenn der Mond der Erde am nächsten ist, erschüttert er in der Theorie die Erde und wird selbst erschüttert, aber er fällt nicht auf die Erde herunter. Was die Materieschauer angeht, die bei solchen Gelegenheiten möglicherweise vom Mond herunterkommen, so

mag man alte Aufzeichnungen durchsehen und finden, was einem beliebt.
Das werden wir jetzt tun.
Wir geben dabei nur unseren Annahmen Ausdruck.
Unsere Daten:
Wir gewinnen sie aus vier Gruppen von Phänomenen, die einem Erdbeben voraus- oder mit einem Erdbeben einhergingen.
Es sind ungewöhnliche Wolken, tiefe Dunkelheit, Leuchterscheinungen im Himmel und Niederschläge von Substanzen und Objekten, ob diese nun allgemein als Meteoriten bezeichnet werden oder nicht.
Keines dieser Ereignisse paßt zu den Prinzipien der primitiven oder Ur-Seismologie, und immer zog ein erschütterter Körper nahe an der Erde vorbei oder schwebte über ihr. Für den Primitiven gibt es keinen Grund, warum eine Zuckung der Erdoberfläche mit ungewöhnlichen Erscheinungen am Himmel, mit Dunkelheit oder dem Niederschlag von Substanzen einhergehen soll. Mit Erdbeben scheinen sich derartige Phänomene und Stürme noch weniger vereinbaren zu lassen.
Perrey stellte sein großes Werk vor 1860 zusammen. Die meisten unserer Daten entnehmen wir Listen, die vor langer Zeit angefertigt wurden. In den letzten Jahren wurden in dieser ehrgeizigen, umfangreichen Form nur die ungefährlichen und nicht schmerzlichen Daten veröffentlicht. Die starke Hand des »Systems«, wie wir es nennen, ob es nun real existiert oder nicht, hat die heutige Wissenschaft fest im Griff. Der unheimlichste Aspekt unserer Quasi-Existenz, der mir überhaupt bekannt ist, betrifft die Tatsache, daß alles, was eine Identität zu besitzen scheint, zugleich den starken Anschein erweckt, alles andere zu sein. In dieser Einheit des Alles, in dieser Kontinuität, entfaltet die schützende Hand ihren Würgegriff; elterliche Sorge erstickt uns; Liebe ist untrennbar mit dem Phänomen des Hasses verbunden. Es gibt nur die Kontinuität, jedenfalls in der Quasi-Existenz. Die Zeitschrift *Nature* weiß diesem schützenden Würgegriff in ihren Artikeln noch einigermaßen

zu entgehen, und die *Monthly Weather Review* ist immer noch eine reiche Quelle für unpassende Beobachtungen. Aber wenn ich die Reihen der etablierten Zeitschriften betrachte, fällt mir auf, daß der Funke der Quasi-Individualität seit 1860 allmählich verblaßt ist. Sie opfern den Drang zur Identität dem Versuch höherer Ordnung. Einige widmeten sich dem im intermediären Reich allgegenwärtigen Bestreben, das Universelle zu konkretisieren – oder das Selbst, die Seele, die Identität, beziehungsweise die Eindeutigkeit oder das Reale –, und hielten bis 1880 stand. Sogar 1890 ließen sich noch Spuren finden. Aber dann fügten sie sich dem universellen Prozeß, unbeschadet der Tatsache, daß es hier und dort in der Weltgeschichte »Individuen« gelungen sein mag, sich dem Eindeutigen anzunähern und eine eigene Seele oder ein eigenes Selbst zu verwirklichen. Sie gaben auf, sie unterwarfen sich, sie wurden Bestandteile des Versuchs einer höheren Organisationsform, sich zu individualisieren oder zu systematisieren und ganz zu werden, oder das Universelle oder die Attribute des Universellen zu konkretisieren. Nach dem Tode Richard Proctors, dessen gelegentlichen Mangel an Liberalität ich nicht überbewerten will, war in den folgenden Ausgaben von *Knowledge* kaum noch ein unkonventioneller Gedanke zu finden. Beachten Sie, wie oft das *American Journal of Science* und der *Report of the British Association* zitiert werden, und beachten Sie, daß sie nach 1885 auf diesen inspirierten, aber illegalen Seiten kaum noch Erwähnung finden. Hypnose und Trägheit sind, wie wir schon sagten, die Gründe.

Um 1880.

Abwürgen und Ignorieren.

Aber die Zwangsmaßnahmen waren nicht gründlich genug, denn viele der Exkommunizierten schleichen wieder herein, und bis auf den heutigen Tag scheinen manche der Erdrosselten noch schwach zu atmen.

Einige unserer Daten waren schwer zu finden. Wir könnten Geschichten über große Mühen und fruchtloses Suchen erzählen und würden damit unmerklich vielleicht sogar die Sympathie eines Mr. Symons gewinnen. Bisher wurden Erdbeben – soweit es sich um innere Erschütterungen der Erde handelt – mit Phänomenen in der Luft so wenig in Verbindung gebracht wie etwa ein Niederschlag von Sand mit einem Jungen, der nach dem Genuß unreifer Äpfel Bauchschmerzen hat. Aber wir verfügen über derart viele sogenannte Beweise, daß wir nur einen groben Überblick über die Daten geben können. Beginnen wir mit Robert Mallets Katalog (*Report of the British Association*, 1852), und lassen wir einige außergewöhnliche Fälle außer acht, weil sie sich vor dem achtzehnten Jahrhundert zutrugen:

Am 8. Januar 1704 ereignete sich in England ein Erdbeben, dem ein heftiger Sturm vorausging. Am 4. November 1704 ging vor einem Erdbeben ein hell leuchtender Meteor nieder. »Eine leuchtende Wolke, die sich mit hoher Geschwindigkeit bewegte und hinter dem Horizont verschwand«, wurde am 9. Dezember 1731 in Florenz beobachtet. Am 28. Mai 1732 in Schwaben: »Dichter Nebel in der Luft, durch welchen trübes Licht zu sehen war. Einige Wochen vor dem Beben hatte man Lichtkugeln in der Luft beobachtet.« Am 18. Oktober 1737 kam in Carpentras, Frankreich, Erde herunter. Am 19. März 1750 ging in London eine schwarze Wolke einem Beben voraus. Ein heftiger Sturm und ein eigenartiger, achteckiger Stern in Slavange, Norwegen, am 15. April 1752. Feuerkugeln in einem hellen Streifen am Himmel in Augermannland im Jahre 1752. Zahlreiche Meteore am 15. Oktober 1755 in Lissabon. »Schreckliche Stürme«, die lange anhielten, »Hagelschauer« und »strahlende Meteore« gab es immer wieder, dann eine »riesige Kugel« am 2. November 1761 in der Schweiz. Eine längliche, schweflige Wolke im April 1767 in Deutschland. Eine außergewöhnliche Dampfwolke im April 1780 in Bologna. Am 7. August 1804 wurde der Himmel über Grenada von dunklem Dunst verdeckt. »Seltsame heulende Geräusche in der Luft und große Flecken, welche die Sonne verdeckten« sah man am 16. April 1817 in Palermo. »Ein leuchtender Meteor, der sich in die gleiche Richtung bewegte wie das Beben« am 22. November 1821 in Neapel. Eine Feuerkugel in der scheinbaren Größe des

Mondes erschien am 29. November 1831 über dem Thüringer Wald.
Wenn Sie nicht durch die neue Denkdominante aufgerüttelt sind, die eine Anerkennung von vielerlei Dingen außerhalb der Erde fordert – so wie die im Europa des Jahres 1492 heraufdämmernde Dominante forderte, daß es auch außerhalb Europas Land geben müsse –, wenn Sie noch nicht in Kontakt mit dem Neuen gekommen sind, dann werde Ihnen diese Daten nicht viel sagen – Bohnen, die von einem Magneten rutschen – Unvereinbarkeiten, die aus dem Bewußtsein eines Thomson gleiten –
Ich nehme an, daß wir überhaupt nicht wirklich denken; daß wir uns um Super-Magnete gruppieren, die ich als Dominanten bezeichne – in einem Zeitalter eine religiöse Dominante, und schon sprießen Klöster wie Pilze aus dem Boden, und der Scheiterhaufen und das Kreuz sind die Symbole dieser Ära: zu einer anderen Zeit eine materialistische Dominante, und sofort sprießen Laboratorien aus dem Boden, und Mikroskope, Teleskope und Schmelztiegel werden zu den Wahrzeichen dieser Zeit – daß wir nichts sind als Eisenfeilspäne und uns als solche um Magneten ordnen, die jeweils vorhergegangene Magnete ersetzen. Da Sie keine eigene Seele haben und ich auch nicht – ausgenommen sind vielleicht jene, die eines Tages keine Intermediaristen mehr sein werden, weil sie dem ganzen Kosmos trotzig entgegenhalten, daß einst Tausende von Fischen aus einem einzigen Eimer Wasser gekippt wurden –, sind wir den Daten gewogen, wenn wir gehorsame Sklaven der neuen Dominante sind, und empfinden Abneigung, wenn wir Anhänger der alten Dominante sind. Ich bin ein seelenloser, selbstloser Anhänger der neuen Dominante: Ich sehe, was ich sehen muß. Die einzige Verlockung, die ich anbieten kann, um Jünger um mich zu scharen, ist die Tatsache, daß das Neue eines Tages in Mode kommen wird. Die Anhänger des Neuen werden höhnisch auf die des Alten hinabblicken. Es spricht einiges dafür, und ich bin überhaupt nicht sicher, ob es wirklich wünschenswert ist, als Fixstern zu enden.

Als Anhänger der neuen Dominante bin ich von einigen Daten sehr beeindruckt, etwa von dem leuchtenden Objekt, das sich in die gleiche Richtung bewegte wie das Erdbeben. Ich finde es einleuchtend, daß ein Erdbeben diesem Ding folgte, das dicht über die Erdoberfläche glitt. Der Streifen, der am Himmel zu sehen war – vielleicht ein Streifen einer anderen Welt –, und Objekte oder Meteoriten, die von ihm heruntergeschüttelt wurden. Das Erdbeben in Carpentras, Frankreich: und daß über Carpentras eine kleinere Welt hing, die stärker erschüttert wurde, so daß sich Erdreich von ihr löste.
Aber am besten gefallen mir die Super-Wölfe, die man während des Erdbebens von Palermo vor der Sonne vorbeiziehen sah.
Sie heulten.
Oder die Liebe der Welten. Die Anziehungskraft, die sie füreinander empfinden. Sie versuchen, einander näherzukommen und heulen, wenn sie ihr Ziel erreichen.
Das Heulen der Planeten.
Ich bin abermals auf etwas Unerklärliches gestoßen.
Im *Edinburgh New Philosophical Journal* – ich muß bis ins Jahr 1841 zurückgehen, als der Würgegriff noch nicht so fest war – veröffentlichte Sir David Milne eine Liste mit Erdbeben in Großbritannien. Ich wähle einige aus, die mir darauf hinzuweisen scheinen, daß andere Welten der Erde nahe kamen.
1703 gab es vor einem Beben einen heftigen Sturm. 1750 war vor einem Beben eine Feuerkugel zu sehen. 1755 beobachtete man am Tag nach einem Beben einen großen Feuerball. 1816 sah man »ein ungewöhnliches Phänomen in der Luft: ein großer leuchtender Körper, gekrümmt wie ein Halbmond, erstreckte sich über den Himmel«. 1750 sah man eine große Feuerkugel. 1755 wurden schwarzer Regen und schwarzer Schnee beobachtet. 1795 wurden während eines Erdbebens zahlreiche Dinge nach oben geschleudert – oder gezogen? –, und dem Beben war »eine Wolke vorausgegangen, die sehr schwarz war und sehr niedrig hing.« 1837 ging sechs Stunden vor einem Beben schwarzes Pulver nieder.
Diese Beispiele wirken zum Teil sehr überzeugend auf mich –

eine kleinere Welt wird von der Anziehungskraft der Erde stark erschüttert – eine schwarze Substanz wird ihr entrissen – erst sechs Stunden später, als sie der Erde noch näher gekommen ist, sind die Erschütterungen auch auf der Erde zu spüren. Was den außergewöhnlichen Anblick eines Objekts angeht, einer Welt oder einer Super-Konstruktion, wie sie 1816 am Himmel beobachtet wurde, so konnte ich bisher nicht mehr herausfinden. Ich glaube, unsere Annahmen klingen hier relativ vernünftig: Daß dieses Ereignis von erheblich größerer Bedeutung war als, sagen wir, ein Transit der Venus, über den Hunderte von Zeitungen geschrieben haben – daß ich aber keinen weiteren Bericht finden konnte, wenn ich auch nicht so intensiv danach suchte wie nach neuen Daten – daß bis auf einen allgemeinen Bericht alles über das Ereignis unterdrückt wurde.

Insgesamt finden wir übereinstimmende Hinweise auf große Körper, die nicht auf die Erde fallen, von denen aber Substanzen auf die Erde stürzen, und Daten über Eisfelder, aus denen kein Eis fällt, von denen aber Wasser heruntertropft. Ich will nun modifizieren: In einer gewissen Entfernung von der Erde hat die Schwerkraft eine größere Wirkung, als wir angenommen haben, aber weniger, als die Dogmatiker wissen und »beweisen«. Ich muß immer mehr an eine neutrale Zone denken – daß diese Erde, wie jeder Magnet, eine neutrale Zone besitzt, in der sich die Super-Sargassosee befindet und in der unter Umständen auch andere Welten treiben, obwohl vorspringende Teile eventuell der Anziehungskraft der Erde unterliegen –

Ich sage:

Hier sind die Daten.

Ich kenne jetzt einen sehr interessanten neuen Faktor. Vielleicht hätte ich ihn schon früher zur Sprache bringen sollen, aber auch wenn er hier vielleicht fehl am Platze ist, weil er nicht von einem Erdbeben begleitet wurde, wollen wir darüber sprechen. Ich biete ihn als Beispiel für eine Finsternis an, die von einem riesigen, dunklen Körper verursacht wurde, den ein Astronom beobachtet und gemeldet hat. Bei dem Astronomen handelt es sich um M. Lias, und er beobachtete das Phänomen am 11. April 1860 in Pernambuco.

Comptes Rendus, 50-1197:

Es war gegen Mittag – wolkenloser Himmel – plötzlich verdunkelte sich das Licht der Sonne. Die Dunkelheit vertiefte sich, und um sie uns deutlich zu machen, teilt man uns mit, daß die Venus hell zu leuchten begann, obwohl sie zu dieser Zeit an sich nur schlecht sichtbar war. Die Beobachtung, die der neuen Dominanten huldigt, ist die folgende:

Daß um die Sonne eine Korona erschien.

Es gibt viele andere Fälle, die vermuten lassen, daß bei Erdbeben andere Welten der Erde nahe sind. Ich will nur einige nennen. Da wären etwa ein Erdbeben und ein Objekt am Himmel, das als »großer, leuchtender Meteor« bezeichnet wurde (*Quarterly Journal of the Royal Institute*, 5-132). Ein leuchtender Körper am Himmel, ein Erdbeben und niedergehender Sand am 12. und 13. Februar 1870 in Italien (*La Science Pour Tous*, 15-159). Zahlreiche Berichte gibt es über ein leuchtendes Objekt am Himmel und ein Erdbeben am 27. Februar 1887 in Connecticut (*Monthly Weather Review*, Februar 1883). Ein leuchtendes Objekt oder ein Meteor erschien am 20. Januar 1891 in Italien während eines Erdbebens am Himmel (*L'Astronomie*, 1891-154). Ein Erdbeben und zahlreiche leuchtende Körper oder Kugeln wurden am 7. Juni 1779 in Boulogne, Frankreich, beobachtet (Sestier, »La Foudre«, 1-169). Ein Erdbeben in Manila im Jahre 1863 ging mit »eigenartigen Leuchterscheinungen« am Himmel einher (Ponton, »Earthquakes«, S. 124).

Während eines Erdbebens in Riobamba erschienen plötzlich Fische. Humboldt zeichnete einen von ihnen, und es ist ein unheimlicher Anblick. Tausende dieser Fische erschienen während dieses gewaltigen Bebens plötzlich an Land. Humboldt meint, sie seien aus unterirdischen Gewässern hochgeschleudert worden. Ich glaube das nicht, und meine Daten scheinen meine Ansicht zu bestätigen, aber ich muß mit einem Streit und Argumenten für und wider rechnen, und deshalb will ich für Fische, die während eines Erdbebens lebendig vom Himmel

fielen, lieber ein besseres Beispiel heranziehen. Mir ist selbst nicht klar, ob ein großer See und alle Fische in ihm aus einer anderen Welt herübergerissen wurden, oder ob ein Teil der Super-Sargassosee in den Sog zweier Welten geriet und schließlich auf die Erde gezerrt wurde –
Hier sind die Daten:
La Science Pour Tous, 6-191:
16. Februar 1861. Ein Erdbeben in Singapur. Danach begann ein heftiger Regen – es kamen Wassermassen vom Himmel, die ohne weiteres einen größeren See hätten füllen können. Drei Tage lang fiel das Wasser in Strömen. In den Teichen, die sich aufgrund der Flut auf dem Boden bildeten, wurden zahlreiche Fische gefunden. Der Autor erklärt, er selbst habe nichts als Wasser vom Himmel fallen gesehen. Ich will nicht weiter betonen, wie gewaltig dieser Niederschlag war. Der Autor sagt, er habe keine drei Schritte weit sehen können. Die Einheimischen behaupteten, die Fische seien vom Himmel gefallen. Drei Tage später trockneten die Teiche aus, und man fand viele tote Fische. Zuvor aber – auch wenn wir solche Informationen instinktiv ablehnen mögen – waren die Fische munter und unversehrt. Auf diese Schilderung folgt das Material für eine weitere kleine Studie des Phänomens der Vernachlässigung. Ein Psychotropismus besteht hier darin, mechanisch den Stift in die Hand zu nehmen und mechanisch zu schreiben, daß die nach schweren Regenfällen gefundenen Fische aus über die Ufer getretenen Bächen stammen müßten. Der Autor des Berichts erklärt, einige Fische seien auch in seinem Hof aufgetaucht, der von hohen Mauern umgeben sei. Ein Korrespondent von *La Science Pour Tous*, 6-317, geht auf diesen Hinweis nicht ein, sondern erklärt uns, nach den schweren Regenfällen sei ein Wasserlauf über die Ufer getreten und habe die Fische mitgeschwemmt. Wir erfahren vom ersten Autor, daß die Fische, die in Singapur gefunden wurden, zu einer Art gehörten, die in der Nähe der Stadt häufig vorkommt. Ich selbst glaube, daß ein ganzer See mit großen Mengen dieser Fische aufgrund von Umständen, über die wir bereits sprachen, aus der Super-

Sargassosee geschüttelt wurde. Wenn das Erscheinen seltsamer Fische nach einem Erdbeben dem Auge oder der Nase der neuen Dominante angenehmer ist, dann wollen wir diesen Weihrauch gläubig und fromm bereitstellen. M. de Castelnau verlas vor der Académie Française einen Bericht über diesen Vorfall. Er erinnerte sich, daß er früher einmal selbst die Akademie über Fische informiert hatte, die nach einem Erdbeben am Kap der Guten Hoffnung erschienen waren.

Es scheint angebracht und wird die neue Orthodoxie stärken, wenn wir jetzt ein Beispiel betrachten, bei dem es nicht nur um ein Erdbeben und niedergehende Steine oder Meteore geht, auch nicht um ein Erdbeben zusammen mit einer Finsternis oder Leuchterscheinungen am Himmel, sondern um einen Fall, bei dem alle Phänomene gemeinsam auftraten. Auch dieser Fall spricht unserer Meinung nach für einen Zusammenhang zwischen einem Erdbeben und der Annäherung einer anderen Welt. Dieses Ereignis dauerte im übrigen auch länger als die anderen.

In den *Canadian Institute Proceedings*, 2-7-198, finden wir einen Bericht des Vizegoverneurs von Dhurmsalla, Indien, über einen ungewöhnlichen, mit Eis überzogenen Meteoriten. Die Ereignisse, die mit dem Einschlag des Meteors einhergingen sind äußerst bemerkenswert:

Daß wenige Monate vor dem Einschlag des Meteors in Benares lebende Fische niedergegangen waren, daß in Furruckabad eine rote Substanz herabgeregnet war, daß man einen dunklen Fleck auf der Sonnenscheibe beobachtet hatte, daß es ein Erdbeben gegeben hatte, »eine unnatürliche gelbe Dunkelheit, die eine Weile andauerte«, und eine Leuchterscheinung am Himmel, die an Nordlichter erinnerte –

Aber das ist noch nicht alles:

Wir bekommen es mit einer neuen Gruppe von Phänomenen zu tun:

Besucher.

Der Vizegoverneur schreibt, am Abend nach dem Einschlag des Dhurmsalla-Meteoriten – des eisbedeckten Steins – habe er

Lichter gesehen. Einige von ihnen seien nicht sehr hoch gewesen. Sie erschienen, verloschen und tauchten wieder auf. Ich habe viele Berichte über den Dhurmsalla-Meteoriten gelesen, der am 14. Juli 1860 herunterkam, aber in keinem einzigen Bericht ist von diesem neuen Element die Rede. Es schien im neunzehnten Jahrhundert einfach fehl am Platze, auch wenn Andeutungen erlaubt waren. Der Autor erklärt, die Lichter hätten sich bewegt wie brennende Ballone, aber:

»Ich bin sicher, daß es weder brennende Ballone noch Laternen, noch Feuer oder etwas anderes in dieser Art waren. Es waren wahrhaftig Lichter am Himmel.«

Für diese Angaben müssen wir eine eigene Theorie formulieren – Eindringlinge in einem Gebiet, das von Rechts wegen jemand anders gehört – vielleicht hat jemand einen Felsbrocken verloren und kam am Abend mit einigen Freunden, um ihn zu suchen – oder Geheimagenten oder Botschafter, die in der Nähe von Dhurmsalla eine Verabredung mit gewissen Esoterikern hatten – Dinge oder Wesen kommen herab, um zu forschen, und können nicht lange unten bleiben –

Wir werden an andere eigenartige Ereignisse erinnert, die mit Erdbeben einhergingen. Die alte chinesische Überlieferung – die Abdrücke im Boden, die aussahen wie Hufabdrücke. Wir dachten – ohne es recht akzeptieren zu können – an eine andere Welt, die mit gewissen Esoterikern auf der Erde in Verbindung stehen könnte – an Botschaften, die mit den wie Hufabdrücke aussehenden Symbolen an bestimmte Empfänger oder auf einen bestimmten Hügel auf der Erde geschickt werden – und an Botschaften, die manchmal ihr Ziel verfehlen.

Diese andere Welt nähert sich der Erde – es gibt Erdbeben – aber man nutzt die vorteilhafte Nähe und schickt eine Botschaft – die Botschaft, vielleicht bestimmt für einen Empfänger in Indien oder Mitteleuropa, verfehlt ihr Ziel und landet in England – Abdrücke wie die aus der chinesischen Geschichte werden nach einem Erdbeben in Cornwall am Strand gefunden – *Philosophical Transactions*, 50-500:

Nach dem Erdbeben vom 15. Juli 1757 wurden am Sandstrand

von Penzance, Cornwall, in einem mehr als 100 Quadratmeter großen Bereich Abdrücke gefunden, die an Hufabdrücke erinnerten, jedoch nicht halbkreisförmig waren. Wir spüren die Ähnlichkeit, stellen aber in diesem Fall selbst den unwillkürlichen Drang fest, die Daten unberücksichtigt zu lassen. Es scheint uns, daß Spuren, die als »kleine Kegel, umgeben von Vertiefungen von gleichmäßigem Durchmesser« beschrieben werden, Hufabdrücken ähneln könnten, wenn Hufspuren geschlossene Kreise wären. Vernachlässigt wurde die Information, daß in den Spitzen der Kegel schwarze Flecken gefunden wurden, als sei etwas, vielleicht ein Gas, aus ihnen herausgekommen. Aus einer dieser Formationen kam ein Wasserschwall, der so dick war wie das Handgelenk eines Mannes. Natürlich werden bei Erdbeben oft Quellen geöffnet, aber ich vermute, das Negative Absolute will uns zwingen, diese Daten und die mit ihnen einhergehende Beunruhigung herunterzuschlucken.

Es scheint einen weiteren Fall zu geben, in dem das Negative Absolute gegen uns arbeitet. Wir haben zwar für die Super-Chemie das Prinzip der Celestio-Metathesis eingeführt, doch wir besitzen keine guten Daten über den Austausch von Substanzen während der Annäherung von Welten. Die Daten sprechen alle für den Niederschlag von Substanzen, aber nicht für deren Aufstieg. Natürlich werden bei Erdbeben auch Dinge hochgeschleudert, aber ich habe keine Angaben zu einem Baum, einem Fisch oder einem Ziegelstein oder einem Menschen, der aufgestiegen, oben geblieben und nie zurückgekommen wäre. Unser klassischer Fall – das Pferd und die Scheune – trug sich während eines sogenannten Wirbelsturms zu.

Es wird gesagt, während eines Erdbebens in Kalabrien seien Pflastersteine hoch in den Himmel geschossen.

Der Autor sagt nicht ausdrücklich, daß sie auch wieder herunterkamen, aber irgendwie bin ich mir dessen sicher.

Die Leichen von Riobamba.

Humboldt berichtet, während des Erdbebens von Riobamba seien »Körper aus Gräbern gerissen worden«, und die »vertikale

Bewegung war so heftig, daß sie mehrere hundert Fuß in die Luft stiegen«.

Ich erkläre.

Ich erkläre, daß wenn mitten im Tumult eines gewaltigen Erdbebens Dinge gen Himmel steigen und weit hinauffliegen, die Gedanken der unmittelbaren Beobachter höchstwahrscheinlich um andere Dinge kreisen.

Die Pier von Lissabon.

Wir hören, daß sie versank.

Eine Menschenmenge rannte auf die Pier, um Schutz zu suchen. Ganz Lissabon lag in tiefer Dunkelheit. Die Pier und alle Menschen auf ihr verschwanden. Wenn sie mit allen Menschen unterging – keine Leiche wurde gefunden, kein Kleidungsfetzen, keine Planke, nicht einmal ein Splitter des Kais stieg zur Wasseroberfläche empor.

KAPITEL 18

Die neue Dominante.

Ich meine damit in erster Linie alles, was sich dem Exklusionismus entgegenstellt –

Daß Entwicklung oder Fortschritt oder Evolution der Versuch ist, eindeutig zu werden, ein Mechanismus, durch welchen sich eine eindeutige Existenz aufbaut – daß, was wir Existenz nennen, ein unendlicher Mutterschoß ist, der sich auch selbst noch in der Inkubationsphase befindet – daß schließlich jeder Versuch von dem zunichte gemacht wird, was er fälschlich ausschloß. Subjektiv wird dieser Zusammenbruch durch unser Gefühl beschleunigt, von falschen und zu engen Grenzen behindert zu werden.

Die klassischen, anerkannten Künstler versuchten, positivistische Gemälde zu schaffen und brachten das einzige Ideal zum Ausdruck, das ich kenne, auch wenn wir so oft von »Idealen« hören, statt uns zu vergegenwärtigen, daß Kunst, Wissenschaft, Theologie und Politik nur unterschiedliche Manifestationen dieses einen Ideals sind. Diese Künstler versuchten auf ihre Weise, die kosmische Sehnsucht nach Ganzheit und Vollständigkeit, die manchmal auch Harmonie und in anderen Aspekten Schönheit genannt wird, zu stillen. Sie suchten Vollkommenheit, indem sie Dinge ausschlossen. Aber die Lichteffekte, die sie ausschlossen, und die hinderliche Beschränkung auf standardisierte Themen führte zur Revolte der Impressionisten.

Die Puritaner versuchten, Dinge zu systematisieren und vernachlässigten physische Bedürfnisse, Laster oder Entspannungsmöglichkeiten. Sie wurden überwältigt und besiegt, als ihre Engstirnigkeit offensichtlich und unerträglich wurde. Alles

strebt nach Eindeutigkeit und sucht ein Quasi-System zu etablieren, dem es angehören kann.
Formeln und Mathematik, das Regelmäßige und das Einförmige, sind Aspekte des eindeutigen Zustandes – aber das Positive ist das Universelle, und jeder Versuch, eindeutig zu werden, der sich auf das Formale und Regelmäßige beschränkt, wird angesichts der Weite und Universalität früher oder später disqualifiziert werden. Es gibt eine Revolte gegen die heutige Wissenschaft, weil die formelhaften Äußerungen, die in der letzten Generation noch als höchste Wahrheit betrachtet wurden, heute als unzulänglich angesehen werden. Jede Erklärung, die unseren Ansichten widersprach, erwies sich als Komposition, die einem klassischen Gemälde ähnlich war: etwas, das willkürlich aus seinen Beziehungen zur Umgebung gerissen, durch einen Rahmen von störenden, unvollkommenen Daten getrennt, durch Vernachlässigung abgegrenzt wurde.
Wir haben versucht, das Eingeschlossene zu berücksichtigen, aber auch das Ausgeschlossene in einem größeren Rahmen zur Geltung kommen zu lassen. Wir nehmen aber an, daß es für jede Ansicht, die wir äußerten, irgendwo etwas damit Unvereinbares gibt – daß eine endgültige Aussage alle Dinge umfassen würde. Aber so reden Engel. Das Endgültige ist in der Quasi-Existenz unaussprechbar, weil das bloße Denken schon bedeutet, zugleich einzuschließen und auszuschließen und eben nicht endgültig zu sein.
Wenn wir zugeben, daß es für jede Meinung, die wir äußerten, irgendwo ein Gegenargument gibt, sind wir Intermediaristen und keine Positivisten, nicht einmal bessere Positivisten als die anderen. Natürlich ist es denkbar, daß wir eines Tages systematisieren und dogmatisieren und uns weigern, in Betracht zu ziehen, daß man auch uns der Nichtbeachtung von Daten zeihen und uns vorwerfen könnte, wir hätten den Glauben an die Stelle der Annahmen gesetzt:
Dann, wenn wir ein umfassenderes System fänden, das keine unversöhnlichen Gegensätze anerkennt, wären wir bessere Positivisten. Solange wir nur Annahmen treffen, sind wir keine

Positivisten, aber wir haben den Eindruck, daß die neue Dominante, auch wenn wir sie nur als eine weitere Versklavung ansehen, der Keim eines höheren Posivitismus sein wird – und daß mit ihrer Hilfe eine neue Gruppe von Fixsternen in die Unendlichkeit erhoben werden wird – bis auch diese Ebene als Medium für die Rekrutierung von Fixsternen ausgespielt hat und einem neuen Medium weichen muß, das seinerseits das Absolute zu erschaffen versucht.

Wir nehmen an, daß alle heutigen Astronomen ihre Seelen verloren haben, oder besser gesagt, ihre Chance, die Ganzheit zu erreichen. Kopernikus, Kepler, Galilei und Newton und sicherlich auch Leverrier sind schon lange als Fixsterne verewigt. Eines Tages werde ich versuchen, sie zu identifizieren. Alles in allem kann man uns mit Moses vergleichen. Wir weisen den Weg zum Gelobten Land, aber solange wir nicht von unserem Intermediarismus geheilt sind, werden wir niemals in den *Monthly Notices of the Royal Astronomical Society* Erwähnung finden.

Unserer Annahme nach folgen Dominanten aufeinander und ersetzen jeweils ihre Vorgängerinnen. Dies geschieht nicht nur, weil die jeweils folgende Dominante dem Eindeutigen näher ist, sondern auch, weil die Vorgängerinnen als Hilfsmittel ausgespielt haben. Wir sind der Ansicht, daß sich zur Zeit auf der ganzen Welt eine neue Dominante manifestiert, die mehr einschließt als ihre Vorgängerin, und daß der alte Exklusionismus überall zerfällt. In der Physik beispielsweise zerbricht der Exklusionismus an der Radiumforschung, den Spekulationen über Elektronen und der Verschmelzung von Physik und Metaphysik, sowie an einer seit vielen Jahren stattfindenden Fahnenflucht. Männer wie Gurney, Crookes, Wallace, Flammarion und Lodge sind desertiert und widmen sich einst vernachlässigten Phänomenen, die jetzt nicht mehr als »Spiritismus«, sondern unter dem Begriff »paranormale Forschung« behandelt werden. Die Biologie steckt im Chaos: Konventionelle Darwinisten verbünden sich mit Jüngern anderer Modelle und mit Anhängern von Weisman, die dem Darwinismus eine seiner

Pseudo-Grundlagen nahmen und dennoch versuchen, ihre Ketzereien mit der orthodoxen Seite in Einklang zu bringen. Die Maler sind Metaphysiker und Psychologen geworden. Der Niedergang des Exklusionismus in China, Japan und den USA ist ein erstaunliches geschichtliches Phänomen. Die Wissenschaft der Astronomie ist im Niedergang begriffen, auch wenn beispielsweise Pickering über einen transneptunischen Planeten spekulierte und Lowell versuchte, ketzerische Ideen über die Narben auf dem Mars zu verbreiten. Doch die Aufmerksamkeit gilt heute hauptsächlich so technischen Details wie den Schwankungen in den Schatten auf Jupiters viertem Mond. Man könnte vermutlich sagen, daß die übergroße Konzentration auf Details ein Hinweis auf Dekadenz ist.

Die Luftfahrt ist eine Bastion des Inklusionismus. Ich denke, daß die Bastion der alten Dominante, als sie noch neu war, die Erfindung des Teleskops war. Oder, daß in dem Augenblick, in dem der Exklusionismus nicht mehr funktioniert, auch das Mittel verfügbar wird, mit dem sich herausfinden läßt – ob es in der Luft ausgedehnte Eisfelder und treibende Seen voller Frösche und Fische gibt oder nicht – woher Steine mit Gravuren kommen, und schwarze Substanzen und große Mengen pflanzlicher Stoffe und Fleisch, das Drachenfleisch sein könnte – ob es interplanetarische Handelsrouten und weite Bereiche gibt, die von Super-Tamerlanen verwüstet wurden – ob manchmal Besucher auf die Erde kommen – die möglicherweise verfolgt, gefangen und verhört werden.

KAPITEL 19

Ich habe eifrig nach Daten gesucht, um mir eine Meinung über Vögel zu bilden, aber was ich fand, konnte mir keine große Quasi-Zufriedenheit verschaffen. Ich halte es für nötig, eigens auf unseren Eifer hinzuweisen, weil man gegen unsere Haltung der bloßen Annahmen wahrscheinlich vorbringen wird, daß ein Mensch, der nur annimmt, keine besonderen Interessen habe und keine große Energie aufwende. Aber das trifft nicht zu. Wir waren wirklich sehr eifrig. Ich möchte einigen unserer Jünger vorschlagen, sich dem Problem der Botschaften von Brieftauben zu widmen, die natürlich immer irdischen Absendern zugeschrieben werden, obwohl sie mitunter nicht zu entziffern sind. Ich würde mich selbst damit befassen, wenn das nicht selbstsüchtig wäre. Wieder ein Aspekt des Intermediarismus, der uns vom Firmament fernhalten wird: Positivismus ist absoluter Egoismus. Aber gehen wir in die Zeit von Andrées Polexpedition zurück. Tauben, denen man gewöhnlich keine Aufmerksamkeit schenken würde, wurden damals oft erwähnt.

Im *Zoologist*, 3-18-21, wird ein Vogel (ein Papageitaucher) erwähnt, der mit gebrochenem Schädel auf den Boden gestürzt sei. Interessant ist die Frage – auch wenn wir nur spekulieren können –, gegen welches feste Objekt der Vogel hoch in der Luft geprallt sein könnte.

Am 16. und 17. Oktober 1846 gab es in Frankreich gewaltige rote Regenfälle. Es war sehr stürmisch, und der rote Regen war angeblich durch Stoffe verfärbt worden, die an die Erdoberfläche gespült worden waren (*Comptes Rendus*, 23-832). Aber in *Comptes Rendus*, 24-625, wurde eine Beschreibung des roten Regens veröffentlicht, die nicht auf Wasser schließen läßt, das von Sand oder Schlamm rot verfärbt worden war. Dort heißt es, der Regen sei leuchtend rot gewesen und habe so stark an Blut erinnert, daß viele Menschen in Frankreich Angst bekommen hätten. In *Comptes Rendus*, 24-812, sind zwei Analysen abgedruckt. Ein Chemiker stellt eine große Anzahl von Partikeln – ob Blutkörperchen oder nicht – in der Flüssigkeit fest. Der andere Chemiker bestimmte den Anteil organischer Stoffe mit 35 Prozent. Vielleicht wurde irgendwo ein interplanetarischer Drache erschlagen, oder die rote Flüssigkeit, in der sich zahlreiche Blutkörperchen befanden, stammte von etwas, worüber wir nur ungern näher nachdenken, weil es in etwa die Größe der Catskill Mountains hatte – aber wir wissen mit Sicherheit, daß zusammen mit dieser Substanz in Lyon, Grenoble und an anderen Orten Lerchen, Wachteln, Enten und Teichhühner, von denen einige noch lebten, vom Himmel fielen.

Mir liegen Aufzeichnungen über andere Gelegenheiten vor, bei denen Vögel vom Himmel fielen, aber stets ohne den roten Regen, der den Sturz der Vögel in Frankreich so eigenartig macht, sogar sehr eigenartig, wenn wir annehmen, daß die rote Substanz außerirdischen Ursprungs war. Die anderen Berichte erwähnen Vögel, die im Laufe von Stürmen vom Himmel fielen, oder die erschöpft, aber noch lebend in der Nähe stürmischer Regionen abstürzten. Doch betrachten wir ein Beispiel, für das ich keine Parallele finden kann: Den Absturz toter Vögel aus klarem Himmel, weit entfernt von jedem Sturm, der sie getötet haben könnte – so weit von jedem Sturm entfernt, daß –

Ich denke, daß im Sommer 1896 etwas oder gewisse Wesen im Laufe einer Jagdexpedition der Erde sehr nahe kamen; daß im Sommer 1896 eine Expedition von Super-Wissenschaftlern über die Erde zog und ein Schleppnetz auswarf – und was konnten sie mit einem Netz fangen, das durch die Luft glitt und nicht ganz bis zur Erde hinabreichte?

In der *Monthly Weather Review*, Mai 1917, zitiert W. L. McAtee einen Leserbrief aus Baton Rouge an die *Philadelphia Times*: Daß im Sommer 1896 in Baton Rouge, Louisiana, aus »klarem

Himmel« Hunderte toter Vögel auf die Erde fielen. Unter ihnen waren wilde Enten, Drosseln, Spechte und »viele Vögel mit eigenartigem Gefieder«, die teilweise an Kanarienvögel erinnerten.
Normalerweise braucht man nicht lange zu suchen, um einen passenden Sturm zu finden. Aber in diesem Fall konnte man nichts besseres anbieten als:
»Es hatte an der Küste Floridas einen Sturm gegeben.«
Wenn der Leser keine psychochemische Abwehr gegen diese Erklärung hat, dann wird er nur einen Augenblick erstaunt sein, daß Vögel in Florida durch einen Sturm sterben und nach Louisiana transportiert werden, wo sie aus ruhigem Himmel fallen. Nachdem der Leser sich seinen Intellekt eingefettet hat wie eine Wildente ihr Gefieder, perlen solche Daten einfach ab. Unsere eingefetteten, aalglatten Hirne. Vielleicht, daß sie letzten Endes doch zu etwas nütze sind: daß andere Ebenen der Existenz sie als Schmiermittel brauchen; daß man ihretwegen auf uns Jagd macht; eine Jagdexpedition auf der Erde – die Zeitungen berichten über einen Tornado.
Wenn in Louisiana aus klarem, wolkenlosem Himmel, an dem nichts auf starke Winde hinweist, weit von einem Sturm in Florida entfernt, Hunderte von Vögeln herabstürzen, dann kann ich mir ohne besondere Mühe auch vorstellen, daß beispielsweise in Alabama schwerere Objekte niedergehen, und daß noch näher am Ursprung, in Florida, noch schwerere Dinge herunterfallen.
Das Wetteramt verfügt über ein weit gespanntes Netz von Informanten.
Es gibt keine Berichte über derartige Niederschläge.
Also ein Schleppnetz, das von irgendwo oben ausgeworfen wurde –
Oder etwas, das ich von einem der wissenschaftlich Arbeitenden unter den Erforschern übersinnlicher Phänomene erfuhr:
Der Leser begegnet der Telepathie und allen anderen übersinnlichen Phänomenen zunächst mit Vorurteilen. Autoren leugnen die Kommunikation mit Geistern und sagen, die Daten

sprächen »nur für Telepathie«. Erstaunliche Fälle von vermeintlicher Hellseherei – »nur Telepathie«. Nach einer Weile stimmt der Leser innerlich zu, daß es tatsächlich bloß Telepathie sei – ein Gedanke, den er anfangs unerträglich fand. Vielleicht gab es überhaupt kein Schleppnetz, das im Jahre 1896 ausgeworfen wurde, durch die Atmosphäre glitt und Vögel fing, bis plötzlich die Maschen rissen –

Oder, daß die Vögel in Baton Rouge bloß aus der Super-Sargassosee stammten –

Zu der wir einen neuen Gedanken formulieren wollen. Wir dachten, wir hätten diese Frage erledigt und geklärt, aber nichts ist je wirklich geklärt, und nichts ist wirklich endgültig geklärt, da es – vermutlich – im Quasi-Zustand nichts Wirkliches gibt. Ich nehme an, irgendwo gab es einen Sturm. Meinetwegen der Sturm in Florida. Zahlreiche Vögel wurden nach oben in die Super-Sargassosee geweht. Dort gibt es kalte Regionen und tropische Regionen. Vögel verschiedener Arten wurden also in ein eiskaltes Gebiet hinaufgeweht, wo sie sich zusammenkauerten, um sich zu wärmen, bis sie schließlich starben. Später wurden sie herabgestoßen – kam ein Meteor – ein Boot – ein Fahrrad – ein Drache – ich weiß nicht, was da kam – etwas stieß sie herab.

Laubblätter werden von Wirbelstürmen hinaufgeweht, bleiben Jahre, Äonen, vielleicht nur ein paar Monate droben und fallen herab, wenn es nicht die richtige Jahreszeit für fallende Blätter ist. Fische werden hinaufgeweht, manche trocknen aus und sterben, manche leben im Wasser weiter, das es droben reichlich gibt, und manche kommen in den Güssen herunter, die wir als »Wolkenbrüche« bezeichnen.

Die Astronomen werden nicht sehr freundlich von uns denken, und auch bei den Meteorologen haben wir uns nicht eben beliebt gemacht – aber wir sind schwache und wankelmütige Intermediaristen – wir haben mehrmals versucht, die Aeronauten auf unsere Seite zu ziehen – außergewöhnliche Dinge dort droben: Dinge, für die ein Museumskurator sofort jede Hoffnung, als Fixstern verewigt zu werden, aufgeben würde: Dinge, die nach Wirbelstürmen zur Zeit der Pharaos übrig blieben: oder, daß Elias mit einem Wagen gen Himmel fuhr und vielleicht doch nicht zur Wega wurde, so daß ein Rad oder so von seinem Gefährt übrig blieb. Wir können vermuten, daß solche Dinge einen hohen Preis erzielen würden – aber wir würden rasch verkaufen, weil nach kurzer Zeit Tausende von ihnen im Handel wären –

Wir wollen den Aeronauten nur diesen kleinen Hinweis geben. Im *Scientific American*, 33-197, finden wir einen Bericht über Heu, das vom Himmel fiel. Aufgrund der Umstände neigen wir zu dem Schluß, daß das Heu durch einen Wirbelsturm von der Erde hochgeweht wurde, in die Super-Sargassosee gelangte und lange Zeit dort blieb, ehe es wieder herunterfiel. Interessant ist, daß auch dieser Vorfall einem örtlich und zeitlich passenden Wirbelsturm zugeschrieben wird – dann aber Daten, die den Wirbelsturm vor Ort als unannehmbar erscheinen lassen –

Daß am 27. Juli 1875 in Monkstown, Irland, feuchtes Heu in kleinen Mengen vom Himmel gefallen war. Im *Dublin Daily Express* hatte Dr. W. Moore eine Erklärung geliefert: Südlich von Monkstown hatte er einen kleinen Wirbelsturm aufgetrieben, der als Verursacher in Frage kam. Nach Angaben des *Scientific American* hatte es jedoch zwei Tage zuvor in Wrexham, England, einen ähnlichen Niederschlag gegeben.

Im November 1918 führte ich Untersuchungen über leichte Objekte durch, die in den Himmel geworfen werden. Es war bei der Siegesparade zum Kriegsende. Ich glaube, sie hätte mich tiefer berühren sollen, stattdessen machte ich mir Notizen über Papierschnipsel, die aus Bürofenstern in die Luft geworfen wurden. Manchmal blieben Papierschnipsel eine Weile zusammen. Manchmal sogar mehrere Minuten.

Cosmos, 3-4-574:

Daß am 10. April 1869 in Autriche, Indre-et-Loire, große Mengen von Eichenblättern vom Himmel fielen, eine erstaunliche Absonderung an einem sehr stillen Tag. Es gab so wenig Wind, daß die Blätter fast senkrecht fielen. Der Niederschlag hielt etwa zehn Minuten an.

In »The Atmosphere«, Seite 412, gibt Flammarion diese Geschichte wieder.
Den Sturm muß er noch finden.
Eine Bö fand er, aber leider am 3. April.
Flammarion nennt zwei Unglaublichkeiten – daß Blätter eine Woche in der Luft bleiben: daß sie außerdem eine Woche lang in der Luft eng beisammen bleiben.
Stellen Sie sich vor, was passiert, wenn man Blätter aus einem Flugzeug wirft.
Unsere Unglaublichkeit:
Daß diese Blätter sechs Monate zuvor hochgewirbelt worden waren, als sie in Massen auf dem Boden lagen; daß sie natürlich nicht in der Luft, sondern in einer Region, die von der Schwerkraft nicht beeinflußt wird, gehalten und von den Aprilstürmen wieder zu Boden gebracht wurden.
Ich habe keine Angaben zu Blättern, die im Oktober oder November auf diese Weise vom Himmel gefallen wären, wenn man erwarten kann, daß Blätter irgendwo hochgewirbelt und irgendwo entlassen werden. Ich betone noch einmal, daß dies im April geschah.
La Nature, 1889-2-94:
Daß am 19. April 1889 getrocknete Blätter von verschiedenen Baumarten – Eiche, Ulme und so weiter – vom Himmel fielen. Auch dies geschah an einem ruhigen Tag. Eine große Menge von Blättern fiel, und man konnte sie fünfzehn Minuten lang beim Fallen beobachten. Der Autor meint allerdings, daß sie bereits seit einer halben Stunde gefallen sein müßten, wenn man die Haufen berücksichtige, die bereits auf dem Boden lagen. Ich glaube, die Leichen, die in Riobamba als Fontäne zum Himmel stiegen, müssen ein interessanter Anblick gewesen sein. Wenn ich Maler wäre, würde ich dieses Motiv wählen. Aber auch der Katarakt vertrockneter Blätter kann eine Studie über den Rhythmus der Toten sein. In diesem Bericht ist der Punkt, dem wir am leichtesten zustimmen können, auch der Punkt, den der Autor besonders betont: die Tatsache, daß kein Wind wehte. Er sagt, die Oberfläche der Loire sei »spiegelglatt«

gewesen. Der Fluß war mit Blättern bedeckt, so weit das Auge reichte.

L'Astronomie, 1894-194:

Daß am 7. April 1894 in Clairvaux und Outre-Aube in Frankreich getrocknete Blätter vom Himmel fielen. Der Niederschlag wird als »ergiebig« beschrieben und dauerte eine halbe Stunde. In Pontcarré fielen am 11. April vertrocknete Blätter herab.

Aus diesen Wiederholungen beziehen wir einen Teil unserer Einwände gegen die konventionelle Erklärung. Der Herausgeber (Flammarion) bietet eine Erklärung an. Er sagt, die Blätter seien von einem Zyklon erfaßt worden, der seine Kraft auf ein weites Gebiet ausgedehnt hatte, und die schwereren Blätter seien zuerst herabgefallen. Wir finden, für das Jahr 1894 war diese Erklärung ganz in Ordnung und ausreichend. Aber heute, da wir alles genau wissen wollen, fragen wir uns, wie der Wind, der zu schwach war, ein paar Blätter in der Luft zu halten, andere Blätter vier Tage lang festgehalten haben soll.

Die Probleme bei dieser Erklärung sind: falsche Jahreszeit – nicht für trockene Blätter, sondern für so große Mengen davon; konzentriertes Herabfallen, Windstille, Monat April und Frankreich als Ort der Begebenheit. Die Frage des Ortes ist sicher interessant. Ich habe außer diesen Berichten keine Angaben zu Blättern, die vom Himmel gefallen wären. Wären die konventionelle Erklärung oder die »alten Bezüge« noch akzeptabel, dann müßte es solche Ereignisse in anderen Regionen ebenso häufig gegeben haben wie in Frankreich. Ich nehme dies als Hinweis, daß es in der Super-Sargassosee eine quasi-dauerhafte Delle gibt, eine deutliche Neigung in Richtung Frankreich –

Eingebung:

Vielleicht existiert es in unserer Nähe eine Welt, die komplementär zu der unseren ist und wo der Herbst beginnt, wenn bei uns Frühling ist.

Soll sich ein Schüler darum kümmern.

Aber vielleicht gibt es eine Neigung in Richtung Frankreich, so daß Blätter, die dort hochgewirbelt werden, leichter in

Schwerelosigkeit verharren können als Blätter, die woanders hochfliegen. Zu gegebener Zeit werde ich mich der Super-Geographie widmen und mich der Erstellung von Karten schuldig machen. Im Augenblick glaube ich, daß die Super-Sargassosee ein unsichtbares Band ist, das mit verschiedenen Verästelungen über Großbritannien, Frankreich, Italien und Indien liegt. Ich bin nicht sicher, welche Teile der Vereinigten Staaten es berührt, aber ich denke hier vor allem an die Südstaaten.

Unsere Daten sprechen dafür, daß es dort oben kalte Regionen gibt. Dennoch wurden oft Phänomene wie Verwesung beobachtet, so daß wir auch an super-tropische Bereiche denken müssen. Wir wollen uns noch einmal der Super-Sargassosee zuwenden. Mir scheint, unsere Suche nach Unterstützung, Verstärkung und Zustimmung war in gewisser Weise beinahe so rigoros wie ein Glaube, obwohl es nur darum ging, die Dinge ohne Vorbehalte zu akzeptieren. Aber die Tugend der bloßen Annahmen könnte uns in einem späteren Buch dazu veranlassen, die Existenz der Super-Sargassosee zu streichen, weil wir herausfinden, daß unsere Daten viel eher für eine komplementäre Welt oder für den Mond sprechen, und weil wir einer großen Menge von Daten entnehmen können, daß der Mond nicht mehr als zwanzig oder dreißig Meilen entfernt ist. Aber einstweilen leistet die Super-Sargassosee gute Dienste als Magnet, um den sich Daten sammeln, die den Exklusionisten widersprechen. Dies ist unser wichtigstes Motiv: Wir wollen uns dem Exklusionismus entgegenstellen.

Oder unsere Übereinstimmung mit kosmischen Prozessen. Der Höhepunkt unserer allgemeinen Ideen über die Super-Sargassosee. Zufällig taucht etwas anderes auf, das sie später über den Haufen werfen könnte.

Notes and Queries, 8-12-228:

Daß (im Sommer 1897?) in der Provinz Macerata in Italien eine ungeheure Zahl kleiner, blutroter Wolken den Himmel bedeckten. Etwa eine Stunde später brach ein Sturm aus, und Milliarden Samen fielen auf den Boden. Es wird erzählt, daß man sie als Produkte eines Baumes identifizierte, der nur in Zentralafrika und auf den Antillen wächst.

Wenn – in den Begriffen konventioneller Überlegungen gesprochen – diese Samen droben in der Luft waren, dann haben sie sich in einer kalten Umgebung befunden. Aber wir nehmen an, daß diese Samen längere Zeit in einer warmen Region waren, länger jedenfalls, als man es einem Wind, der sie getragen haben soll, zutrauen würde:

»Angeblich hatte ein großer Teil der Samen zu keimen begonnen.«

KAPITEL 20

Die neue Dominante.
Der Inklusionismus.
Er soll unser Pseudo-Maßstab sein.
Wir stoßen auf Daten, und wir interpretieren sie in Übereinstimmung mit unserem Pseudo-Maßstab. Im Augenblick leiden wir nicht an den Täuschungen des Absolutismus, der einige Positivisten des neunzehnten Jahrhunderts in den Himmel versetzt haben mag. Wir sind Intermediaristen, aber irgendwo lauert der Verdacht, daß wir uns eines Tages verhärten könnten, daß wir Dogmen entwickeln, unsere Freizügigkeit beschneiden und uns zu Über-Positivisten entwickeln könnten. Im Augenblick fragen wir nicht, ob etwas vernünftig oder absurd ist, weil wir erkennen, daß Vernünftigkeit und Absurdität nichts weiter bedeuten als Übereinstimmung oder fehlende Übereinstimmung mit einem Maßstab. Jeder Maßstab muß aber eine Täuschung sein – wenn auch natürlich keine absolute –, die eines Tages von einer fortgeschritteneren Quasi-Täuschung ersetzt werden wird. Die Wissenschaftler der Vergangenheit übten sich im Positivismus und fragten, ob dies oder jenes vernünftig oder unvernünftig sei. Wenn wir der Sache auf den Grund gehen, erkennen wir, daß sie sich auf Maßstäbe wie Newtonismus, Daltonismus, Darwinismus oder Lyellismus bezogen. Aber sie haben geschrieben und gesprochen und gedacht, als könnten sie über reale Vernunft und reale Unvernunft urteilen. Unser Pseudo-Maßstab soll also der Inklusionismus sein, und wenn gewisse Daten einen umfassenderen Blick auf die Erde und ihre Beziehungen zu Dingen außerhalb von ihr nahelegen, dann sind diese Daten aufgrund ihrer Harmonie mit dem Inklusionismus zulässig. So sahen auch der Ablauf und die

Zulassungsbedingungen in den Tagen der alten Dominante aus: Wir unterscheiden uns davon durch den grundlegenden Intermediarismus, durch das Bewußtsein, daß wir zwar ein bißchen mehr fast-real sind, jedoch ansonsten auch unsere Maßstäbe nur Quasi-Maßstäbe sind.
Oder, daß alle Dinge in unserem intermediären Reich Phantome eines träumenden Super-Bewußtseins sind – das sich bemüht, zu erwachen und das Reale zu erkennen.
Auch wenn unser Intermediarismus in gewisser Weise unbefriedigend ist, tief in uns regt sich ein Gefühl –
Daß das Erwachen eines träumenden Geistes beschleunigt wird – wenn die Phantome dieses Geistes wissen, daß sie nur Phantome in einem Traum sind. Natürlich sind auch sie bloß Quasi-Existenzen, oder sie haben – relativ gesehen – einen Kern, der dem Realen nahe ist. Sie wurden aus Erfahrungen und sinnlichen Eindrücken entwickelt, auch wenn sie mitunter grotesk verzerrt sind. Es scheint vorstellbar, daß ein Tisch, den wir im Wachzustand sehen, dem Realen näher ist als ein geträumter Tisch, der uns auf fünfzehn oder zwanzig Beinen verfolgt.
Heute, im zwanzigsten Jahrhundert, da sich die Begriffe und das ihnen zugrundeliegende Bewußtsein verändert haben, ist unsere Einstellung zur Neuen Dominante die gleiche wie die der Wissenschaftler des neunzehnten Jahrhunderts zur Alten Dominante. Wir legen nicht unbedingt Wert darauf, daß unsere Daten und Interpretationen für die Geister des neunzehnten Jahrhunderts so schockierend, grotesk, bösartig, lächerlich, kindisch, albern, unseriös und dumm sind wie ihre Daten und Interpretationen für die Geister des Mittelalters. Wir fragen nur, ob sich Daten und Interpretationen korrelieren lassen. Wenn dies möglich ist, sind sie akzeptabel, und sei es nur für kurze Zeit, als Kern oder Gerüst oder Entwurf, während wir uns zögernd vortasten. Später, wenn wir uns beruhigt haben und verhärten und unsere augenblickliche Beweglichkeit, die für Bescheidenheit und Nachgiebigkeit spricht, zum größten Teil verloren haben, später werden wir natürlich keine Gerüste,

kein Tasten und kein Zögern mehr dulden, sondern glauben, wir hätten absolute Fakten vorzuweisen.
Ein Aspekt des Intermediarismus steht im Widerspruch zu allen gegenwärtigen Spekulationen über Entwicklung. Normalerweise genießt das Spirituelle höheres Ansehen als das Materielle, aber unserer Meinung nach ist die Quasi-Existenz der Weg, auf dem sich das absolut Immaterielle absolut materialisieren will, und da sich dies im intermediären Reich abspielt, entsteht ein Zustand, in dem nichts mehr eindeutig materiell oder immateriell ist. Alle Objekte, Substanzen und Gedanken sind nur dem einen oder anderen Pol etwas mehr oder etwas weniger angenähert. Die endgültige Verdichtung des Ätherischen ist unserer Meinung nach das Ziel des kosmischen Strebens. Positivismus ist Puritanismus. Wärme ist böse. Das endgültige Gute ist die Absolute Kühle. Ein arktischer Winter ist wunderschön, aber ich glaube, ein Interesse an Affen, die in Palmen schnattern, trägt zu unserem Intermediarismus bei.
Besucher.
Unsere Verwirrung ist hier, während wir versuchen, eine Quasi-Ordnung zu schaffen, so groß wie überall in diesem Buch, denn wir leiden nicht unter der Täuschung der Positivisten, es gebe so etwas wie Homogenität. Ein Positivist würde alle Daten sammeln, die mit einer Art von Besuchern in Verbindung gebracht werden können, und alle anderen Daten kaltblütig vernachlässigen. Ich glaube, auf diese Erde kommen so viele verschiedene Besucher wie nach New York, in ein Gefängnis oder in eine Kirche. Manche Kirchenbesucher sind beispielsweise Taschendiebe.
Ich nehme an, daß im Sommer 1860 eine Welt oder eine riesige Super-Konstruktion – oder doch eher eine Welt, wenn aus ihr rote Substanzen und Fische herunterfielen – über Indien schwebte. Am 17. Juli 1860 fiel dann in Dhurmsalla etwas herunter. Was dieses »etwas« auch war, es wird so beharrlich als »Meteorit« bezeichnet, daß ich im Rückblick feststellen muß, daß ich diesen Sprachgebrauch übernommen habe. Doch in der Londoner *Times* vom 26. Dezember 1860 schreibt Syed Abdoo-

lah, Professor für Hindustani an der Universität von London, er habe einen Freund in Dhurmsalla um Angaben über die Steine gebeten, die dort herabgefallen seien. In der Antwort hieß es: »... unterschiedliche Formen und Größen, viele erinnerten stark an gewöhnliche Kanonenkugeln, die sich soeben aus Kriegsmaschinen entladen hatten.«

Dies ist eine Ergänzung für unsere Daten über kugelförmige Objekte, die auf der Erde gelandet sind. Wir halten fest, daß es sich um kugelförmige Steinobjekte handelte.

Und daß am Abend dieses Tages etwas – auf Dhurmsalla schoß – oder Objekte schickte, auf denen sich möglicherweise entzifferbare Zeichen befanden – in der Luft wurden Lichter beobachtet –

Ich denke an eine ganze Reihe von Dingen. Wesen, was auch immer sie waren, versuchten zu landen, stießen in einer gewissen Höhe auf Widerstand, wie es Ballonfahrern geschieht, versuchten wieder aufzusteigen und stießen abermals auf Widerstand.

Abgesehen von braven Positivisten oder den auf Homogenität Fixierten wird kaum jemand Einwände gegen die Spekulation erheben, es gebe eine andere Welt, die einen regen Austausch mit gewissen esoterischen Gruppen auf unserer Erde unterhält, indem Symbole in Felsen geschlagen werden, wie Fernschreiber Symbole in Papier stanzen.

Ich glaube, manchmal und unter günstigen Bedingungen sind Botschafter auf die Erde gekommen – Geheimtreffen –

Natürlich klingt das –

Aber:

Geheimtreffen – Gesandte – Esoteriker in Europa, bevor der Krieg ausbrach –

Ich bin nicht der einzige, der solche Gedanken hegt.

Doch wie beim größten Teil unserer Daten denke ich auch hier an Super-Dinge, die nahe an der Erde vorbeiglitten und sich für uns kaum mehr interessierten als die Passagiere auf einem Dampfschiff für den Meeresgrund – oder, daß die Passagiere sogar großes Interesse haben, daß aber Fahrpläne und geschäftliche Erfordernisse eine eingehende Untersuchung des Meeresgrundes verbieten.

Andererseits haben wir möglicherweise Daten über Versuche der Super-Wissenschaftler, von hoch droben aus Phänomene auf unserer Erde zu erforschen – vielleicht aus so großer Entfernung, daß sie nie erfuhren, daß irgend etwas irgendwo Rechte an unserer Erde hat.

Alles in allem sind wir brave Intermediaristen, aber gute Hypnotiseure sind wir sicher nicht.

Noch eine Möglichkeit, unseren Daten durch Verschmelzung ihre Brisanz zu nehmen:

Daß es den allgemeinen Prinzipien der Kontinuität zufolge, wenn Super-Schiffe oder Super-Fahrzeuge durch die Erdatmosphäre gefahren sind, Verschmelzungspunkte zwischen ihnen und irdischen Phänomenen geben muß: Beobachtungen dieser Fahrzeuge müssen sich mit Beobachtungen von Wolken, Ballonen, und Meteoren überschneiden. Wir wollen mit Daten beginnen, bei denen wir den Unterschied selbst nicht erkennen können, und uns von diesen Verschmelzungspunkten zu den Extremen vorarbeiten.

In *Observatory*, 35-168, wird berichtet, nach Angaben einer Zeitung hätten die Einwohner von Warmley, England, in heller Aufregung etwas beobachtet, das sie für »ein prächtig beleuchtetes Flugzeug« hielten, das »über das Dorf flog«. »Die Maschine bewegte sich anscheinend mit ungeheurer Geschwindigkeit, sie kam aus Richtung Bath und flog in Richtung Gloucester weiter.« Der Herausgeber sagt, es habe sich um eine große Feuerkugel mit drei spitzen Ausläufern gehandelt. »Ein überwältigender Anblick«, schreibt er. »Aber heutzutage sind wir ja auf alles gefaßt.«

Das ist schön zu hören. Wir wollen uns ja nicht anschleichen und aus einer dunklen Ecke die Leute mit unseren Daten anspringen. Mindestens dieser Herausgeber ist also darauf gefaßt, folgendes zu lesen –

Nature, 27. Oktober 1898:

Ein Korrespondent schreibt, er habe im County Wicklow in

Irland gegen 18 Uhr ein Objekt am Himmel beobachtet, das aussah wie ein Dreiviertelmond. Wir halten fest, daß der Umriß einem Dreieck ähnelte, und wir weisen darauf hin, daß die Farbe des Objekts goldgelb war. Es bewegte sich langsam und verschwand nach etwa fünf Minuten hinter einem Berg.
Der Herausgeber erklärt, seiner Meinung nach könne es sich bei dem Objekt um einen entwichenen Ballon gehandelt haben.
In *Nature*, 11. August 1898, lesen wir eine Geschichte, die erstmals in der Juliausgabe der *Canadian Weather Review* abgedruckt wurde. Autor ist der Meteorologe F. F. Payne. Er habe im Himmel über Kanada ein großes birnenförmiges Objekt rasch dahinfliegen sehen. Zunächst habe er das Objekt für einen Ballon gehalten. »Die Umrisse waren deutlich zu erkennen, aber da ich keinen Korb sehen konnte, schloß ich, daß es eine sehr dichte Wolke gewesen sein muß.« Nach etwa sechs Minuten wurde das Objekt unscharf – möglicherweise weil es sich entfernte –, »die Masse wirkte nicht mehr so dicht und verschwand schließlich«. Ein Wirbelsturm kann nicht die Ursache gewesen sein, denn »es war keine wirbelnde Bewegung zu erkennen«.
Nature, 58-294:
Daß am 8. Juli 1898 ein Korrespondent in Kiel ein Objekt am Himmel gesehen hatte, das von der gerade untergegangenen Sonne rot verfärbt wurde. Es war etwa so breit wie ein Regenbogen und flog in einer Höhe von zwölf Grad. »Es behielt seine ursprüngliche Helligkeit etwa fünf Minuten bei, dann verblaßte es sehr schnell und blieb dann wieder stationär, um schließlich acht Minuten, nachdem ich es entdeckt hatte, zu verschwinden.«
Im intermediären Reich haben wir Quasi-Personen keine Handhabe, um etwas zu beurteilen, weil alles zugleich sein Gegenteil ist. Wenn hundert Dollar in der Woche dem einen ein luxuriöses Leben sichern, dann fühlt sich ein anderer mit der gleichen Summe arm. Wir haben Berichte über drei Objekte, die in einem Zeitraum von drei Monaten am Himmel beobachtet wurden, und dieses Zusammentreffen scheint mir

etwas zu sagen. Die Wissenschaft beruht stets auf solchen Zusammenhängen, ebenso wie die meisten Irrtümer und Fanatismen. Ich empfinde den Posivitismus eines Leverrier und neige instinktiv zu der Ansicht, daß diese drei Beobachtungen mit ein und demselben Objekt zu tun haben. Allerdings konstruiere ich keine Formel, um die nächste Sichtung vorauszusagen. Auch dies wäre wieder eine Chance für mich, zum Fixstern zu werden, aber wie immer – na ja –

Ein wichtiger Punkt beim Intermediarismus:

Daß der Intermediarist faule Kompromisse liebt.

Unsere Einstellung:

Daß unser Zustand ein teilweise positiver und teilweise negativer ist, oder ein Zustand, in dem nichts endgültig positiv und nichts endgültig negativ ist –

Aber wenn Sie sich zum Positivismus hingezogen fühlen, dann versuchen Sie es nur: Sie werden sich in Harmonie mit dem kosmischen Streben befinden, aber die Kontinuität wird Ihnen Widerstand leisten. Im Quasi-Zustand aufzutreten bedeutet, in gewissem Maße eindeutig zu sein, aber wenn Sie über ein gewisses Maß an Eindeutigkeit hinausgehen, wird die Kontinuität Sie zurückholen. Der sogenannte Erfolg – im intermediären Reich gibt es im Grunde nur Erfolge, die gleichzeitig Fehlschläge sind – wird in dem Maße auf Ihrer Seite sein, in dem Sie sich in Übereinstimmung mit dem Zustand des intermediären Reiches selbst befinden. Es ist Positivismus, gemischt mit Kompromißfähigkeit und Rückzug. Sehr eindeutig zu sein bedeutet, ein Napoleon Bonaparte zu werden, gegen den sich der Rest der Welt früher oder später zusammenschließt. Weitere interessante Daten finden Sie in den Zeitungsberichten über das Schicksal von Dowies Sekte in Chicago.

Intermediarismus entspringt dem Bewußtsein, daß unser Zustand nur ein Quasi-Zustand ist. Niemand wird behindert, wenn er versucht, eindeutig zu werden, aber wir wissen, daß niemand eindeutig werden kann, und verbleiben in einem Zustand, der positiv und negativ zugleich ist. Oder, daß ein großer Positivist – isoliert – ohne System, das ihn unterstützt –

gekreuzigt oder dem Hungertod preisgegeben wird, oder man steckt ihn ins Gefängnis und schlägt ihn tot – daß dies die Geburtswehen einer Versetzung ins Positive Absolute sind.
Ich bin auch selbst zugleich positiv und negativ, aber der positive Pol unseres intermediären Reiches zieht mich stärker an, und so versuche ich, die Daten in Übereinstimmung zu bringen: Ich will sie als etwas Homogenes sehen und glauben, daß sie sich auf ein und dasselbe Objekt beziehen.
In Aeronautikzeitschriften und in der Londoner *Times* werden im Sommer und im Herbst 1898 keine verlorengegangenen Ballone erwähnt. In der *New York Times* werden für den Sommer 1898 keine Ballonfahrten in Kanada oder in den USA erwähnt.
Die Londoner *Times* vom 29. September 1885:
Der Nachdruck einer Meldung der *Royal Gazette* aus Bermuda vom 8. September 1885, die General Lefroy bei der *Times* einreichte:
Daß Mrs. Adelina D. Basset am 27. August 1885 um etwa 8.30 Uhr »ein seltsames Objekt in den Wolken bemerkte, das sich von Norden her näherte«. Sie machte Mrs. L. Lowell darauf aufmerksam, und beide waren etwas beunruhigt. Trotzdem beobachteten sie das Objekt für einige Zeit unablässig. Das Objekt kam näher. Es war dreieckig und schien etwa so groß zu sein wie das Hauptsegel eines Lotsenbootes. Unten hingen Ketten herab. Während es das Land überquerte, sank es, aber als es das Meer erreichte, stieg es wieder, bis es hoch in den Wolken verschwand.
Da das Objekt auf diese Weise aufsteigen konnte, halte ich nicht viel von der Idee, daß es ein entwichener Ballon war, der einen Teil seiner Füllung verloren hatte. General Lefroy verlegt sich dennoch auf den Exklusionismus und versucht, für das Ereignis eine irdische Erklärung zu finden. Er meint, das Ding sei ein Ballon gewesen, der in Frankreich oder England entwichen sei, der allgemeinen Überzeugung nach das einzige Ding irdischen Ursprungs, das damals den Atlantik hätte überqueren können. Er erklärt die dreieckige Form damit, daß ein Teil des Gases

schon entwichen gewesen sei – »ein formloser Sack, der kaum noch fliegen konnte«. Der Gasverlust paßt aber nicht zu der Beobachtung, das Objekt sei rasch gestiegen.
Am 1. Oktober 1885 schrieb Charles Harding von der Royal Meteorological Society in der *Times*, daß, wenn es ein Ballon aus Europa gewesen wäre, dieser von vielen Schiffen hätte beobachtet werden müssen. Ob er nun ein so guter Brite war wie der General oder nicht, er zeigt jedenfalls, daß ihm die Vereinigten Staaten bekannt sind – oder, daß es sich vielleicht um einen teilweise kollabierten Ballon handelte, der aus den Vereinigten Staaten entwichen war.
General Lefroy schrieb an die *Nature*, (*Nature* 33-99) und erklärte, die Spalten der *Times* seien für eine solche Diskussion »schwerlich der richtige Ort«. Wenn es in der Vergangenheit mehr Menschen wie General Lefroy gegeben hätte, dann hätten wir mehr in Händen als die Fragmente von Daten, die in den meisten Fällen kaum noch zusammenpassen wollen. Er machte sich die Mühe, an W. H. Gosling zu schreiben, einen Freund, der in Bermuda lebte. Auch dieser Freund war ein außergewöhnlicher Mensch, denn er unterzog sich seinerseits der Mühe, Mrs. Bassett und Mrs. Lowell zu befragen. Die Beschreibung, die sie ihm gaben, klang etwas anders:
Ein Objekt, an dem Netze hingen –
Ein Ballon, der einen Teil der Luft verloren hatte und an dem Netze hingen –
Ein Super-Schleppnetz?
Die Vögel von Baton Rouge.
Mr. Gosling schreibt, die Vorstellung von Ketten oder von einem am Ballon hängenden Korb gehe auf Mr. Bassett zurück, der das Objekt aber nicht selbst gesehen habe. Mr. Gosling erwähnt einen Ballon, der im Juli in Paris außer Kontrolle geraten war. Er erwähnt einen weiteren Ballon, der am 17. September, drei Wochen nach der Beobachtung von Bermuda, in Chicago abstürzte.
Eine Unglaublichkeit steht gegen die andere, und die Dominante, die im Kopf des Lesers jeweils die Vorherrschaft hat,

bestimmt darüber, was vernachlässigt und was hervorgehoben wird. Und der Leser kann so gut oder schlecht für sich selbst denken wie ich.
Meine eigenen Korrelationen:
Ich glaube, man angelt nach uns. Vielleicht mögen uns einige Genießer hoch droben. Ich freue mich, wenn ich mir vorstelle, daß wir letzten Endes doch zu etwas gut sind. Ich glaube, es wurden schon oft Schleppnetze ausgeworfen, die für Wirbelwinde und Fontänen gehalten wurden. Manche Berichte über vermeintliche Strukturen in Wirbelstürmen und Wolkenbrüchen sind erstaunlich. Und ich habe Daten, für die in diesem Buch überhaupt kein Platz bleibt – geheimnisvolle Fälle von Verschwinden.
Ich glaube, man angelt nach uns. Aber das ist nur eine Randbemerkung, die sich an die Grenzgänger richtet und die nichts mit dem Thema zu tun hat, dem ich mich an anderer Stelle widmen will – unser Nutzen für eine andere Art von Scheinbarkeit, die ein Recht an uns erworben hat.
Nature, 33-137:
»Unser Pariser Korrespondent schreibt bezüglich des Ballons, der über Bermuda beobachtet wurde, daß im September in Frankreich kein Ballonaufstieg stattfand, der die Beobachtung erklären könnte.«
Ende August, nicht September. In der Londoner *Times* werden im Sommer 1885 für Großbritannien keine Ballonfahrten gemeldet, aber es gab zwei Fahrten in Frankreich. Beide Ballone waren entwichen. In *L'Aeronaute*, August 1885, lesen wir, daß die Ballone im Rahmen von Feiern zum 14. Juli ausgeschickt wurden – 44 Tage vor der Beobachtung in Bermuda. Die Aeronauten waren Gower und Eloy. Gowers Ballon wurde im Ozean treibend gefunden, Eloys Ballon wurde nicht gefunden. Am 17. Juli sah ihn ein Kapitän noch voll aufgeblasen in der Luft.
Aber Eloys Ballon war ein kleiner Ballon, der nur für Demonstrationen und kurze Flüge im Rahmen von Feiern und Ausstellungen benutzt wurde. In *La Nature*, 1885-2-131, wird

berichtet, es habe sich um einen sehr kleinen Ballon gehandelt, der keinesfalls lange in der Luft bleiben konnte.

Über zeitgenössische Ballonfahrten in den USA finde ich nur einen Bericht; hier wird ein Ballon in Connecticut erwähnt, der am 29. Juli 1885 aufstieg. Doch bei diesem Ballon hatten die Aeronauten die Reißleine gezogen, und der Ballon hatte sich umgestülpt (*New York Times*, 10. August 1885).

Für den Intermediaristen ist der Vorwurf des »Anthropomorphismus« bedeutungslos. Nichts ist einzigartig, nichts kann als eindeutig von etwas anderem verschieden betrachtet werden. Wir wären Materialisten, wenn es nicht genauso rational wäre, das Materielle in Begriffen des Immateriellen zu beschreiben, wie die Beschreibung des Immateriellen in Begriffen des Materiellen. Die Einheit der Allheit in der Quasiheit. Ich erbiete mich, die Formeln eines beliebigen Romans in psychochemischen Symbolen niederzuschreiben oder in psychomechanischer Darstellung seine Kurven zu zeichnen. Ich erbiete mich, die Umstände und Folgen jeder chemischen, elektrischen oder magnetischen Reaktion in romantischer Schilderung darzustellen oder ein beliebiges historisches Ereignis in algebraischen Formeln wiederzugeben. Man kann auch bei Boole und Jevons nachschlagen, die wirtschaftliche Zusammenhänge algebraisch ausdrückten.

Ich denke an die Dominanten, wie ich an Personen denke - ich meine nicht, daß sie reale Personen wären - ich meine nicht, daß wir reale Personen wären -

Oder die Eifersucht der Alten Dominante, die alle Dinge und Gedanken unterdrückt, die ihre Vorherrschaft gefährden könnten. Ich konnte oft beobachten, wie in wissenschaftlichen Gesellschaften nach dem Verlesen eines Papiers, sobald man sich dem Verbotenen oder Unvereinbaren näherte, die Diskussionen in Verwirrung und Abschweifungen endeten. Es ist, als würden die wissenschaftlichen Diskussionen vorsätzlich in die Irre gelenkt, als gäbe es irgendeine Direktive, der sie zu folgen haben. Natürlich meine ich damit den Geist, der jeder Entwicklung innewohnt. In jedem Embryo werden Zellen, die eine

Neigung zeigen, von den Anforderungen ihrer Ära abzuweichen, streng zur Ordnung gerufen.

In *Nature*, 90-169, schreibt Charles Tilden Smith, er habe am 8. April 1912 in Chisbury, Wiltshire, etwas am Himmel gesehen, das »... ganz anders war als alles, was ich bisher gesehen hatte«. »Ich beobachte nun schon seit vielen Jahren den Himmel, aber so etwas ist mir noch nicht vor die Augen gekommen.«

Er sah vor den Wolken zwei stationäre dunkle Flecken.

Das Außergewöhnliche daran:

Sie verharrten stationär vor Wolken, die sich schnell bewegten. Die Flecken waren fächerförmig oder dreieckig. Sie waren nicht gleich groß, aber beide hielten die gleiche Position, während hinter ihnen Wolke auf Wolke vorbeiwehte. Mr. Smith betrachtete die Flecken über eine halbe Stunde lang –

Sein Kommentar zu dem Fleck, der als erster erschien:

Daß es ein »wirklich tiefer Schatten war, der von einem unsichtbaren Objekt im Westen, das die Sonnenstrahlen unterbrach, auf den dünnen Wolkenschleier geworfen wurde«.

Auf Seite 244 in der gleichen Ausgabe von *Nature* ist ein Brief eines weiteren Korrespondenten abgedruckt, der verlauten ließ, ähnliche Schatten würden von Bergen auf Wolken geworfen, und Mr. Smith habe recht, wenn er die Schatten einem »unsichtbaren Objekt« zuschrieb, das die Sonnenstrahlen unterbrochen hätte. Aber die Alte Dominante war eine eifersüchtige Dominante, und groß war ihr Zorn auf so unvereinbare Dinge wie große, undurchsichtige Objekte im Himmel, die Schatten auf Wolken werfen. Oft aber sind die Dominanten geschmeidig und keineswegs absolute Götter. Die Art und Weise, wie die Aufmerksamkeit von diesem Thema abgelenkt wurde, ist ein interessantes Beispiel für eine quasi-göttliche Vernebelungstaktik. Auf Seite 268 schreibt der Meteorologe Charles J. P. Cave, er habe am 5. und 8. April in Ditcham Park, Petersfield, eine ähnliche Erscheinung beobachtet, während er Wetterballone überwachte. Doch er beschreibt etwas, das nicht im geringsten an einen Schatten auf Wolken denken läßt, sondern an eine stationäre Wolke. Damit scheint er auf die

Möglichkeit anzuspielen, daß es sich bei den Schatten in Chisbury um die Schatten von Wetterballonen gehandelt haben könnte. Auf Seite 322 schreibt ein weiterer Autor etwas über Schatten, die von Bergen geworfen werden. Auf Seite 348 treibt jemand die Verwirrung weiter, indem er diesen dritten Brief diskutiert, dann liefert jemand mathematische Berechnungen in Zusammenhang mit dem dritten Brief, und schließlich kommt noch die Fehlerkorrektur dieser mathematischen Beweisführung. Ich denke, es sieht wirklich ziemlich genauso aus, wie ich denke, daß es aussieht.

Aber das Seltsame daran:

Daß die dunklen Flecken von Chisbury nicht von stationären Wetterballonen geworfen worden sein können, die sich im Westen befanden oder die zwischen den Wolken und der untergehenden Sonne standen. Wenn westlich von Chisbury ein stationäres Objekt hoch in der Luft geschwebt und die Sonnenstrahlen unterbrochen hätte, dann wäre der Schatten des Objekts nicht stationär gewesen, sondern im Verhältnis zur untergehenden Sonne immer höher gestiegen.

Ich muß an etwas denken, das mit keinerlei anderen Daten übereinstimmt:

Ein leuchtender Körper - nicht die Sonne - am Himmel - aber aufgrund eines unbekannten Prinzips oder unbekannter atmosphärischer Bedingungen reicht sein Licht nur bis zu den Wolken hinab; daß an ihm zwei dreieckige Objekte hängen, die dem in Bermuda beobachteten Objekt ähneln; daß das Licht, das die Erde nicht erreichte, von den Objekten unterbrochen wurde; daß die Objekte von droben hochgezogen und heruntergelassen wurden, so daß sich die Größe ihrer Schatten veränderte.

Wenn diese Idee nicht stichhaltig scheint, und wenn ein stationärer Ballon nicht in der Lage ist, in der untergehenden Sonne eine halbe Stunde lang einen stationären Schatten zu werfen, dann müssen wir an zwei dreieckige Objekte denken, die zwischen der Sonne und den Wolken exakt ihre Position hielten und sich dabei von den Wolken entfernten beziehungs-

weise sich ihnen näherten. Was auch immer es war, es ist genug, daß sich die Gläubigen bekreuzigen, oder was immer die Anhänger der Alten Dominante in Gegenwart neuer Elemente zu tun pflegen.
Ein riesiges, schwarzes Ding schwebte wie eine Krähe über dem Mond.
Wir nehmen an, daß die beiden Schatten von Chisbury vom Mond aus gesehen wie riesige Dinge aussahen, die schwarz wie Krähen über der Erde schwebten. Wir nehmen an, daß zwei dreieckige Leuchterscheinungen und zwei dreieckige Flecken wie riesige schwarze Dinge, ähnlich wie Krähen, über dem Mond schwebten und, genau wie die Dreiecke von Chisbury, auf oder über dem Mond gesehen worden sind.
Scientific American, 46-49:
Am Abend des 3. Juli 1882 wurden von mehreren Beobachtern in Lebanon, Connecticut, am oberen Rand des Mondes zwei dreieckige leuchtende Objekte beobachtet. Sie verschwanden, und drei Minuten später tauchten zwei dunkle dreieckige Objekte am unteren Rand des Mondes auf. Sie näherten sich einander, trafen sich und verschwanden augenblicklich.
Der Verschmelzungspunkt ist hier, daß schon öfter Kerben am Rand der Mondscheibe gesichtet wurden: Man hielt sie für Krater (*Monthly Notices of the Royal Astronomical Society*, 37-432). Aber die Erscheinungen vom 3. Juli 1882 waren riesig und »schienen fast ein Viertel des Mondes zu verdecken oder zu verdunkeln«.
Etwas, das vom Mond aus wie eine riesige schwarze Krähe ausgesehen haben mag, schwebte über der Erde:
Monthly Weather Review, 41-599:
Am 8. April 1913 soll in Fort Worth, Texas, der Schatten eines unsichtbaren Objekts beobachtet worden sein. Der Schatten wurde angeblich von einer für die Beobachter unsichtbaren Wolke geworfen und bewegte sich im Verhältnis zur untergehenden Sonne weiter.
Report of the British Association, 1854-410:
Ein Bericht von zwei Zeugen, die in sechs aufeinander folgen-

den Nächten ein schwach sichtbares, aber eindeutig erkennbares dreieckiges Objekt beobachten konnten. Es wurde von zwei nicht weit voneinander entfernten Standorten beobachtet, und die Achsenverschiebung war beachtlich. Was es auch war, es ist anzunehmen, daß es der Erde relativ nahe war.
Ich sollte noch sagen, daß wir, was Lichtphänomene angeht, ebenso verwirrt sind, wie die Wissenschaft in Hinblick auf das Licht uneins ist. Allgemein und getreu den Regeln des Intermediarismus formuliert, sieht unsere Position so aus:
Daß Licht nicht notwendigerweise und unbedingt Licht ist – ebensowenig, wie irgend etwas notwendigerweise und unbedingt irgend etwas ist – sondern die Interpretation einer Energie, wie wir wohl sagen müssen, als Licht. Auf Meereshöhe interpretiert die Erdatmosphäre das Sonnenlicht als rot, orange oder gelb. Hoch in den Bergen ist die Sonne blau. Sehr hoch in den Bergen ist der Zenit schwarz. Es entspricht der Orthodoxie zu sagen, daß im Raum zwischen den Planeten, wo es keine Luft gibt, auch kein Licht existiert. Sonne und Kometen sind also schwarz, und erst die Atmosphäre der Erde, oder besser, die Staubteilchen in ihr, interpretieren die Strahlungen dieser schwarzen Objekte als Licht.
Wir blicken zum Mond.
Der pechschwarze Mond ist so silbrig-weiß.
Mir liegen etwa fünfzig Angaben vor, die darauf hinweisen, daß der Mond eine Atmosphäre hat: Dennoch behaupten die meisten Astronomen, er hätte keine. Sie können nicht anders: Sonst würde ihre Theorie der Eklipsen nicht funktionieren. Konventionelle Überlegungen sagen uns also, daß der Mond schwarz ist. Das ist erstaunlich – Forscher auf dem Mond – sie stolpern und tasten in tiefer Dunkelheit herum – mit starken Teleskopen können wir sie in strahlendem Licht stolpern und tasten sehen.
Weil wir nichts anderes kennen, ist uns heute nicht klar, wie die Absurditäten des alten Systems in den Zusammenhängen jenes Systems gewirkt haben müssen, das ihm vorausging.
Oh, du pechschwarzer, silberheller Mond.

Wir können uns jetzt vorstellen, daß es energetische Phänomene gibt, die bis hinab zu den Wolken als Licht interpretierbar sind, die aber in dichteren Luftschichten unsichtbar bleiben, das Gegenteil vertrauter Deutungen.

Ich will Ihnen einige Angaben zu einem Ereignis vorlegen, das auf eine Kraft hinweist, die von der Luft nicht als Licht interpretiert oder reflektiert wurde, aber vom Boden. Ich denke an etwas, das eine Woche lang über London hing, ich denke an eine Strahlung, die erst als Licht interpretiert wurde, als sie den Boden erreichte.

Lancet, 1. Juni 1867:

Daß eine ganze Woche lang jeden Abend am Woburn Square in London auf dem Rasen eines von einem Zaun umschlossenen kleinen Parks ein Licht erschien. Eine Menge sammelte sich, Polizeikräfte wurden eigens aufgeboten, um »für Ordnung zu sorgen und die Leute zum Weitergehen aufzufordern.« Der Herausgeber des *Lancet* ging selbst zum Ort des Geschehens. Er schreibt, er habe nur einen Lichtschein gesehen, der auf einen Laubengang in der nordöstlichen Ecke der Einfriedung fiel. Schon interessant genug, finde ich.

Dieser Herausgeber ist ein Gefährte für Mr. Symons und Dr. Gray. Er meint, das Licht stamme von einer Straßenlaterne – er sagt nicht, daß er persönlich das Licht auf einen solchen Ursprung habe zurückführen können – aber er empfiehlt der Polizei, die Laternen in der Nähe zu untersuchen.

Ich will nicht behaupten, daß etwas so Normales wie das Licht einer Straßenlaterne nicht fähig wäre, eine ganze Woche lang eine große Zahl von Menschen anzulocken, in Aufregung zu versetzen und zu täuschen – aber ich nehme an, daß ein Polizist, der Überstunden machen muß, keine besondere Aufforderung braucht, um diesen Punkt gleich als erstes zu klären.

Oder, daß etwas eine Woche lang über einem Platz in London hing.

KAPITEL 21

Knowledge, 28. Dezember 1883:
»Da ich in Ihrer hervorragenden Zeitschrift *Knowledge* so viele Berichte über meteorologische Phänomene lese, möchte ich Sie um eine Erklärung für folgendes bitten, das ich an Bord der *Patna* von der British India Company auf einer Reise durch den Persischen Golf beobachtet habe. Es war im Mai 1880 in einer dunklen Nacht um etwa 23.30 Uhr. Plötzlich erschienen zu beiden Seiten des Schiffs gewaltige leuchtende Räder, die sich drehten und deren Speichen das Schiff zu streifen schienen. Die Speichen schienen 200 bis 300 Meter lang zu sein. Die Räder hatten jeweils etwa sechzehn Speichen (hier wurden zwei Zeilen des Zitats gekürzt), und obwohl die Räder 500 bis 600 Meter maßen, waren die Speichen in voller Länge zu überblicken. Das phosphoreszierende Glühen schien flach über dem Wasser zu verharren, oberhalb in der Luft war über dem Wasser kein Licht zu sehen. Ein den Speichen ähnliches Bild würde sich ergeben, wenn man in einem Boot steht und eine Signallampe horizontal über das Wasser leuchten läßt und sich dabei dreht. Ich will noch erwähnen, daß das Phänomen auch von Kapitän Avern, dem Kommandanten der *Patna*, und vom Dritten Offizier Mr. Manning beobachtet wurde.

Lee Fore Brace.

P. S. Die Räder hielten etwa zwanzig Minuten lang mit dem Schiff Schritt. L. F. B.«

Knowledge, 11. Januar 1884:
Ein Brief von »A. Mc. D.«:
Daß »dieser ›Lee Fore Brace‹, der ›in Ihrer hervorragenden Zeitschrift so viele Berichte über meteorologische Phänomene‹

liest, auch als ›moderner Hesekiel‹ hätte unterzeichnen können, denn seine Vision der Räder ist so wundervoll wie die Visionen des Propheten«. Der Autor berechnet dann anhand der genannten Maße die Drehgeschwindigkeit am äußeren Rand der Räder auf etwa 166 Meter pro Sekunde, was er offenbar für eine unglaubliche Geschwindigkeit hält. Dann sagt er: »Der Künstlername, den Ihr Korrespondent annahm, läßt vermuten, daß er gern ›hart vor dem Wind‹ segelt.« Schließlich bittet er darum, eine eigene Erklärung anbieten zu dürfen. Um kurz vor 23.30 Uhr seien offenbar im Dachstübchen des Schreibers einige Balken (engl. »brace«) gebrochen und so heftig zersplittert, daß sie in einem schwachen Lichtschein als in einer Drehbewegung begriffen hätten beobachtet werden können.

Am 25. Januar 1884 erwidert dann Mr. »Brace« in *Knowledge* und unterzeichnet dieses Mal mit »J.W. Robertson«:

»Ich gehe davon aus, daß dieser ›A. Mc. D‹ es nicht böse meint, aber ich halte es für ziemlich ungerecht, einen Mann nur deshalb als unzurechnungsfähig zu bezeichnen, weil er etwas Ungewöhnliches sieht. Wenn es eines gibt, dessen ich mich rühmen darf, dann die Tatsache, daß ich mein Leben lang nichts Stärkeres zu mir genommen habe als Wasser.« Dann erklärt er noch, er habe nicht die Absicht gehabt, exakte Zahlen zu nennen, sondern er habe nur einen persönlichen Eindruck von Dimension und Geschwindigkeit niedergeschrieben. Freundlich schließt er: »Wie dem auch sei, ich bin nicht beleidigt, da ich keine beleidigende Absicht vermute.«

Mr. Proctor entschuldigt sich dann in einer Anmerkung zu diesem Brief für die Veröffentlichung von »A. Mc. D.s« Schreiben, zu der es nur aufgrund einer falsch verstandenen Anweisung gekommen sei. Dann schrieb Mr. Proctor selbst unangenehme Briefe über andere Menschen. Was will man in der Quasi-Existenz anderes erwarten?

Die offensichtliche Erklärung für das Phänomen ist die, daß im Persischen Golf unter der Wasseroberfläche ein riesiges leuchtendes Rad hing: daß Mr. Robertson das Licht der untergetauchten Speichen heraufscheinen sah. Es scheint klar zu sein, daß dieses Licht von einem Punkt unterhalb der Wasseroberfläche nach oben schien. Unklar ist auf den ersten Blick, wie riesige leuchtende Räder, die so groß sind wie ein ganzes Dorf, in den Persischen Golf kamen. Es könnte auch Unklarheiten bezüglich der Frage geben, was sie dort zu suchen hatten.

Ein Tiefseefisch und seine Anpassung an ein dichtes Medium –

Daß es wenigstens in einigen Regionen droben ein dichtes Medium gibt, das wie Gelatine ist –

Ein Tiefseefisch, der an die Oberfläche des Meeres gebracht wird: In einem relativ dünnen Medium zerplatzt er –

Super-Konstruktionen, die an ein dichtes Medium im interplanetarischen Raum angepaßt sind, geraten manchmal in Schwierigkeiten und werden in die dünne Atmosphäre der Erde getrieben –

Wir werden später noch Daten betrachten, die für diese Annahme sprechen: daß Dinge, die in die Erdatmosphäre eindringen, sich auflösen und mit einem Licht leuchten, das kein Hitzeglühen ist: es ist hell, aber kalt –

Riesige Super-Konstruktionen, die aussehen wie Räder – sie dringen in die Erdatmosphäre ein, drohen zu zerfallen und retten sich in einen Ozean, in ein dichteres Medium.

Wir brauchen jetzt natürlich:

Nicht nur Daten über riesige, wie Räder geformte Superkonstruktionen, die sich in Ozeane retteten, sondern auch Daten über gewaltige Räder, die in der Luft gesehen wurden, die in den Ozean eindrangen oder aus dem Ozean aufstiegen und ihre Reise fortsetzten.

Wir wollen uns mit gewaltigen feurigen Objekten beschäftigen, die entweder ins Meer stürzten oder aus dem Meer aufstiegen. Wir nehmen an, daß die Dinge, die in die Erdatmosphäre eindringen, ein kaltes Licht ausstrahlen, das, anders als das Licht geschmolzener Materie, unter Wasser nicht sofort ausgelöscht wird – es sei denn, die Objekte werden durch Erschütterungen erhitzt und dadurch in Brand gesetzt. Es scheint weiterhin vor-

stellbar, daß ein sich drehendes Rad aus größerer Entfernung wie eine Kugel aussieht, und daß ein aus der Nähe betrachtetes riesiges Rad nicht mehr wie ein Rad aussieht. Wir lassen uns durch Daten über Kugelblitze und Meteore nicht beirren: Unsere Daten sind Daten über gewaltige Körper.
Also werden wir interpretieren – was spielt es schon für eine Rolle?
Unsere Haltung im ganzen Buch:
Daß uns außergewöhnliche Daten vorliegen – daß sie nie exhumiert und nie zusammen veröffentlicht worden wären, wenn nicht –
Hier sind die Daten:
Unser erstes Datum bezieht sich auf etwas, das beim Eindringen in den Ozean beobachtet wurde. Die Information stammt aus einem puritanischen Blatt, aus *Science*. Wir konnten der Zeitschrift bislang nicht viel entnehmen, weil sie, wie die meisten Puritaner, für Ausschweifungen nicht zu haben ist. Was auch immer es war, ich glaube, es war ein gewaltiges Objekt, ein Körper, der viele Male größer war als alle Meteoriten in allen Museen zusammen. Das Objekt muß sich außerdem relativ langsam bewegt oder sein Nahen von weither angekündigt haben. Die Geschichte, die in *Science*, 5-242, veröffentlicht wurde, beruht auf einem Bericht, der von der Zweigstelle in San Francisco beim Hydrographischen Institut in Washington einging:
Daß am 24. Februar 1885, auf 37° nördlicher Breite und 170° östlicher Länge – irgendwo zwischen Yokohama und Victoria –, der Kapitän des Dreimasters *Innerwich* um Mitternacht von seinem Maat geweckt wurde, der am Himmel etwas Ungewöhnliches beobachtet hatte. Das muß eine Weile gedauert haben. Der Kapitän ging an Deck und sah, wie sich der Himmel feuerrot verfärbte. »Und plötzlich erschien eine brennende Masse über dem Schiff, und die Beobachter waren vollständig geblendet.« Die glühende Masse stürzte ins Meer. Die Größe des Objekts mag man anhand des von ihm verdrängten Wassers einschätzen. Wellen stürmten mit »ohrenbetäubendem Lärm« auf

das Schiff ein. Der Dreimaster lag fast waagerecht, und »eine brüllende weiße Woge lief über das Schiff«. – »Der Kapitän, ein alter, erfahrener Seemann, erklärte, es sei ein unbeschreiblich schrecklicher Anblick gewesen.«

In *Nature*, 37-187, und in *L'Astronomie*, 1887-76, erfahren wir, daß ein Objekt, das als »riesige Feuerkugel« beschrieben wird, in der Nähe von Cape Race aus dem Meer aufgestiegen sei. Es soll bis in eine Höhe von fünfzig Fuß gestiegen sein, habe sich dem Schiff genähert und sich dann wieder entfernt und sei etwa fünf Minuten lang sichtbar geblieben. In *Nature* lesen wir, daß es sich um einen Kugelblitz gehandelt haben müsse. Flammarion sagt jedoch in »Thunder and Lightning« auf Seite 68, daß es riesengroß gewesen sei. Weitere Einzelheiten finden wir im *American Meteorological Journal*, 6-443, vom 12. November 1887 – der britische Dampfer *Siberian* – daß sich das Objekt »gegen den Wind« bewegt habe, bevor es verschwand – daß Kapitän Moore sagte, er habe etwa an der gleichen Stelle schon einmal eine solche Erscheinung gesehen.

Report of the British Association, 1861-30:

Daß nach Angaben der *Malta Times* von der Brigg *Victoria* aus am 18. Juni 1845 bei 36°40'56'' nördlicher Breite, 13°44'36'' östlicher Länge (etwa neunhundert Meilen westlich von Adalia) in einer halben Meile Entfernung drei leuchtende Körper beobachtet wurden, die aus dem Meer aufzusteigen schienen. Sie blieben etwa zehn Minuten lang sichtbar.

Die Geschichte wurde nie näher untersucht, aber es gab weitere Berichte, die unabhängig voneinander entstanden und sich allem Anschein nach um dasselbe sensationelle Schauspiel drehten. Sie wurden von Professor Baden-Powell veröffentlicht. Der Brief eines Korrespondenten vom Mt. Lebanon beschreibt nur zwei leuchtende Körper. Dem Bericht zufolge wirkten sie fünfmal so groß wie der Mond. Sie hatten Anhängsel oder waren durch Aufbauten verbunden, die ähnlich wie Segel oder Wimpel ausgesehen hätten, oder wie »riesige Flaggen, die von einer sanften Brise leicht bewegt wurden«. Der entscheidende Punkt ist ist hier nicht die Struktur der Objekte, sondern die Dauer der Sichtung. Meteore bleiben nur wenige Sekunden lang sichtbar. Fünfzehn Sekunden sind bereits bemerkenswert, auch wenn einige Berichte sogar von einer halben Minute sprechen. Dieses Objekt aber, falls es sich nur um ein Objekt gehandelt hat, blieb für eine volle Stunde am Mt. Lebanon sichtbar. Interessant ist noch die Tatsache, daß seine Anhängsel nicht wie Meteorenschweife aussahen, die aus sich selbst heraus leuchten, sondern »anscheinend vom Licht der Hauptkörper angestrahlt wurden«.

Etwa 900 Meilen östlich der angegebenen Position der *Victoria* liegt die Stadt Adalia. Zu der Zeit, als der Kapitän der *Victoria* seine Beobachtung machte, befand sich Reverend F. Hawlett, Mitglied der Königlich-Astronomischen Gesellschaft, in Adalia. Auch er sah das Schauspiel und schickte einen Bericht an Professor Baden-Powell. Aus seinem Blickwinkel war es ein einziger Körper, der auftauchte und zerbrach. Er gibt die Dauer der Sichtung mit zwanzig bis dreißig Minuten an.

Im *Report of the British Association*, 1860-82 wurden Zeugenaussagen aus Syrien und Malta zu diesem Phänomen veröffentlicht. Es habe sich um zwei sehr große Körper gehandelt, die sich »fast berührten«.

Report of the British Association, 1860-77:

Daß am 12. Januar 1836 in Cherbourg, Frankreich, ein leuchtender Körper beobachtet wurde, scheinbare Größe zwei Drittel des Mondes. Er schien sich um sich selbst zu drehen, und im Mittelpunkt gab es anscheinend etwas wie eine dunkle Einbuchtung.

Weitere Berichte, allesamt nicht sehr klar, aber zu Daten über radähnliche Objekte am Himmel verzerrbar, finden Sie in *Nature*, 22-617; in der Londoner *Times*, 15. Oktober 1859, in *Nature*, 21-225, in der *Monthly Weather Review*, 1883-264.

L'Astronomie, 1894-157:

Daß am Morgen des 20. Dezember 1893 in Virginia, North Carolina und in South Carolina zahlreiche Menschen ein Objekt am Himmel bemerkten. Ein leuchtender Körper flog von West nach Ost vorbei, verharrte etwa fünfzehn Grad über dem östlichen Horizont und schien fünfzehn oder zwanzig Minuten lang still zu stehen. Einigen Schilderungen ist zu entnehmen, daß das Objekt die Form eines Tisches gehabt haben soll. Andere Beobachter sprachen von einem riesigen Rad. Das Licht war grellweiß. Eine optische Täuschung kann ausgeschlossen werden, denn man konnte hören, wie das Objekt durch die Luft glitt. Nachdem es fünfzehn oder zwanzig Minuten lang still verharrt hatte, verschwand oder explodierte es. Allerdings waren keine Explosionsgeräusche zu hören.

Riesige radähnliche Konstruktionen. Sie sind besonders gut geeignet, um in einer gallertartigen Masse von Planet zu Planet zu rollen. Manchmal, aufgrund von Fehlberechnungen oder ungünstigen Einflüssen verschiedenster Art, dringen sie in die Erdatmosphäre ein. Dort drohen sie zu explodieren und müssen im Meer untertauchen. Sie bleiben eine Weile im Meer, drehen sich gemächlich, und wenn ihr Zustand stabil ist, tauchen sie wieder auf und geraten dabei manchmal in die Nähe von Schiffen. Seeleute erzählen, was sie gesehen haben, und ihre Berichte werden in wissenschaftlichen Leichenhallen abgelegt. Ich sollte noch erwähnen, daß diese Konstruktionen sich auf Routen bewegen, deren Breitengrade sich in etwa mit dem Persischen Golf decken.

Journal of the Royal Meteorological Society, 28-29:

Daß Kapitän Hoseason auf dem Dampfer *Kilwa* am 4. April 1901 um etwa 8.30 Uhr in Gewässern fuhr, die nicht phosphoreszierten. Er trug der Gesellschaft seinen Bericht persönlich vor, und dort heißt es: »Im Wasser war kein Phosphoreszieren zu sehen.«

Ich denke, ich sollte es wiederholen:

»Im Wasser war kein Phosphoreszieren zu sehen.«

Plötzlich tauchten – der Kapitän benutzte das Wort »Riffeln« – riesige Lichtbalken auf. Ein Lichtbalken nach dem anderen tauchte auf dem Meer auf. Doch das Licht war nur schwach und verlosch nach etwa fünfzehn Minuten wieder. Die Balken drehten sich mit einer Geschwindigkeit von etwa 60 Meilen pro Stunde.

Phosphoreszierende Quallen passen zur Alten Dominante: In einem besonders heroischen Akt der Nichtbeachtung beschloß man in der Diskussion des Berichts von Kapitän Hoseason, dieser habe wahrscheinlich das Pulsieren langer Ketten von Quallen gesehen.

Nature, 21-410:

Der Abdruck eines Briefs von R. E. Harris, dem Kapitän des Dampfschiffs *Shahjehan*, an die Zeitung *Englishman* in Kalkutta, der dort am 21. Januar 1881 veröffentlicht wurde:

Daß er am 5. Juni 1880 vor der Küste von Malabar bei ruhigem Wetter und wolkenlosem Himmel um 22.00 Uhr etwas sah, das ihm so fremdartig vorkam, daß er es vorzog, sein Schiff zu stoppen. Er sah etwas, was er als Wogen aus strahlendem Licht beschreibt, die von dunklen Zwischenräumen unterbrochen wurden. Auf dem Wasser trieben Flecken einer Substanz, die nicht identifiziert wurde. Zunächst kam der Kapitän auf die konventionelle Erklärung für jedes Phosphoreszieren im Meer und führte das Licht auf diese Substanz zurück. Aber dann, so sagt er, wurde ihm klar, daß die Substanz nicht selbstleuchtend war, sondern wie der Rest des Meeres von gewaltigen Lichtschäften angestrahlt wurde. Ob es nun Ölabfälle von einer Maschine oder Teile einer untergetauchten Konstruktion waren, ich glaube, aufgrund einer zweiten Anmerkung müssen wir die Substanz als Nebenerscheinung einstufen. »Und wie Welle auf Welle heranrollte, wurden wir Zeugen eines gewaltigen, strahlenden und feierlichen Schauspiels.«

Journal of the Royal Meteorological Society, 32-280:

Ein Auszug aus einem Brief, den Mr. Douglas Carnegie aus Blackheath, England, irgendwann im Jahre 1906 verfaßt hatte – »Auf unserer letzten Reise wurden wir Zeugen eines absonderlichen und höchst außergewöhnlichen elektrischen Schauspiels.« Im Golf von Oman hatte er eine ruhig liegende phosphoreszierende Fläche gesehen. Als das Schiff aber bis auf zwanzig Meter herangekommen war, »fuhren strahlend helle Lichtbalken über den Bug des Schiffs. Ihre Geschwindigkeit war sehr hoch und mag zwischen 60 und 200 Meilen in der Stunde gelegen haben«. – »Die Lichtbalken kamen in regelmäßigen Abständen von jeweils etwa 20 Fuß.« Was das Phosphoreszieren angeht – »Ich holte einen Eimer Wasser ein und untersuchte ihn unter dem Mikroskop, konnte jedoch nichts Ungewöhnliches feststellen.« Daß die Lichtbalken von einem untergetauchten Objekt heraufkamen – »Sie erfaßten zuerst unsere Breitseite, und als unser Schiff hindurchfuhr, sah ich, daß es keinen Einfluß auf die Balken hatte. Sie tauchten auf der Leeseite wieder auf, als wären sie durch das Schiff geglitten.«

Der Golf von Oman liegt am Eingang des Persischen Golfes.

Journal of the Royal Meteorological Society, 33-294:

Auszug aus einem Brief von Mr. S. C. Patterson, der als Zweiter Offizier auf dem Dampfschiff *Delta* von P&O diente: ein Schauspiel, das in der Zeitschrift beharrlich als Phosphoreszieren gedeutet wurde:

Straße von Malakka, 14. März 1907, 2.00 Uhr:

»... Lichtschäfte, die sich um ein Zentrum zu drehen schienen wie die Speichen eines Rades. Sie waren etwa 300 Meter lang. Das Phänomen dauerte etwa eine halbe Stunde, und das Schiff legte inzwischen sechs bis sieben Meilen zurück. Plötzlich hörte das Leuchten auf.«

L'Astronomie, 1891-312:

Ein Korrespondent schreibt, er habe im Oktober 1891 im Chinesischen Meer Lichtschäfte oder Lichtbalken beobachtet, die ihn an Suchscheinwerfer erinnert hätten, weil sie sich genauso bewegt hätten wie solche Strahlen.

Nature, 20-291:

Ein Bericht von Kapitän Evans, einem Hydrographen der Britischen Marine, an das Marineministerium:

Daß Commander J. E. Pringle von der HMS *Vulture* folgendes gemeldet habe: Daß er auf 26°26′ nördlicher Breite und 53°11′ östlicher Länge – im Persischen Golf also – am 15. Mai 1879 leuchtende Wellen oder ein Pulsieren im Wasser bemerkt habe, das sich mit großer Geschwindigkeit bewegte. Dies ist ein klarer Hinweis auf Licht, das irgendwo unter der Wasseroberfläche entsteht. Es heißt, die Lichtwellen seien unter der *Vul-*

ture durchgeglitten. »Als ich nach Osten blickte, erinnerte mich die Erscheinung an ein sich drehendes Rad, dessen Zentrum sich nach Osten bewegte und dessen Speichen beleuchtet waren. Im Westen schien sich ein zweites Rad in die entgegengesetzte Richtung zu drehen.« Die Quelle lag unter Wasser, denn »die Lichtwellen gingen von einem Punkt unter der Wasseroberfläche aus«. Kommandant Pringle vertritt die Ansicht, die Lichtschäfte hätten zu einem einzigen Rad gehört, und die Verdopplung sei eine Illusion gewesen. Er schätzt, daß die Schäfte etwa 25 Fuß breit und in einem Abstand von jeweils 100 Fuß angeordnet waren. Die Geschwindigkeit habe bei 84 Meilen in der Stunde gelegen, und die Erscheinung sei etwa 35 Minuten lang sichtbar geblieben. Dies habe sich um 21.40 Uhr zugetragen, und vor und nach dem Schauspiel sei das Schiff durch Flecken einer Substanz gefahren, die ausgesehen habe wie »öliger Fischlaich«.

Auf Seite 428 derselben Ausgabe von *Nature* erklärt E. L. Moss, er habe im April 1875, als er auf der HMS *Bulldog* diente, einige Meilen nördlich von Vera Cruz eine Reihe sich rasch bewegender leuchtender Linien gesehen. Er habe etwas Wasser geschöpft und mikroskopische Tierchen gefunden, die allerdings die geometrischen Formen und die hohe Geschwindigkeit nicht hätten erklären können. Wenn er Vera Cruz in Mexiko meint, dann ist dies der einzige Fall außerhalb östlicher Gewässer.

Scientific American, 106-51:

Daß im dänischen meteorologischen Jahrbuch, das vom dänischen Wetteramt herausgegeben wird, ein Bericht über ein »einzigartiges Phänomen« enthalten war, das Kapitän Gabe von der dänischen Ostasiengesellschaft von Bord des Dampfers *Bintang* aus beobachtet hatte. Am 10. Juni 1909 um 3.00 Uhr sah Kapitän Gabe in der Straße von Malakka ein riesiges, sich drehendes Lichtrad, das flach auf dem Wasser lag. »Vom Zentrum, um das sich alles zu drehen schien, gingen lange Arme aus.« Das Objekt war so groß, daß man es nur zur Hälfte überblicken konnte. Das Zentrum befand sich in der Nähe des Horizonts. Das Schauspiel dauerte ungefähr fünfzehn Minuten. Bislang haben wir noch keine Klarheit über die wichtige Frage, ob sich diese Räder synchron mit den Schiffen bewegten. Die Anhänger der Nichtbeachtung dürften die Erscheinungen auf die Lichter eines Schiffs zurückführen. Dieses Mal erfahren wir aber, daß sich das riesige Rad weiterbewegte und dabei verblaßte. Außerdem wurde es langsamer. Es verschwand, als sich das Zentrum direkt vor dem Schiff befand. Meine eigene Interpretation lautet, daß es immer tiefer eintauchte und langsamer wurde, weil es auf größeren Widerstand traf.

Das dänische Wetteramt erwähnt einen weiteren Fall:

Daß Kapitän Breyer, als er mit dem holländischen Dampfer *Valentijn* durch das Südchinesische Meer fuhr, am 12. August 1910 um Mitternacht rotierende Blitze sah. »Es sah aus wie ein horizontal liegendes Rad, das sich schnell drehte.« Dieses Mal soll die Erscheinung über dem Wasser geschwebt haben. »Das Phänomen wurde vom Kapitän, sowie vom Ersten und Zweiten Maat und vom Ersten Ingenieur beobachtet, und alle fühlten sich etwas unbehaglich.«

Falls unsere Einschätzungen nicht unmittelbar akzeptabel sind, wollen wir rivalisierenden Deutern nahelegen, die Gegend zu berücksichtigen, in der die Phänomene - mit einer Ausnahme - beobachtet wurden. Es waren der Indische Ozean und die umliegenden Gewässer oder der Persische Golf auf der einen und das Chinesische Meer auf der anderen Seite. Auch wenn wir Intermediaristen sind, der Drang zum Positivismus, zur Ganzheit, ist unwiderstehlich. Wir erklärten bereits, daß ein feuriges Rad am Himmel nicht immer als feuriges Rad am Himmel erkennbar sein muß, aber wenn wir diese Hinweise schon bekommen, dann muß es auch Beobachtungen geben - die nicht als optische Täuschungen wegerklärt werden können - von leuchtenden Rädern, die als riesige, feste Objekte auf materiellen Widerstand stießen und bei denen man zusehen konnte, wie sie ins Meer stürzten:

Athenaeum, 1848-833:

Daß Sir W. S. Harris im Jahre 1848 bei einer Sitzung der British Association einen Bericht über ein Schiff vorlegte, auf welches

»zwei Feuerräder« zugerollt seien, die von den Zeugen als »rollende, brennende Mühlsteine beschrieben wurden«. – »Als sie sich näherten, gab es ein gräßliches Krachen, und die Hauptmasten wurden in Stücke geschlagen.« Es soll sich auch ein starker Schwefelgeruch ausgebreitet haben.

KAPITEL 22

Journal of the Royal Meteorological Society, 1-157: Auszug aus dem Logbuch des Dreimasters *Lady of the Lake*, verfaßt von Kapitän F. W. Banner und übermittelt von R. H. Scott (Mitglied der Royal Society):

Daß die Matrosen der *Lady of the Lake* am 22. März 1870 auf 5°47′ Nord und 27°52′ West ein bemerkenswertes Objekt oder eine »Wolke« am Himmel sahen und es dem Kapitän meldeten. Nach Aussage von Kapitän Banner handelte es sich um eine kreisrunde Wolke, in der ein in vier Segmente unterteilter Halbkreis lag. Vom Mittelpunkt sei eine Linie ausgegangen, die sich weit nach draußen erstreckte, um in einem Bogen wieder zurückzuschwenken.

Eine komplexe geometrische Form, die stabil bleibt. Unwahrscheinlich, daß eine Wolke eine so komplizierte Gestalt annimmt, von der Ähnlichkeit mit organischen Formen ganz zu schweigen.

Das Objekt bewegte sich von einem Punkt, der etwa 20° über dem Horizont lag, in eine Höhe von etwa 80°. Dann ging es, nachdem es im Südsüdosten erschienen war, im Nordosten nieder.

Es war hellgrau, ähnlich der Farbe der Wolken.

»Es war viel tiefer als die übrigen Wolken.«

Auffällig ist auch die Beobachtung, daß sich das Objekt, was immer es war, gegen den Wind bewegte.

»Es war undurchsichtig, es steuerte gegen den Wind und ging genau in Windrichtung nieder.«

Das Objekt blieb eine halbe Stunde sichtbar. Als es schließlich verschwand, war der Grund nicht etwa, daß es sich auflöste

wie eine Wolke, sondern daß es sich in der Abenddämmerung verlor.
Kapitän Banner fertigte die folgende Zeichnung an:

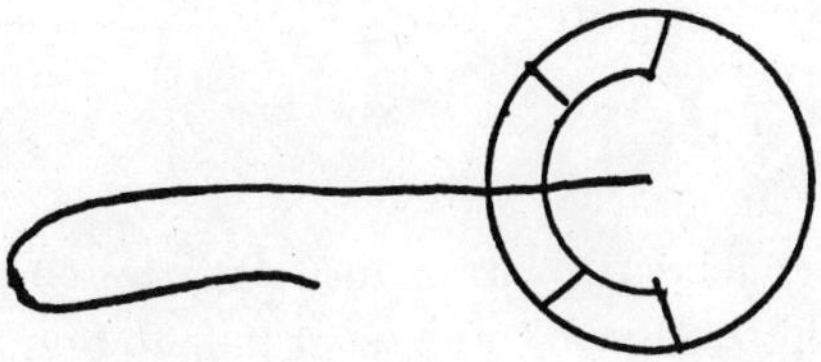

KAPITEL 23

Lehrbücher erklären uns, daß die Meteoriten von Dhurmsalla »bald« oder »binnen einer halben Stunde« aufgehoben wurden. Vertreter der Konventionen werden sagen, die Steine seien heiß gewesen, als sie herabfielen, aber ihre große innerliche Kälte habe über die in der Hitze geschmolzene Oberfläche die Oberhand gewonnen.

Nach Aussage des Deputy Commissioner von Dhurmsalla wurden die Steine »sofort« von vorbeikommenden Kulis aufgehoben.

Sie waren so kalt, daß die Finger der Leute taub wurden. Dennoch waren sie unter starken Leuchterscheinungen herabgefallen. Das Licht wurde als »helle Flamme, etwa zwei Fuß breit und neun Fuß lang« beschrieben. Es scheint klar, daß dieses Licht nicht das Licht geschmolzener Materie war.

In diesem Kapitel sind wir sehr intermediaristisch und unzulänglich. Für den Intermediaristen gibt es nur eine Antwort auf alle Fragen:

Manchmal schon, und manchmal nicht.

Eine andere Form dieser intermediaristischen »Lösung« für alle Probleme lautet:

Ja und nein.

Alles, was ist, ist zugleich nicht.

Der Positivist versucht, Formulierungen zu finden: Das tut auch der Intermediarist, doch tut er es weniger rigoros. Er trifft Annahmen, aber er leugnet auch. Es mag scheinen, als nehme er manche Dinge an, während er andere verleugnet, aber zwischen zwei Aspekten eines Dings läßt sich keine klare Grenzlinie ziehen. Der Intermediarist akzeptiert das, was mit etwas

zu korrelieren scheint, das er als Dominante anerkannt hat. Der Positivist korreliert die Dinge mit seinem Glauben.
Die Meteoriten von Dhurmsalla stützen unsere Ansicht, daß die Dinge, die in die Erdatmosphäre eindringen, manchmal mit einem Licht leuchten, das kein Hitzeglühen ist. So erklären wir uns die »Donnerkeile« oder die geschnitzten Steine, die unter Leuchterscheinungen auf die Erde stürzten, wobei mitunter Bahnen gezeichnet wurden, die Blitzen ähnlich waren. Aber wir nehmen auch an, daß einige Dinge, die in die Erdatmosphäre eindrangen, sich entzündeten, schmolzen und sich auflösten. Andere Dinge wieder, auch das akzeptieren wir, dringen in die irdische Atmosphäre ein und fallen ohne Leuchterscheinungen in sich zusammen, vergleichbar den Tiefseefischen, die man an die Wasseroberfläche bringt. Worauf wir uns auch einigen, wir finden stets Hinweise darauf, daß es droben ein Medium gibt, das dichter ist als die Atmosphäre der Erde. Ich glaube, unser Rückhalt liegt gerade darin, daß diese Überzeugung nicht populär ist –
Oder der Rhythmus aller Phänomene:
Luft ist auf Meereshöhe dicht – höher hinauf wird sie dünner – und dann wieder dichter. Daraus ergeben sich viele beunruhigende Fragen –
Unsere Einstellung:
Hier sind die Daten:
Manchmal fällt leuchtender Regen (*Nature*, 9. März 1882 und *Nature*, 25-437). Das Licht ist kein Hitzeglühen, aber bisher kann noch niemand behaupten, daß dieser nur selten auftretende Regen von außerhalb der Erde kommt. Wir nehmen einfach das kalte Licht fallender Körper zur Kenntnis. Angaben zu leuchtendem Regen, Schnee und Staub finden Sie bei Hartwig, »Aerial World«, S. 319. Zu leuchtenden Wolken liegen uns mehr und klarere Beobachtungen und Ansichten vor: Sie markieren den Übergang zwischen der Alten und der Neuen Dominante. Wir bemerkten den Übergang bereits in Professor Schwedoffs Theorie über den äußeren Ursprung mancher Hagelkörner, wir sehen die Andeutung, die früheren Generationen so absurd

vorkam – »abstrus« war wohl das Wort –, daß es im interplanetarischen Raum Wassermassen gibt, ob in ihnen nun Fische und Frösche leben oder nicht. Wir sind nun der Meinung, daß Wolken manchmal von außerhalb kommen, nachdem sie über super-geographischen Seen und Ozeanen entstanden sind, die zu kartieren wir im Augenblick gar nicht erst versuchen wollen. Wir wollen an dieser Stelle nur unternehmungslustige Aeronauten auf ihre Existenz hinweisen und fügen hinzu, daß wir alles Weitere ihnen überlassen, da wir selbst keine Neigung verspüren, als neuer Kolumbus auszuziehen. Jedenfalls sollten sie Badeanzüge oder noch besser Taucheranzüge mitnehmen.

Manche Wolken kommen also aus interplanetarischen Ozeanen, aus der Super-Sargassosee – wenn wir diese noch akzeptieren können –, und beginnen zu leuchten, wenn sie in die Atmosphäre der Erde eindringen. In *Himmel und Erde*, Februar 1889, beschreibt O. Jesse ein Übergangsphänomen, das bereits vor dreißig Jahren zu beobachten war. Er beschäftigt sich mit leuchtenden Nachtwolken, stellt fest, daß sie sich in großer Höhe befanden, und verkündet die »abwegige« oder vernünftige Idee, daß einige von ihnen aus Regionen außerhalb dieser Erde gekommen sein müssen. Ich glaube, er bezieht sich damit nur auf die anderen Planeten, aber so oder so ist seine Idee sehr abwegig und sehr vernünftig.

Allgemein erkläre ich einen großen Teil der weitgehenden Isolation der Erde so: Daß sie relativ isoliert ist aufgrund von Umständen, die jenen Umständen ähnlich sind, welche die relative Isolation des Meeresgrundes erklären – nur, daß unsere Analogie an dieser Stelle etwas schief wird. Es schien bequem, uns als Tiefseefische zu sehen, aber in der Quasi-Existenz gibt es nichts Bequemes, das nicht früher oder später unbequem würde – wenn es also droben dichtere Regionen gibt, dann können wir diese Regionen nun als Gegenstücke zu den tiefsten Regionen der Ozeane betrachten, und die Dinge, die auf die Erde gelangen, entsprechen den Dingen, die in ein weniger dichtes Medium aufsteigen – und explodieren – manchmal in Flammen aufgehend, manchmal kaltes Licht ausstrahlend –

und manchmal überhaupt nicht leuchtend, wie Tiefseefische, die an die Oberfläche gebracht werden – in eine äußerst unwirtliche Umgebung. Ich habe den Verdacht, daß die Tiefseefische in ihrer gewohnten Umgebung überhaupt nicht leuchten. Wenn sie doch leuchten, dann gerät der Darwinismus vollends zur Farce, denn wenn sie auf diese Weise alles und jeden auf sich aufmerksam machten, dann könnten sie kaum überleben. Der Darwinismus funktioniert ohnehin nur, wenn vieles verschwiegen wird, aber wenn wir diese Idee akzeptieren würden, hätten wir einen klaren Widerspruch. Fische, die in Höhlen leben, brauchen zum Überleben kein Licht. Wir könnten uns vorstellen, daß Tiefseefische zu leuchten beginnen, wenn sie in ein dünneres Medium kommen – aber die Modelle im Museum für Naturgeschichte: spezialisierte Leuchtorgane daran. Wir erinnern uns noch gut an die so furchtbar überzeugende »Dronte« und einige Überlegungen, die auf ihr beruhten. Wie auch immer, Explosionen gibt es allgemein beim Übergang von einem dichteren in ein dünneres Medium.
Ein Bericht von M. Acharius für die *Berichte der Schwedischen Akademie der Wissenschaften*, 1808-215, der in englischer Übersetzung in der *North American Review*, 3-319, erschien:
Daß M. Acharius von einem »außergewöhnlichen und bislang nie gesehenen Phänomen« erfuhr, das in der Nähe der Stadt Skeninge in Schweden beobachtet worden sei, und nachzuforschen begann:
Daß sich die Sonne am 16. Mai 1808 um etwa 16.00 Uhr plötzlich trübrot färbte. Zugleich erschien am westlichen Horizont eine große Zahl runder, dunkelbrauner Körper in der scheinbaren Größe einer Hutkrempe. Sie flogen über ihm vorbei und verschwanden am östlichen Horizont. Es war eine gewaltige Prozession, die zwei Stunden dauerte. Ab und zu fiel einer herab. Wenn man den Absturzort untersuchte, fand man einen Film, der bald trocknete und verschwand. Wenn sich die Körper der Sonne näherten, schienen sie sich zu verbinden und blieben in Gruppen von höchstens acht eng beisammen, und man konnte sehen, daß sie an der Unterseite drei oder vier

Faden lange schwanzartige Anhängsel hatten. Wenn sie sich von der Sonne entfernten, waren diese Schwänze unsichtbar. Die Konsistenz der Körper wird als gallertartig beschrieben – »seifig und wie Gelee«.

Ich habe diesen Bericht aus mehreren Gründen gerade an dieser Stelle erwähnt. Er wäre ein guter Höhepunkt bei unseren Äußerungen über die Scharen kleiner Körper gewesen, die weder Samen noch Vögel noch Eiskristalle waren: Aber wir hätten vorschnell zu der homogenen Schlußfolgerung kommen können, alle bisher in diesem Zusammenhang genannten Daten seien mit diesem einen Phänomen erklärbar, während wir in Wirklichkeit die Welt außerhalb doch als unendlich heterogen betrachten: Wir denken an Kreuzfahrer und Pöbel und Emigranten, an Touristen und Drachen und Dinge wie gallertartige Hutkrempen. Oder, daß nicht alle Dinge, die auf der Erde in Gruppen auftreten, deshalb unbedingt Schafe, Presbyter, Gauner oder Tümmler sein müssen. Diese Daten sind für uns wichtig, weil es zeigt, daß Dinge in der Erdatmosphäre platzen – es ist gefährlich, in die Atmosphäre einzudringen.

Ich glaube, daß schon Tausende von Objekten von droben herabgefallen sind, explodierten und sich entzündeten und als »Kugelblitz« eingeordnet wurden.

»Was aber Kugelblitze eigentlich sind, das haben wir noch nicht einmal in Ansätzen verstanden« (*Monthly Weather Review*, 34-17).

Allgemein gesagt, denke ich, wir sollten nicht weiter hinhören, wenn uns jemand mit einem »Kugelblitz« als Erklärung kommt, sondern uns auf die Vermutungen konzentrieren, die halbwegs intelligent klingen. An dieser Stelle ist der Hinweis notwendig, daß wir bei manchen Bemerkungen über die Intelligenz hätten deutlich machen sollen, daß wir mit Intelligenz etwas meinen, das im Gegensatz zum Instinkt steht. In der *Monthly Weather Review*, 33-409, ist ein Bericht über einen »Kugelblitz« abgedruckt, der einen Baum traf. Der Blitz hinterließ einen Abdruck, wie es auch ein herabfallender Gegenstand getan hätte. Ich werde zu einem späteren Zeitpunkt Beispiele für

»Kugelblitze« sammeln, um aufzuzeigen, daß es sich bei ihnen um Objekte handelte, die unter Leuchterscheinungen vom Himmel fielen und lautstark explodierten. Die Orthodoxie ist angesichts dieser Phänomene so verwirrt, daß viele Wissenschaftler die Existenz von »Kugelblitzen« rundweg ablehnen oder sie zumindest für sehr zweifelhaft halten. Ich verweise auf Dr. Sestiers Liste mit hundertfünfzig Beispielen, die er für authentisch hielt.

Unserer abweichenden Meinung kommt ein Fall sehr entgegen, der im März 1887 in der *Monthly Weather Review* geschildert wurde. Etwas fiel unter Leuchterscheinungen vom Himmel, und gleichzeitig kam etwas herunter, das davon nicht beeinflußt wurde und dunkel blieb:

Daß nach Angaben von Kapitän C. D. Swart sein holländischer Dreimaster *J. P. A.* am 19. März 1887 auf 37°39′ Nord und 57°00′ West in einen schweren Sturm geriet. Der Kapitän bemerkte zwei Objekte über dem Schiff. Eines, das leuchtete, ließe sich auf verschiedene Weisen erklären, aber das zweite war dunkel. Eines oder beide fielen ins Meer, es gab ein Tosen, und Gischt wurde hochgeweht. Wir sind der Ansicht, daß diese Objekte in die Erdatmosphäre eindrangen, nachdem sie zuvor ein Eisfeld passiert hatten, denn »unmittelbar danach begannen Eisbrokken herabzufallen«.

Eins der erstaunlichsten Phänomene in Zusammenhang mit »Kugelblitzen« ist ein Phänomen, das auch bei vielen Meteoriten zu beobachten ist: Die Heftigkeit der Explosion steht in keinem Verhältnis zur Größe und zur Geschwindigkeit des Objekts. Wir gehen davon aus, daß die Eismeteoriten von Dhurmsalla nicht mit großer Geschwindigkeit herabfielen, aber dennoch erzeugten sie einen ungeheuren Lärm. Die weiche Substanz, die am Kap der Guten Hoffnung vom Himmel fiel, bestand aus Kohlenstoff, aber sie war nicht verbrannt, oder sie war zu langsam gefallen, um sich beim Sturz zu entzünden. Dennoch war der Knall des Einschlags in einem Umkreis von siebzig Meilen zu hören.

Daß sich manche Hagelkörner in einem dichten Medium

bilden und mit lautem Knall platzen, wenn sie in die relativ dünne Atmosphäre der Erde gelangen:
Nature, 88-350:
Am 11. November 1911 wurden an der Universität von Missouri große Hagelkörner beobachtet: Als sie explodierten, klang es wie Pistolenschüsse. Der Autor sagt, er habe achtzehn Jahre davor in Lexington, Kentucky, schon einmal ein ähnliches Phänomen beobachtet. Hagelkörner, die in einem dichteren Medium entstanden zu sein schienen: als man sie im Wasser schmelzen ließ, waren die aufsteigenden Blasen größer als die luftgefüllten Hohlräume in ihrem Inneren (*Monthly Weather Review*, 33-445).
Wir sind der Ansicht, daß schon viele Objekte vom Himmel gefallen sind und daß viele von ihnen mit lautem Knall zerplatzten. Diese Ansicht paßt zum einen zu Daten, die wir noch kennenlernen werden, und zum anderen fällt es uns mit ihr leichter, die Frage zu beantworten, warum von eventuellen Wracks der eventuellen Super-Konstruktionen noch keine Geländer, Platten oder sonstigen Teile aus bearbeitetem Material herabgefallen sind. Wir wollen allerdings nicht ausweichen und der Vollständigkeit halber erklären, daß es tatsächlich Berichte über bearbeitetes Metall gab, das vom Himmel fiel.
Der Meteorit von Rutherford, North Carolina, bestand aus künstlichem Material: es war ein Klumpen Roheisen. Er soll eine Fälschung gewesen sein (*American Journal of Science*, 2-34-298).
Das Objekt, das in Marblehead, Massachusetts, im Jahre 1858 vom Himmel gefallen sein soll, wird im *American Journal of Science*, 2-25-135, beschrieben als »Produkt eines Schmelzofens, geformt aus geschmolzenem Kupfererz oder Eisenerz mit Kupferanteilen«. Es soll eine Fälschung gewesen sein.
Laut Ehrenberg ähnelte die Substanz, die nach Angaben von Kapitän Callam auf dessen Schiff niederging, »genau den Rückständen, die zurückbleiben, wenn Stahldraht in reinem Sauerstoff verbrannt wird«. (Zurcher, »Meteors«, S. 239.) *Nature*, 21. November 1878, veröffentlichte eine Meldung, die sich auf

Angaben des *Yuma Sentinel* bezog. In der Mojave-Wüste war ein »stahlähnlicher« Meteorit gefunden worden. Am 15. Februar 1894 konnten wir in *Nature* lesen, daß einer der Meteoriten, die Peary aus Grönland in die USA mitbrachte, aus gehärtetem Stahl bestanden habe. Man glaubt, meteorisches Eisen sei in Wasser oder Schnee gefallen, schnell abgekühlt und dabei gehärtet. Das paßt aber nicht zur Zusammensetzung des Stoffs. Am 5. November 1989 veröffentlichte *Nature* einen Artikel über eine Arbeit von Professor Berwerth aus Wien, die sich mit »den Ähnlichkeiten zwischen Meteoreisen und Stahl aus Stahlwerken« beschäftigte.

Bei der Sitzung des Essex Field Club am 24. November 1906 wurde ein Stück Metall gezeigt, das angeblich am 9. Oktober 1906 in Braintree vom Himmel gefallen war. Der *Essex Naturalist* schreibt, Dr. Fletcher vom Britischen Museum habe das Metall als geschmolzenes Eisen identifiziert, »so daß das Geheimnis seines angeblichen ›Herabfallens‹ ungeklärt blieb«.

KAPITEL 24

Es soll einen Aufschrei der Verschwiegenen geben. Wenn ein einziger Fall von einem System verschwiegen wird – wir sind der Ansicht, daß ein einziger Fall ohnmächtig ist. Natürlich ist unsere Methode, viele übereinstimmende Fälle zusammenzustellen, keine wirkliche Methode. In der Kontinuität müssen alle Dinge allen anderen Dingen ähneln. Jedes Ding kann die Quasi-Identität annehmen, die Sie ihm zuschreiben wollen. Früher konnte man die Wehrpflicht genausogut mit einer absolutistischen Herrschaft wie mit einer Demokratie in Verbindung bringen. Man beachte die Notwendigkeit, einen Bezug zu einer Dominante herzustellen. Kaum jemand sagte, daß wir die Wehrpflicht einfach brauchten. Wir brauchten vielmehr die Wehrpflicht im Zusammenhang mit der Demokratie, die als Grundlage oder als etwas grundsätzlich Wünschenswertes galt. Natürlich müssen die Grenzlinien zwischen Tyrannei und Demokratie zwangsläufig an der falschen Stelle liegen. Ich kann mir kein Thema vorstellen, auf dem eine solche Armseligkeit lastet wie auf einem Einzelfall, der immer nach Belieben in Reih und Glied gezwungen werden kann. Aber wir werden versuchen, etwas mehr fast-real zu sein als die Darwinisten, die glauben, mit ihrem Darwinismus auch die Hautfarben der Menschen und leuchtende Fische erklären zu können. Sie hätten sich lieber zu uns Tiefseefischen gesellen sollen – es wird ihnen noch leid tun, glaube ich. Es wird eine erstaunliche oder nebensächliche Erfahrung sein, all die Berichte über Dinge zu lesen, die am Himmel beobachtet wurden, und sich klarzumachen, daß sie alle unterschlagen wurden. Ich bin der Meinung, daß es jetzt nicht mehr möglich oder zumindest nicht mehr so einfach ist, diese Dinge zu unterschlagen, nachdem sie zusammengestellt wurden – daß jedoch bei einem vorzeitigen Versuch die Alte Dominante unsere Schreibmaschine hätte verdorren lassen – wie die Dinge stehen, geht das »e« nicht mehr, und das »s« setzt ständig aus.

Ein »höchst außergewöhnliches und einzigartiges Phänomen« wurde am 26. August 1894 in Nordwales beobachtet. Admiral Ommanney sah eine Scheibe, an der ein orangefarbener Körper hing, der an eine »langgezogene Flunder« erinnerte (*Nature*, 50-524). Um 1838 wurde in Indien eine Scheibe beobachtet, an der eine Art Haken hing; die Scheibe war so groß wie der Mond, aber heller als dieser und blieb etwa zwanzig Minuten lang sichtbar. Der Beobachter war G. Pettit, und in Baden-Powells Katalog wurde eine Skizze veröffentlicht (*Report of the British Association*, 1849). Während des Meteorschauers von 1833 wurde in Poland, Trumbull County, Ohio, ein sehr heller Gegenstand beobachtet, der aussah wie ein Haken. Das Objekt war mehr als eine Stunde sichtbar. Am 13. November 1833 verharrte ein großer leuchtender Körper, der wie ein quadratischer Tisch geformt war, »eine Weile« fast stationär über den Niagarafällen (*American Journal of Science*, 1-25-391). In Hamar, Norwegen, trieb in der Nacht des 3. November 1833 etwas, das als große weiße Wolke beschrieben wurde, von der Lichtstrahlen ausgingen, über den Himmel. Es »behielt die ganze Zeit seine Form bei«, heißt es in *Nature*, 16. Dezember 1886-158. Am 4. Mai 1888 wurde in Neuseeland ein Objekt mit einem ovalen Kern sowie Lichtstreifen mit dunklen Bändern und Streifen beobachtet (*Nature*, 42-402). Am 5. November 1883 war in Chili für anderthalb Stunden ein leuchtendes Objekt in der Größe des Vollmondes zu sehen (*Comptes Rendus*, 103-682). Am 21. Dezember 1882 wurde in der Nähe der Sonne ein helles Objekt beobachtet (*Knowledge*, 3-13). Vor Ryook Phyoo bemerkte man am 2. Dezember 1845 weit draußen auf See eine riesige Flamme (*Proceedings of the London Royal Society*, 5-627). Am 6. Juli 1874 war für fünf oder sechs Minuten in Oaxaca, Mexiko, ein etwa 425 Fuß langes Objekt zu sehen, das aussah wie eine große Trompete, die vertikal in der Luft hing und leicht oszillierte (*Scientific American Supplement*, 6-2365). Am 3. Januar 1898 tauchten für fünf bis sechs Minuten zwei leuchtende Körper auf, die zusammenzuhängen schienen (*La Nature*, 1898-1-127). Ein Ding mit einem Schweif zog am 26. September 1870 über den Mond; der Transit dauerte eine halbe Minute (*London Times*, 30. September 1870). Am 1. November 1885 zog in der Nähe von Adrianopel langsam ein Objekt über den Himmel, das vier- bis fünfmal so groß war wie der Mond (*L'Astronomie*, 1886-309). Ein großer roter Körper, der sich langsam bewegte und 15 Minuten lang sichtbar blieb, wurde am 1. August 1871 von Coggia aus Marseilles gemeldet (*Chemical News*, 24-193). Einzelheiten zu dieser Beobachtung, ein weiteres Beispiel von Guillemin und weitere Fälle von Fonville werden in *Comptes Rendus*, 73-297, 755, besprochen. Lowe erwähnt ein großes Etwas, das am 19. November 1847 in Oxford binnen sieben Minuten zweimal stationär wurde (*Rec. Sci.*, 1-136. Ein graues Objekt, das dreieinhalb Fuß lang zu sein schien, näherte sich am 1. April 1826 bei Saarbrücken rasch dem Boden. Dabei war ein Donnern zu hören, und schließlich faltete sich das Objekt auf wie ein Laken (*American Journal of Science*, 1-26-133; *Quarterly Journal of the Royal Institute*, 24-488). Der Astronom N. S. Drayton berichtet über ein außergewöhnliches Objekt, das am 6. Juli 1882 für eine Dreiviertelminute in Jersey City beobachtet werden konnte (*Scientific American*, 47-53). Ein Objekt, das wie ein Komet wirkte, sich aber mit einer Eigengeschwindigkeit von 10 Grad pro Stunde bewegte, blieb am 14. März 1916 eine Stunde lang sichtbar; der Bericht stammt von Purine und Glancy vom Observatorium in Cordoba in Argentinien (*Scientific American*, 115-493). Von Glaisher wurde am 4. Oktober 1844 etwas wie eine Signallampe beobachtet, hell wie Jupiter, das »rasch flackernde Lichtbalken aussandte« (*Year Book of Facts*, 1845-278).

Ich glaube, mit dem Objekt, das als Eddies »Komet« bezeichnet wurde, vergeht uns der letzte Rest von Anfälligkeit für die verbreitete Dummheit, Dinge zu sehr zu personifizieren. Es ist eine der am tiefsten verwurzelten Illusionen der Positivisten, daß Menschen Personen seien. Zu oft haben wir Astronomen verspottet, verhöhnt und verlacht, als wären sie echte Personen oder klar begrenzte Ganzheiten, Individuen, Wesen oder Identitäten, und keine unbestimmbaren Teile. Aber solange wir in der Quasi-Existenz bleiben, können wir eine Illusion nur mit Hilfe einer anderen Illusion zerstören und hoffen, daß die zweite Illusion ein bißchen mehr fast-real ist. Wir personifizieren also nicht mehr, wir super-personifizieren. Wir wollen endlich ganz und gar akzeptieren, daß Entwicklung die Tyrannei aufeinanderfolgender Dominanten ist, die keineswegs endgültig sind, sondern die sich der Individualität oder dem Selbst-Sein nur weiter anzunähern wissen als die mechanischen Schlußfolgerungen der Menschen, die sich leichtfertig an sie knüpfen.

Eddie meldete aus dem Observatorium von Grahamstown in Südafrika im Jahre 1890, er habe ein Objekt am Himmel beobachtet. Die neue Dominante zeigte sich damals erst zögernd, als Thronfolgerin, die noch nicht der Öffentlichkeit präsentiert war. Was Eddie da beobachtet hatte, hätte ebensogut von einem Wachmann gemeldet werden können, der den Himmel durch ein Ofenrohr betrachtete.

Es paßte nicht.

Das Ding wurde nicht in die *Monthly Notices* aufgenommen. Ich glaube, wenn der Herausgeber versucht hätte, es zuzulassen – ein Erdbeben – oder ein unerklärliches Feuer im Verlag. Die Dominanten sind eifersüchtige Gottheiten.

In der *Nature*, angeblich einer Anhängerin der neuen Gottheit, wobei natürlich die Ehrerbietung für die alte nicht zu kurz kommen darf, wird ein kometenähnlicher Körper erwähnt, der am 27. Oktober 1890 von Eddie in Grahamstown beobachtet worden sei. Vielleicht ähnelte er wirklich einem Kometen, aber während er sichtbar war – eine geschlagene Dreiviertelstunde lang –, wanderte er um 100 Bogengrad weiter. (*Nature*, 43-89, 90.)

In *Nature*, 44-519, beschreibt Professor Copeland eine ähnliche Beobachtung, die er selbst am 10. September 1891 gemacht hatte. Dreyer berichtet in *Nature*, 44-541, er habe das Objekt vom Observatorium in Armagh aus beobachtet. Er vergleicht es mit dem von Eddie gemeldeten Objekt. Außerdem wurde es am 11. September 1891 von Dr. Alexander Graham Bell in Nova Scotia beobachtet.

Aber die Alte Dominante war eine eifersüchtige Göttin.

Im Jahre 1883 wurde ein Objekt von mehreren Beobachtern gemeldet. Diese Beobachtungen galten im Jahre 1883 als Aussätzige. Im *American Meteorological Journal*, 1-110, berichtet ein Korrespondent, er habe am 10. oder 12. November 1883 ein kometenähnliches Objekt gesehen, das aber zwei Schweife gehabt habe, einen nach oben und einen nach unten. Höchstwahrscheinlich paßt dieses Phänomen zu unseren Daten über torpedoförmige Körper, die am Himmel beobachtet wurden, zu den Daten über lenkbare Fahrzeuge oder Super-Zeppeline. Aber unsere Klassifizierungen sind eher als vorsichtiges Tasten denn als rigorose Einteilung zu betrachten. Im *Scientific American*, 50-40, schreibt ein Korrespondent aus Humacao, Puerto Rico, er habe zusammen mit mehreren anderen Personen - oder Quasi-Personen - am 21. November 1883 eine majestätische Erscheinung gesehen, die an einen Kometen erinnert habe. Sie sei in drei aufeinanderfolgenden Nächten zu beobachten gewesen und dann verschwunden. Der Herausgeber schreibt, er wisse keine Erklärung für dieses Ereignis. Wenn wir das Ereignis selbst als gegeben hinnehmen, dann muß sich das Objekt in Erdnähe befunden haben. Wäre es ein Komet gewesen, dann wäre es weithin sichtbar gewesen, und man hätte in der ganzen Welt darüber berichtet, schreibt der Herausgeber. Auf Seite 97 der gleichen Ausgabe des *Scientific American* schreibt ein Korrespondent, er habe etwa zur gleichen Zeit in Sulphur Springs, Ohio, »ein Wunder am Himmel« gesehen. Es war ein torpedoförmiger Gegenstand oder etwas mit einem Kern, das an beiden Seiten Schweife hatte. Auch hier räumt der Herausgeber wieder ein, daß er keine Erklärung anbieten könne, das Objekt sei jedoch kein Komet gewesen. Er bringt das Phänomen mit allgemeinen atmosphärischen Bedingungen des Jahres 1883 in Zusammenhang. Aber wir wissen, daß im November 1882 in England und Holland ein ähnliches Objekt beobachtet worden ist.

Im *Scientific American*, 40-294, wurde ein Brief von Henry Harrison aus Jersey City veröffentlicht, der bereits in der *New York Tribune* abgedruckt worden war: Am Abend des 13. April 1879 suchte Mr. Harrison nach Brorsens Komet, als er ein Objekt bemerkte, das für einen Kometen zu schnell war. Er bat einen Freund, sich die Sache anzusehen, und seine Wahrnehmung wurde bestätigt. Um zwei Uhr morgens war das Objekt immer noch zu sehen. Im *Scientific American Supplement*, 7-2885, weist Mr. Harrison jede Sensationshascherei als unwürdig von sich und nennt weitere Details. Er sagt, das Objekt sei auch von Mr. J. Spencer Devoe in Manhattanville beobachtet worden.

KAPITEL 25

»Ein Objekt, das aussah wie ein Luftschiff«, wurde aus Huntington, West Virginia, gemeldet (*Scientific American*, 115-241). Durch einen »sehr starken Feldstecher« wurde am 19. Juli 1916 um etwa 23.00 Uhr ein leuchtendes Objekt beobachtet. Es schien etwa zwei Grad lang und einen halben Grad breit zu sein. Es verblaßte allmählich, verschwand, tauchte noch einmal auf und verschwand endgültig.

Eine weitere Person – wie man so leichthin sagt: Es wäre zu unbequem, wenn wir uns ständig an unsere intermediaristischen Erkenntnisse halten wollten – eine weitere »Person« also, die das Phänomen beobachtete, erklärte dem Autor des Berichts, es müsse sich um ein Luftschiff gehandelt haben, aber der Autor meinte, hinter dem Objekt seien selbst schwache Sterne zu sehen gewesen. Dies paßt ganz und gar nicht zu unserer Vorstellung, Besucher seien mit einem lenkbaren Luftschiff auf die Erde gekommen – abgesehen von der Tatsache, daß der Anschein, den ein Ding auf unserer vorläufigen Ebene des Anscheins erweckt, keine Beweiskraft hat – oder, wir vermuten, daß hinter einigen Teilen des Objektes, des Etwas oder der Konstruktion selbst schwache Sterne zu sehen waren.

Die Diskussion wird nur sehr oberflächlich geführt. Professor H. M. Russell glaubt, bei dem Phänomen habe es sich um den losgerissenen Fetzen eines Nordlichts gehandelt. Auf Seite 369 dieser Ausgabe des *Scientific American* erklärt ein weiterer Autor, es habe sich um den Widerschein eines Hochofens gehandelt, doch er vergißt dabei, daß der Widerschein eines Hochofenabstichs, falls es etwas Derartiges in Huntington gäbe, dort ganz alltäglich wäre.

Uns liegen also mehrere Beobachtungen von zylindrischen

Objekten vor, die in der Erdatmosphäre aufgetaucht sind: zylindrisch, aber an beiden Enden zugespitzt, also torpedoförmig. Einige der Berichte sind nicht sehr detailliert, aber aus den verschiedenen Beschreibungen entsteht bei mir der Eindruck, daß torpedoförmige Super-Konstruktionen auf super-geographischen Routen fahren und gelegentlich die Erde besuchen oder unfreiwillig in die Erdatmosphäre abdriften.
Anhand der Daten nehmen wir an, daß diese Fahrzeuge beim Eindringen in die Erdatmosphäre so beschädigt wurden, daß ihnen die völlige Zerstörung gedroht hätte, wenn sie nicht sofort wieder davongesegelt wären: daß sie, bevor sie die Erde wieder verließen, ob nun im bewußten Versuch, eine Kommunikation aufzubauen oder aus schierer Willkür, Objekte fallen ließen, die sofort zerplatzten oder explodierten. Wir sind der Ansicht, daß diese Explosivstoffe nicht bewußt heruntergeworfen wurden, sondern daß es vielmehr losgerissene Teile waren, die herabfielen und in einer Form explodierten, die wir als »Kugelblitze« bezeichnen.
Soweit wir im Augenblick sagen können, handelte es sich häufig um Objekte aus Stein oder Metall, auf denen Inschriften erkennbar waren. In allen Fällen sind die Schätzungen der wahren Größe wertlos, aber Angaben zu den Proportionen sind möglicherweise brauchbar. Ein Objekt, das sechs Fuß lang gewesen sein soll, war möglicherweise sechshundert Fuß lang; doch die Form ist auch erkennbar, wenn die wirkliche Entfernung unklar ist.
Nature, 40-415:
Daß am 5. August 1889 nach einem heftigen Sturm ein Objekt, das dem Anschein nach etwa 15 Zoll lang und 5 Zoll breit war, in East Twickenham, England, langsam zu Boden fiel. Es explodierte. Überreste wurden nicht gefunden.
L'Année Scientifique, 1864-54:
Daß M. Leverrier am 10. Oktober 1864 drei Briefe von Zeugen an die Akademie schickte. Die Zeugen hatten einen langgestreckten leuchtenden Körper am Himmel gesehen, der an beiden Enden spitz zulief.

In *Thunder and Lightning*, S. 87, sagt Flammarion, am 20. August 1880 habe M. A. Trécul von der Académie Française während eines heftigen Sturms ein sehr helles gelblich-weißes Objekt gesehen, das scheinbar 35 bis 40 Zentimeter lang und ungefähr 25 Zentimeter breit gewesen sei und torpedoförmig beziehungsweise ein zylindrischer Körper »mit leicht konischen Enden«. Es ließ etwas fallen und verschwand in den Wolken. Was es auch abwarf, der Gegenstand stürzte senkrecht zu Boden, als sei er schwer, und hinterließ eine Leuchtspur. Dies könnte sich in großer Entfernung vom Beobachter zugetragen haben, denn es waren keinerlei Geräusche zu hören. M. Tréculs Bericht finden Sie in *Comptes Rendus*, 103-849.

Monthly Weather Review, 1907-310:

Daß am 2. Juli 1907 in der ganzen Stadt Burlington in Vermont eine laute Explosion zu hören war. Eine Feuerkugel oder ein leuchtendes Objekt fiel vom Himmel – oder von einem torpedoförmigen Ding oder einer Konstruktion – herab. Niemand hat beobachtet, daß das Ding, das schließlich explodierte, von einem größeren Körper am Himmel herabfiel – aber wenn wir annehmen, daß sich zur gleichen Zeit ein größerer Körper in der Luft befand –

Ich nehme an, daß ein Luftschiff oder eine Konstruktion, die kurz vor dem Zerbrechen war, gerade noch Zeit hatte, fallenzulassen – was es fallen ließ – bevor es sich wieder nach oben in Sicherheit brachte.

Die folgende Geschichte von Bischof John S. Michaud wurde in der *Monthly Weather Review* veröffentlicht:

»Ich stand an der Ecke der Church und der College Street, unmittelbar vor der Howard-Bank. Ich blickte nach Osten und war in ein Gespräch mit dem ehemaligen Gouverneur Woodbury und Mr. A. A. Buell vertieft. Plötzlich erschraken wir, weil wir ohne jede Vorwarnung eine gewaltige und ungewöhnliche Explosion offenbar ganz in der Nähe hörten. Ich hob die Augen und blickte nach Osten die College Street hinunter. Dort schwebte in etwa 300 Fuß Entfernung ein torpedoförmiges Objekt allem Anschein nach etwa 50 Fuß über den Hausdächern

reglos in der Luft. Das Objekt war etwa 6 Fuß lang und hatte einen Durchmesser von 8 Zoll.
Die Hülle oder Außenhaut war dunkel, hier und dort leckten Feuerzungen aus Löchern in der Oberfläche, die mich an rotglühendes, unbehandeltes Kupfer denken ließ. Nachdem das Objekt eine Weile an Ort und Stelle verharrt hatte, begann es sich langsam zu bewegen. Es verschwand in Richtung Süden über dem Laden der Gebrüder Dolan. Während es sich bewegte, schien die Außenhaut stellenweise zu reißen, und durch die Löcher brachen leuchtend rote Flammen.«
Bischof Michaud versuchte, das Phänomen mit meteorologischen Beobachtungen in Übereinstimmung zu bringen.
Diese Beobachtung ist bemerkenswert, weil sie aus solcher Nähe gemacht wurde. Der nächste Fall ist bemerkenswert, weil es eine große Zahl von Beobachtungen gab. Ich bin der Ansicht, daß am 17. November 1882 ein großes Luftschiff England überquerte, aber angesichts der Eindeutigkeit und Unbestimmtheit aller quasi-realen Dinge können einige Beobachtungen ganz nach Belieben auch mit anderen Einflüssen in Verbindung gebracht werden.
E. W. Maunder wurde von den Herausgebern des *Observatory* gebeten, zur 500. Ausgabe der Zeitschrift einige Erinnerungen niederzuschreiben. Er entschied sich für ein seiner Meinung nach besonders herausragendes Ereignis (*Observatory*, 39-214). Die Geschichte dreht sich um einen, wie er sagt, »eigenartigen himmlischen Besucher.« In der Nacht des 17. November 1882 arbeitete Maunder im königlichen Observatorium von Greenwich. Es gab ein Nordlicht, das aber nicht besonders interessant schien. Mitten im Leuchten aber erschien dann eine große runde Scheibe, die grünlich schimmerte und sich langsam über den Himmel bewegte. Die kreisrunde Form ergab sich jedoch anscheinend nur infolge der perspektivischen Verkürzung. Das Ding glitt über den Mond und wurde nun von anderen Beobachtern als »zigarrenförmig«, »wie ein Torpedo«, als »Spindel« und als »Weberschiffchen« beschrieben.
Die Idee, daß die perspektivische Verkürzung eine Rolle spielte,

stammt nicht von mir. Maunder selbst schreibt dies und fügt hinzu: »Hätte sich dies eine Generation später ereignet, dann hätte zweifellos jeder an das gleiche gedacht. Alle hätten gesagt: ›Es sah aus wie ein Zeppelin‹.« Das Objekt war etwa zwei Minuten lang zu sehen. Die Farbe soll der des Nordlichts geähnelt haben.

Dennoch meint Maunder, das Objekt habe nichts mit einer natürlichen Leuchterscheinung gemein gehabt. »Es wirkte eindeutig wie ein Körper.« Für eine Wolke habe es sich zu schnell bewegt, aber »es könnte einem herabstürzenden Meteor nicht unähnlicher gewesen sein«. Im *Philosophical Magazine*, 5-15-318, bezeichnet J. Rand Capron das Objekt in einem längeren Artikel als »Strahl eines Nordlichts«, erwähnt aber zugleich viele Beobachtungen, bei denen von einer »Torpedoform« die Rede ist. Ein Zeuge erwähnte gar einen »dunklen Kern«. Einige höchst verwirrende Beobachtungen kamen auch aus Holland und Belgien. Das Objekt soll etwa 40 bis 200 Meilen hoch geflogen sein. Wir erfahren, daß das Objekt von Capron mit Hilfe spektroskopischer Untersuchungen als Strahl eines Nordlichts erklärt werden konnte. Im *Observatory*, 6-192, lesen wir dann Maunders vorläufigen Bericht. Er beziffert die vermutliche Länge und Breite auf 27 Grad beziehungsweise 3½ Grad und bezieht sich auf weitere Beobachter, die Strukturen erwähnten und »eine auffällige dunkle Stelle im Zentrum«.

In *Nature*, 27-84, erklärt Capron dann, wegen des Mondlichtes habe er mit seinem Spektroskop nicht viel ausrichten können.

Das Objekt sei, schreibt *Nature*, 27-87, weiß gewesen, das Nordlicht aber rosa.

Im Zenit sei es undurchsichtig gewesen, aber sonst hätten helle Sterne hindurch geschimmert. Dies ist der einzige Hinweis darauf, daß das Objekt durchsichtig war (*Nature*, 27-87.) Für einen Meteor zu langsam, für eine Wolke zu schnell (*Nature*, 27-87). »Die Oberfläche wirkte gescheckt« (*Nature*, 27-87). »Die Form war gut zu erkennen, es sah aus wie ein Torpedo« (*Nature*, 27-100). »Wahrscheinlich ein meteorisches Objekt« (Dr. Gronemann, *Nature*, 27-296). Technische Beweisführung

von Dr. Gronemann, daß es sich um eine Wolke aus meteorischem Material gehandelt habe (*Nature*, 28-105). Siehe auch *Nature*, 27-315, 338, 365, 388, 412, 434).
»Es bestehen kaum Zweifel daran, daß es ein elektrisches Phänomen war«, schreibt Proctor in *Knowledge*, 2-419.
In der Londoner *Times* vom 20. November 1882 schreibt der Herausgeber, er habe zahlreiche Zuschriften zu diesem Phänomen bekommen. Zwei von ihnen veröffentlichte er. Ein Leser sagt, das Objekt habe »eine klare Form gehabt, ähnlich wie ein Fisch ... ungewöhnlich und beunruhigend«. Der zweite spricht von einem »prächtigen, leuchtenden Ding, das so ähnlich geformt war wie ein Torpedo«.

KAPITEL 26

Notes and Queries, 5-3-306:
Ein Bericht über acht Lichter, die in einem Umkreis von acht Meilen in Wales beobachtet wurden. Auch wenn sie sich in Bögen oder im Zickzack bewegten, schien jedes über einem bestimmten Gebiet zu bleiben. Sie sahen aus wie elektrische Lichter. Sie verschwanden, tauchten wieder auf, leuchteten trübe und dann wieder hell. »Wir haben danach noch vier- oder fünfmal jeweils drei oder vier von ihnen beisammen gesehen.«
Die Londoner *Times* am 5. Oktober 1877:
»Von Zeit zu Zeit tauchen an der Westküste von Wales anscheinend geheimnisvolle Lichter auf ... nun liegt uns ein Bericht aus Towyn vor, nach dem über der Mündung des Dysynni und weiter draußen auf See in den letzten Wochen regelmäßig verschiedenfarbige Lichter beobachtet worden sind. Sie bewegen sich meist in nördliche Richtung, manchmal halten sie sich aber auch dicht an die Küste und ziehen mit hoher Geschwindigkeit einige Meilen weiter bis Aberdovey, wo sie plötzlich verlöschen.«
L'Année Scientifique, 1877-45:
Lichter, die am 23. März 1877 über Vence, Frankreich, in der Luft erschienen. Sie werden als blendend helle Feuerkugeln beschrieben, die aus einer Wolke von einem Grad Durchmesser brachen und die sich recht langsam bewegten. Sie blieben länger als eine Stunde sichtbar und zogen nach Norden. Angeblich waren acht oder zehn Jahre zuvor in Vence schon einmal ähnliche Lichter oder Objekte beobachtet worden.
Die Londoner *Times* vom 19. September 1848:
Daß in Inverness in Schottland zwei große, helle Lichter, die

wie Sterne aussahen, am Himmel beobachtet worden waren. Manchmal standen sie still, manchmal bewegten sie sich mit hoher Geschwindigkeit.

L'Année Scientifique, 1888-66:

Eine Beobachtung am Abend des 30. Juli 1880 in der Nähe von St. Petersburg: Ein großes, kugelförmiges Licht und zwei kleinere seien über eine Schlucht geflogen. Sie seien drei Minuten lang sichtbar geblieben und dann geräuschlos verschwunden.

Nature, 35-173:

Daß am 30. September 1886 in Yloilo ein leuchtendes Objekt in der scheinbaren Größe des Mondes beobachtet wurde. Es »schwebte« langsam nach Norden, dicht gefolgt von kleineren Objekten.

»Die falschen Lichter von Durham.«

Mitte des neunzehnten Jahrhunderts gab es in englischen Zeitungen hin und wieder Berichte über Lichter, die in geringer Höhe am Himmel auftauchten. Besonders häufig wurden sie an der Küste vor Durham beobachtet. Seeleute hielten sie irrigerweise für Leuchttürme, und ihre Schiffe zerschellten. Die Fischer wurden beschuldigt, falsche Lichter aufzustellen, um die Wracks ausplündern zu können. Die Fischer erwiderten, daß größtenteils alte Schiffe verunglückt seien, die von der Versicherungsprämie abgesehen keinen Wert mehr besessen hätten.

1866 erreichte die Aufregung ihren Höhepunkt (Londoner *Times* am 9. Januar 1866). Es gab eine Untersuchung. Ein Ausschuß nahm unter dem Vorsitz von Admiral Collinson Zeugenaussagen auf. Ein Zeuge erklärte, das Licht, das ihn getäuscht habe, sei »ein gutes Stück über dem Land« gewesen. Man kam zu keinem Schluß und nannte die Lichter einfach »die geheimnisvollen Lichter«. Aber was die »falschen Lichter von Durham« auch waren, sie ließen sich durch die Untersuchung nicht beeindrucken. 1867 befaßte sich der Luftfahrtausschuß von Tyne mit der Angelegenheit. Der Bürgermeister von Tyne konnte jedoch nicht mehr sagen, als daß es eine »geheimnisvolle Sache« sei.

Im *Report of the British Association*, 1877-152, finden wir die Beschreibung einer Gruppe von »Meteoren«, die »bemerkenswert langsam« flogen. Sie blieben etwa drei Minuten lang sichtbar. »Bemerkenswert« ist eine Untertreibung. Man spricht von »bemerkenswert«, wenn ein Meteor drei Sekunden sichtbar bleibt. Diese »Meteore« hatten noch eine weitere Eigenart: Sie zogen keine Schweife hinter sich her. Sie »hielten sich dicht beisammen wie eine Schar wilder Gänse und zogen mit der gleichen Geschwindigkeit und der gleichen Anmut dahin«.

Journal of the Royal Astronomical Society of Canada, November und Dezember 1913:

Daß Professor Chant in Toronto viele Beobachtungen zu einem Phänomen gesammelt hat, das in der Nacht des 9. Februar 1913 in Kanada, in den USA, auf hoher See und auf Bermuda beobachtet werden konnte. Ein leuchtender Körper tauchte am Himmel auf. Er hatte einen langen Schweif und wurde rasch größer. »Die Beobachter sind sich nicht einig, ob es ein einziger Körper war, oder ob es sich um drei oder vier Teile handelte, die jeweils einen eigenen Schweif hatten.« Die Gruppe oder die Struktur bewegte sich »auf eigenartige Weise würdevoll und zielstrebig«. – »Sie verschwand in der Ferne, dann tauchte dort, wo die erste erschienen war, eine zweite Gruppe auf. Auch diese Objekte zogen mit der gleichen Gemächlichkeit zu zweien, dreien oder vieren dahin.« Als diese Gruppe verschwunden war, tauchte eine dritte Gruppe oder Struktur auf.

Einige Beobachter verglichen das Schauspiel mit einer Flotte von Luftschiffen, andere dachten an Schlachtschiffe, die von Kreuzern und Zerstörern begleitet wurden.

Ein Beobachter schreibt: »Wahrscheinlich waren es 30 oder 32 Körper. Das Eigenartige an ihnen war, daß sie sich jeweils zu zweien und dreien hintereinander bewegten. Sie waren dabei so genau ausgerichtet, daß man den Eindruck gewinnen konnte, das Manöver einer exakt geschulten Luftstreitkraft zu beobachten.«

Nature, 25. Mai 1893:

Ein Brief von Charles J. Norcock, Kapitän der HMS *Caroline:*

Daß der wachhabende Offizier am 24. Februar 1893 um 22.00 Uhr zwischen Schanghai und Japan »einige ungewöhnliche Lichter« gemeldet hatte.
Die Lichter standen zwischen dem Schiff und einem etwa 2000 Meter hohen Berg. Sie schienen kugelförmig zu sein. Manchmal kamen sie zu großen Gruppen zusammen, manchmal zogen sie sich zu einer unregelmäßigen Linie auseinander. Sie flogen nach Norden und verschwanden schließlich. Die Sichtung dauerte zwei Stunden.
Am nächsten Abend waren die Lichter wieder da.
Eine Weile später wurden sie von einer kleinen Insel verdeckt. Sie flogen mit der gleichen Geschwindigkeit und auf dem gleichen Kurs wie die *Caroline* nach Norden. Die Lichter spiegelten sich am Horizont im Wasser. Mit Hilfe eines Teleskops konnte man Einzelheiten erkennen: Sie waren rötlich und schienen einen schwachen Rauch abzusondern. Dieses Mal blieben die Lichter siebeneinhalb Stunden sichtbar.
Kapitän Norcock erklärt, in der gleichen Gegend und etwa zur gleichen Zeit habe auch Kapitän Castle von der HMS *Leander* die Lichter beobachtet. Er habe den Kurs geändert und die Lichter angesteuert, die vor ihm zu fliehen schienen oder zumindest in größere Höhe hinaufflogen.
Monthly Weather Review, März 1904-115:
Bericht über die Beobachtungen von drei Mannschaftsmitgliedern der USS *Supply*. Als Autor zeichnete Leutnant Frank H. Schofield:
24. Februar 1904. Drei unterschiedlich große leuchtende Objekte tauchten auf. Das größte war etwa sechsmal so groß wie die Sonne. Sie schwebten in einer Höhe von schätzungsweise einer Meile unterhalb der Wolken.
Sie flohen oder wichen aus oder machten kehrt.
Sie verschwanden in den Wolken, unter denen man sie zunächst bemerkt hatte.
Sie bewegten sich gleichförmig.
Aber sie waren unterschiedlich groß und für die Kräfte der Erde und der Luft unterschiedlich anfällig.

Monthly Weather Review, August 1898-358:
Zwei Briefe von C. N. Crotsenburg aus Crow Agency, Montana: Daß der Autor, der damals in einem Postzug arbeitete – er hatte also Erfahrung mit allen Phänomenen bei der Eisenbahn – und ein weiterer Angestellter im Sommer 1896 auf der Fahrt von Trenton, Montana, nach Norden in der Dunkelheit eines schweren Regens ein Licht vor sich sahen, das rund zu sein schien, trübrosa gefärbt war und einen scheinbaren Durchmesser von ungefähr einem Fuß hatte. Es schien etwa hundert Fuß über der Erde zu schweben, aber bald darauf stieg es hoch hinauf, bis es »auf halbem Wege zwischen Horizont und Zenit« verharrte. Von Osten wehte ein starker Wind, aber das Licht bewegte sich geradewegs nach Norden.
Die Geschwindigkeit schwankte. Manchmal schien es den Zug mit hoher Geschwindigkeit zu überholen. Dann wieder fiel es zurück. Die Eisenbahner beobachteten es, bis sie Linville in Iowa erreichten. Hinter dem Bahnhof dieser Stadt verschwand das Licht und tauchte nicht wieder auf. Es hatte die ganze Zeit geregnet, aber es hatte kaum geblitzt. Mr. Crotsenburg spricht von einem »Kugelblitz« als mögliche Erklärung.
Der Herausgeber der *Monthly Weather Review* ist anderer Meinung. Er ist der Ansicht, das Licht könne eine Reflexion des Zuges gewesen sein, oder Nebel, oder Blätter von Bäumen, die im Regen glänzten, oder nur ein Licht – vom Zug.
In der Dezemberausgabe der *Monthly Weather Review* ist ein Brief von M. Boggs abgedruckt – daß dieses Licht nur der Widerschein von der Feuerung der Lokomotive in den Telegraphendrähten gewesen sei – nur ein Licht – von den Drähten irgendwie zu einem runden Leuchten gebündelt – daß es scheinbar, da die Drähte durchhingen, oszilliert und den Eindruck erweckt habe, sich je nach Winkel der Reflexion horizontal zu entfernen oder zu nähern beziehungsweise vorauszueilen oder zurückzubleiben, wenn der Zug um eine Kurve bog.
All dies ist typisch für bestes Quasi-Argumentieren. Verschiedene Daten werden eingeschlossen und assimiliert, aber aus-

geschlossen bleibt, was die Argumentation in sich zusammenfallen läßt:
Daß es Telegraphendrähte natürlich nicht nur vor, sondern auch hinter Linville gibt.
Mr. Crotsenburg denkt an einen »Kugelblitz«, ein Phänomen, das bei der Theorienbildung meist schlimme Verwirrung stiftet, aber gewöhnlich als mit dem alten Denksystem vereinbar angesehen wird. In anderen Teilen seines Briefes kommt jedoch zum Ausdruck, daß er durchaus noch an »etwas anderes« dachte. Er sagt, was er zu erzählen habe, sei »so seltsam, daß ich es nie erwähnt hätte, nicht einmal meinen Freunden gegenüber, wäre es nicht bestätigt worden ... es war so unwirklich, daß ich zögerte, darüber zu sprechen, weil ich fürchtete, es könnte sich nur um eine Laune meiner Einbildungskraft handeln«.

KAPITEL 27

Ein riesiges schwarzes Ding. Das Ding schwebte wie eine Krähe über dem Mond.

Runde und glatte Dinge. Kanonenkugeln. Dinge, die vom Himmel auf die Erde fielen.

Unsere schlüpfrigen Gehirne.

Dinge wie Kanonenkugeln sind bei Stürmen auf die Erde gefallen. Wie Kanonenkugeln sind Dinge, die bei Stürmen auf die Erde gefallen sind.

Blutregen.

Blutregen.

Blutregen.

Was es auch war, am 27. Oktober 1814 kam in Piemont, Italien, etwas wie roter Ziegelstaub oder eine pulvrige rote Substanz herunter (*Eclectic Magazine*, 68-437). Im Winter 1867 fiel in der Schweiz ein rotes Pulver vom Himmel (*Popular Science Review*, 10-112) –

Daß weit von der Erde entfernt etwas geblutet hat – ein Super-Drache, der mit einem Kometen zusammengeprallt ist –

Oder, daß es irgendwo im Himmel Ozeane voller Blut gibt – die Substanz trocknet und fällt als Pulver herab – oder treibt lange Zeit als Pulver dahin – daß es ein riesiges Gebiet gibt, das den Aeronauten eines Tages als Blutwüste bekannt sein wird. Wir wollen uns im Augenblick nicht weiter um die Super-Topographie kümmern, aber ein Blutmeer oder eine Blutwüste – oder beides – und Italien ist ihm oder ihr oder beiden am nächsten.

Ich vermute, in der Substanz, die in der Schweiz niederging, hätte man Blutkörperchen finden können, aber 1867 konnte man nur die Erklärung veröffentlichen, die Substanz habe einen hohen Anteil »unterschiedlich geformter organischer Bestandteile« enthalten.

Nach einem Bericht im *Report of the British Association*, 5-2, fiel im Jahre 1821 in Gießen ein pfirsichfarbener Regen. In diesem Regen befanden sich hyazinthfarbene Flocken. Es soll eine organische Substanz gewesen sein; wir erfahren, daß es sich um Pyrrhin gehandelt habe.

Ausdrücklich berichtet man uns aber über einen anderen roten Regen, der sehr wohl aus Partikeln bestand – also eher roter Schnee. Er fiel am 12. März 1876 in der Nähe des Londoner Kristallpalastes (*Year Book of Facts*, 1876-89, *Nature*, 13-414).

Was den »roten Schnee« in Polargebieten und im Gebirge angeht, so stoßen wir nicht auf Widerspruch, denn das Herabfallen dieses »Schnees« wurde natürlich nie beobachtet: Es sind Mikroorganismen oder »Bakterien«, die sich in Schnee ausbreiten, der bereits auf dem Boden liegt. Dieses Mal hören wir auch nichts von »Sahara-Sand«. Die rote Substanz, die am 12. März 1876 in London herunterkam, soll aus Zellen bestanden haben –

Aber natürlich:

Daß sie aussahen wie »pflanzliche Zellen«.

Anmerkung:

Daß neun Tage vorher in Bath County, Kentucky, eine rote Substanz – Fleisch oder was auch immer –, vom Himmel gefallen war.

Ich glaube, ein Super-Egoist – riesig, aber nicht so riesig, wie er selbst glaubte – hat sich geweigert, einem Kometen Platz zu machen.

Fassen wir zusammen, was wir über die Super-Geographie bisher wissen:

Gallertartige Regionen, schweflige Regionen, kalte und tropische Regionen: eine Region, die für die Erde der Ursprung des Lebens war: Regionen, deren Dichte so groß ist, daß Objekte, die aus ihnen kommen, explodieren, sobald sie die dünne Atmosphäre der Erde erreichen.

Wir sahen Daten über explodierende Hagelkörner. Wir finden

jetzt unsere Ansicht bestätigt, daß sie sich in einem Medium gebildet hatten, das viel dichter ist als die Luft auf unserer Erde in Meereshöhe. In *Popular Science News*, 22-38, ist ein Bericht über Eis abgedruckt, das unter großem Druck im Labor der Universität von Virginia hergestellt wurde. Wenn es ins Freie kam und normaler Luft ausgesetzt wurde, explodierte es.
Denken wir noch einmal an die fleischähnliche Substanz, die in Kentucky herunterkam, denken wir an die Flocken. Das Phänomen ist uns bereits vertraut. Unter Druck werden Dinge plattgedrückt. Aber das Außergewöhnliche dabei ist, daß der Druck nicht auf allen Seiten gleich groß war. Im *Annual Record of Science*, 1873-350, erfahren wir, daß im Jahre 1873 in Louisiana an beiden Ufern des Mississippi in einem Umkreis von vierzig Kilometern nach einem schweren Gewitter große Mengen von Fischschuppen gefunden wurden. An manchen Stellen waren sie zu Haufen aufgetürmt. Die größten Schuppen stammten angeblich vom Hornhecht, einem Fisch, der zwischen fünf und fünfzig Pfund wiegen kann. Wir können diese Identifizierung unmöglich akzeptieren und denken eher an eine Substanz, die zu Flocken oder Schuppen gepreßt wurde. Hagelkörner mit breiten dünnen Rändern aus Eis, die unregelmäßig um sie gelegt sind, lassen mich eher an etwas denken, das stationär im Himmel verharrte, das eine Weile in einem Feld aus dünnem Eis aufgehalten wurde. In den *Illustrated London News*, 34-546, sind Zeichnungen von Hagelkörnern abgedruckt, deren Ränder aussehen, als hätten sie in einer Eisfläche gesteckt.
Eines Tages werden wir zu einer Erkenntnis gelangen, die uns in unserer fortgeschrittenen Primitivität große Freude machen wird:
Daß Teufel die Erde besucht haben, fremde Teufel: Menschenähnliche Wesen mit spitzen Bärten: leidliche Sänger: ein Schuh paßte schlecht – aber auf jeden Fall stießen sie Schwefelschwaden aus. Ich bin immer wieder beeindruckt, wie oft bei den Dingen, die vom Himmel fallen, Schwefel eine Rolle spielt. Am 24. Juli 1818 kamen in Orkney schartige Eisstücke herunter (*Transactions of the Royal Society of Edinburgh*, 9-187), die

stark nach Schwefel rochen. Der Koks – oder die Substanz, die wie Koks aussah –, der am 24. April 1887 in Mortrée in Frankreich vom Himmel fiel: mit ihm ging eine schweflige Substanz nieder. Kehren wir noch einmal zu den riesigen runden Dingen zurück, die in der Nähe der *Victoria* aus dem Meer stiegen. Egal, ob wir nun wirklich glauben, daß es Super-Konstruktionen waren, die aus einer dichteren Atmosphäre gekommen waren, und die, um nicht zu zerbrechen, in den Ozean geflüchtet waren, um später wieder aufzusteigen und ihre Reise zum Jupiter oder zum Uranus fortzusetzen – auf jeden Fall wurde berichtet, daß von ihnen ein »Schwefelgestank« ausgegangen sei. Dieser Geruch spricht auch gegen die allgemeine Überzeugung, daß die Dinge nicht aus dem Meer kamen, sondern weit entfernt über den Horizont stiegen, und daß die Nähe nur eine Illusion gewesen sei.

Denken wir an die Objekte, die im Juli 1898 am Himmel gesehen wurden: Ich habe noch einen weiteren Bericht. In *Nature*, 58-224, schreibt ein Autor, er habe am 1. Juli 1898 in Sedberg ein rotes Objekt am Himmel gesehen. Nach seinen eigenen Worten soll es ausgesehen haben wie ein 10 Grad langes Stück eines Regenbogens. Allerdings war der Himmel in diesem Augenblick dunkel, die Sonne war schon untergegangen, und es regnete heftig.

Was uns in diesem Buch am stärksten beeindruckt hat:

Aufeinanderfolgende Niederschläge.

Oder, wenn in einem eng begrenzten Bereich Dinge vom Himmel fallen, und einige Zeit später fallen im gleichen Bereich noch einmal ähnliche Objekte vom Himmel, dann kann dies nicht die Folge eines Wirbelsturms sein, auch wenn diese ihre Fracht manchmal tangential abwerfen –

So auch die Frösche, die in Wigan herabfielen. Ich habe noch einmal nachgeschlagen. Später fielen noch einmal Frösche.

Was die Daten über gallertartige Stoffe angeht, die zusammen mit Meteoriten herunterkamen, so glauben wir, daß Meteoriten, die durch die instabilen, protoplasmatischen Meere von Genesistrine schlagen – wir wollen noch einmal alle Aeronau-

ten warnen, die dort möglicherweise ersticken könnten oder steckenbleiben könnten wie Fliegen in der Suppe –, daß solche Meteoriten also Klumpen dieser Gallerte oder der protoplasmatischen Masse herausreißen, die dann mit ihnen zusammen niedergehen.
Die in Ansätzen vorhandene Eindeutigkeit unseres Gedankengebäudes sehnt sich nach Ganzheit. Es gibt supra-geographische Seen, in denen Fische leben. Meteore schlagen auf dem Weg zur Erde durch die Seen. Um nun unsere Eindeutigkeit zu zeigen, brauchen wir wenigstens ein Beispiel für einen Meteoriten, der eine Menge Fische mit herunterbrachte –
Nature, 3-512:
Daß am 4. Februar 1871 in Peru in der Nähe eines Flußufers ein Meteorit abstürzte. »An jener Stelle wurden, wie man berichtete, mehrere tote Fische verschiedener Arten gefunden.« Natürlich versuchte man es mit der Erklärung, die Fische »wurden vermutlich aus dem Fluß gehoben und gegen die Steine geschleudert«.
Ob dies vorstellbar ist oder nicht, hängt stark von der jeweiligen Hypnose ab.
Nature, 4-169:
Daß die Fische zwischen die Bruchstücke des Meteors gefallen seien.
Popular Science Review, 4-126:
Daß Le Gould, ein australischer Wissenschaftler, eines Tages eine Reise durch Queensland unternahm. Er bemerkte einen Baum, der knapp über dem Boden abgebrochen war. An der Bruchstelle war eine Delle zu erkennen. In der Nähe fand er ein Objekt, das »einem Zehnzollgeschoß« ähnelte.
Ich glaube, wir erwähnten vor etlichen Seiten bereits einen Fall von Überschattung. Der kleine Stein mit den Einritzungen, der in Tarbes herunterkam, ist in meinen Augen eines der beeindruckendsten Beispiele für unsere neuen Zusammenhänge. Man wird sich erinnern, daß er mit Eis bedeckt war. Angenommen, wir würden alles überprüfen und die Hälfte der Daten in diesem Buch verwerfen. Angenommen, nur eine

einzige Information könnte überleben. Was immer von dem Buch dann übrigbleiben sollte, der Stein von Tarbes würde schon genug von dem bewirken, was immer der Geist dieses Buches bewirken will. Dennoch denke ich, daß eine vor ihm erwähnte Information etwas zu nachlässig behandelt wurde.
Die Quarzscheibe, die angeblich nach der Explosion eines Meteors vom Himmel fiel:
Sie soll in der Plantage von Bleijendal in Niederländisch-Guayana heruntergekommen sein und wurde von M. van Sypesteyn, dem Adjutanten des Gouverneurs von Niederländisch-Guayana, an das Museum von Leiden geschickt (*Notes and Queries*, 2-8-92).
Denken wir an die Stücke, die von supra-geographischen Eisfeldern herunterkamen: flache Eisstücke, an denen Eiszapfen hingen. Ich glaube, wir haben nicht nachdrücklich genug betont, daß diese Gebilde, auch wenn sie keine Eiszapfen waren, sondern kristalline Vorsprünge, in jedem Falle vermuten lassen, daß sie sich lange Zeit an Ort und Stelle befanden. In den *Popular Science News*, 24-34, erfahren wir, daß 1869 in der Nähe von Tiflis große Hagelkörner mit langen Auswüchsen vom Himmel fielen. »Das bemerkenswerteste an diesen Hagelkörnern ist die Tatsache, daß ihre Bildung nach unserem heutigen Wissen sehr lange gedauert haben muß.« Das *Geological Magazine*, 7-27, schreibt, daß dieser Niederschlag am 27. Mai 1869 beobachtet wurde. Der Autor des *Geological Magazine* sagt, keine einzige von all den Theorien, die er gehört habe, könne ihm dieses Phänomen erklären. »Diese wachsenden kristallinen Formen müssen sehr lange gehangen haben ...«
Und immer wieder das Phänomen:
Vierzehn Tage später fielen am gleichen Ort noch einmal die gleichen Hagelkörner.
Flüsse aus Blut, die sich wie Adern durch eiweißhaltige Meere ziehen, oder ein Ei-ähnliches Gebilde, das bebrütet wird und in dem die Erde ein kleiner Punkt ist, wo sich etwas entwickelt – daß es in Genesistrine blutführende Super-Arterien gibt: daß die Sonnenuntergänge wie Lidschläge sind: daß manchmal der

Himmel vor Nordlicht errötet: super-embryonische Reservoire, aus denen neue Lebensformen hervorgehen –
Oder, daß unser ganzes Sonnensystem ein Lebewesen ist: daß Blutschauer, die auf die Erde fallen, innere Blutungen sind –
Oder im Himmel leben riesige Wesen wie in den Ozeanen –
Oder nur ein einziges, ganz besonderes Ding: eine bestimmte Zeit, ein bestimmter Ort. Ein Ding, so groß wie die Brooklyn Bridge. Es lebt da draußen im Raum – etwas, das so groß ist wie der Central Park, bringt es um –
Blut tropft.
Wir denken an diese Eisfelder über der Erde, die nicht selbst auf die Erde stürzen, von denen aber Wasser herabfällt.
Popular Science News, 35-104:
Daß laut Professor Luigi Palazzo, dem Leiter des italienischen Wetteramtes, am 15. Mai 1890 in Messignadi, Kalabrien, etwas vom Himmel fiel, das gefärbt war wie frisches Blut.
Die Substanz wurde im Labor des römischen Gesundheitsamtes untersucht.
Man stellte fest, daß es Blut war.
»Die wahrscheinlichste Erklärung für dieses erschreckende Phänomen ist die, daß Zugvögel (Wachteln oder Schwalben) von einem heftigen Wind erfaßt und zerfetzt wurden.«
Also wurde die Substanz zu Vogelblut –
Egal, was die Leute an den Mikroskopen in Rom wirklich sagten – oder zu sagen gehabt hätten – egal, wenn wir darauf hinweisen, daß es zu jener Zeit keine Berichte über einen heftigen Wind gab – und daß Vogelblut von einem heftigen Wind unendlich fein zerstäubt würde – daß niemand einen toten Vogel vom Himmel fallen sah – daß man überhaupt keine Vögel am Himmel sah – daß niemand auch nur eine Feder gesehen hat –
Dieses einzelne Datum:
Daß Blut vom Himmel fiel.
Aber später fiel am gleichen Ort noch einmal Blut.

KAPITEL 28

Notes and Queries, 7-8-508:
Ein Korrespondent, der in Devonshire gewesen war, schreibt über eine Geschichte, die er dort gehört hatte. Das Ereignis habe sich etwa fünfunddreißig Jahre früher zugetragen:
Es habe Schnee gelegen, und eines Morgens seien die Leute im südlichen Devonshire aufgewacht und hätten Spuren im Schnee gefunden, wie man sie noch nie gesehen hatte. Es seien die Spuren von »Klauen« oder »von nicht einzuordnendem Aussehen« gewesen, die in großen, aber regelmäßigen Abständen mit Abdrücken abgewechselt hätten, die an die Spuren eines Stocks erinnerten – aber die Spuren seien in einem erstaunlich großen Gebiet verstreut gewesen – Hindernisse wie Hecken, Mauern, Häuser seien anscheinend überstiegen worden –
Es habe eine große Aufregung gegeben. Jäger seien mit Hunden den Spuren bis zu einem Wald gefolgt. Dort aber hätten sich die Hunde bellend und verängstigt zurückgezogen. Niemand habe es gewagt, den Wald zu betreten.
Notes and Queries, 7-9-18:
Ein Korrespondent kann sich genau erinnern: Ein Dachs habe die Spuren hinterlassen, so wurde es beschlossen und verkündet, und »binnen eines Tages herrschte in dieser Sache Totenstille«.
In *Notes and Queries*, 7-9-70:
Daß ein Leser einen Abdruck der Spuren besaß, den seine Mutter im Schnee in ihrem Garten in Exmouth genommen hatte: daß die Spuren Hufabdrücken ähnelten, aber von einem Zweibeiner stammten.
Notes and Queries, 7-9-253:
Ein weiterer Leser kann sich genau erinnern. Er schreibt über

die Aufregung und die Empörung »gewisser Volksschichten«. Er sagt, aus einer Menagerie sei damals ein Känguruh entsprungen – »die eigenartigen und weit auseinander liegenden Abdrücke nährten die Furcht, der Teufel gehe um.«

Wir kennen jetzt die Geschichte, und nun wollen wir sie mit Hilfe zeitgenössischer Quellen noch einmal erzählen. Wir zitierten die jüngeren Quellen zuerst, um aufzuzeigen, wie die Dinge mit der Zeit dank Verdrängung und Verzerrung angepaßt werden. Die »Totenstille binnen eines Tages« etwa – wenn ich sehe, daß sich irgendwo eine Aufregung rasch wieder legt, dann neige ich zu der Ansicht, daß überhaupt nichts Außergewöhnliches passiert ist.

Ich stelle fest, daß sich die Aufregung noch Wochen hielt.

Ich stelle fest, daß eine solche gezielte Behauptung dazu dient, die Aufmerksamkeit von Unstimmigkeiten abzulenken.

Alle Phänomene werden in Begriffen der Dominanten der jeweiligen Zeit »erklärt«. Deshalb können wir den Versuch aufgeben, etwas erklären zu wollen, und uns darauf beschränken, die Dinge einfach darzustellen. Teufel, die Abdrücke im Schnee hinterlassen, gehören eigentlich eher zum Herrschaftsbereich der vorletzten Dominante. Es war also eine Anpassung an den Bezugsrahmen und die Verrenkungen des neunzehnten Jahrhunderts, wenn man sagte, daß die Abdrücke aussahen, als stammten sie von »Klauen«. Hufabdrücke hinterlassen nicht nur Pferde, sondern auch Teufel. Im neunzehnten Jahrhundert mußte man sagen, daß die Abdrücke von Klauen stammten. Diese Einschätzung stammt von Professor Owen, einem der größten Biologen seiner Zeit – Darwin war hier allerdings anderer Meinung. Wie auch immer, ich will mich auf zwei Abbildungen beziehen, die man in der New York Public Library einsehen kann. Keine Darstellung erinnert auch nur entfernt an Klauen. Professor Owen hat die Abdrücke nie erklärt: Er hat sie korreliert.

Eine weitere Anpassung, die in späteren Berichten zu beobachten ist, besteht darin, daß diese mit der Alten Dominante unvereinbare Geschichte mit der vertrauten Aura eines Märchens versehen wird. Indem man sie mit den üblichen Merkmalen des Fiktiven versieht, wird sie diskreditiert. Denken wir nur an die bellenden, erschrockenen Hunde, an den Wald, der ein Zauberwald hätte sein können, den niemand zu betreten wagte. Man organisierte in der Tat Suchtrupps, aber in den zeitgenössischen Berichten ist nirgends von bellenden, verschreckten Hunden die Rede.

Das Känguruh scheint der Versuch zu sein, als Erklärung ein Tier heranzuziehen, das weit springen konnte, weil man auch im Schnee auf Hausdächern Abdrücke fand. Allerdings wies der Schnee in einem so weiten Umkreis Abdrücke auf, daß man eine Weile später ein zweites Känguruh hinzuzog.

Leider lagen die Abdrücke in einer Linie hintereinander.

Ich selbst nehme an, daß mindestens eintausend einbeinige Känguruhs, die mit kleinen Hufeisen beschlagen waren, ihre Abdrücke im Schnee von Devonshire hinterlassen haben könnten.

Die Londoner *Times* am 16. Februar 1855:

»In den Straßen von Topsham, Lymphstone, Exmouth, Teignmouth und Dawlish in Devonshire gab es beträchtliche Unruhe, nachdem man eine große Zahl von höchst eigenartigen und geheimnisvollen Fußspuren gefunden hatte.«

Der Bericht erwähnt, daß am Morgen des 8. Februar 1855 von den Bewohnern vieler Ortschaften und auf dem Land eine unglaublich große Zahl von Spuren im Schnee entdeckt wurden. Professor Owen und die anderen Erklärer mußten die Größe des Gebiets natürlich verdrängen. Die Spuren fanden sich an allen möglichen, unerklärlichen Orten: in Gärten, die von hohen Mauern eingeschlossen waren, auf Hausdächern, auf freiem Feld. In Lymphstone blieb kaum ein Garten unberührt. Wir haben bereits heroische Verdrängungsleistungen kennengelernt, aber diese hier ist titanisch. Da die Spuren in einer Reihe hintereinanderlagen, mußten sie natürlich »eher von einem Zweibeiner als einem Vierbeiner« stammen. Als ob ein Zweibeiner die Füße in eine exakten Linie setzen würde – es sei denn, er würde springen – aber dann müßten es tausend, oder Tausende gewesen sein.

Die Abdrücke waren meist »8 Zoll voneinander entfernt«.
»Die Abdrücke ähnelten stark den Hufabdrücken eines Esels. Sie waren anderthalb Zoll groß, manchmal auch zweieinhalb Zoll.«
Die Abdrücke waren kleine Kegel in unvollständigen oder halbkreisförmigen Rinnen.
Der Durchmesser entsprach den Abdrücken der Hufe von sehr jungen Fohlen. Sie waren zu klein, um wirklich die Abdrücke von Eselshufen zu sein.
»Am letzten Sonntag spielte Reverend Musgrave in seiner Predigt auf diese Angelegenheit an. Er meinte, die Fußabdrücke könnten von einem Känguruh stammen, aber das ist kaum möglich, weil sie auf beiden Seiten der Este gefunden wurden. Im Augenblick bleibt die Sache ein Geheimnis, und viele abergläubische Leute in den genannten Ortschaften haben Angst, nach Einbruch der Dunkelheit den Fuß vor die Tür zu setzen.«
Die Este ist ein zwei Meilen breites Gewässer.
Die Londoner *Times* am 6. März 1855:
»Das Interesse an der Angelegenheit hat kaum nachgelassen. Immer noch werden zahlreiche Untersuchungen über den Ursprung der Abdrücke angestellt, die am Morgen des 8. Februar für große Aufregung gesorgt hatten. Abgesehen von den Begleitumständen, über die vor kurzem bereits in der *Times* berichtet wurde, können wir festhalten, daß in Dawlish eine ganze Reihe von Leuten mit Gewehren und anderweitig bewaffnet auszog, um, soweit möglich, das Tier zu finden und zu töten, das mit so großem Eifer die Fußabdrücke hinterlassen haben soll. Wie zu vermuten war, kehrte der Suchtrupp unverrichteter Dinge zurück. Es gab verschiedene Spekulationen über den Verursacher der Fußabdrücke. Manche versicherten, die Abdrücke müßten von einem Känguruh stammen, während andere behaupteten, es seien die Abdrücke der Krallen großer Vögel, die durch widriges Wetter auf den Boden gezwungen worden seien. Mehr als einmal machte das Gerücht die Runde, ein Tier aus einer Menagerie sei der Verursacher gewesen, aber die ganze Angelegenheit ist so geheimnisvoll wie eh und je.«

Die *Illustrated London News* räumt dem Ereignis viel Platz ein. In der Ausgabe vom 24. Februar 1855 wurde eine Zeichnung der Abdrücke veröffentlicht.

Ich würde die Abdrücke als Kegel in unvollständigen Ringen bezeichnen.

Abgesehen davon, daß sie etwas länglich sind, sehen wie genau so aus wie die Hufabdrücke von Pferden oder von Fohlen.

Aber sie liegen in einer Linie hintereinander.

Die Abdrücke, auf denen die Zeichnung beruht, sollen jeweils 8 Zoll voneinander entfernt gewesen sein. Dieser Abstand war »in allen Gemeinden« immer gleich. In der *Times* werden neben den bereits genannten noch weitere Städte erwähnt. Der Autor, der einen Winter in Kanada verbracht hatte und mit Fußabdrücken im Schnee vertraut war, sagt, er habe noch nie eine »so deutliche Spur gesehen«. Er betont einen Punkt, der von Professor Owen und den anderen Erklärern hartnäckig unterdrückt wurde. »Kein Tier und nicht einmal der Mensch hinterläßt Spuren, die exakt in einer Linie liegen.« Indirekt gibt uns der Autor damit zu verstehen, daß es sich bei den Spuren nicht um Fußabdrücke handeln kann. Vielleicht trifft seine folgende Beobachtung den Nagel auf den Kopf:

Was auch immer die Abdrücke hinterließ, es hatte den Schnee eher entfernt als zusammengepreßt.

Der Schnee sah nach seiner Beobachtung aus, als wäre er »mit einem heißen Eisen ausgebrannt« worden.

Illustrated London News am 3. März 1855-214:

Professor Owen, dem ein Freund Zeichnungen der Abdrücke zugesandt hatte, erklärt, es handele sich um die Abdrücke von Krallen. Die »Spur« stamme von »einem« Dachs.

Sechs weitere Zeugen hatten Briefe an die *News* geschrieben, die in dieser Ausgabe veröffentlicht wurden. Ein Brief, der erwähnt, aber nicht veröffentlicht wurde, bringt einen verirrten Schwan ins Spiel. Der Blick ist immer homogen: »ein« Dachs, »ein« Schwan, »eine« Spur. Ich hätte neben den von der *Times* erwähnten Städten auch die anderen Orte auflisten sollen.

Ein Brief von Mr. Musgrave wird veröffentlicht. Auch er schickt

eine Zeichnung der Abdrücke mit. Auch hier liegen sie in einer Linie. Es sind vier Abdrücke, der dritte weicht geringfügig von der Linie ab.
Es sieht nicht nach Abdrücken von Krallen aus.
Die Abdrücke sehen aus wie die Abdrücke länglicher Hufe von einem sehr jungen Fohlen, aber sie haben nicht so klare Umrisse wie die Abdrücke in der Zeichnung vom 24. Februar. Möglicherweise sind sie etwas vom Wind verweht, oder es hatte getaut. Messungen im Umkreis von anderthalb Meilen ergaben, daß die Zwischenräume »immer exakt achteinhalb Zoll« betrugen.
Wir können nun eine kleine Studie über Psychologie und Entstehungsgeschichte einer versuchten Zwangsanpassung durchführen. Mr. Musgrave sagt: »Ich habe eine sehr gute Gelegenheit gefunden, das Wort ›Känguruh‹ in Zusammenhang mit den Berichten fallenzulassen.« Er sagt, er glaube selbst nicht an die Känguruhgeschichte, sei aber froh, die Idee in Umlauf gebracht zu haben, »denn dieses Wort steht gegen den gefährlichen, einschüchternden und falschen Eindruck, es sei der Teufel gewesen«.
»Ein rechtes Wort zur rechten Zeit kann Wunder wirken.«
Auch wenn man uns für engstirnig halten mag, und ob dieser Eindruck berechtigt wäre oder nicht, wir nehmen an: Daß, auch wenn wir uns in Auseinandersetzungen oft mitreißen ließen, unsere Einstellung zu allen Anpassungen der Vergangenheit im ganzen Buch immer die gleiche war: daß sie nur relativ zur Denkdominanten ihrer Zeit bewertet werden können.
Ein anderer Korrespondent schreibt, die Abdrücke erinnerten zwar allenthalben sehr an Hufabdrücke, aber es habe auch verwischte Spuren von Krallen gegeben – die Spuren stammten von »einem« Otter. Daraufhin schrieben viele weitere Zeugen an die *News*. Es kamen so viele Briefe, daß in der Ausgabe vom 10. März nur ein kleiner Teil veröffentlicht werden konnte. Es gab »eine« Springmaus-Lösung, »eine« Kröten-Lösung, und dann brachte jemand die überzeugende Idee vor, »ein« Hase sei mit eng beisammen gehaltenen Pfoten gehoppelt und habe so Abdrücke auf einer Linie erzeugt.

Die Londoner *Times* vom 14. März 1840:
»Im Hochland, wo Glenorchy, Glenlyon und Glenochay ineinander übergehen, fand man in diesem und im letzten Winter im Schnee die Spuren eines Tiers, das in Schottland unbekannt ist. Der Abdruck ähnelt in jeder Hinsicht aufs Haar den Abdrücken eines recht großen Fohlens. Der einzige Unterschied ist höchstens, daß die Sohle ein wenig länger und nicht so stark gerundet scheint, aber da niemand dieses Geschöpf bisher gesehen hat, können wir über seine Gestalt und seine Größe nichts weiter sagen. Aus der Tiefe der Abdrücke können wir lediglich schließen, daß es ein relativ großes Tier gewesen sein muß. Man stellte außerdem fest, daß es sich nicht wie die meisten Vierbeiner bewegte, sondern eher sprang oder hüpfte wie ein Pferd, das erschreckt wurde oder verfolgt wird. Diese Spuren wurden nicht nur an einer Stelle gefunden, sondern in einem Umkreis von wenigstens zwölf Meilen.«
In der *Illustrated London News* vom 17. März 1855 gibt ein Korrespondent aus Heidelberg die Erklärung eines »fachkundigen polnischen Doktors der Medizin« wieder, der meinte, auf dem Piashowa-Gora (Sandberg), einer kleinen Erhebung an der Grenze Galiziens, könne man solche Abdrücke jedes Jahr im Schnee und manchmal auch im Sand des Hügels finden. Sie würden von den Einheimischen »übernatürlichen Kräften« zugeschrieben.

REGISTER

Dieses Buch, einschließlich Vorsatzpapier
und Einband, wurde auf Recyclingpapier gedruckt,
das zu 100% aus Altpapier besteht. Das Kapitalband
und das Leseband wurden aus ungefärbter und
ungebleichter Baumwolle gefertigt.